Matthias Köckert
Abraham

Biblische Gestalten

Herausgegeben von
Christfried Böttrich und Rüdiger Lux

Band 31

EVANGELISCHE VERLAGSANSTALT
Leipzig

Matthias Köckert

Abraham

Ahnvater – Vorbild – Kultstifter

EVANGELISCHE VERLAGSANSTALT
Leipzig

Matthias Köckert, Dr. theol., Jahrgang 1944, lehrte zuletzt als Professor für Exegese und Theologie des Alten Testaments an der Humboldt-Universität zu Berlin. Neben Aufsätzen vor allem zur Religionsgeschichte des antiken Israels, zu den Psalmen und zu den Zehn Geboten hat er zahlreiche Arbeiten zu den Vätergeschichten des 1. Mosebuches veröffentlicht.

Bibliographische Information der Deutschen Nationalbibliothek
Die Deutsche Nationalbibliothek verzeichnet diese Publikation in der Deutschen Nationalbibliographie; detaillierte bibliographische Daten sind im Internet über http://dnb.dnb.de abrufbar.

© 2017 by Evangelische Verlagsanstalt GmbH · Leipzig
Printed in Germany

Das Werk einschließlich aller seiner Teile ist urheberrechtlich geschützt. Jede Verwertung außerhalb der Grenzen des Urheberrechtsgesetzes ist ohne Zustimmung des Verlags unzulässig und strafbar. Das gilt insbesondere für Vervielfältigungen, Übersetzungen, Mikroverfilmungen und die Einspeicherung und Verarbeitung in elektronischen Systemen.

Das Buch wurde auf alterungsbeständigem Papier gedruckt.

Umschlaggestaltung: behnelux gestaltung, Halle/Saale
Satz: Steffi Glauche, Leipzig
Druck und Binden: BELTZ Bad Langensalza GmbH

ISBN 978-3-374-04764-2
www.eva-leipzig.de

INHALT

Vorwort 11

A. EINFÜHRUNG

1. Die Überlieferung von Abraham und Sara
   in ihrer Eigenart 17
2. Die Kunst des Erzählens 24
3. Die Geschichten über Abraham und Sara
   als Ursprungsgeschichte Israels............ 34
4. Die literarische Komposition von 1Mose
   11,27–25,11............................... 41

B. DARSTELLUNG

1. Von Ur nach Hebron 48
   1.1. »*Das ist die Geschichte Terachs und seiner
        Nachkommen.*«
        1Mose 11,27–32: Von der Menschheit
        zu dem einen Volk..................... 48
   1.2. »*Gehe aus deinem Land in das Land,
        das ich dir zeigen werde!*«
        1Mose 12,1–13,18:
        (1) Von Harran nach Kanaan – ein
        vielstimmiger Beginn 57
        (2) Vom großen Volk zu allen Sippen
        der Erde (12,1–4a) 60
        (3) Vom Land Kanaan zum Land Jhwhs
        (12,6.8–9; 13,1.3–4.18b) 67
        (4) Von Kanaan nach Ägypten und
        zurück (12,10–20; 13,1.3–4)............. 71
        (5) Im Land – Lot trennt sich von
        Abraham (13,1–18)...................... 77

2. In Hebron 84
  2.1. »*Gesegnet sei Abram vom höchsten Gott!*«
     1Mose 14: Abraham rettet Lot und
     gibt dem Priesterkönig von Salem
     den Zehnten 84
  2.2. »*Fürchte dich nicht, dein Lohn ist sehr groß.*«
     1Mose 15: Der versprochene Erbe und
     das gelobte Land 97
  2.3. »*J*HWH *hat mich verschlossen, dass ich
     nicht gebären kann.*«
     1Mose 16: Saras Plan, Hagars Flucht
     und Ismaels Geburt 111
  2.4. »*Ich will dir und deinen Nachkommen
     nach dir Gott sein.*«
     1Mose 17: Gottes unzerstörbarer Bund
     mit Abraham 121
  2.5. »*Ist denn für J*HWH *etwas unmöglich?*«
     1Mose 18–19:
     (1) Die Abraham-Lot-Erzählung als
     Grundstock der Komposition 132
     (2) Der Besuch der drei Männer bei
     Abraham und ihr Gastgeschenk
     (18,1–16) 135
     (3) Abraham klagt Gottes Gerechtigkeit
     ein (18,17–33) 143
     (4) Der Besuch der beiden Boten bei
     Lot und die Folgen (19,1–38) 152
     (5) Die Geburt Isaaks (21,1a.6) 161
3. In Gerar und Beerscheba 163
  3.1. »*Mein Land liegt vor dir; lass dich nieder,
     wo es dir gefällt!*«
     1Mose 20,1–18: Abraham und Sara als
     erste Juden in der Diaspora 165
  3.2. »*Der Sohn dieser Magd soll nicht mit
     meinem Sohn Isaak erben!*«

  1Mose 21,1–21: Isaaks Geburt, Hagars
  Vertreibung und Ismaels Rettung 175
 3.3. *»Gott ist mit dir bei allem, was du tust.«*
  1Mose 21,22–34: Abraham erwirbt
  Brunnenrechte in Beerscheba. 186
 3.4. *»Nach diesen Begebenheiten stellte Gott*
  Abraham auf die Probe.«
  1Mose 22,1–19: Abrahams Bewährung
  und Isaaks Rettung 191
4. In Hebron. 216
 4.1. *»Gehe in mein Land, dass du aus meiner*
  Verwandtschaft eine Frau für meinen
  Sohn Isaak holst!«
  1Mose 22,20–24; 24,1–67: Wie Gott das
  Geschick seiner Frommen lenkt 217
 4.2. *»Dort sind Abraham und seine Frau*
  Sara begraben.«
  1Mose 23,1–20; 25,1–11: Ein Grabbesitz
  für das Ahnpaar
  (1) Ein mehrstimmiges Ende 238
  (2) Abraham kauft eine Grabstätte für
  Sara (23,1–20) 241
  (3) Abraham stirbt alt und lebenssatt
  (25,1–11). 249
5. Wie wurde aus den vielen Geschichten die
 Geschichte von Abraham und Sara? 253
 5.1. Zwei Erklärungsmodelle 253
 5.2. Kurze Biographie der Abraham-
  überlieferung 256
  (1) Die Abraham-Lot-Erzählung 257
  (2) Die vereinigte Vätergeschichte 258
  (3) Die priesterliche Konzeption 261
  (4) Eine Diskussion um Gottes
  Gerechtigkeit 264
  (5) Nachpriesterliche Erweiterungen 265

(6) Weitere Umdeutungen in
spätpersischer Zeit 267
(7) Diskussionen in der Spätzeit 268
5.3. Wer war Abraham historisch? 270

C. WIRKUNG

1. *Vom Ahn der im Lande Verbliebenen zum Vorbild der Gerechten:*
   Abraham und Sara außerhalb des
   1Mosebuches 274
   1.1. Hes 33,23–29......................... 274
   1.2. Jes 51,1–8; Jes 41,8–13; 2Chr 20,7 276
   1.3. Jes 29,17–24; Jes 63,7–64,11; Mi 7,18–20 .. 281
   1.4. Jos 24; Ps 105; Neh 9 284
   1.5. Sir 44,19–21; 1Makk 2,52............... 288
2. *Vom ersten Verehrer des wahren Gottes zum Urbild der Proselyten:*
   Abraham im frühen Judentum............. 290
   2.1. Abraham im Bildprogramm der
        Synagoge in Dura-Europos 292
   2.2. »Unser Vater« und »Vater vieler
        Völker« 298
   2.3. Erster Verehrer des wahren Gottes:
        Apokalypse Abraham 301
   2.4. Bewährter Diener der Tora: *Jubiläenbuch* . 308
   2.5. Vorbild an Frömmigkeit und Tugend:
        Philo, De Abrahamo................... 316
   2.6. Philosoph und Erfinder: *Josephus,
        Antiquitates* 324
   2.7. Abraham im Midrasch: *Bereschit Rabba* .. 332
3. *Vom Vater aller, die glauben, zum Zeugen für Jesus Christus:*
   Abraham und Sara im Neuen Testament
   und in der Alten Kirche.................. 348

    3.1. Abraham und Sara bei Paulus 350
       (1) Was Hagars und Saras Nachkommen
       unterscheidet (Gal 4,21–5,1)............ 350
       (2) Abraham als Zeuge für die
       Rechtfertigung aus Glauben (Röm 4) 355
    3.2. Abraham im Brief an die Hebräer....... 367
    3.3. Abraham im Evangelium des Johannes.. 372
    3.4. Origenes, Homilien zum Buch
       Genesis, 8 (zu 1Mose 22)............... 380
    3.5. Abraham in Ravenna und Rom......... 390
  4. *Vorbild eines Gottergebenen für alle Menschen:*
    Abraham im Koran...................... 404
    4.1. In welcher Welt entstand der Koran? ... 404
    4.2. Der Koran........................... 409
    4.3. Abraham im Koran 415
    4.4. Ein Beispiel für die Barmherzigkeit des
       Allmächtigen 418
    4.5. Ein Kompromissloser Monotheist 427
    4.6. Vollkommen Gott ergeben 435
    4.7. Stifter eines neuen Kultes und Urbild
       eines Muslim 442

Nachwort 452

D. VERZEICHNISSE
  1. Literaturverzeichnis..................... 459
  2. Abbildungsverzeichnis 478

VORWORT

Wer mit der S-Bahn durch Berlin fährt erwartet nicht, ausgerechnet hier Abraham zu begegnen, und doch kann er ihn gar nicht verfehlen. Zwischen den Haltestellen Ostbahnhof und Jannowitzbrücke sieht man zur linken Hand ein modernes Industriegebäude. Auf einer hellgrauen Fläche steht in dunklen Buchstaben weithin sichtbar zu lesen:

Nun trat Abraham näher und sprach:
Willst du wirklich den Gerechten mit dem Frevler verderben?
Vielleicht gibt es fünfzig Gerechte in der Stadt.

Diese Sätze aus 1Mose 18,23–24 machen nachdenklich, denn mit ihnen klagt Abraham Gerechtigkeit ein bei Gott. Der ist gerade auf dem Weg nach Sodom. Dort will er prüfen, ob die Stadt wegen der Freveltaten ihrer Bewohner dem Untergang verfallen ist. Geht es in Berlin zu »wie in Sodom und Gomorrha«? Wohin gehöre ich – zu jenen Gerechten oder zu denen, die »mit Blindheit geschlagen« sind (19,11)?

Nicht nur in Berlin stoßen wir in unserem Alltag unerwartet auf Geschichten um Abraham und Sara. Redewendungen mit Anspielungen auf sie finden sich zwar nicht »wie Sand am Meer« (22,17), aber doch zahlreich genug. Autofirmen und Versicherungen werben damit, dass man bei ihnen so sicher aufgehoben ist »wie in Abrahams Schoß« (Lk 16,22[1]). Auf der Rieder-

---

1   Das Bild vom Schoß Abrahams als Ort paradiesischen Heils hat seinen Ursprung im Judentum (TestAbr A 20, 14; vgl. Jub 22,26–23,2).

alp am Aletschgletscher in der Schweiz kann man den
»Abrahamschoss« sogar mieten und nächtigt dann in
einem komfortablen Ferienhaus. Die Werbetexter haben
allerdings nicht bedacht, dass Abrahams Schoß
der Ort für die Seligen ist und dass deshalb nur Tote
dorthin gelangen können. Wir aber möchten den Abrahamschoß
auf der Riederalp doch gern als Lebende
und gut erholt wieder verlassen. Im Schlusschoral der
Johannespassion von Johann Sebastian Bach singt der
Chor:

Ach Herr, lass dein lieb' Engelein
am letzten End die Seele mein
in Abrahams Schoß tragen!

Vieles hat sich im Lauf der Jahrhunderte mit Abraham
als literarischer Gestalt verbunden. Beinahe nichts
Menschliches ist ihm fremd geblieben. Unerschütterlich
vertraute er seinem Gott (15,6) und war doch nicht
frei von Misstrauen in der Fremde (20,11). Unverhofftes
Glück hat er erfahren (21,1–7), unsagbarer Schmerz hat
ihn stumm gemacht (22,3–10):

Abrahams Herz-Sohn-Schrei,
am großen Ohr der Bibel liegt er bewahrt.[2]

Mit Abraham und Sara stehen in der Bibel auch wir geschrieben.
Deshalb werden wir in diesen Texten auch
uns begegnen.

---

2   NELLY SACHS, aus: Landschaft aus Schreien, in: Fahrt ins Staublose
– Die Gedichte der Nelly Sachs, Frankfurt am Main 1961,
221–223.

Schon die Bibel enthält nicht nur ein einziges Abrahambild, sondern eine ganze Bildergalerie. Im Zentrum der folgenden Darstellung steht deshalb die Begegnung mit diesen Texten. Die werden teils deutend nacherzählt, teils abschnittweise in einer eigenen Übersetzung präsentiert. Beim Lesen der biblischen Texte entstehen viele Fragen. Die überzeugendsten Antworten erwachsen häufig aus anderen Texten in der Bibel. Man muss nur die richtigen entdecken. Um Platz zu sparen, kann auf sie meist nur mit Angabe der Bibelstellen verwiesen werden. Deshalb empfiehlt es sich, eine Bibel zur Hand zu haben. Bibelstellen aus dem 1. Mosebuch werden meist nur mit Kapitel und Vers angegeben.

Wenn es dem Verständnis dient, werden hebräische Wörter in einer vereinfachten Umschrift wiedergegeben. Der biblische Gottesname JHWH erscheint dagegen ohne Vokale, aber in Kapitälchen. Er kann – wie im Judentum üblich – als *Adonaj* gelesen werden, was Luther ganz sachgemäß mit »Herr« übersetzt und zur Unterscheidung von allen anderen Herren in Kapitälchen gesetzt hat: HERR.

Die Schreibung der Eigennamen folgt den Loccumer Richtlinien. Im hebräischen Text heißt das Ahnpaar zunächst *Abram* und *Saraj*. Erst in 17,5.15 werden sie in *Abraham* und *Sara* umbenannt (dazu s. B 2.4). Um Verwirrung zu vermeiden, werden beide stets mit ihren endgültigen Namensformen genannt; nur die Übersetzung folgt dem Namenwechsel.

Im Rahmen dieser Darstellung muss auf eine Auseinandersetzung mit anderen Meinungen verzichtet werden. In Anmerkungen wird lediglich die wichtigste Literatur abgekürzt genannt, auf die sich die vorliegende Darstellung stützt oder die Anregungen zur Vertiefung bietet. Sie kann im Literaturverzeichnis (D 1.1) leicht gefunden werden. Mehrfach habe ich eigene ältere Untersuchungen aufgegriffen, ohne das im Text eigens kenntlich zu machen.

In der Darstellung finden sich ab und zu Bilder. Einige stammen aus zeitgenössischen antiken Quellen und erhellen Sachaussagen der Texte. Andere bezeugen eindrücklich, wie sich Künstler aller Zeiten mit den biblischen Texten um Abraham auseinandergesetzt und sie gedeutet haben. Alle Bilder werden jeweils kurz erläutert.

Aus der ungemein reichen Wirkungsgeschichte Abrahams in Judentum, Christentum und Islam, in Literatur, Philosophie und bildender Kunst müssen wegen des beschränkten Platzes wenige Beispiele genügen. In den Verzeichnissen (D 1.2–1.5) werden einige Hilfsmittel genannt.

Vielen habe ich zu danken: Die bahnbrechenden Arbeiten des Freundes und Kollegen Erhard Blum (Tübingen) haben diese Darstellung mehr befördert, als Anmerkungen sagen können. Frau Kollegin Zimmermann (Kiel) hat den Abschnitt zu den neutestamentlichen Texten, Herr Dr. Lehmann (Berlin) den zu den Kirchen in Ravenna und Rom durchgesehen. Den Abschnitt über Abraham im Koran hätte ich ohne Beratung durch Frau Dr. Koloska vom *Corpus Coranicum* (Potsdam) nicht schreiben können. Sie hat mich mit der neueren Koranforschung bekannt gemacht und auch den gesamten Abschnitt kritisch durchgesehen. Ihre hilfreichen Kommentare haben mich vor manchen Irrtümern und falschen Akzenten bewahrt. Fehler habe ich jedoch allein zu verantworten.

Zuletzt danke ich Herrn Kollegen Rüdiger Lux für die Einladung zur Mitarbeit an der Reihe »Biblische

Gestalten« und Frau Dr. Annette Weidhas von der Evangelischen Verlagsanstalt für ihre Geduld.

Berlin, am 3. Oktober 2016 *Matthias Köckert*

A. EINFÜHRUNG

1. Die Überlieferung von Abraham und Sara in ihrer Eigenart

Über Abraham und Sara lesen wir in der Bibel[3], aber auch in zahlreichen Texten des Judentums[4] und des Christentums[5] und schließlich im Koran[6]. Sie hängen jedoch alle in unterschiedlicher Weise von der Bibel ab, indem sie diese fortschreiben, entfalten und auslegen. Sie bezeugen die große Wirkung, die jene biblischen Texte ausgelöst haben. Sie setzt sich im Strom der Jahrhunderte fort in literarischen Texten, in Bildern, in der Musik, sogar im Film.[7] Von der Bibel unabhängige Zeugnisse für Abraham oder Sara gibt es nicht. Ausführlicher berichtet die Bibel von beiden allein in 1Mose 11,27–25,11. Zwar begegnet der Name Abraham noch häufiger, allerdings meist nur in der Aufzählung der drei Ahnväter Abraham, Isaak und Jakob. Ein kurzer Blick auf die vorherrschende Textsorte erhellt die Eigenart jener Überlieferung schnell. Abgesehen von wenigen genealogischen Listen (11,27–32 und 25,1–11), kurzen Notizen (z. B. 12,6–9; 13,1–2) und Reden Gottes an Abraham (z. B. 12,1–3; 13,14–17), finden sich in jenem Abschnitt vor allem Erzählungen.

---

3 Dazu B und C 1.
4 Eine Auswahl wichtiger Stimmen wird in C 2 vorgestellt.
5 Dazu C 3.
6 Zu Abraham im Koran C 4.
7 Dazu D 1.5.

Deren Eigenart tritt im Vergleich mit Zeitungsnachrichten schnell zu Tage.[8] Zeitungen sollen möglichst schnell informieren und gekauft werden. Deshalb sind ihre Nachrichten vor allem an den berichteten Ereignissen und an der Bedeutung orientiert, die sie für die gewünschten Leser haben. Ob die Ereignisse tatsächlich geschehen sind, noch dazu so wie berichtet, kann in der Regel nachgeprüft werden. Die Verfallsdauer einer Zeitung ist kurz, denn schon am nächsten Tag gibt es neue Nachrichten. Deshalb werden die Zeitungen des vergangenen Tages als Altpapier entsorgt.

Erzählungen gehören dagegen zu jenen Texten, die – mitunter über viele Jahrhunderte – neue Leser finden und die wir selber oft nicht nur einmal, sondern mehrmals lesen. Das hängt mit ihrer Bedeutung zusammen, die sie für Leser haben. Zwar würden weder Erzählungen überliefert, noch Zeitungen gedruckt, hätten diese keine Bedeutung. Doch unterscheidet sich die Art der Bedeutung bei beiden beträchtlich. Wer, außer Historikern, liest alte Zeitungsnachrichten? Das liegt daran, dass Nachrichten über Ereignisse informieren, die mit ihnen in die Vergangenheit versinken, während Erzählungen an Erfahrungen teilhaben lassen, die immer wieder neu ein Echo bei Lesern hervorrufen. Erzählungen benennen diese Erfahrungen jedoch nicht ausdrücklich, sondern bringen sie indirekt zur Sprache. Sie erzählen von Menschen, die handelnd oder leidend Erfahrungen gemacht und sich dazu verhalten haben. Sie erzählen von der Vergangenheit, beziehen sich aber mit ihr durchaus auf die Gegenwart, ohne von ihr ausdrücklich zu reden.

---

8   Grundlegend sind die Einsichten von WALTER BENJAMIN und HARALD WEINRICH, die hier aufgegriffen werden.

Um Erfahrungen auf diese Weise mitteilen zu können, muss der Erzähler eine eigene Welt in einem eigenen Zeithorizont erstellen. Diese »erzählte Zeit« unterscheidet sich von der »Zeit des Erzählers« und von der Situation, in der er erzählt. Um die erzählte Zeit mitteilen zu können, brauchen Erzählungen ihrerseits Zeit. Eine Bitte kann auf ein Wort reduziert werden: »Komm!« Eine Nachricht umfasst wenige Zeilen. Eine Erzählung braucht dagegen »Erzählzeit«, um jene Welt aufzubauen, in der die Personen, von denen sie erzählt, Erfahrungen machen.

Dabei wahrt die Erzählung Distanz zwischen der erzählten Zeit und der Zeit ihres Erzählers. Kraft dieser Distanz vermag die Erzählung, Welt zu erschließen. Sie eröffnet den Lesern die Möglichkeit, sich mit den Erfahrungen zu identifizieren, die in ihr verdichtet sind. Lesend erweitert sich unser Horizont; denn im Vorgang des Erzählens oder des Lesens einer Erzählung vollzieht sich ein Austausch von Erfahrungen: »Der Erzähler nimmt, was er erzählt, aus der Erfahrung; aus der eigenen oder berichteten. Und er macht es wiederum zur Erfahrung derer, die seiner Geschichte zuhören.«[9]

Das geschieht freilich weder zwingend noch eindeutig; denn jener Austausch von Erfahrungen hat es stets auch mit der Welt der Leser und mit deren Erfahrungen zu tun. So öffnet die Erzählung stets einen Spielraum mehrerer sinnvoller, wenn auch nicht aller möglichen Deutungen. Darin unterscheidet sie sich von Nachrichten, die auf Eindeutigkeit aus sind. Sie enthält sich auch weitgehend aller Erklärungen und überlässt es dem Leser, sich zu ihr zu verhalten. Darin unterscheidet sie sich vom Kommentar in der Zeitung, der

---

9   BENJAMIN, Illuminationen, 413.

zu einer bestimmten Sicht der Dinge bewegen will. In einer Erzählung wird dagegen der »Zusammenhang des Geschehens ... dem Leser nicht aufgedrängt. Es ist ihm freigestellt, sich die Sache zurechtzulegen, wie er sie versteht, und damit erreicht die Erzählung eine Schwingungsbreite, die der Information fehlt.«[10] Der Mangel an Eindeutigkeit macht ihren Reichtum aus; denn nur so ist sie stets neuer Entfaltung fähig und erschöpft sich nicht in einer Erzählsituation allein. Das ist auch der Grund dafür, dass man von Abraham und Sara immer wieder neu erzählt und sie auf verschiedene Weise in Anspruch genommen hat.[11]

Aus diesen Einsichten in die Eigenart erzählender Überlieferung ergibt sich eine *erste Folgerung* für den sachgemäßen Umgang mit den Erzählungen über Abraham und Sara: So wenig ich einen Liebesbrief wie einen Sozialhilfeantrag behandeln darf, so unsinnig ist es, eine Erzählung wie Zeitungsnachrichten zu lesen. Jene sind auf eine Wahrheit aus, die an der Tatsächlichkeit des Berichteten orientiert ist. Die kann nachgeprüft und bestätigt oder bestritten werden. Das ist bei einer Erzählung nicht möglich; denn deren Wahrheit hängt nicht an der Tatsächlichkeit der erzählten Welt und der in ihr erzählten Ereignisse, sondern an der Bedeutung, welche die erzählten Erfahrungen für die Leser gewinnen können: »Erzählungen zielen nicht auf das Ja oder Nein der Wahrheit, sondern auf ein Mehr oder Weniger an Relevanz.«[12] Die Frage, ob es Abraham und Sara »wirklich gegeben hat« und ob »tatsächlich« geschehen

---

10 BENJAMIN, Illuminationen, 415.
11 Man sehe nur die Lektüre von 1Mose 12–13 in 20,1–17 und im Genesis-Apokryphon aus Qumran oder die Beanspruchung Abrahams durch Paulus in Röm 4 und durch den Hebräerbrief.
12 WEINRICH, Narrative Theologie, 330.

ist, was die Bibel über sie erzählt, geht an jenen Texten völlig vorbei; denn sie verwechselt die biblischen Erzählungen mit Nachrichten. »Wahr ist nicht nur das, was war«[13] im Sinne dessen, was einmal tatsächlich geschehen ist. »Wirklich wahr« sind die biblischen Erzählungen allemal in dem Sinn, dass sie gewirkt haben und als literarische Kunstwerke immer wieder wirken.

Erzählen ist von Hause aus eine mündliche Kommunikationsform, wie Kinder auch heute noch erfahren, wenn ihre Großeltern ihnen Geschichten erzählen. Aber auch im Alltag besteht ein großer Teil unseres Umgangs miteinander im Erzählen von Geschichten. Dennoch haben wir bisher immer von Lesern gesprochen und dabei stets Texte vorausgesetzt. Das geschah aus gutem Grund; denn die Erzählungen von Abraham und Sara sind uns nur als Texte überliefert, und nur bei den wenigsten lassen sich noch Spuren einer möglichen mündlichen Vorgeschichte aufspüren.[14] Viele wurden von vornherein als Literatur geschaffen. Was mündlich erzählt wird, bleibt hinsichtlich des Wortlauts offen und wird im Wiederholungsfall in Varianten weitergegeben, die nicht zuletzt von den Hörern und von der Erzählsituation abhängen. Ein Text hat dagegen einen fest formulierten Wortbestand. Er ist dadurch von der Zeit seiner Entstehung und den Absichten seines Autors bis zu einem gewissen Grade unabhängig. Ein Text enthält deshalb stets mehr an Sinn und Bedeutung, als sein Autor einst beabsichtigt hat. Je besser der Text ist, desto mehr Möglichkeiten der Deutung und der Aneignung eröffnet er. An Jes 51 oder Röm 4 können wir beispielhaft sehen, dass sich

---

13 KOENEN, Art. Erzählende Gattungen (AT), 1.1.4, in: www.wibilex.de (2006).
14 S. u. zu 1Mose 12,10–20; 18 und 21,7–21.

die Erzählungen über Abraham und Sara weder in einer einzigen, noch in *einer* Bedeutung ein für allemal erschöpfen. Spätere Leser in neuen Situationen entdecken in ihnen Aspekte, die zuvor am Rande standen, oder verbinden mit dem Ahnpaar ihre Probleme, die bisher bedeutungslos waren.

Die Erzählungen über Abraham und Sara sind wie die meisten biblischen Texte ohne ausdrückliche Informationen über ihre Autoren, ihre Adressaten und ihre Entstehungssituation überliefert worden. Deshalb müssen diese Zusammenhänge erst aus jenen Texten rekonstruiert werden, deren Sinn durch die Rekonstruktion erhellt werden soll. Das hat zu weit auseinander liegenden Deutungen jener Erzählungen in der Forschung geführt.[15] Sie belegen die grundsätzliche Offenheit von Erzählungen für mehr als einen historischen Kontext und Sinnhorizont. Gleichwohl ist deren Zahl begrenzt und keinesfalls beliebig. Die Gestalt des Textes schließt immer auch Deutungsmöglichkeiten aus. Denn Sinn wird eben nicht allein von denen gestiftet, die lesen, er ist vor allem in die konkrete Gestalt des Textes eingeschrieben, die sich nicht zuletzt den Absichten seines Autors angesichts seiner Leser in seiner Zeit verdankt. So erweist sich allein der gegebene Text als sichere Basis für jede Auslegung.

Sollte man dann nicht von vornherein auf die Rekonstruktion der Entstehungsgeschichte dieser Texte und der mutmaßlichen Absichten ihrer Autoren verzichten? Das ist schon deshalb nicht möglich, weil wir im alttestamentlichen Teil der Bibel allermeist nicht Autorenliteratur vor uns haben. Es handelt sich vielmehr um Traditionsliteratur, die im Laufe ihrer Weiter-

---

15 Einige Hinweise unter B 5.3.

gabe fortgeschrieben und auf vielfältige Weise verändert worden ist, bevor man ihre Wort- und Lautgestalt für den gottesdienstlichen Gebrauch abschließend festgestellt hat. Solange man mit ihrem Wortlaut noch produktiv umgehen konnte, haben sich neue Deutungen vor allem in Zusätzen und mancherlei Veränderungen am Wortlaut der Texte sichtbar niedergeschlagen. So begegnen Abraham und Sara großenteils nicht in Einzeltexten, sondern in größeren Kompositionen. Auch haben spätere Leser ihre Deutungen, ihre Erwartungen und Hoffnungen in die ihnen vorliegenden Texte hineingeschrieben. Dabei entstanden nicht selten Widersprüche und Spannungen. Diese wurden nicht immer getilgt, sondern in Kauf genommen, um den Reichtum der Überlieferung zu bewahren. Die in der Bibel vorliegenden Texte enthalten also eine »Sinngeschichte«, die an ihnen selbst noch zu erkennen ist – wie die Baugeschichte am Dom zu Köln. Deshalb kann sich die Auslegung nicht allein mit der jetzt vorliegenden Gestalt dieser Überlieferung begnügen. Zu ihrer Würdigung gehört auch der Versuch, deren Geschichte und die in ihr eingeschmolzene Sinngeschichte zu rekonstruieren.

Daraus ergibt sich eine *zweite Folgerung*: Wer Sinn und Bedeutung dieser Überlieferungen verstehen will, muss die Texte wieder in jene Situationen verfolgen, in denen sie einst entstanden: Auf welche Fragen gaben sie damals eine Antwort? Welche Probleme trieben ihre Autoren um? Wozu wollten sie ihre Leser bewegen? Antworten auf diese Fragen sind ohne Hypothesen nicht möglich. Deshalb kann es auch nicht die eine richtige Auslegung geben und schon gar nicht eine für alle Zeiten, sondern nur wahrscheinlichere und weniger wahrscheinliche Auslegungen. Nur ein Schelm behauptet, mehr geben zu können, als er hat.

2. Die Kunst des Erzählens

Wenn Sinn und Bedeutung jener Erzählungen über Abraham und Sara nicht in mutmaßlichen Ereignissen *hinter* der Überlieferung, sondern allein *in* den Erzählungen selbst gefunden werden können, kommt es entscheidend auf deren Gestaltung an, die das Lesen lenkt.[16] Einige Beobachtungen, vornehmlich an 1Mose 12 und 22 gewonnen, schärfen unsere Aufmerksamkeit:

1. Was über das Ahnpaar erzählt wird, muss *des Erzählens wert* und *für die Leser von Bedeutung* gewesen sein, sonst hätte man dergleichen nicht überliefert:

z. B. wie Abraham einst von weither aus Ur in Chaldäa über Harran nach Kanaan kam (11,27–12,5);
oder wie Abraham nach Ägypten zog und es dort zu einigem Reichtum brachte (12,10–20).

Es wäre zudem nicht überliefert worden, wenn es nicht zugleich die Aufmerksamkeit gefesselt und *unterhalten* hätte. Banalitäten erzählt man nicht, wohl aber das Außergewöhnliche im Alltäglichen:

So war es nicht ungewöhnlich, bei den nicht seltenen Hungersnöten nach Ägypten zu ziehen (vgl. 41,57; 43,1; 47,4). Aber dass ein Immigrant wie Abraham in 12,10–20 vor den Pharao gelangt, diesen dann auch noch in Schwierigkeiten bringt und am Ende dennoch Ägypten reicher als zuvor verlassen kann, das überrascht.

---

16 Klassisch Gunkel, Genesis, § 3: Kunstform der Sagen der Genesis (S. 27*–56*). Eine hilfreiche Darstellung der wichtigsten Gestaltungsmittel gibt Bar-Efrat, Wie die Bibel erzählt.

Trotzdem fällt die erzählte Welt, so fiktiv sie auch sein mag, nicht aus der Welt heraus, die sich die Leser vorstellen können. Deshalb spiegeln sich in den Erzählungen über Abraham und Sara bis zu einem gewissen Grad die Zeit der Erzähler und deren Absichten wie auch die Lage der ersten Leser wider.[17]

2. Der Ereignis- und Handlungszusammenhang muss so erzählt werden, dass ein *Spannungsbogen* entsteht, sonst erlahmt das Interesse. Der Erzähler fällt nicht mit der Tür ins Haus, sondern baut in der *Exposition* zunächst eine Szenerie auf und stellt die Erzählfiguren vor:

Es kam aber eine Hungersnot über das Land. Da zog Abram nach Ägypten hinab, um sich dort aufzuhalten; denn die Hungersnot im Lande war schwer (12,10).

Erst danach kommt die Handlung in Gang. Die führt zu *Komplikationen* oder mündet in einen Konflikt. Diese müssen *angemessen gelöst* werden, bevor die in Gang gesetzte Bewegung zu einem *beruhigenden Abschluss* kommt, der die ausgelösten Emotionen besänftigt und die Erzählung ausklingen lässt:

So zog Abram aus Ägypten hinauf in den Negev, er und seine Frau und alles, was er hatte (13,1).

Man muss jedoch berücksichtigen, dass die Verbindung mit dem gegenwärtigen Kontext häufig zu Veränderungen am Anfang und am Schluss geführt hat. Nicht selten schuf man auch Erzählungen eigens für einen Kontext, der schon vorlag.

---

17 Dazu B 1.2 (bei 1Mose 12).

3. Die Handlung wird in der Regel *einsträngig erzählt*. Sie bildet eine geschlossene Kette, in der ein Glied am anderen hängt und nur das mitgeteilt wird, was der verfolgten Absicht dient:

Eine Hungersnot veranlasst Abram zur Abwanderung nach Ägypten. – Abram gibt Sara wegen ihrer Schönheit als seine Schwester aus. – Die Kunde von Saras Schönheit dringt bis zum Pharao. – Der holt Sara in seinen Palast und beschenkt Abram reich.
(Damit wäre die gesamte Abrahamgeschichte schon am Ende, bevor sie überhaupt recht angefangen hat. Deshalb:)
Gott greift ein und schlägt den Pharao mit schweren Plagen. – Der zieht Abram zur Rechenschaft und weist ihn aus.

4. Der Handlungsablauf wird *szenisch gegliedert* dargeboten. Das trägt zur Klarheit bei. Wechsel der Schauplätze und der Personen oder Reden markieren die einzelnen Szenen. In der Regel kommt man mit zwei oder drei handelnden Personen oder Gruppen aus. Die sind häufig als gegensätzliche Typen konzipiert. Stets stehen nur zwei zugleich auf der Bühne. – So gibt sich nach der Exposition die erste Szene in 12,11–13 durch eine Ortsveränderung zu erkennen, der eine Rede Abrahams an seine Frau Sara folgt:

[11] *Als er nahe an Ägypten herangekommen war,* sprach er zu seiner Frau Sarai:
> Sieh doch, ich weiß, dass du eine schöne Frau bist. [12]Wenn dich die Ägypter sehen, werden sie sagen: Das ist seine Frau! Sie werden mich umbringen, dich aber am Leben lassen.
> [13]Sage doch, du seiest meine Schwester, dass es mir wohl ergehe um deinetwillen und ich deinetwegen am Leben bleibe.

Das zentrale Mittelstück ist gleichfalls durch eine Ortsveränderung hervorgehoben. Es spielt in Ägypten. Aber jetzt überstürzen sich die Ereignisse. Deshalb besteht es nur aus Handlung ohne direkte Rede (12,14–16). Alle Aktionen gehen von den Höflingen und vom Pharao aus, während die bisherigen Akteure passiv bleiben. Im Zentrum steht stillschweigend Sara. Sie ist Objekt der Blicke und Gegenstand rühmender Rede, sie wird von Pharao genommen und verschwindet in seinem Harem. Abraham dagegen wird »um ihretwillen«, wie es ausdrücklich heißt, königlich beschenkt:

¹⁴*Als nun Abram nach Ägypten kam,* sahen die Ägypter, wie überaus schön die Frau war. ¹⁵Auch die Höflinge des Pharaos sahen sie und priesen sie beim Pharao. So wurde die Frau in den *Palast des Pharaos* gebracht.
¹⁶Abram jedoch erwies er Wohltaten um ihretwillen: Er erhielt Schafe, Ziegen, Rinder und Esel, Sklaven und Sklavinnen, Eselinnen und Kamele.

Die dritte Szene spielt offenbar in jenem Palast. Der Pharao stellt Abraham in vier anklagenden Sätzen zur Rede. Die erste Szene begann mit einer längeren Rede, in der Abraham seinen Plan auf Kosten Saras entwickelte, während die dazu schwieg. Die dritte Szene endet damit, dass die nur allzu berechtigten Vorwürfe des Pharaos Abraham zum Schweigen bringen:

¹⁷Aber JHWH schlug den Pharao mit schweren Plagen, und sein Haus, Sarais wegen, der Frau Abrams.
¹⁸Da rief der Pharao Abram und sprach:
 Was hast du mir da angetan?
 Warum hast du mir nicht mitgeteilt, dass sie deine Frau ist?

¹⁹Warum hast du gesagt: Meine Schwester ist sie, so dass ich sie mir zur Frau nahm?
Nun, da ist deine Frau, nimm sie und geh!
²⁰Der Pharao entbot seinetwegen Männer; die geleiteten ihn und seine Frau und alles, was er hatte.

Die drei Szenen sind fast vollständig miteinander verzahnt.[18] Lediglich V.17 steht für sich und ist dadurch als die entscheidende Wende in der Erzählung besonders herausgehoben.

5. Die einzelnen Teile können durch wiederkehrende *Leitwörter* oder wiederholte Wendungen und Sätze miteinander verbunden werden. Die dadurch entstehenden Querbezüge setzen mitunter erhellende inhaltliche Akzente.

In 12,13 soll Sara in Ägypten sagen, sie sei Abrahams Schwester, »dass es mir wohl ergehe um deinetwillen«; 12,16 erzählt, wie der Pharao Abraham »Wohltaten erwies um ihretwillen«. 22,12.16 rufen mit »deinem Sohn, deinem einzigen« die Kette der Appositionen aus dem göttlichen Befehl in V.2 in Erinnerung. Auf diese Weise werden in V.12 die Größe des Opfers hervorgehoben und die maßlose Verheißung begründet, die in V.16–18 auf die bestandene Probe folgt.

Wiederholungen sind ein wirkungsvolles Mittel, um das Erzähltempo zu verändern, um Pausen zu schaffen oder um Emotionen zu wecken:

---

18 Saras Schönheit (V.12/14), Abrahams Wohlergehen um Saras willen (V.13/16), der Pharao nimmt Sara (V.15/19), Sara als Abrahams Ehefrau (V.12/18), Sara als Abrahams Schwester (V.13/19).

Der quälende letzte Weg zur Opferstätte am Ende der drei Tage enthält in 22,7–8 den einzigen Wortwechsel zwischen Sohn und Vater. Unmittelbar davor und danach heißt es lakonisch: »So gingen beide miteinander« (22,6.8). Diese Bemerkung realisiert erzählerisch den Weg und gibt dabei den Lesern Gelegenheit zum Mitfühlen und Nachdenken.

Wiederholungen begegnen häufig mit Variationen. Die haben meist mehr als nur dekorative Bedeutung:

Mehrmals nennt der Erzähler in 22,3.6.7.9–10 die notwendigen Requisiten für das Opfer, aber in unterschiedlicher und – vom Handlungsablauf geurteilt – in nicht immer logischer, gleichwohl in überlegter Reihenfolge:
V. 3 erwähnt als letztes, dass Abraham »das *Holz* für das Brandopfer spaltet«, obwohl er doch schon den Esel gesattelt und seine Burschen sowie Isaak geholt hat. Die gewaltsame Tätigkeit des Spaltens weist auf das Ziel der Reise voraus und lässt keinen Zweifel am Gehorsam Abrahams.
V. 6 verteilt die Requisiten so, dass der Sohn das Holz, der Vater aber Feuer und das *Messer* trägt, das betont am Schluss genannt wird: Jetzt steht alles buchstäblich auf Messers Schneide.
V. 7 bringt mit der Frage des Sohnes die innere Dramatik auf ihren Höhepunkt: »Da sind Feuer und Holz, aber wo ist das *Tier* zum Brandopfer?«
Die V. 9–10 kehren die rituelle Abfolge aus dramaturgischen Gründen um: Die Schächtung kann hier wegen des Eingreifens Gottes nicht vor der Darbringung erfolgen. So stehen die Requisiten in einer Abfolge äußerster Zuspitzung: Abraham baut den *Altar*, schichtet das *Holz* auf, *bindet* Isaak, *legt* ihn auf den Altar oben auf das Holz und greift nach dem *Messer*, um seinen Sohn zu *schlachten* – jetzt erst, in letzter Sekunde, erschallt der Ruf vom Himmel.

Es empfiehlt sich, gerade das Ungewöhnliche oder Befremdliche nicht zu übergehen, sondern genau zu prüfen.

6. Bei alledem muss der Erzähler die eingeführten Ereignisse, die Personen sowie deren Handlungen und Folgen zu einem *geeigneten Abschluss* bringen, so dass die Erzählung am Ende als ein sinnvolles Ganzes wahrgenommen werden kann. Erzählzüge, die für die Handlung wesentlich sind, aber nicht zu einem sinnvollen Abschluss gebracht wurden, halten die Erzählung offen und lassen die Leser eine Fortsetzung erwarten.

So kann die Erzählung 1Mose 18,1–16a nicht schon nach der Bewirtung in V. 8 enden. Von einem Besuch, der so außergewöhnlich eingeführt wird, erwartet man mehr, als dass die Gäste nach dem Essen einfach aufstehen und gehen. Deshalb folgen sogleich V. 9–15. Aber die unerwartete Ankündigung eines Sohnes für das Greisenpaar weckt neue Spannung. Die Leser von 18,1–16a erwarten wenigstens eine Nachricht, dass der angekündigte Sohn nun auch geboren wird. Deshalb kommt der in 18,10–15 aufgebaute Spannungsbogen erst in 21,1–7 zum Abschluss.

Einzelheiten, die in einer Erzählung keine Funktion haben, oder Erzählzüge, die in ihr nicht zum Abschluss gebracht werden, lassen spätere Bearbeitung vermuten, die damit neue Bezüge herstellt und andere Akzente setzt.

7. Der Erzähler muss *konzentrieren und raffen*, indem er aus der Fülle der Einzelakte und Details die auswählt, die seinen Absichten entsprechen, diese gewichtet und in eine sinnvolle Abfolge bringt. Anderes wiederum muss er *entfalten und detailliert präsentieren*, damit die Erzählung lebt und der Leser konkrete An-

schauung gewinnt. Dabei kann die erzählte Zeit auf wenige Worte schrumpfen oder sich dehnen:

Neun Monate Schwangerschaft verdichten sich in 21,2 auf einen Satz: »Sara wurde schwanger und gebar Abraham einen Sohn.«
Die dreitägige Wanderung zum Ort des angewiesenen Opfers erscheint in 22,4 nur indirekt im Rückblick: »Am dritten Tage blickte Abraham auf und sah den Ort von ferne.«

Was sich während dieser drei Tage ereignet haben mag, bleibt unerwähnt. Umgekehrt erzählen 22,9–10 minutiös, was Abraham tut, nachdem er mit seinem Sohn dort angekommen ist:

⁹Als sie zu der Stätte kamen, die Gott ihm gesagt hatte, baute Abraham dort einen Altar und schichtete das Holz auf. Er band Isaak, seinen Sohn, und legte ihn auf den Altar, oben auf das Holz.
¹⁰Abraham streckte seine Hand aus und nahm das Messer, um seinen Sohn zu schlachten.

Der letzte Satz lässt wie in einer Zeitlupe die erzählte Zeit mit der Erzählzeit zusammenfallen. Das innere »Tempo« der erzählten Zeit verläuft also nicht gleichmäßig wie das Ticken einer Uhr, sondern kann sich beschleunigen oder bis zur Unerträglichkeit verlangsamen.
  8. Der Erzähler beherrscht die *Kunst des Weglassens*. Das betrifft vor allem Requisiten und ausdrückliche Charakterisierungen. Er beschränkt sich auf das, was für seine verfolgte Absicht wesentlich ist. Dann aber kann er wie in 22,2 durchaus auch wortreich werden:

Nimm doch deinen Sohn, deinen einzigen, den du lieb hast, Isaak, und geh …

Diese Kette von Appositionen bringt das innere Verhältnis vom Vater zum Sohn stärker zur Geltung als die Beschreibung von Gefühlen. Überhaupt werden Personen und ihre Empfindungen sehr selten und dann karg, aber treffend beschrieben. Seelengemälde sucht man vergebens.

Was in Abraham während jener dreitägigen Reise vorgegangen ist, was Isaak gedacht hat und wie ihm zumute war – 1Mose 22 verrät davon nichts.
Als Sara die Vertreibung Hagars und ihres Sohnes fordert, heißt es in 21,9 immerhin: »Das missfiel Abraham sehr wegen seines Sohnes.«

Manchmal lassen ein Zwiegespräch oder eine Rede die Empfindungen der Personen aufblitzen, meist aber nur indirekt wie in 22,7–8:

⁷Isaak sprach zu Abraham, seinem Vater:
   Da sind das Feuer und das Holz, aber wo ist das Tier zum Brandopfer?
⁸Abraham sprach:
   Gott wird sich das Tier zum Brandopfer ersehen, mein Sohn.

Weil kaum beschrieben wird, was die Personen empfinden, eröffnen sich den Lesern Möglichkeiten, diese Leerstellen mit ihrer Phantasie auszufüllen.
9. Der Charakter einer Person zeigt sich in dem, was sie tut oder sagt. Dabei werden Reden meist an Höhepunkten und sparsam eingesetzt. Die Zunahme von Reden, Selbstgesprächen oder Reflexionen gegenüber

den erzählten Ereignissen und Handlungen, aber auch Rückblenden und nachholendes Erzählen sind Zeichen späterer Zeiten, wie man an einem Vergleich von 1Mose 12 mit 20 sehen kann. Noch weiter geht 1Mose 15, das aus mehreren Gottesreden mit kurzen Einwürfen Abrahams und einem nur noch dürren Erzählgerüst besteht. Auch 1Mose 17 enthält fast nur noch Gottesreden. Der lehrhafte Disput über Gottes Gerechtigkeit in 18,22b–33a erinnert mit seinem auf zwei Halbverse geschrumpften erzählenden Rahmen nur noch von Ferne an eine Erzählung.

Aus diesen Beobachtungen ergibt sich als *dritte Folgerung* für eine sachgemäße Lektüre: Nur wer die individuelle Gestalt eines Textes so genau wie möglich wahrnimmt, wird der Absichten ansichtig, die der Text verfolgt. Das sparsame und indirekte Erzählen verleiht jeder Einzelheit ein umso größeres Gewicht. Deshalb empfiehlt es sich, nach dem Sinn jedes Details zu fragen; denn fast alles in einer Erzählung hat eine Bedeutung, auch wenn diese nicht sogleich erkennbar ist. Nicht weniger Aufmerksamkeit verdienen die »Temposchwankungen« einer Erzählung, weil durch sie Unwichtiges von Wichtigem unterschieden wird. Hilfreich ist es, die Erzählungen im eigenen Kopf auf die Bühne zu bringen: Wo finden die Ereignisse statt? Welche Figuren treten wann auf? Wie begegnen sie einander? Welche Requisiten werden gebraucht?

3. Die Geschichten über Abraham und Sara als Ursprungsgeschichte Israels

Lassen die sehr verschiedenartigen Überlieferungen von Abraham und Sara über die Vielfalt ihrer je eigenen Bedeutung hinaus eine Perspektive erkennen, in der sie gelesen werden sollen?

Angesichts der Konzentration der Überlieferung auf Abraham als Hauptperson mag man zunächst an eine *biographische Perspektive* denken. Die Überlieferung beginnt mit dem Vater, dem Abraham sein Leben verdankt, und mit den nächsten Verwandten in Ur (11,27–28), wo er auch Sara zur Frau nimmt. Sie endet mit seinem Tod und Begräbnis in einer Grabhöhle bei Hebron (25,7–10). Sein Lebensweg wird als Kette von Wanderungen erzählt, zuerst aus der Heimat Ur über Harran in das ferne Land Kanaan und Ägypten, sodann innerhalb Kanaans mit den Hauptstationen Hebron, Gerar und Beerscheba, bevor erst Sara und dann er bei Hebron begraben werden. Was in diesem Rahmen erzählt wird, lässt jedoch vieles vermissen, was wir von einer Biographie erwarten. Dazu gehören seine Kindheit, Jugend und besten Mannesjahre. Als er Harran verließ, war er immerhin schon 75 Jahre alt (12,4). Wie sah er aus? Was hat ihn beeinflusst? Wodurch wurde er, was er war? Wir vermissen alles, was man als innere Entwicklung bezeichnen könnte, und erst recht deren Verknüpfung mit seinem äußeren Lebensgang. Wir erfahren zwar allerlei Bemerkenswertes, man denke nur an den Besuch Himmlischer vor seinem Zelt bei Hebron oder an seine Erlebnisse in Ägypten, aber ihr innerer Zusammenhang erschließt sich nicht ohne weiteres. Schreibt so ein Biograph? Wir lesen, dass er sein Leben als Wanderhirte fristet und dass er es zu einigem Reichtum gebracht hat, aber seine Wanderungen hin und her im Lande ähneln eher Reisen zu bedeutungsvollen Orten als der Wanderweide eines Kleinviehnomaden. Manche Texte zeichnen ihn als einen zwielichtigen Gesellen, der z. B. um seines Vorteils willen bereit ist, seine Frau preiszugeben (12,10–20). Andere lassen ihn als einen Schwächling erscheinen, der unangenehme Entscheidungen seiner Frau überlässt (16,6). Präsentiert man so einen Helden, den man als Vorbild empfehlen möchte? Ein spezifisch biographisches Interesse lässt sich jenen Texten offensichtlich nicht entnehmen.

Zweifellos erzählen 1Mose 11–25 Geschichten, erzählen sie aber auch *Geschichte* in dem Sinn, den wir damit verbinden? Bis auf 1Mose 14 fehlt jeder Versuch, Abraham in einen größeren historischen Rahmen zu stellen. Er zieht zwar nach Ägypten und kommt sogar zum Pharao, aber der hat keinen Namen. Eine Schilderung der Zeit und der politischen Umstände, in denen Abraham lebte, suchen wir vergebens. Zwar werden hin und wieder Orte genannt, die auch aus außerbiblischen Quellen bekannt sind, aber mehr als deren Namen erfahren wir kaum. Es kommt nicht von ungefähr, dass sich aus dem Material jener Geschichten kein historisches Bild von der Zeit Abrahams gewinnen lässt, sondern allenfalls einige Impressionen der Zeit jener Erzähler. Schon Julius Wellhausen bemerkt: »Diese spätere Zeit wird hier, nach ihren inneren und äußeren Grundzügen, absichtslos ins graue Altertum projiziert und spiegelt sich darin wie ein verklärtes Luftbild ab.«[19] Was erzählt wird, hat zwar durchaus mit Geschichte zu tun, wie wir noch sehen werden, aber Geschichtsschreibung ist das nicht.

---

19   WELLHAUSEN, Prolegomena, 316.

Textgemäßer erscheint es dagegen, sie als *Familiengeschichten* zu bezeichnen.[20] Denn ihr Horizont reicht über die Großfamilie nicht hinaus. Gleich zu Beginn werden ihre für den Fortgang der Abrahamgeschichten wichtigsten Glieder vorgestellt (11,27–32). Wie ein roter Faden zieht sich der unausgesprochene Wunsch des kinderlosen Paares nach einem Sohn von 11,30 über 15,2–5 und 16,1–4, bis er in 21,1–7 auf wunderbare Weise in Erfüllung geht. Andere Geschichten beziehen Verwandte ein, erzählen aber von ihnen stets in einer Perspektive auf Abraham wie bei der Trennung Lots von Abraham in Kap. 13. Selbst die Geschichte der Familie Lots in Sodom (19,1–36), in der Abraham lediglich am Rande erscheint (V. 27–29), wird als Kontrast zu der Abrahams in 18,1–15 erzählt. Es handelt sich in der Tat um Familienerzählungen. Allerdings ist damit nur ihre Szenerie beschrieben und weder etwas über ihren Ursprung gesagt,[21] noch ihre Bedeutung erfasst. Die geht deutlich über den Horizont der Familie hinaus.

Weil der Sohn ausgesprochener oder stillschweigender Zielpunkt jener Überlieferungen ist, hat in ihnen nicht nur Abraham, sondern auch Sara eine tragende Rolle. Aber das Thema *Sohn* ist nicht nur für Abraham und Sara von Bedeutung, denn es eröffnet eine genealogische Linie, die von Abraham über Isaak zu Jakob führt, dem Vater der zwölf Stämme Israels. Insofern sind von Anfang an Abraham und Sara als Ahnpaar *Is-*

---

20 WESTERMANN, Arten, 61–66; Genesis, 116 ff.; ALBERTZ, Frömmigkeit, 77–81, 165 f.
21 Ihre Herkunft aus einer nomadischen vor-israelitischen Gesellschaft, die noch dazu nur aus einzelnen Familien ohne verbindende Strukturen bestanden habe (in der Antike unwahrscheinlich), lässt sich damit nicht erweisen; denn die Familie war zu allen Zeiten der Grundbaustein jeder Gesellschaft.

raels im Blick. In ihnen ist vom Ursprung Israels die Rede, ihre Geschichte ist wesentlich *Ursprungsgeschichte*. Nur deshalb kann Jes 41,8 die in die Verbannung geführten Judäer als »Same Abrahams« ansprechen und Jes 51,2 seine Jerusalemer Leser in der Perserzeit aufrufen:

Blickt auf Abraham, euren Vater,
und auf Sara, die mit euch in Wehen liegt![22]

Mit dieser Ausrichtung auf Israel ist eine *Völker-Perspektive* verbunden.[23] Schon der Beginn mit der Genealogie Terachs in 11,27–32 stellt dafür die nötige Lesebrille bereit. Terach hat drei Söhne: Abraham, Nahor und Haran. Abraham nimmt Sara zur Frau; beide werden über Isaak (21,1–7) nicht nur zu Ahnen *Jakob-Israels*, sondern auch zu Ahnen der *Edomiter* (25,21–26). Aus der Verbindung Abrahams mit Saras Sklavin Hagar wiederum entstammt Ismael (16,1–15), der Ahn *nordwestarabischer* Gruppen (25,12–17). Schließlich nimmt sich Abraham nach Saras Tod Ketura zur Frau; dieser Verbindung verdanken sich *südarabische* Völkerschaften (25,1–6). Im genealogischen Gerüst spielen auch die Brüder Abrahams eine wichtige Rolle. Über Nahor erfahren wir nur, dass er Harans Tochter Milka zur Frau nimmt. Von beiden lesen wir erst wieder in 22,20–24; ihr dritter Sohn erscheint dort als Ahnvater der *Aramäer*. Abrahams jüngster Bruder Haran wiederum ist der Vater Milkas und Lots, des Neffen Abrahams. Der wird in 19,30–38 zum Ahnvater der *Moabiter* und *Ammoniter*. Auf diese Weise werden alle semitischen Völ-

---

22   Zu diesen Texten C 1.
23   BLUM, Komposition, bes. 482-491; KÖCKERT, Vätergott, 307-311; GESE, Komposition, 39f.

ker Syriens, die im Übergang zur Eisenzeit erstmals die Bühne der Geschichte betreten, mit Abraham in verwandtschaftliche Verbindungen gebracht und damit in ein Verhältnis zu Israel gesetzt.[24]

Welche Interessen leiten diese Verhältnisbestimmungen in der Abrahamüberlieferung? Die zentrale Linie läuft von Abraham über Isaak zu Jakob. Damit wird allein Isaak als legitimer Erbe Abrahams und Saras herausgehoben. Nur er bleibt im Land, Ismael dagegen lebt außerhalb des Landes Kanaan (16,12; 21,21; 25,18); und die Söhne der Ketura schickt Abraham aus dem verheißenen Land weg (25,6). So ist schon das genealogische Gerüst ganz auf Abraham-Isaak-Jakob-Israel ausgerichtet, während die anderen Völker zu Seitenlinien gehören, die von jener Hauptlinie abzweigen.

Zwar sind antike Genealogien[25] nicht einfach Widerspiegelungen biologischer Verwandtschaft, sondern immer auch Produkte sozialer Konstruktion und deshalb wandelbar.[26] Aber die auf ihr beruhende völkergeschichtliche Perspektive gehört nicht zu den Zutaten, mit denen die Überlieferung über Abraham, Isaak und Jakob und deren Frauen erst nachträglich übermalt worden wäre. Sie ist ihrer Textur schon als Grundmus-

---

24 Lediglich die Philister fehlen im genealogischen System, aber die waren auch keine Semiten und kamen von außen nach Palästina. Auch die Erzählung 21,22–34 kennt kein verwandtschaftliches Verhältnis zu den Philistern, wohl aber ein vertragliches.

25 Zu den Genealogien und deren Funktionen in der Antike und im 1. Mosebuch vor allem HIEKE, Genealogien, 2003.

26 So erscheint beispielsweise Aram in der Völkertafel 10,22 als direkter Sohn Sems, in 22,20 dagegen als Sohn Kemuels und Enkel Nahors. Die Namen der Söhne der Ketura (25,1–4) und der Ismaels (25,12–18) begegnen in Jes 60,6–7; Jer 25,23; Ez 27,21–22 vermischt. Die Verwandtschaftsverhältnisse sind häufig fiktiv, real sind dagegen die jeweils durch sie geordneten Beziehungen.

ter eingewoben. So zielt die ältere Abraham-Lot-Erzählung auf die Entstehung Israels und die seiner östlichen Nachbarn. Sie ist mit einer eindeutigen Wertung verbunden: Während sich Abrahams Nachkommen einem Gastgeschenk Himmlischer verdanken (18,1–16), gehen Moab und Ammon aus einem Inzest hervor (19,30–38). Auch die Ankündigung der Geburt Ismaels hat im Zusammenhang von 16,11–12 eine völkergeschichtliche Pointe, endet sie doch mit einem Stammesspruch. Nicht anders verhält es sich mit den Erzählungen von Jakob und Esau oder von Jakob beim Aramäer Laban; denn auch dort gehört jene völkergeschichtliche Perspektive zur Substanz der ältesten Überlieferung. Ohne die vom Thema *Sohn* beherrschten Erzählungen, die auf Isaak hinauslaufen, würde die Abrahamgeschichte in sich zusammenfallen. Nicht besser erginge es der Jakobgeschichte ohne ihre Bezüge zu Isaak und Rebekka, zu Jakobs Bruder Esau und zu Rebekkas Bruder Laban. Die Reihe Abraham-Isaak-Jakob hatte sicher eine Vorgeschichte, aber diese ist nicht mehr aus den Texten rekonstruierbar. Die setzen vielmehr die genealogische Linie immer schon voraus. Die Abfolge der drei Ahnen ist also nicht erst nachträglich geschaffen worden, um die verschiedenen Überlieferungskreise miteinander zu verbinden.[27]

In den Erzählungen von Israels Ahnen geht es wie in den Genealogien in erster Linie nicht um Schicksale von Individuen, sondern um die Ursprünge Israels im Kreis seiner Nachbarn. Beide beantworten, wenn auch auf verschiedene Weise, dieselben Fragen: Wie wurde

---

27 So mit Recht BLUM, Komposition, 483–491 (mit Überlegungen zur Funktion von Genealogien im Leben eines antiken Volkes in der Antike), und GESE, Komposition, 51, gegen NOTH, Überlieferungsgeschichte, 232 ff.

Israel zu einem Volk? Wie kam es zu seinem Land? In welchem Verhältnis steht es zu seinen Nachbarn? Von seinen Ursprüngen in grauer Vergangenheit erzählt man um seiner Gegenwart willen, um sich seiner Identität zu vergewissern, um Besitzstände zu rechtfertigen oder um Ansprüche zu legitimieren. Weil der Ursprung von Völkern in einem genealogisch strukturierten Denken nur in Geschichten von Ahnvätern und Ahnmüttern als den ersten Familien erzählt werden kann, nötigt die völkergeschichtliche Perspektive zum Erzählen von einzelnen Familien. Im Ahnpaar ist also immer schon das Volk gegenwärtig. Sein Schicksal ist das des Volkes. Allerdings lassen sich diese Ursprungsgeschichten Israels in seinen Ahnen nicht als detaillierte Widerspiegelung der Völkergeschichte lesen, handelt es sich doch um Erzählungen, nicht um Allegorien oder nachträgliche Verschlüsselungen geschichtlicher Vorgänge in ihren Einzelheiten.

Aus der Einsicht in das Wesen jener Geschichten als Ursprungsgeschichte Israels ergibt sich als *vierte Folgerung*: Alle Versuche, aus jenen Geschichten eine biographische Skizze der Ahnen Israels oder ein farbiges Historienbild ihrer Zeit zu gewinnen, gehen an Sinn und Bedeutung jener Texte vorbei. Das gilt auch für Versuche, die Einzelzüge jener Ursprungsgeschichte als ein Protokoll einzelner historischer Vorgänge enträtseln zu wollen. Dagegen kommt es darauf an, in diesen Texten die Bezüge auf das Leben jener Gemeinschaft zu entdecken, die sich zu allen Zeiten der Überlieferungsgeschichte jener Texte als »Israel«[28] oder eines seiner

---

28 Diese Texte sind schon auf der ältesten noch erkennbaren Stufe ihrer literarischen Überlieferung Zeugen eines gesamtisraelitischen Bewusstseins sowohl im Südreich Juda (die Geburt Isaaks als Ziel der Abraham-Lot-Erzählung in 18,9–15; 21,1a.6)

Segmente verstand; denn diese Texte, ihre Fortschreibungen und Bearbeitungen wurden geschrieben, um Antworten auf die Fragen zu finden, die jene Erzähler und deren Leser bewegten.

4. Die literarische Komposition von 1Mose 11,27–25,11

Die Geschichten von Abraham und Sara stehen nicht am Anfang der Bibel. Zuvor erzählt sie davon, wie Gott Himmel und Erde erschuf und das, was sie erfüllt (1Mose 1–11). Man nennt diesen ersten Hauptteil »Urgeschichte«. Denn er erzählt von dem, »was niemals war und immer ist«[29], und spricht damit von dem, was immer und überall gilt. Mit den Söhnen Noahs und den Völkern der Menschheit, die von ihnen stammen, ragt die Urgeschichte jedoch schon in die Geschichte hinein, in den Raum dessen, was einmal war. Ging es zunächst um die Welt als ganze und um die Menschheit insgesamt, so nimmt die Genealogie Sems in 11,10–26 nur noch diesen Menschen und seine Nachkommen in den Blick und führt im Zeitraffer von Sem durch die Jahrhunderte zu Terach. Der Abschnitt 11,27–32 verengt den Blick noch einmal auf Terach und lässt in Zeitlupe das verwandtschaftliche Geflecht dieser einen Familie erstehen. Von den drei Söhnen Terachs rückt fortan nur noch der eine, Abraham, mit den Seinen ins

---

als auch im Nordreich Israel (die Geburt der Söhne Jakobs in 29,31–30,24). Zu den damit verbundenen Problemen Blum, Komposition, 69–79, 190–203, und zuletzt Weingart, Stämmevolk.

29 Nach einer Definition des Mythos im 4. Jh. n. Chr. von Salustios, *De diis et mundo* 4,9 (bei Klauck, Umwelt, 82).

Scheinwerferlicht. In elf Kapiteln eilt die Bibel von der Erschaffung der Welt und der ersten Menschen bis zu Abraham und Sara und zählt von Adam bis Noah und von Sem bis Abraham zweimal zehn Generationen. Für die drei Generationen der Ahnen Israels jedoch nimmt sie sich Zeit: Von Abraham mit seinem Sohn Isaak handeln 11–25; um Isaak mit seinem Sohn Jakob geht es in 25–36. Am Ende des 1. Mosebuches verengt sich der Blick ein letztes Mal: In 37–50 steht von Jakobs Söhnen Joseph im Zentrum.

Urgeschichte	*Abraham*	*Jakob*	*Josef*
1–11	11,27–25,18	25,19–36,43	37–50

Abb. 1: Aufriss des 1. Mosebuches

Ein Paukenschlag eröffnet den zweiten Hauptteil des Buches, der Abraham und Sara gilt: Gott selbst ergreift in 12,1–3 wie bei der Schöpfung das Wort und setzt mit diesem einen Menschen eine neue Geschichte in Gang. Seine Rede richtet sich an Abraham, aber sie gilt in ihm Israel. Ihr Horizont reicht weit über die Abrahamgeschichten hinaus.[30] Deren Erzählweise unterscheidet sich von denen der Jakobgeschichten. Während diese als ein dramatischer Zyklus komponiert sind, in dem eins aus dem andern folgt und alles eng miteinander verwoben ist,[31] stehen in der Abrahamüberlieferung die Szenen und Erzählungen oft nur lose verbunden nebeneinander wie Perlen auf einer Schnur.[32]

Zwei für Israel fundamentale Themen halten sie zusammen: das Land und die Nachkommen. Beide be-

---

30 S. u. B 2.
31 Dazu BLUM, Komposition, 5–270.
32 Eine narrative Analyse gibt SKA, Essay.

herrschen die verheißenden Gottesreden. Sie sind so miteinander verbunden, dass Gott das Land stets den Nachkommen zuspricht.[33] Davon wird die aus 12,1b erwachsende Frage, *welches* Land gemeint sei, mit dem Hinweise auf »*dieses* Land« schon in 12,7, spätestens aber mit dem Rundblick in 13,14–17 beantwortet. Die Frage nach den Nachkommen stellt sich in der Ursprungsgeschichte eines Volkes naturgemäß als Frage nach dem *Sohn als Erben*. Um ihn kreisen großenteils die Erzählungen. Diese Frage bleibt lange offen. Zunächst stellen sich keine Nachkommen ein (11,27–16,3). Dann führt Saras Versuch, das Problem mit ihrer Sklavin Hagar als Leihmutter zu lösen, zu neuen Problemen (16,4–15). Nachdem Sara endlich auf wunderbare Weise (18,1–15) doch noch einen Sohn geboren hat (21,1–7), gibt es auf einmal zwei Anwärter auf das Erbe (21,8–22). Nach Ismaels Vertreibung ist es schließlich Gott selbst, der Abraham auf die Probe stellt und dadurch den einzigen verbliebenen Sohn gefährdet (22,1–19). Selbst in 12,10–20 und 20,1–18, wo das Ehepaar allein im Zentrum zu stehen scheint, geht es um den Sohn, obwohl er noch gar nicht geboren ist.[34] Die Erzählspannung erwächst also stets am Thema Nachkommen in Gestalt des Sohnes, dem als legitimem Erben »dieses Land« zukommt. Sie durchzieht die gesamte Abrahamgeschichte vom Anfang bis zum Ende. Als erste verlassen Lot (13,2–13) und mit ihm Moab und Ammon das Erbland (19,30–38), darauf folgen Ha-

---

33 Vgl. 12,7; 13,15; 17,8; 24,7. Auch wo das Land nur »dir«, nicht »deinen Nachkommen« zugesprochen wird wie in 13,17; 15,7, ist im Ahn das Volk gemeint.

34 Beide Male bewahrt das Eingreifen Gottes das Ahnpaar davor, die erhaltene Verheißung eines eigenen Sohnes selbst zu verspielen.

gar und Ismael (21,8–21), zuletzt die Söhne seiner Nebenfrauen (25,1–6). Am Ende heißt es lapidar: »Abraham gab alles, was er hatte, Isaak.« Jetzt kann Abraham sterben; davon berichtet 25,8.

Der geographische Aufriss markiert drei Abschnitte:[35]

von Ur über Harran nach Hebron	in Gerar und Beerscheba	in Hebron
11,27 – 19,38 21,1–7	20,1 – 22,19	22,20 – 25,11

Abb. 2: Geographischer Aufriss der Abrahamerzählung

Der *erste Abschnitt* (11,27–19,38; 21,1–7) führt Abraham und Lot vom südbabylonischen Ur ins Land. Während Abraham im Land bleibt und sich bei *Hebron* niederlässt, verlässt Lot das Land und zieht nach Sodom. Der gesamte erste Abschnitt zielt auf die Geburt Isaaks und die von Moab und Ammon. Die Frage nach den Nachkommen Abrahams und danach, wem das Land gehört, bewegt – wenn auch auf verschiedene Weise – alle Stücke. Nur Kap. 14 fällt aus dem Rahmen, ist aber durch die Rettung Lots eingebunden.

Im *zweiten Abschnitt* (20,1–22,19) lebt Abraham mit Sara zunächst in *Gerar*, dann aber in *Beerscheba*, einem Ort am Südrand Palästinas. Der Zusammenhang legt durch mehrere Hinweise nahe, dass das Ahnpaar sich seit 21,1 dort aufhält, obwohl die Geburt Isaaks nicht ausdrücklich lokalisiert wird: Hagar irrt in der Wüste von Beerscheba umher (21,14), der Vertrag mit dem Philister (!) Abimelech zielt in der gegenwärtigen Ge-

---

35 Detaillierte Gliederungen bieten COATS, Genesis, 97–102, und RENDSBURG, Redaction, 28–29; die konzentrischen Entsprechungen überzeugen allerdings nicht immer.

stalt von 21,22–34 auf das Besitzrecht an Beerscheba, dem »Schwur- und Siebenbrunnen«, und Abraham kehrt mit Isaak und den beiden Knechten nach bestandener Probe dorthin zurück (22,19). Der gesamte zweite Abschnitt unterscheidet sich beträchtlich vom ersten.[36] Abraham hält sich durchweg im Negev oder an dessen Rand auf. Der Erzählstil zeigt deutlich Anzeichen einer jüngeren Zeit. Bis auf die Geburt Isaaks (21,1–7) und die Geschichte von der Erprobung Abrahams (22,1–19) sind alle anderen Stücke jüngere Versionen von Erzählungen, deren ältere Fassungen man in 12,10–20 und 26,1–3a.6–11, in 16,1–16 und in 26,12–33 lesen kann. Da die Erzählungen in 1Mose 20–22 mehrere Eigentümlichkeiten teilen, erscheint der zweite Abschnitt wie die umfängliche Erweiterung der Abrahamgeschichte anlässlich ihrer »bearbeiteten und verbesserten Neuauflage«.[37] Der Bearbeiter hat seine Erweiterung durch die Geburtsnotizen 21,1–7 mit dem ersten Teil verknüpft.

Im *dritten Abschnitt* (22,20–25,11) befindet sich das Ahnpaar wieder in der Flur von *Hebron*. Ein erster thematischer Bogen lenkt den Blick auf die nächste Generation; denn die Genealogie der Nachkommen Nahors in 22,20–24 bereitet mit Rebekka, der Tochter Betuels und Enkeltochter Milkas, die Brautwerbung für Isaak in 24,1–67 vor. Ein zweiter Bogen schließt die Geschichten von Abraham und Sara ab. Er erzählt vom Tod Saras, von der geschickten Verhandlung Abrahams um den Erwerb eines Erbgrabs in der Flur von Hebron und von ihrer Bestattung dort (23,1–20) sowie von Tod und Bestattung Abrahams in diesem Grab

---

36 KESSLER hat sie zusammenfassend beschrieben (Querverweise, 80–92).

37 Vgl. ALBERTZ, Exilszeit, 204–206; KRATZ, Komposition, 264.

(25,8–9). Beide Bögen sind miteinander verschränkt: Der Hinweis des Knechts in 24,65, Isaak sei sein Herr, setzt schon Tod und Bestattung Abrahams aus 25,8–9 voraus, während 24,67 den Tod Saras aus 23,1–20 kennt. Am Ende findet Abraham vor seinem Tod alle Kinder ab, die seine Nebenfrauen geboren haben, und schickt alle etwaigen Miterben aus dem Land. Damit wird auch der dritte Abschnitt unter die Leitfrage gestellt, wer als legitimer Erbe des Landes in Frage kommt: Isaak, der einzige Nachkomme Abrahams *und* Saras.[38]

Die drei Abschnitte werden am Anfang und am Ende von genealogischen Notizen *gerahmt*. Die Eröffnung mit 11,27–32 stellt Abrahams Verwandtschaft vor und damit die meisten Erzählfiguren, die nicht nur in den drei Abschnitten der Abrahamüberlieferung eine Rolle spielen, sondern auch in der Isaak-Jakobüberlieferung. Sie gibt mit Israels Ursprung im Kreis seiner Nachbarn die entscheidende Leseperspektive für die Abrahamüberlieferung vor. Der genealogische Abschluss mit Abrahams Alter, Tod und Bestattung in 25,7–11 nimmt mit den Listen der Söhne Keturas (25,1–4) und Ismaels (25,12–18) sowie mit deren Verhältnis zu Isaak die völkergeschichtliche Perspektive auf.

Aus der Einsicht, dass die Texte der Abrahamüberlieferung nur als Teile umfänglicher literarischer Kompositionen auf uns gekommen ist, ergibt sich eine *fünfte Folgerung*: Jeder Text hat nicht nur eine einzige Bedeutung, sondern realisiert in den verschiedenen literarischen Kontexten unterschiedliche Sinndimensionen. Es ist deshalb nicht gleichgültig, auf welcher literarischen

---

38 Das entspricht 17,15–21.

Ebene man einen Text liest, der von Abraham und Sara handelt: ob als Einzeltext, als Teil einer älteren Großerzählung oder als Abschnitt der sog. »Vätererzählung«, in der Abraham- und Jakobüberlieferungen schon miteinander verbunden sind.

B. DARSTELLUNG

1. Von Ur nach Hebron

1.1. »Das ist die Geschichte Terachs und seiner Nachkommen.«
1Mose 11,27–32:
Von der Menschheit zu dem einen Volk

(1)
Die Überlieferung von Abraham und Sara beginnt mit einer Überschrift, die merkwürdigerweise nicht ihn nennt, sondern seinen Vater. Das hängt mit ihrer Eigenart zusammen. Die Überschrift verwendet das hebräische Wort *tol^edot*, das »Hervorbringungen« bedeutet. Das kann sich auf »Nachkommen«, aber auch auf die »Geschichte« des genannten Ahns und seiner Nachkommen beziehen. Überschriften dieser Art durchziehen das gesamte 1. Mosebuch und gliedern es. Sie stellen die Überlieferungen von Abraham und Sara in einen weiten Zusammenhang. Der beginnt mit der Weltschöpfung, reicht über die Nachkommen Adams, Noahs und Sems bis zu Terach und über die Nachkommen Isaaks bis zu denen Jakobs und schließt auch Ismaels und Esaus Nachkommen ein.

In 11,27 und den anderen Überschriften dieser Art fällt auf, dass der jeweils genannte Ahn nie die Hauptperson des damit eingeleiteten Buchteils ist: 25,19 nennt den Ahn Isaak, leitet aber nicht dessen Geschichte ein, sondern die Jakobs; 37,2 nennt zwar Jakob, leitet aber die Geschichte von Joseph und seinen Brüdern ein. Eine vergleichbare Überschrift mit Abraham hätte nur vor einem Buchteil stehen können, der Isaak gegolten hätte; den gibt es jedoch nicht.

(2)
Auf die Überschrift folgt in V. 27b–32 der Beginn einer verzweigten Genealogie mit den drei Söhnen Terachs.[39] Auch sie ist in mehr als einer Hinsicht auf Fortsetzung angelegt. Mit den Söhnen Terachs bringt sie die Verwandtschaft Abrahams und damit das gesamte Personal auf die Bühne, das im Fortgang eine Rolle spielt. Die wenigen Verse haben für die Großerzählung von Abraham und Sara die Funktion einer Exposition.

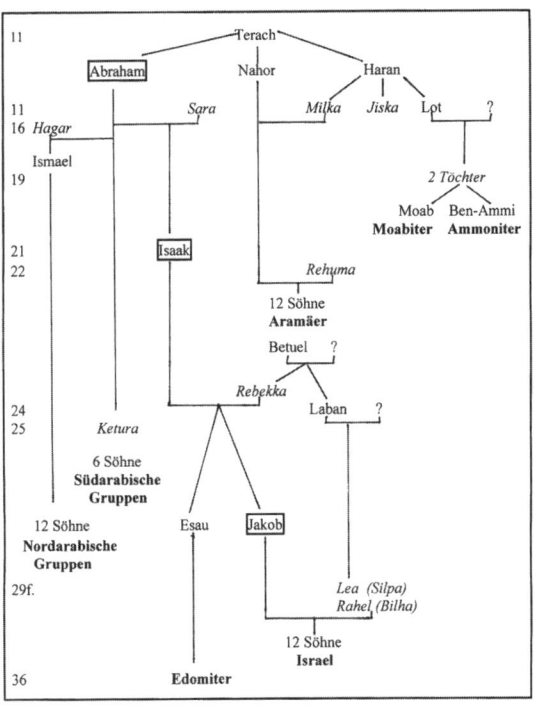

Abb. 3: Genealogie Terachs

---

39 Vgl. die Völkertafel 1Mose 10 mit den Nachkommen der drei Söhne Noahs.

Die mit *Haran* beginnende Linie steht von Anfang an unter keinem glücklichen Stern; denn Haran stirbt zu Lebzeiten seines Vaters. Schon das lässt angesichts des hohen Lebensalters von Terach (V. 32) für Harans Sohn Lot nichts Gutes erwarten. Wie üblich nimmt sich seiner sein Großvater Terach und später auch sein Onkel Abraham an (12,5; 13,1). Aber schon mit der Trennung von Abraham (13,11–12) und dem Weggang nach Sodom nimmt das Unheil seinen Lauf; denn »die Männer von Sodom waren überaus böse und sündig gegenüber JHWH« (13,13). Mit seinem Abgang nach Sodom hat Lot sich selbst aus dem verheißenen Land verabschiedet, auf das seine Nachkommen keinen Anspruch haben.

Nahor und die von ihm stammende Linie bleiben hier noch ganz blass. Ihr fehlt jedes Moment, das Erzählspannung erzeugt; denn sie ist erst für die nächste Generation von Bedeutung, nicht für die Abrahams. Von Nahor hören wir nur, dass er Milka zur Frau nimmt, die Tochter seines Bruders Haran (11,29). Vornehmlich in der Spätzeit und in der Diaspora wurden Ehen mit Frauen aus der eigenen Großfamilie bevorzugt. Zwar werden Nahor und die Seinen bei Terachs Aufbruch aus Ur nicht ausdrücklich erwähnt. Da aber 24,10; 27,42 und 29,4 Nahors Nachkommen in Harran lokalisieren, ist der Erzähler wohl davon ausgegangen, dass Terach auch sie mitgenommen hat. Wahrscheinlich sind Nahor, Milka und Jiska diejenigen, von denen es in 11,31 heißt: »Sie zogen mit ihnen«[40] – will sagen: mit Terach und den anderen namentlich Genannten – »aus Ur in Chaldäa fort.« Nahor und Milka wird mit

---

40 Die griechische Übersetzung der Septuaginta glättet den hebräischen Text und übersetzt: »Terach ... führte sie hinaus ...«

acht Söhnen reicher Kindersegen beschert (22,20–23). Davon ist dort nur die Rede, um Rebekka einzuführen. Sie wird in Kap. 24 für Isaak zur Frau gewonnen. So sind schon in 11,29 mit Milka die Großmutter Rebekkas und damit die nächste und übernächste Generation im Blick. Anders als Abraham und Lot bleiben Nahor und die Seinen bei Terach in Harran, einer Stadt in der heutigen Türkei an der Grenze zu Syrien gelegen, also außerhalb des verheißenen Landes.

In der mit *Abraham* beginnenden Linie wird der Vater Saras nicht eigens genannt. Aber die Erklärung Abrahams in 20,12, Sara sei »die Tochter meines Vaters, nur nicht die Tochter meiner Mutter«, setzt voraus, dass Sara aus der Verbindung Terachs mit einer nicht genannten zweiten Frau stammt. Die Linie Abrahams steht von Anfang an unter dem Schatten von V. 31: »Sara aber war unfruchtbar, sie hatte keine Kinder.« Offenbar ist der Segen von 1,28; 9,1 bisher bei ihr ausgeblieben. Kinder sind unter den Lebensbedingungen antiker Gesellschaften ein hohes Gut, denn sie sichern das Überleben. Sie sind die einzige Altersversorgung (Spr 17,6). In seinen Kindern lebt man weiter, wenn man stirbt (2Sam 14,7; Ps 22,30ff.). Deshalb sind Kinder ein sichtbarer Erweis göttlichen Segens. Lange Zeit kinderlos zu bleiben und deshalb als »unfruchtbar« zu gelten, konnte wie alles, was der gewohnten Ordnung widerspricht, nur als von Gott verhängtes schweres Geschick gedeutet werden (16,2).[41] Die mit jener Notiz aufgebaute Spannung verstärkt sich im Kontext noch durch die Verheißung von »Nachkommen so zahlreich wie der Staub der Erde« (13,16), die alle Realität übersteigt.

---

41 Das wiederholt sich bei Rebekka in 25,21 (»unfruchtbar«) und bei den Frauen Jakobs: Während Jhwh Leas »Schoß öffnet« (29,31), hat er Rahel »Leibesfrucht versagt« (30,2).

Diese Spannung durchzieht die gesamte Großerzählung von Abraham und Sara bis 22,1–18.

Auf Fortsetzung hin angelegt ist auch der Aufbruch Terachs mit seiner Großfamilie aus Ur, »um ins Land Kanaan zu auszuwandern« (V. 31). Mit Kanaan als Ziel ist das Thema »Land« genannt. Doch Terach kommt mit den Seinen nur bis Harran, lässt sich dort nieder und stirbt. Erst Abraham und Sara werden einen zweiten Auszug (*jatza'*) wagen, nach Kanaan kommen (*bo'*) und sich dort niederlassen (*jaschab*). So ergibt sich ein Erzählbogen, der von 11,27–32 über 12,4b–5 bis zu 13,6.11b.12* reicht. Gleichwohl schließt 11,32 das genealogische Schema für Terach mit Sterbenotiz und Angabe seines Lebensalters ab.

(3)

Gemessen an den Urvätern vor der Flut (5,1–32), von Adam mit 930 Jahren bis zu Noah mit 950 Jahren, ist Terach mit 205 Jahren jung gestorben.[42] Die Vorstellung von der mythischen Urzeit als einer goldenen Zeit teilt die Bibel mit dem Alten Orient.[43] »Früher war alles besser«, sagt man zuweilen heute noch. Die Menschen jener Urzeit standen der Schöpfung näher und mussten folglich auch eine viel größere Lebenskraft haben. Die Flut bildet jedoch eine Zäsur; denn nach der Flut nimmt die Lebensdauer allmählich ab: von Sem mit 600 Jahren bis Terach mit 205, Abraham mit 175 und Sara mit 127 Jahren. In der Zeit der Erzähler hat sie längst das menschliche Normalmaß erreicht: »Unser Leben währt siebzig Jahre, und

---

42 Zu den erstaunlichen Angaben des Lebensalters WERLITZ, Geheimnis, 112–119.

43 Vgl. die sumerische Liste der Urkönige vor der Flut (TUAT I, 330–336).

wenn es hoch kommt, so sind es achtzig Jahre«, sagt der Beter von Ps 90,10. Davon ausgenommen sind wegen ihrer Bedeutung lediglich die Väter Israels (Abraham, Isaak und Jakob) sowie die Großen vom Auszug aus Ägypten bis zur Landnahme (Mose, Aaron, Josua). Die genauen Zahlen, die Exaktheit suggerieren, lassen sich damit jedoch nicht erklären. Sie stehen im Dienste einer Chronologie, deren Absichten wir nur noch zum Teil durchschauen. Um biographisch exakte Angaben handelt es sich jedenfalls nicht,[44] wie die Differenzen in den verschiedenen Textüberlieferungen zeigen.

(4)
Genaueres lässt sich über den *geographischen Horizont* sagen, der von Ur in Südmesopotamien über Harran im Norden bis nach Kanaan im Südwesten reicht.

Daraus ergibt sich auch eine grobe zeitliche Einordnung; denn der Name »Ur in *Chaldäa*« ist vor den Neubabyloniern (626–539 v. Chr.) nicht denkbar und auch nicht vorher bezeugt. Sodann weisen die Namen der Verwandten Abrahams in 11,27 auf die Gegend um Harran, wo Terach, Nahor und Haran in Ortsnamen begegnen. Warum hat man Abrahams Heimat ausdrücklich nach Ur in Chaldäa verlegt? Offenbar wollte man Abraham näher an die Zentren der 587 v. Chr. aus *Juda* Weggeführten heranrücken. Die lagen freilich nördlich von Ur: am Fluss Kebar bei Nippur und in der

---

[44] Das hat schon JOSEPHUS gewusst, wenn er bei seiner Erklärung von 5,1–32 schreibt: »Niemand aber darf das Todesjahr dieser Männer erforschen wollen, denn ihr Leben erstreckte sich über Kinder und Kindeskinder hinaus, sondern man wolle bei der Zählung der Jahre nur darauf achten, wann sie geboren sind« (Ant 1,3,4, übersetzt von Clementz).

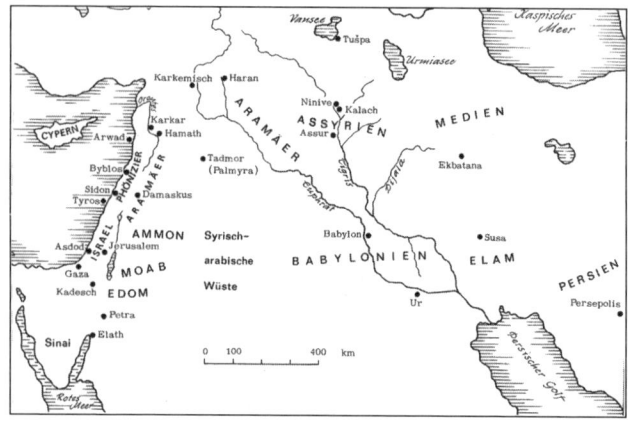

Abb. 4: Der Vordere Orient im 1. Jahrtausend v. Chr.

Region um Sippar.[45] Die Wahl von Ur dürfte damit zusammenhängen, dass die Stadt wie auch Harran seit alters Hauptkultorte des Mondgottes mit bedeutenden Heiligtümern waren. Während Ur nur in wenigen Anspielungen[46] begegnet, ist Harran fester in der Überlieferung verankert, allerdings nur bei Jakob: Die Stadt am oberen Balich, einem Nebenfluss des Euphrat, ist Labans Heimat (27,43; 28,10; 29,4), der auch anderwärts jenseits des Euphrat vorgestellt wird (31,20–24). Die Herkunft Abrahams wurde also mit Material aus der Jakobüberlieferung erzählt, allerdings in einer schon bearbeiteten Gestalt.[47] Aus 2Kön 17,6 geht hervor, dass die Assyrer die um 720 v. Chr. deportierten Bewohner Samarias in der Region zwischen Balich und Habur an-

---

45 PEARCE, New Evidence, 399–411.
46 1Mose 11,28.31; 15,7 und Neh 9,7.
47 Zur Harran-Bearbeitung BLUM, Komposition, 164 ff., und u. zu 22,20–24 (B 4.1.(3)).

siedelten.⁴⁸ Durch seinen Aufenthalt in Harran, wird Abraham mit Hilfe der Jakobüberlieferung ausdrücklich auch mit den *Weggeführten des Nordreichs* in Verbindung gebracht.

Im Lichte dieser doppelten Herkunft aus Ur und Harran erscheint Abraham von vornherein als *gesamtisraelitische* Identifikationsfigur und zwar nicht nur für die im Lande Verbliebenen wie in Hes 33,24⁴⁹, sondern auch für die *Deportierten* aus dem Norden wie dem Süden. Die Identifikation der Exilsgeneration mit ihrem Ahn ist mit der stillschweigenden Aufforderung verbunden, sich wie Abraham einst aufzumachen und aus Ur in Chaldäa (und Harran) »auszuziehen« (*jatza*), »um ins Land Kanaan auszuwandern« (11,31), will sagen: in die Heimat zurückzukehren. Dabei waren dem hellenistischen Judentum die religiösen Dimensionen noch bewusst, die mit den Haupheiligtümern des Mondgottes verbunden waren. Es deutete deshalb den Auszug⁵⁰ Abrahams aus Ur nicht nur als Ortswechsel, sondern zugleich als Abwendung des Ahns vom Götzendienst hin zur Verehrung des einen Gottes.⁵¹

(5)

Zu welchem *literarischen Großkontext* gehört der Abschnitt und worin besteht sein Profil? Die Überschrift »Das ist die Geschichte Terachs und seiner Nachkommen« gehört, wie oben gezeigt, zu einem Netz, das ein umfängliches literarisches Werk gliedert. Es reicht wenigstens von der Erschaffung des Himmels und der

---

48 VAN SETERS, Abraham, 34.
49 S. u. C 1.
50 Das Verb *jatza* ist in besonderer Weise mit dem Exodus aus Ägypten verbunden.
51 Näheres dazu u. C 2.3.

Erde (1Mose 1) bis zum Bau des Heiligtums am Sinai (2Mose 25–40), möglicherweise noch weiter. Seine Verfasser schreiben eine nüchterne Wissenschaftsprosa. Sie sind auf präzise Unterscheidungen bedacht und an dem interessiert, was die Welt im Innersten zusammenhält: am Gottesdienst im Heiligtum. Man hat es deshalb »Priesterschrift« genannt.[52] Manche Passagen (wie 17,1–27) wirken wie Teile aus einem Buch, das für sich gelesen werden kann, andere Passagen (wie 11,27–32[53]) machen eher den Eindruck von Bearbeitungen schon vorliegender Texte. Ihre geistige Heimat ist aber dieselbe. Der Gott der gesamten Welt tritt zu dem einen Volk in ein besonderes Verhältnis und gibt ihm ein bestimmtes Land, damit er in der Welt Raum gewinnt.[54] Das eine geschieht schon bei Abraham (vgl. 17,7–8 mit 2Mose 6,7), das andere mit dem Bau des Heiligtums am Sinai (2Mose 29,45–46). In Abraham gründet Israels einzigartige Bestimmung zu einem Leben in Gottes Gegenwart.

Dazu befähigen es jedoch keinerlei Verdienste noch besondere Qualitäten. Nichts ist zu sehen, was eine große Zukunft – gar von menschheitlicher Bedeutung – erwarten ließe. Mit einem heimatlosen Mann, der bei seiner Auswanderung unterwegs hängengeblieben ist, und mit einer Frau, die bislang keine Kinder hat, beginnt Gott seine besondere Geschichte. Sie beginnt leise, ohne spektakuläre Offenbarungen oder Eingriffe in den Gang der Welt. Abraham ist eingebunden in seine Sippe. Aber Gott ist im alltäglichen Leben un-

---

52   Dietrich u. a., Entstehung, 90 ff., 103 ff.; Römer u. a. (Hg.), Einleitung, 138–164, 196–216.
53   Zur literarischen Einheitlichkeit jener Verse Van Seters, Abraham, 225.
54   Zum Profil Köckert, Leben, 73–109.

merklich am Werk: auf der Wanderschaft, beim Heiraten, Zeugen und Sterben.

Wie das heimatlose und kinderlose Paar zu dieser Geschichte nichts beitragen kann als seine Mängel, ist auch das Land von sich aus gänzlich ungeeignet, ein Ort der Gottesgegenwart zu sein. Es ist ja »das Land Kanaan«, in dem schon andere Völker leben. Es ist das Wort des Weltschöpfers, das dieses Land dem Ahn zuspricht (17,7–8) und als Ort seiner Gegenwart in der Welt auszeichnet. Israel und das Land Kanaan sind also keine natürliche Einheit seit je.

In diesem Bild des Ahnpaares können sich die Exulanten Samarias und Jerusalems wiedererkennen. Mit ihnen – obwohl heimatlos und »entwurzelt«, also ohne Zukunft[55] – will Gott seine Geschichte fortsetzen, wie er sie mit Abraham und Sara einst begonnen hat.

1.2. »Gehe aus deinem Land in das Land, das ich dir zeigen werde!«
1Mose 12,1–13,18:

(1) Von Harran nach Kanaan – ein vielstimmiger Beginn
Am Anfang einer größeren literarischen Komposition sind häufig viele Stimmen zu vernehmen. Deshalb ist es hilfreich, sie zu unterscheiden und die Akzente zu entdecken, die sie setzen.

Der Erzählbogen der Priesterschrift begann mit 11,27–32 und reicht über 12,(4b–)5 bis 13,6.11b.12*. In ihm kommt das Ahnpaar von weither ins Land Kanaan und lässt sich nach der Trennung Lots von Abraham dort nieder. Er ist jetzt mehrfach unterbrochen von ei-

---

55 Die hebräische Wurzel in dem oben mit »unfruchtbar« übersetzten Adjektiv *ᶜaqara* bedeutet als Verb »entwurzeln«, »jäten«.

nem zweiten Bogen. Auch in ihm kommt das Paar als Einwanderer von außen nach Kanaan, jetzt aber nicht aus eigenem Antrieb (wie in 11,31), sondern auf Gottes Geheiß (12,1–4a). Der aber schickt das Paar auf eine Reise ins Blaue, eben in »das Land, das ich dich (erst noch) sehen lassen werde« (12,1 *ra^cah* Hifil). Diese Unterschiede in Konzeption und Stil zwingen zur Annahme eines zweiten Verfassers. Wo kommt der Aufbruch ans Ziel? Abraham und die Seinen ziehen zwar seit 12,6 durchs Land, aber erst in 13,14–17 heißt es mit ausdrücklichem Rückbezug auf 12,1b: »Blicke doch auf und sieh (*ra^cah*) ... Das gesamte Land, das du siehst (*ra^cah*), will ich dir geben, dir und deinen Nachkommen für immer.« Hier also endet der zweite Bogen, der in 12,1 begann.[56]

Mit 12,1 kann der zweite Bogen jedoch nicht begonnen haben, weil er eine eigene Einführung der Personen und des Ortes voraussetzt. Die fehlt jetzt.[57] Offenbar waren einem Späteren beide Erzählbögen so wichtig, dass er auf keinen verzichten mochte. Er hat sie deshalb ineinandergeschoben. Dabei musste er auf eine der beiden Einführungen verzichten. Auf ihn geht auch 12,4b zurück.[58] Er datiert Abrahams Aufbruch in dessen 75. Lebensjahr. Nach den Daten in 11,26.32 lässt Abraham seinen Vater in Harran zurück, der dort noch 60 Jahre lebt. Mit dieser Datierung deutet jener spätere Redaktor Abrahams überraschenden Auszug aus Harran als Tat vertrauensvollen Gehorsams gegenüber dem Gotteswort 12,1–3.[59]

---

56 KÖCKERT, Vätergeschichte, 48–52. – In 12,7 vernehmen wir jedoch eine noch jüngere Stimme (BLUM, Komposition, 383).
57 Das spricht auch gegen Anfänge mit 12,6ff. (SKA, Call, 50) oder mit 12,10ff. (FISCHER, Erzeltern, 340).
58 Nähere Begründung bei KÖCKERT, Vätergeschichte, 61–63.

Im nicht-priesterlichen Erzählbogen lassen sich noch zwei ältere Überlieferungen erkennen: die Trennung Lots von Abraham (13,2–18*) und das Ahnpaar in der Fremde (12,10–20).

Davon lässt sich die Episode von Lots Trennung noch ziemlich genau herausschälen. Man muss nur die wenigen Sätze der Priesterschrift und die Verweise auf den Kontext abziehen.
Die Überlieferung in 12,10–20 weiß nichts von Lot.[60] Stoff und Handlungsgerüst begegnen nochmals in 20,1–18 und – in der Besetzung mit Isaak und Rebekka – auch in 26,1–3a.6–11: Stets zieht der Ahn mit seiner Frau in die Fremde (hier nach Ägypten, dort nach Gerar), und stets gibt er sie als seine Schwester aus; darauf gerät die Frau Abrahams in den Harem des fremden Königs, aus dem sie nur Gottes Eingreifen untadelig herausgehen lässt, während in 26,1–13* der König die Wahrheit entdeckt, bevor es überhaupt zu Verwicklungen kommen kann. Die zahlreichen Gemeinsamkeiten mit teilweise wörtlichen Übereinstimmungen schließen eine unabhängige Entstehung der drei Fassungen aus. Wie wir noch sehen werden, hat der Verfasser von 20,1–18 die ihm bereits vorliegende Erzählung 12,10–20 umgeschrieben und dabei neue Akzente gesetzt.[61] Die Fassungen in Kap. 12 und 26 stammen wahrscheinlich von demselben Verfasser. Er hat aus einer nicht mehr erhaltenen Überlieferung beide Erzählungen als Kontrastpaar für ihre gegenwärtigen Kontexte gebildet.[62]

---

59   SPECHT, Gott, 402–403.
60   Zu ihrem kunstvollen Aufbau s. o. A 2.
61   S. u. B 3.1.
62   Gründe bei BLUM, Komposition, 307, und KÖCKERT, Vätergeschichte, 50f.

Diese beiden älteren Überlieferungen sind mit den Wandernotizen 12,6.8–9 und 13,1.3–4.5*.18b in den neuen Zusammenhang integriert und auf ihn abgestimmt worden. Die beiden Gottesreden 12,1–4a und 13,14–18 beziehen sich aufeinander und bilden jetzt die Eckpfeiler des Eingangsportals für die *Vätergeschichte*, welche die Abraham- und Jakobüberlieferung verbindet.[63] Ihr folgt unsere Darstellung.

(2) Vom großen Volk zu allen Sippen der Erde (12,1–4a)

Die erste Gottesrede eröffnet einen weiten Horizont. Er reicht über Abraham hinaus in die Zukunft Israels, ja, in die der Menschheit:

¹Jhwh sprach zu Abram:
  Geh aus deinem Land
  und aus deiner Verwandtschaft
  und aus deines Vaters Haus
  in das Land, das ich dich sehen lassen werde!
²Ich will dich zu einem großen Volk machen
  und will dich segnen und deinen Namen groß machen,
  dass du ein Segen wirst.
³Ich will segnen, die dich segnen,
  aber wer dich schmäht, den verfluche ich;
  und mit dir werden sich segnen alle Sippen des Erdbodens.

Weder hat Abraham dieses Land jemals besessen, das ihm Gott zu zeigen verspricht, noch kann er hoffen, zu seinen Lebzeiten ein großes Volk zu werden; denn dazu braucht es viele Generationen. Angesprochen wird Abraham, aber gemeint ist Israel. Dem entspricht der lite-

---

63 Köckert, Vätergeschichte.

rarische Horizont jener Verheißung. Sie schlägt einen Bogen nach 46,3: Dort, in Ägypten, soll Jakob zu einem großen Volk werden. Die Abfolge großes Volk (12,2) – Aufbruch (V. 4a) – Kanaanäer im Land (V. 6b) – Bleibe im Land (13,18) entspricht dem Aufriss der Erzählung vom 1. Mosebuch bis zum Buch Josua: Mehrung des Volkes in Ägypten – Exodus aus Ägypten – Vertreibung der Kanaanäer – Landnahme.

Die Gottesrede besteht aus einer Weisung (V. 1) und aus einer mehrteiligen Verheißung in zwei Reihen (V. 2.3).[64] Die Verheißung hängt allerdings nicht vom Gehorsam Abrahams ab. Der Imperativ sagt lediglich, wo der mit der Verheißung ausgestellte Scheck eingelöst werden kann: nicht in den vertrauten Verhältnissen hier, sondern dort, wohin V. 1 den Weg weist. Die Weisung für sich genommen ist eine schwere Zumutung, vor allem für einen Menschen der Antike, der nur eingebunden in seine Beziehungen zu Land, Verwandtschaft und Großfamilie überleben kann. Werden diese gestört, kommt das Leben in die Krise. Gottes Weisung eröffnet jedoch eine neue Beziehung: »Geh ... in das Land, *das ich dich sehen lassen werde*.« Die Unbestimmtheit des Zieles weist Abraham an den gebietenden Gott selbst, der ihn fortan führen wird. So macht schon der erste Vers Abraham zum Anfang einer neuen Geschichte inmitten der Menschheit, die *ihre* Wege geht.

In der Kette der Verheißungen steht Israel als politische Größe (das eine »große Volk«) einer familiär gegliederten Menschheit (»alle Sippen des Erdbodens«)

---

64 Das Gegenüber von Weisung und Verheißung begegnet mehrmals. Aufbruch (12,1; 46,3), Bleibe (26,2–3) und Rückkehr (31,3.13; 32,10) werden so göttlicher Führung unterstellt. Geschichte erscheint dadurch als Weg. Weil Gott ihn mit seinen Verheißungen gebahnt hat, kann er nun auch beschritten werden.

gegenüber. Die Verheißungen sind durch das Leitwort »Segen« eng miteinander verbunden. Sie zielen auf zwei Folgesätze, die einander auslegen: Jhwh will Abraham segnen, so dass Abraham ein Segen(swort) wird (V. 2c); Abraham wird das, indem Jhwh die segnet, die Abraham segnen, hingegen den verflucht, der Abraham schmäht, so dass sich mit ihm alle Sippen des Erdbodens segnen werden (V. 3c).

Ein Segen(sspruch) entfaltet seine Kraft, sobald er ausgesprochen wird; denn er ist ein machtgeladenes Wort, das jetzt wirkt, was es sagt. Er kann deshalb nur zugesprochen oder erbeten und erwünscht werden wie in 14,18: »Gesegnet seist du!« Hier jedoch wird der Segen erst für die Zukunft in Aussicht gestellt. Damit hat sich sein Verständnis gewandelt: Die Ankündigung des Segens bindet ihn an Gottes Tat.

Alles, was hier als Segen angekündigt wird, galt ursprünglich dem König, wie man an Ps 21,4.7; 72,15–17; 2Sam 7,9.29 usw. sehen kann. Hier aber werden alle diese Inhalte vom König auf den Ahn des Volkes übertragen. Das konnte erst geschehen, nachdem das Königtum untergegangen war. Das war für Juda 587 v. Chr. der Fall. Deshalb entwickeln die Entfaltungen des Segens in 12,2–3 ihre Leuchtkraft vor allem vor dem Hintergrund ihrer zeitgenössischen Bestreitung.[65]

(a) *»Ich will dich zu einem großen Volk machen.«* Zunächst versteht man diese Ankündigung als eine besondere Gestalt der Mehrungsverheißung (wie in 46,3). Doch setzt das Stichwort »Volk« (*goy*) Akzente, die darüber hinausgehen; denn *goy* wird im Unterschied zu ʿ*am* nie für Israel als Gottesvolk gebraucht. Es bezeichnet häufig eine politische Größe, zu der ein ›Staatsge-

---

65 Zu den Einzelheiten von 12,1–3 vor allem Blum, Komposition, 349–359, und Köckert, Vätergott, 266–299.

biet‹ (*'ärätz*) und in der Regel ein König (*mäläk*) gehören. Nachdem Nebukadnezar 587 v. Chr. die letzten Reste Judas in das babylonische Provinzialsystem eingegliedert hatte, konnte für Juda von alledem nicht mehr die Rede sein. Wen wundert's, dass sich bei den Betroffenen Resignation und bei den Siegern und Nutznießern Schadenfreude breit machen: »Die beiden Sippen[66], die Jhwh erwählt hatte, die hat er verworfen«, klagen die einen; die andern »schmähen mein Volk (*ᶜam*), dass es für sie kein Volk (*goy*) mehr sei« (Jer 33,24). Gegen die Meinung, Israel könne kein *goy* mehr sein, führen Jer 31,35–37 Gottes Schöpfermacht ins Treffen. In diesem Licht muss man 12,1–3 lesen.

(b) »*Ich will deinen Namen groß machen.*« Ein großer Name kommt Gott (Ps 34,4) und dem König zu (2Sam 7,9.26) aufgrund ihrer ruhmvollen Taten (vgl. 1Kön 8,42 mit 2Sam 8,13). Das Gegenteil eines großen Namens sind Schimpf und Spott. So bedroht Gott den Rest Judas, der nach der ersten Deportation 597 im Lande verblieben war: »Ich mache sie zu Schmach und Spott, zu Hohn und Fluch an allen Orten, dahin ich sie verstoßen werde« (Jer 24,9). »Name« lässt aber auch Nachkommenschaft assoziieren, in der ein Name fortlebt. »Den Namen groß machen« ist dann das Gegenteil von »den Namen auslöschen«. Das bedeutet im Horizont des Königtums den Bestand der Dynastie (Ps 72,17), auf das dezimierte Volk gewendet dessen Mehrung (vgl. Jes 48,18–19).

(c) »*so dass du ein Segen (bᵉrakah) wirst.*« Häufig hat man gemeint, Israel werde als *Quelle* des Segens für andere wirken. Dagegen spricht jedoch die Parallelität von Fluch und Segen in Sach 8,13: »Wie ihr ein Fluch

---

66 Gemeint sind die Bewohner des Nordreichs und die Judas in ihrer Verwandtschaftsbeziehung.

(q^elalah) unter den Völkern geworden seid, Haus Juda und Haus Israel, so will ich euch befreien, dass ihr ein Segen (b^erakah) werdet.« Dass Israel oder Juda als Quelle oder Auslöser von Fluch unter den Völkern gewirkt hätten, wird man kaum sagen können, waren es doch die Assyrer und Babylonier mit ihren Verbündeten, die Israel und Juda so behandelt haben als wären beide verflucht. Gemeint ist offenbar, dass Israel in Segens*worten* oder Segens*wünschen* als beispielhaft Gesegneter genannt wird, so wie es bisher als exemplarisch Verfluchter galt. Dafür sprechen die Hinweise darauf, dass Israel durch sein Geschick 587 zum *Fluchwort* (q^elalah) unter den Nachbarn geworden ist (Jer 24,9; 25,18; 26,6 u. ö.).

(d) *»Ich will segnen, die dich segnen; aber wer dich schmäht, den verfluche ich.«* Der Doppelsatz bringt das Verhältnis derer zu Israel ins Spiel, die nicht zu Israel gehören. Er verwandelt die älteren Fluch- und Segenssprüche aus 27,29b und 4Mose 24,9 in eine Ankündigung von Segen und Fluch. Er löst die Symmetrie von Segen und Fluch auf, indem er ein geringschätziges Verhalten gegenüber Israel als Einzelfall den Vielen gegenüberstellt, die Israel segnen. Das zeigt den Abstand an zu den Klagen nach dem Untergang Judas, die eine spätere Zeit in die Worte von Ps 44,14f. gebracht hat: »Du machst uns zur Schmach bei unseren Nachbarn, zu Spott und Hohn bei denen, die um uns wohnen. Du machst uns zum Spottlied unter den Völkern.« Was damals die Regel war, wird künftig die Ausnahme sein. Darüber hinaus verschärft der Fluchsatz die Androhung, indem der Fluch schon den treffen soll, der Israel verächtlich macht oder geringschätzig behandelt. Angesichts des Segens, der demnächst vor allen Augen liegen und jeden überzeugen wird, behandelt er den Ausnahmefall als uneinsichtige Bosheit.

(e) »*so dass sich mit dir segnen werden alle Sippen des Erdbodens.*« Dieser letzte Satz der Gottesrede hat viele Diskussionen ausgelöst. Die einen verstehen die hebr. Verbform passiv (»in dir sollen gesegnet werden«)[67] oder medial (»durch dich sollen Segen erlangen«)[68] und schreiben damit Abraham/Israel eine aktive Rolle als Mittler des Segens für die Menschheit zu. Die andern deuten die hebr. Verbform reflexiv (»mit dir [gemeint ist: *mit deinem Namen*] werden sich Segen wünschen«) – was ebenfalls möglich ist – und verstehen den Satz so, dass sich die Völker Segen wünschen werden, indem sie auf Abraham als Beispiel eines besonders Gesegneten verweisen.[69] Für dieses Verständnis sprechen vor allem die wenigen Texte, die den Vorgang des Segnens erzählen. So segnet Jakob die Söhne Josephs mit den Worten: »Mit dir wird Israel folgendermaßen segnen: ›Gott mache dich wie Ephraim und Manasse‹« (48,20).[70] Was hier einem einzelnen gilt, weitet 12,3b universal aus: Die Menschheit wird sich Segen wünschen, indem sie Abraham als Beispiel eines Gesegneten mit Namen nennt: »Gott mache uns wie Abraham/Israel!« Die Menschheit wird also nicht *durch* Abraham, sondern *wie* Abraham gesegnet.

»Segen« ist Gottes erstes Wort für Abraham und sein Volk; er übersteigt die Grenzen Israels und wird auch Gottes letztes Wort für *alle* Sippen des Erdbodens sein

---

67 So schon Sir 44,21; Apg 3,25; Gal 3,8f. Diesem Verständnis folgen die Lutherbibel, die Elberfelder Bibel, v. Rad, Zimmerli u. a.
68 So die Einheitsübersetzung, Neue Zürcher Bibel, Wolff u. a.
69 So die Zürcher Bibel, die Erklärung der Jerusalemer Bibel; Gunkel, Buber, Westermann; bes. Blum, Komposition, 350–359.
70 Vgl. den Segen Rt 4,11–12 und das Fluchwort Jer 29,22.

(V. 3b), sofern sie Israel die segnende Anerkennung nicht versagen (V. 3a).

Abb. 5: Rembrandt, Abrahams Berufung
(Rohrfederzeichnung um 1660–1665, 12,1 x 12,3 cm)

Zur Zeit Rembrandts war es in den Niederlanden nicht üblich, Gott im Bild darzustellen. Diese Scheu gründet im Wissen um den unendlichen Unterschied zwischen Gott und Mensch. Rembrandt bringt ihn auf andere Weise zur Geltung. Übergroß steht die Gestalt Gottes vor uns, von Kopf bis Fuß als machtvoller Herrscher dargestellt. Er hat die rechte Hand in die Seite gestemmt, in der linken hält er ein Szepter, nicht von dieser Welt. Hinter ihm ist sein Gefolge angedeutet. Das greise Haupt mit langem Bart strahlt Würde aus. So blickt er erhobenen Hauptes auf Abraham tief unter ihm und spricht ihn an: »Geh ... in das Land, das ich dir zeigen werde!« Der hat sich, von dieser Begegnung überwältigt, auf den Boden geworfen. Dann aber wird er aufstehen und sich auf den Weg machen.

(3) Vom Land Kanaan zum Land Jhwhs
(12,6.8–9; 13,1.3–4.18b)

Bis auf 20,1 finden sich alle Wandernotizen der Abrahamüberlieferung nur in deren Eingangsteil. Sie zielen auf Hebron in 13,18. Dort endet Abrahams Wanderschaft. Sie wären deshalb als Hinweise auf eine nomadische Lebensweise Abrahams falsch gedeutet. Es handelt sich offenkundig um literarische Wanderungen, die realisieren, was mit Abrahams Aufbruch in 12,4a beginnt. Sie setzen aber noch andere Akzente.

Zunächst fallen die Orte auf, an denen Abraham auf seiner Reise vorbeikommt. Sichem war die erste Hauptstadt des Nordreichs Israel (1Kön 12,25). In *Betel* befand sich das Staatsheiligtum des Nordreichs, das Jerobeam prächtig ausgestattet hatte (Am 5,5; 7,13).[71] Hier wird Jakob auf der Flucht vor seinem Bruder erstmals einer Begegnung mit Gott gewürdigt, er salbt daraufhin einen Kultstein und gelobt, ein Heiligtum an dieser Stätte zu errichten, an der ihm der Himmel offenstand (28,10–22). Vor der Stadt *Sichem* baut Jakob nach seiner Rückkehr von Laban einen Altar mit dem bezeichnenden Namen: »Ein mächtiger Gott ist der Gott Israels« (33,18*.20).[72] Während Jakob mit diesen bedeutenden Stätten des Nordreichs Israel fest verbunden ist, berührt Abraham diese Jakobstätten nur auf der Durchreise nach Hebron.

Auch die *Reise von Sichem nach Betel* hat ihr Vorbild bei Jakob; denn 35,1.6*.7 folgten einst unmittelbar auf

---

[71] Wahrscheinlich gehen die goldenen Jungstiere als Symboltiere des Wettergottes, von denen 1Kön 12,25–33; Hos 8,5–6; 10,5–8 sprechen, auf Jerobeam II. (um 760 v. Chr.) zurück (Finkelstein/ Singer-Avitz, Reevaluating Bethel).

[72] Zu dieser Bedeutung des Namens Blum, Genesis 33, 233. – »Israel« kann sich im Kontext nach 32,29 nur auf Jakob selbst beziehen.

Abb. 6: Juda und Israel in der Königszeit

33,18*.20, so dass mit der Rückkehr nach Betel der Erzählbogen endet, den 28,10–22 geschlagen hatten. Bei Abraham haben dagegen weder die Reise von Sichem nach Betel noch die Orte selbst irgendeine tragende Bedeutung.

Sodann fällt die *Wanderroute* auf. Abraham kommt vom Norden ins Land, im literarischen Zusammenhang von Harran[73] (11,31; 12,4b), und zieht über Sichem (12,6) bis zu einer Stelle in der Nähe Betels (12,8). Dieser Einzug ins Land entspricht der Rückkehr Jakobs von Laban in 33,18–20; 35,1.6a*.7. Die Abwanderung Abrahams aus dem Land hat ebenfalls ein Seitenstück bei Jakob. Beide gehen von Betel weg außer Landes. Der eine flieht vor seinem Bruder Esau zur Verwandtschaft nach Harran (27,43; 28,10), der andre geht über den Negev (12,9) nach Ägypten (12,10–20), um einer Hungersnot zu entgehen. Deshalb muss Abraham wieder ins Land zurückkehren, jetzt aber von Süden her. Allerdings führt ihn die Vätergeschichte nicht unmittelbar nach Hebron, sondern zuvor an jenen Platz bei Betel (13,1.4), von dem er aufgebrochen war (12,8). Warum? Sichem liegt im Norden, Hebron im Süden, Betel in der Mitte des Landes. Der doppelte Einzug ins Land zeichnet jenen Platz bei Betel als Mitte des gesamten Landes aus.[74] Abraham muss hierher zurück, weil Gott ihm hier »das gesamte Land« als Ziel seines Aufbruchs aus Harran zeigen will, das er ihm und seinen Nachkommen geben wird (13,14–17).

Dieser Ort in der Mitte des Landes fällt auch dadurch auf, dass er nicht mit einer historischen Ortslage, etwa dem altehrwürdigen Heiligtum in Betel identifi-

---

73 S. die Orte auf der Karte in Abb. 4.
74 DEURLOO, Narrative Geography, 53 ff.

ziert wird. Seine rein geographische Lokalisierung »zwischen Betel und Ai« wirkt künstlich. Offenbar soll jede Ansteckung durch das von der »Sünde Jerobeams« befallene Heiligtum (1Kön 12) vermieden werden. Es kommt deshalb nicht von ungefähr, dass Abraham zwar auch in Sichem und Hebron Altäre baut, obwohl er auf ihnen nie Opfer darbringt, aber nur hier (12,8; 13,4) den Namen Jhwhs ausruft. Von kultischen Handlungen auf den Altären verlautet nichts, weil derjenige, der die Wandernotizen geschaffen hat, dem Verbot jeglichen Kultes außerhalb des Jerusalemer Tempels (5Mose 12) Rechnung trägt. Mit dem Bau der Altäre begründet Abraham keine Kultorte, sondern nimmt das Land zeichenhaft in Besitz.[75] Indem er in dessen Mitte den Namen Jhwhs ausruft, unterstellt er diesem Gott das gesamte Land, von dem es in 12,6b heißt: »Damals waren die Kanaanäer im Land«.

Die Wandernotizen mit ihren besondern Ortsangaben und Altarbauten bieten also keine historisch verwertbaren Nachrichten über die Lebensweise des Ahnpaares, sondern dienen allein dazu, das Kanaanäerland (12,6b) in das Land Jhwhs und seiner Verehrer zu verwandeln. Zwar ist Abraham in den älteren Schichten der Überlieferung ein Mann des Südens, aber bevor er in Hebron zur Ruhe kommen darf, muss er das gesamte Land gesehen und durchzogen haben; denn er ist auf dieser Ebene der Überlieferung mit Mitteln der Jakobüberlieferung schon längst der Ahn Gesamtisraels geworden.

---

75 Blum, Komposition, 338.

*(4) Von Kanaan nach Ägypten und zurück
(12,10–20; 13,1.3–4)*
Die kunstvolle Erzählung gilt als Perle althebräischer Erzählkunst, doch fällt es nicht leicht, ihre Pointe zu benennen. Wir orientieren uns an ihrem Aufbau[76] und an den drei Spannungsbögen, die jeweils aus einer Notlage erwachsen.[77]

Eine Hungersnot in Kanaan veranlasst das Ahnpaar, nach Ägypten auszuweichen, aber von ihrem Ende erfahren wir nichts. Offenbar hat das Motiv keine andere Funktion als die, den Zug nach Ägypten zu motivieren. Nicht die Hungersnot beansprucht das Interesse des Erzählers, sondern der Aufenthalt des Ahnpaares in Ägypten. Dass man bei einer Hungersnot aus Palästina nach Ägypten zieht, verwundert nicht; denn fällt der Regen hier aus, sorgen doch die alljährlichen Überschwemmungen des Nils in Ägypten für reiche Ernten. So ziehen auch Josephs Brüder nach Ägypten, um dort Getreide zu kaufen, weil zu Hause der Hunger herrscht (41,57; 43,1; 47,4). Der Erzähler greift das Motiv auf und gibt damit seiner Geschichte das passende lokale Kolorit.

Die zweite Notlage durchzieht dagegen die gesamte Erzählung bis zum Schluss: Abraham fürchtet, in Ägypten wegen der Schönheit seiner Frau (V. 11) umgebracht zu werden. Offenbar kennt der Verfasser noch nicht die priesterliche Chronologie, nach der Sara zu jener Zeit etwa 70 Jahre alt sein muss. Abraham begegnet seiner Sorge mit einer List: Sara soll sich als seine Schwester ausgeben (V. 12–13). Diese Lüge hat bei den meisten Auslegern moralische Entrüstung ausgelöst.

---

76 S. o. als Beispiel in A 2.
77 Vgl. KÖCKERT, Abraham, und OSWALD, Erzeltern als Schutzbürger, 79–81.

Doch der Erzähler bewertet nichts. List als die »Kraft des geistig überlegenen Schwachen« gilt in der Antike durchaus als lobenswert.[78]

Inwiefern befreit die List aus der Notlage? Hält der Erzähler die Ägypter wirklich für derart ungesittet, dass sie fremde Frauen nur als Freiwild betrachten? Hatte Abraham gar von vornherein die Absicht, aus der »Preisgabe seiner Frau« möglichst großen Profit zu schlagen? Das hat man aus der Formulierung in V. 13 entnehmen wollen:

> Sage doch, du seiest meine Schwester, dass es mir wohl ergehe *um deinetwillen* und ich *deinetwegen* am Leben bleibe!

Näher liegt es, nach den sozialen Funktionen des Bruders für die Schwester in der Bibel zu fragen.

1Mose 34 berichtet davon, wie der Sohn des Stadtfürsten von Sichem in Liebe zu Jakobs Tochter Dina entbrennt: »Als er sie sah, nahm er sie und schlief mit ihr gegen ihren Willen. Aber sein Verlangen hing an Dina, der Tochter Jakobs, und er liebte das Mädchen.« Daraufhin sinnen die Brüder auf Rache, weil man »Dina, ihre Schwester, geschändet hatte« (V. 13). Nicht der Vater rächt die Ehre seiner Tochter, sondern die beiden Brüder Simeon und Levi, die mit ihr am nächsten verwandt sind, weil sie nicht nur denselben Vater, sondern auch dieselbe Mutter haben (29,33–34; 30,21).

Ähnlich verhält es sich in 2Sam 13. Amnon, einer der Söhne Davids, wird liebeskrank nach seiner schönen Halbschwester Tamar. Mit einer List überwältigt er sie. Auch hier ist es der ihr am nächsten stehende Bruder Absalom, der sich seiner Schwester annimmt und sie schließlich rächt.

---

78 Gese, Komposition, 35.

Offenbar obliegt dem nächstverwandten Bruder der Schutz der Schwester. Beim Tod des Vaters übernimmt er dessen Rechtsfunktionen für die Schwester. Die Brüder sind es auch, mit denen der Ehevertrag verhandelt werden muss und die den Brautpreis erhalten, wie man aus mesopotamischen Ehekontrakten erfährt.[79]

Jetzt verstehen wir Abrahams Plan besser. Erscheint Sara als seine Schwester, vermindert sich sein Risiko, und er kann auch Respekt erwarten; wird er es doch sein, der mit den zahlreichen Bewerbern um seine schöne ›Schwester‹ verhandeln wird und so die Fäden in der Hand behält. Der Plan verspricht Erfolg – jedenfalls fürs Erste; später wird man weitersehen. Indes widerfährt Abraham das, was auch wir ständig erleben: Nicht jeder Plan glückt. Er hat nicht damit rechnen können, dass sich sogar der ägyptische König für Sara interessiert. Dieser Fall war nicht vorhersehbar. So kommt es, dass der Plan nur halb gelingt: Abraham wird nicht erschlagen, sondern schwerreich an Vieh und Dienstpersonal[80] – so weit so gut; Sara jedoch verschwindet im königlichen Harem.

Was als Rettung aus der Not gedacht war, führt jedoch zu einer neuerlichen, dritten Notlage: Was wird aus Sara in Pharaos Harem? Jetzt hilft nur noch ein Eingriff von außen. Deshalb betritt am dramatischsten Punkt der Erzählung der Gott Israels die Bühne und greift ein:

¹⁷Jhwh schlug den Pharao mit großen Schlägen … Saras wegen, der Frau Abrahams.

---

79 S. dazu EICHLER, On Reading, 23–38.
80 Es handelt sich bei den Gaben in V.16 nicht etwa um einen »Brautpreis«, sondern allenfalls um ein Ehrengeschenk; denn Abraham darf sie auch nach seiner Ausweisung behalten.

Auch hier bleibt der Erzähler wortkarg. Natürlich war dem Pharao wie jedem Menschen in der Antike sofort klar, dass »große Schläge« mit objektiver Schuld zusammenhängen müssen und nur von der Gottheit kommen können, mag die sich auch verschiedener Mittel bedienen. Nach den hymnischen Berichten der Höflinge und den Geschenken, vor allem aber nach der anklagenden Frage in V.18–19[81] müssen die Leser von einem unwissentlichen Ehebruch ausgehen. Dunkel bleibt indes, wie der Pharao erfahren hat, dass Sara nicht Abrahams Schwester, sondern seine Ehefrau ist. Was der Pharao in der Erzählung nicht weiß, wissen wir aus V.11–13. Der Erzähler lässt also in V.17–19 eine Leerstelle und spielt damit die Leserperspektive ein.

Keiner der drei Spannungsbögen trägt die gesamte Erzählung. Entscheidend ist der dritte mit der unausgesprochenen Frage: Was wird aus Sara? Gott greift allein um Saras willen ein, damit das Ahnpaar mit heiler Haut aus Ägypten heraus wieder ins Land kommen kann, das seinen Nachkommen gehören soll. Mit Sara steht die Zukunft Israels und mit dem Ahnpaar in Ägypten das Land als das entscheidende Hoffnungsgut auf dem Spiel.

In dieser Beleuchtung fallen einige Züge in der Erzählung besonders auf, die etwas sperrig in ihr stehen, sich aber nicht herauslösen lassen. Sie verbinden diese mit der vom Auszug Israels aus Ägypten.[82]

---

81 »Warum hast du mir nicht mitgeteilt, dass sie deine Frau ist …, so dass ich sie mir *zur Frau nahm*?« Vgl. damit 16,3: Sara »gab« Hagar Abraham »zur Frau«.
82 Darauf macht schon der jüdische MIDRASCH BERESCHIT RABBA (BerR, übersetzt von A. WÜNSCHE, 184 zu V.16.20) aufmerksam.

Wie Abraham ziehen auch die Söhne Jakobs wegen einer Hungersnot nach Ägypten (vgl. 12,10 mit 43,1; 47,4).
Wie Abraham leben auch die Brüder Josephs dort als Fremde (vgl. 12,10 mit 47,4).
Gott schlägt den Pharao bez. Ägypten mit Schlägen oder Plagen (vgl. 12,17 mit 2Mose 11,1; 12,23).
Der Pharao ruft Abraham und Mose, um ihnen den Auszug aus Ägypten zu gebieten: »Da *rief* der Pharao Aaron und Mose des nachts und sprach ... *Nehmt* eure Schafe und Rinder ... und *geht*!« (vgl. 2Mose 12,31 mit 12,18–19).
Abraham und die Israeliten werden von den Ägyptern fortgeschickt (12,20 entspricht 2Mose 11,1; 12,33).
Abraham verlässt wie die Israeliten Ägypten mit Silber, Gold und großer Beute (vgl. 13,2 mit 2Mose 12,35).

Kein Zweifel, die Erzählung vom Ahnpaar in Ägypten ist in Kenntnis der Exoduserzählung Israels geschrieben worden. Die verbindenden Züge betreffen nicht nur die Dekoration, sondern gehören zur Substanz der Erzählung. Lediglich die erste Szene ist von derartigen Anspielungen völlig frei. Das dürfte damit zusammenhängen, dass 12,10–20 von einem einzelnen Ehepaar erzählt, nicht von einem Volk. Deshalb musste ein Anlass gefunden werden, um ein fremdes Ehepaar mit dem ägyptischen König überhaupt in Verbindung bringen zu können. So macht die Schönheit Saras aus einer Privatangelegenheit ein Staatsereignis. Die Weise, wie hier von Abraham und Sara erzählt wird, zeichnet mit dem Ahnpaar die Ursprünge des nachmaligen Volkes. Im Ahnpaar befindet sich Israel in Ägypten, und mit ihm zieht Israel aus Ägypten herauf in das verheißene Land. An dieser Israel-Exodus-Perspektive lässt der unmittelbare Kontext keinen Zweifel; denn was Gott in 12,1–3 verspricht, übersteigt das Leben einer Familie und zielt auf das Volk.

Abb. 7: Sara wird in Pharaos Palast gebracht
(Miniatur aus der Bibel König Wenzels I., fol. 11v, um 1395)

Der Buchmaler Frana hat Ende des 14. Jh.s den Moment ins Bild gesetzt, als ein Bediensteter des Pharaos Sara in dessen Palast bringt. Eine einzige Bewegung beherrscht das Bild: Alle Köpfe und Hände richten sich von Abraham weg auf den hochragenden Palast des Pharaos. Der nimmt die rechte Hälfte ein und erinnert an eine mittelalterliche Burg. Abraham ist auf einem der Kamele herangekommen, die er gerade mit zahlreichen Schafen, Eseln und Rindern vom Pharao als Geschenk erhalten hat. Er blickt besorgt, aber weist mit erhobener Hand Sara von sich weg. Des Höflings lüsterner Blick und die Geste seiner linken Hand verheißen nichts Gutes. Überdies hat er besitzergreifend den Arm um Abrahams Frau gelegt und ihr damit jeden Rückweg versperrt. Im nächsten Augenblick wird sie hinter dem dunklen Tor verschwunden sein. Einzig der Liebesknoten, der zwischen Abraham und Sara schwebt, lässt die Hoffnung nicht verlöschen.

(5) Im Land – Lot trennt sich von Abraham (13,1–18)
Die parallele Schilderung des Reichtums an Vieh zeichnet zu Beginn mit wenigen Strichen ein Bild brüderlicher Eintracht (V. 2.5). Doch gerade der Reichtum führt zum Streit zwischen den Hirten Abrahams und Lots (V. 7). Wie geht Abraham mit dem Konflikt um? Er appelliert zunächst an geschwisterliche Solidarität (V. 8), die unter Landsleuten und vertrauten Verwandten[83] selbstverständlich vorausgesetzt werden darf. Weil Streit auch »unter Brüdern« nicht ungewöhnlich[84] ist, kommt es darauf an, dass man im Streit »brüderlich« miteinander umgeht. Unter Brüdern kann offen ausgesprochen werden, was strittig ist. Nur so finden sich angemessene Konfliktlösungen. Dazu geht Abraham als der Stärkere den ersten Schritt. Weder zwingt er Lot seine Vorstellung von Befriedung auf, noch verbrämt er den Streit mit einem faulen Kompromiss. Vielmehr macht er einen Vorschlag zur Schlichtung, der von beiden Seiten angenommen werden kann. In der konkreten Lage der beiden ist Trennung die beste Lösung. Noch in der Trennung erweist sich Abraham als brüderlich, indem er Lot gleichsam »das gesamte Land« zur Wahl vorlegt: »Gehst du nach links, will ich mich

---

83 »Bruder« ist hier metaphorisch gemeint; erst 14,14.16 stellen Lot vielleicht auch genealogisch als Bruder Abrahams vor.
84 Vgl. das Lob in Ps 133,1.

rechts halten; und gehst du nach rechts, will ich mich links halten« (V. 9b).

Dieser Schlichtungsvorschlag ist alles andere als banal, wenn man bedenkt, was sich im Raumverständnis eines Hebräers mit »rechts« und »links« verbindet. Zwar kann die Wendung »nach rechts oder links gehen« heißen: »irgendwohin gehen«.[85] Aber im räumlichen Empfinden des Hebräers, das am Sonnenaufgang im Osten ausgerichtet ist, bedeuten die Wörter für »rechts« und »links« auch die Himmelsrichtungen »Süden« und »Norden«. In diesem Verständnis bietet Abraham Lot an, das Land Kanaan mit ihm zu teilen, das sich nach V. 12 nur westlich des Jordan befindet. Weil Abraham zu teilen bereit ist, müssen beide nicht Feinde werden, sondern können Brüder bleiben.

Nun aber bekommt die Geschichte eine überraschende Wendung. Lot nimmt den Schlichtungsvorschlag an, jedoch in einem Sinne, der Abraham fernlag. Lot sieht allein, was vor Augen ist, und würdigt das angebotene Land keines Blickes. Er sieht den Wasserreichtum der Jordanaue[86], ein Schlaraffenland wie Ägypten, das der Nil bewässert, unabhängig vom unzuverlässigen Regen. So wählt er weder den Norden noch den Süden, sondern die Jordansenke und zieht aus dem Land Kanaan hinaus gen Osten »nach Sodom« (V. 12b). Lot sieht nicht, was der Erzähler uns in V. 13 zeigt: den Kontrast zwischen diesem Gottesgarten und seinen Bewohnern und der schrecklichen Zukunft dieses scheinbaren Paradieses, in die sich Lot

---

85 So z. B. 24,49; 2Sam 2,21 u. ö.
86 Spätere fügen den paradiesischen Vergleich hinzu (»wie der Garten JHWHs«) und schlagen damit eine Brücke zu 2,10 (vgl. Hes 28,13; 31,8–9; Jes 51,3).

trunkenen Auges und doch blind begibt. Abraham bleibt im Land Kanaan und zieht zu den »Eichen Mamres[87] in (der Flur von) Hebron« (V.18a), während sich Lot zur Stadt sprichwörtlichen Lasters aufmacht.

Dieser Abschluss weist über sich hinaus. Die Trennung Lots von Abraham wurde nicht als in sich ruhende Erzählung[88] konzipiert, sondern war von vornherein als Episode für einen größeren Kontext gedacht: An deren Abschluss in 13,18a knüpft nahtlos 18,1b an und an 13,12b die Erzählung von Sodoms Untergang in 1Mose 19. Die Episode von der Trennung Lots gehörte ursprünglich zur Abraham-Lot-Erzählung, die in Juda noch während der Königszeit entstanden ist.[89] In der Perserzeit wurde die Episode aus ihrem ursprünglichen Kontext herausgelöst und mit Hilfe von 13,1.3–4 in den Eröffnungsteil der Vätergeschichte eingestellt. Dabei ist der ursprüngliche Anfang jener älteren Abraham-Lot-Erzählung verloren gegangen. An seine Stelle sind 11,27–13,1* getreten.

Die Einbettung in den neuen Kontext hat das Profil

---

[87] Die bewaldete Kuppe Mamre (erst in 23,19; 35,27 mit Hebron identifiziert) ist wohl auf der *Hirbet Nimra* (1 km nördlich von Hebron) zu suchen (JERICKE, Ortsangaben, 110). Herodes d. Gr. verlegte die Tradition des wegen 13,18; 18,1 heiligen Platzes noch 2 km weiter nach dem heutigen *Ramet el-Halil*, weil das Gelände dort geeigneter war für den Bau, den er plante. Aus den Resten des unvollendeten Bauwerks ließ Konstantin eine Basilika errichten. Das alte Hebron (westl. der modernen Stadt) lag auf dem *Dschebel er-Rumede;* dort residierte David als König über Juda (2Sam 2–5).

[88] Zwar mag der eine oder andere Verweis von jüngeren Händen nachgetragen sein, doch lassen sich weder »der gesamte Kreis des Jordan« in V.11a noch »Sodom« in V.12b herauslösen.

[89] Zu ihr GUNKEL, Genesis, 173; BLUM, Komposition, 284; und u. B 5.2.(1).

der Episode verändert. So trägt V.1 nach, dass bei Abraham in Ägypten auch Lot war. Damit wird noch einmal auf den Exodus angespielt: Wie sich beim Auszug Israels allerlei ›gemischtes Volk‹ anschließt (2Mose 12,38), so zieht jetzt Lot mit Abraham aus. Sodann muss man jetzt die ursprüngliche Eröffnung der Episode mit der Bemerkung »Abraham war schwer reich an Vieh« (V.2) als Ergebnis der fürstlichen Beschenkung durch den Pharao in 12,16[90] verstehen. Auch die großzügige Gelassenheit Abrahams, das Land mit Lot zu teilen, erwächst jetzt nicht nur aus kluger Beurteilung der gefährdeten Lage in einem fremden Land. Mit den glänzenden Aussichten von 12,1–3 im Rücken und mit der göttlichen Intervention, die Abraham gerade in Ägypten erfahren hat (12,17–19), kann er im Vertrauen auf die bewahrende Führung seines Gottes gelassen warten, bis Gott ihm sein Land zeigt.

Das Wichtigste steht wie so oft am Schluss. Erst nachdem Lot das Land diesseits des Jordan verlassen hat (V.14a) und Abraham allein ist, spricht Gott ihn an. Hier, in der Mitte des Landes, lässt Gott ihn sehen, was er in 12,1 versprochen hat:

[14]Blicke doch auf und sieh von der Stätte aus, an der du bist, nach Norden und Süden, nach Osten und Westen! [15]Denn das gesamte Land, das du siehst, will ich dir geben, dir und deinen Nachkommen für immer.
[16]Ich werde deine Nachkommen wie den Staub der Erde machen, die nur gezählt werden könnten, wenn einer den Staub der Erde zu zählen vermag.

---

90   Die Erweiterung mit »Silber und Gold« in 13,2 verdankt sich der Stilisierung der Rückkehr als »Exodus« (2Mose 3,21f.; 11,2–3; 12,35); auch dabei handelt es sich nicht um den »Brautpreis«; denn Ehefrau des Pharaos war Sara nicht.

¹⁷Auf, ziehe im Land umher in seiner Länge und Breite; denn dir will ich es geben!

Erst hier heißt es vom Land betont: »*dir* will ich es geben!« Diese Gottesrede erweist sich durch Rückverweise und Anspielungen auf den Erzählbogen 12,1–13,18 als sein mit Bedacht gesetzter Schlussakkord. An den Berührungen mit der entscheidenden Gottesrede im Jakobzyklus 28,13–15 kann man sehen, dass hier derjenige am Werk war, der die Abraham- und Jakobüberlieferung zur Vätergeschichte verbunden hat: Nur hier und dort findet sich eine Erwähnung der vier Himmelsrichtungen; nur hier und dort wird das Land mit einem Relativsatz näher bestimmt; hier wie dort gilt die Gabe »dir und deinen Nachkommen«, deren unübersehbare Mehrung beide Male der Vergleich mit dem Staub der Erde unterstreicht. Die Unterschiede und Besonderheiten verdanken sich jeweils einer sorgfältigen Abstimmung auf die verschiedenen Kontexte.⁹¹

Welche inhaltlichen Akzente setzt dieses vorläufige Schlusswort? Erstes und letztes Wort gelten dem *Land* in seinem gesamten Umfang: Dem *Sehen* in alle Himmelsrichtungen (V. 14b–15) entspricht das *Gehen* durch das Land in seiner Länge und Breite (V. 17). Auf das Land bezogen und ihm untergeordnet erscheint in der Mitte die Mehrung des Ahns zu einer unzählbaren Menge von *Nachkommen* (V. 16). Die Aufforderung, in alle Himmelsrichtungen zu sehen, bezieht das Gebiet mit ein, das sich Lot gewählt hatte. Offenbar gehört es zum »gesamten Land, das du siehst«, hinzu. Die ältere Abraham-Lot-Erzählung war lediglich an der Tren-

---

91 Nachweise bei KÖCKERT, Vätergeschichte, 55–57.

nung der Wohnsitze beider Brüder orientiert. Die Verheißung 13,14–17 spricht dagegen Abraham und seinen Nachkommen auch das Gebiet der Moabiter und Ammoniter im Osten und im Westen das der Philister zu. Ein Gebiet dieses Umfangs hat Israel zu keiner geschichtlichen Stunde jemals sein eigen genannt. Hier wird die Stimme überbordender Hoffnung laut.[92] Von diesem Land soll Abraham jedoch nicht nur wie Mose in 5Mose 34 mit den Augen, sondern auch mit den Füßen Besitz ergreifen. Zum Rechtsakt der Übereignung von Grundbesitz gehört es, dass der künftige Eigentümer das Grundstück betritt und abschreitet.[93] Die Aufforderung in V. 17 qualifiziert Abrahams Wanderungen durch das Land in 12,6.8–9; 13,1.2–4 und nach Hebron in 13,18 als Rechtsakt, mit dem der Ahn das Land in Besitz nimmt, das den Nachfahren einst gehören soll. So steht der gesamte Eingangsteil der Vätergeschichte in der Bewegung vom Exodus zur Landnahme.

---

[92] Sie ist auch in Jes 11,14; Ob 19; Zef 2,7.9; Ps 60,8–10 zu vernehmen.

[93] Vgl. dazu 1Kön 21,15–18; aber auch 5Mose 11,24; Jos 1,3 mit Jos 18,4.8 und die Wendung »den Schuh werfen auf …« in Ps 60,10 als zeichenhaftes Betreten. Zu derartigen Rechtsbräuchen in der Antike VIBERG, Symbols, 145–165.

Abb. 8: Trennung Lots von Abraham
(Mosaik im Langhaus von Santa Maria Maggiore, Rom, 5. Jh.)

Das gesamte Mosaik besteht aus zwei übereinander angeordneten Szenen. Auf der unteren grasen die Herden Abrahams und Lots noch gemeinsam unter der Obhut eines Hirten, der zu den Herren in der oberen Szene aufblickt. Die zeigt den Moment der Trennung. Deshalb zerfällt sie in zwei Hälften mit einem leeren Raum dazwischen. Obwohl sich die beiden Paare anblicken, gehen sie auseinander: Lot mit Frau und Töchtern sowie mit seinen Leuten nach rechts in eine prächtige Stadt, Abraham mit Sara und seinem Gefolge nach links in eine ländliche Gegend. Der Baum und das Gebäude mit der Tempelfassade deuten Mamre an (13,18). Überraschend legt Abraham die Hand auf einen Sohn, obwohl zu diesem Zeitpunkt noch keiner geboren ist. Bei ihm kann es sich nur um den in Mamre angekündigten Isaak handeln. Seine Erwähnung fällt aus der erzählten Zeit heraus, setzt aber in Szene, wie sich die Verheißung von Nachkommen so zahlreich wie der Staub der Erde (13,16) in der Ankündigung Isaaks zu erfüllen beginnen wird (18,10–15).

2. In Hebron

2.1. »Gesegnet sei Abram vom höchsten Gott!«

1Mose 14:
Abraham rettet Lot und gibt dem Priesterkönig
von Salem den Zehnten

Dieser Text fällt in der Abrahamüberlieferung auf. Überraschend steht der Ahn hier auf großer weltpolitischer Bühne. Der sonst so friedfertige Wanderhirte verfolgt als Wunderkrieger mit wenigen Männern vier Großkönige mit ihrer gewaltigen Streitmacht und nimmt ihnen sogar die Gefangenen und die Beute ab. Ihm gelingt, was keinem der Könige Israels und Judas je gelang. Überdies kommt Abraham nur hier und in 22,2.14 – wenn auch verhüllt – mit Jerusalem in Berührung.

(1)
Der Text ist durch die Personen Abraham und Lot mit dem voranstehenden Kontext verbunden, auch setzt er in V. 12 Lots Abgang nach Sodom und Abrahams Niederlassung in Hebron voraus. Eine Erzählung kann man ihn schwerlich nennen. Zu häufig bleiben lose Fäden liegen, die ein Erzähler zu Handlungsbögen gespannt hätte. Zu umfänglich ist das Personal, zu zahlreich sind die Namen, so dass auch der gutwilligste Leser ganz wirr im Kopfe wird. Immer wieder nerven Erläuterungen, die mit »das ist ...« eine längst versunkene Vorzeit vorspielen. Am meisten befremdet die Verschiedenheit der Stoffe, die hier zu einem dreiteiligen Gebilde ohne überzeugende innere Logik verbunden sind. Am Anfang steht ein *Feldzugsbericht* im Annalenstil (V. 1–11), der ohne Pointe abbricht. Ihm

folgt das Fragment einer *Heldensage* (V. 12–17.21–24) im Stile von Ri 7,16–22 oder des Juditbuches, dem aber ein passender Anfang fehlt. Das wird am Ende völlig unvorbereitet von der *Begegnung Abrahams mit Melchisedek* unterbrochen (V. 18–20). Die drei ungleichen Teile stützen sich gegenseitig: Der Feldzugbericht ersetzt der Heldensage den fehlenden Anfang und gibt ihr einen fiktiven weltgeschichtlichen Rahmen. Die Heldensage wiederum wird dadurch zur Pointe des Feldzugsberichts. Da sie in V. 22b die Begegnung mit dem König von Salem in V. 18–20 voraussetzt und der Segen Melchisedeks in V. 20 den Sieg über die Könige in der Heldensage, sind auch V. 18–20 in das Kapitel integriert. Auf diese Weise hängt eins am andern. Ältere eigenständige Überlieferungen haben sich in ihnen nicht finden lassen. Es empfiehlt sich deshalb, das Kapitel als eine literarische Einheit zu behandeln. Seiner »Phantastik liegt die Schriftgelehrsamkeit zu Grunde«.[94]

(2)
Im *Feldzugsbericht (V. 1–11)* stoßen zwei ungleiche Koalitionen aufeinander. Vier Großkönige im Norden und Osten des fruchtbaren Halbmondes bekriegen fünf Kleinkönige, die alle dort vorgestellt werden, wo sich heute das Tote Meer befindet. Das wird hier »Salzmeer« genannt, was zu dessen Salzgehalt von mehr als 30 % passt. Warum für diese »Zaunkönige« ein so großes Aufgebot nötig war, erfährt der Leser nicht. Die vielen Namen täuschen eine Exaktheit vor, die mit historischer Wirklichkeit nichts zu tun hat.

---

94 WELLHAUSEN, Composition, 312.

Von den Großreichen lassen sich nur zwei sicher identifizieren: *Schinear* war der Name für Mesopotamien und bezeichnet in Dan 1,2 Babylonien, *Elam* war im 3. und 2. Jt. v. Chr. die Vormacht östlich von Babylonien. Dunkel bleibt, wo *Ellasar* zu suchen ist. *Gojim* hat hier vielleicht schon die Bedeutung von »Heiden, Nichtjuden«.

Die Namen der vier Großkönige sind historisch nicht identifizierbar, wollen aber offensichtlich an altorientalische Vorbilder erinnern. Immerhin begegnen die Elemente Kedor und Laomer als *kudur* und *lagamar* in Namen aus Elam.

Die von den fiktiven Namen assoziierten politischen Mächte haben schwerlich jemals einen gemeinsamen Feldzug unternommen. Mit ihnen soll vielmehr eine weltpolitische Kulisse aufgebaut werden wie in Jdt 1,1–6. Wie beliebt derartige exotische Namen in der Spätzeit waren, kann man am Beispiel von Arjoch in Dan 2,14–15 sehen.

Auch die fünf Stadtkönige sind gänzlich unbekannt; zwei von ihnen haben überdies sprechende Namen, die schwerlich historische Personen getragen hätten: *Bera* bedeutet »im Bösen«, *Birscha* »im Frevel«.[95] Die Namen der Städte sind dagegen aus 13,10; 19,22 sowie aus 10,19 und 5Mose 29,22 bekannt und wohl auch von dort erschlossen.

Nach der Vorstellung der Gegner holt V. 4 die Vorgeschichte nach, die zum Krieg geführt hat. Angeblich hatten die fünf Städte dem König von Elam zwölf Jahre lang als Vasallen »gedient« und ihre Tribute abgeliefert. Im dreizehnten[96] Jahr hatten sie sich jedoch »aufgelehnt« und waren abgefallen. Wie die Städte im un-

---

95 Der samaritanische Pentateuch deutet auch die anderen Namen entsprechend: *Schinab* als »Vaterhasser« und *Schämeber* als »Der Name ging zugrunde«.

96 So lesen der samaritanische Pentateuch, Targum Jonathan und das Genesis Apokryphon aus Qumran.

teren Jordangraben mit der Regionalmacht östlich des Tigris in der Gegend des heutigen Khusistan und Luristan jemals in Berührung gekommen sein sollen, bleibt ein Geheimnis. Der Elamiter reagiert, wie von einer Großmacht zu erwarten, mit dem Aufmarsch seiner Truppen und einer Strafexpedition. Doch befremdet, dass er dafür eine Koalition aller Weltherrscher (außer Ägypten) bemüht. Noch befremdlicher nimmt sich der Weg aus, den die vereinigten Truppen in den unteren Jordangraben nehmen (V. 5–7).

Die Namen der bei dieser Gelegenheit besiegten Völkerschaften und Regionen stammen aus einer Liste der vorisraelitischen Bevölkerung in 5Mose 2,10–12.20–22. Ihre Lage lässt sich nur teilweise bestimmen: *Aschterot-Karnajim* ist im Hauran bei Dera'a an der heutigen Grenze zu Syrien zu suchen (5Mose 1,4), *Kirjatajim* in Moab (Jer 48,1.23), *Seir* ist ein Teil Edoms (32,4), *Kadesch* die Oase ʿAin Qudes im nördlichen Sinai, *Hazezon-Tamar* vielleicht En-Gedi am Toten Meer (2Chr 20,2).

Gegen die von Sieg zu Sieg eilenden Truppen ziehen fünf Kleinkönige aus. Sie stellen sich im unteren Jordangraben zum Kampf gegen jene große Koalition (V. 8–9). Doch kaum hat die Schlacht begonnen, lesen wir schon von der Flucht der Aufständischen und vom schmählichen Ende der Könige[97] von Sodom und Gomorrha in einer der zahlreichen Asphaltgruben jener Gegend (V. 10). Der gelehrte Verfasser des Berichts erschließt dieses so echt wirkende Detail aus dem Wissen

---

97   So verschiedene hebr. Handschriften und die griechische Übersetzung der Septuaginta. Übrigens hat der König von Sodom auf wundersame Weise den Asphalt überlebt; denn er diskutiert in V. 17.21 mit Abraham über die Beute.

seiner Zeit, dass am südlichen Ende des Toten Meeres seit alters natürliches »Erdpech« in Klumpen ans Ufer gespült wird; schon in der Antike verwendete man es zum Abdichten. Während sich die Aufständischen im Gebirge verlieren, plündern die siegreichen Truppen in Sodom und Gomorrha alles, was nicht niet- und nagelfest ist. Erst jetzt kommen die ins Spiel, für die das ganze Spektakel inszeniert wurde: »Sie nahmen auch Lot und seine Habe, den Neffen Abrahams, und zogen davon; der war in Sodom ansässig« (V. 12).

(3)
Der zweite Teil unterscheidet sich mit seiner lebendigen Erzählweise nach Art einer *Heldensage (V.13–17.21–24)* wohltuend von dem holzschnittartigen Feldzugsbericht. Das klassische Mittel der Botenmitteilung »eines, der entronnen war«, verbindet beide. Abraham wird eingeführt, als hätte es 1Mose 11–13 nicht gegeben. So nennt V.13 noch einmal den Ort, an dem er sich in 13,18 niedergelassen hatte, »bei den Eichen des Amoriters Mamre, des Bruders Eschkols und Aners«. Die anachronistische Kennzeichnung Abrahams mit seiner Volkszugehörigkeit als »Hebräer« (vgl. Jona 1,9) entspricht dem internationalen Flair der V.1–11. Mamre und Eschkol erscheinen dagegen als Personifikationen anderwärts bekannter Ortsnamen.[98] Ihre Vorstellung als Bundesgenossen Abrahams bereitet V. 24 vor.

Wie in 13,8–9 erweist sich Abraham auch hier als brüderlich, indem er alle seine Gefolgsleute aufbietet und mit seinen gerade einmal 318 Mann der Über-

---

98   Vgl. 13,18 und das »Traubental« (*nachal eschkol*) in der Nähe Hebrons in 4Mose 13,24; 32,9; 5Mose 1,24 – von Aner wissen wir sonst nichts.

macht der verbündeten Heere nachsetzt. Die »im Hause (ihres Herrn) geborenen« Sklaven gehören nach 2Mose 21,1–6 zu dessen bleibendem Besitz und sind ihm deshalb besonders ergeben. Die Zahl 318 übersteigt die der Männer Gideons in Ri 6 um wenige.[99] In Dan, dem nördlichsten Punkt des nachmaligen Israel (Ri 20,1 u. ö.) nahe den Jordanquellen, erreicht die kleine Schar die königlichen Truppen. Abraham wartet, bis es Nacht geworden ist. Dann umzingelt er sie wie Gideon das Lager der Midianiter (Ri 7,1–21). In der Dunkelheit der Nacht scheinen die Wenigen überall zu sein, so dass die Vielen von Panik erfasst fliehen. Doch Abraham und die Seinen verfolgen sie bis über Damaskus hinaus und nehmen ihnen die Beute und alle Gefangenen ab, unter ihnen auch Lot.

Die spannend erzählte Rettungsaktion präsentiert Abraham wie David als militärischen Anführer einer Privatarmee und als Herr eines beinahe königlichen Hauswesens mit mehr als 1000 Menschen, wenn man einmal die 318 waffenfähigen Männer der Rechnung zugrunde legt. Das sind zweifellos weit mehr Leute, als Hebron in der Antike jemals Einwohner zählte. Die Szene lebt vom Motiv des Siegs einer kleinen Schar über weit überlegene Feinde und von entsprechenden literarischen Vorbildern wie Ri 7 und 1Sam 30. Zu den Ungereimtheiten dieser literarischen Fiktion gehört auch die gewaltige Entfernung von weit über 250 km,

---

99 Im Judentum hat man die Buchstabenwerte der Ziffern der Zahl 318 im Namen des Großknechts »Elieser« (15,2) wiedergefunden. Ob dieses »Gematria« genannte exegetische Verfahren zu der Zeit geübt wurde, als der Text entstand, ist unsicher. Ursprünglich lag der Ton auf dem Sieg der Wenigen über die Heere der verbündeten Könige.

die Abraham von Hebron in Südpalästina bis über Damaskus hinaus zurücklegt.

(4)
Welche Absicht verfolgt der Erzähler mit alledem? Eine Antwort gibt die *Begegnung Abrahams mit Melchisedek von Salem (V.17–24)* im dritten Teil. Sie ist als Kontrast zur Begegnung mit dem König von Sodom angelegt. Abraham erscheint als Feldherr, der siegreich von der Schlacht heimkehrt. Im Tal Schawe trifft er auf den König von Sodom, der ihm bis hierher entgegengezogen ist – nicht um ihm zu huldigen, sondern um die Frage der Kriegsbeute zu klären, wie wir aus V. 21–24 erfahren. Von einem Tal Schawe weiß die Bibel sonst nur zu berichten, dass es das »Königstal« sei. 2Sam 18,18 stellt es in der Nähe Jerusalems vor, wohl im Südwesten der Stadt.[100] Zuvor aber tritt überraschend Melchisedek, der König von Salem, auf die Bühne:

[18]Melchisedek aber, der König von Salem, brachte Brot und Wein heraus – er war Priester des höchsten Gottes (*'el ᶜäljon*) –
[19]und segnete ihn mit den Worten:
  Gesegnet (*baruk*) sei Abram vom höchsten Gott,
  dem Schöpfer des Himmels und der Erde,
  [20]und gepriesen (*baruk*) sei der höchste Gott,
  der deine Feinde in deine Hand gegeben hat!
Da gab Abram den Zehnten von allem.

Fast alles an dieser Begegnung ist auffällig und vieldeutig und hat den König schon bald mit einem

---

100 KÜCHLER, Jerusalem, 709, verweist auf 1QGenAp 22,14.

Schleier des Geheimnisses umgeben.[101] Da ist zunächst der Ort *Salem*, den Ps 76,3 über Zion mit Jerusalem gleichsetzt. Der Verfasser vermeidet in 14,18 den gebräuchlichen Namen, weil er natürlich weiß, dass erst David und Salomo das Jhwh-Heiligtum auf dem Zion errichtet haben. Einmal von den geheimnisvollen Namen angesteckt, sucht man auch in »Brot und Wein« mehr als nur die elementaren Zeichen einer Huldigung.[102] Kein Wunder, dass zahlreiche Ausleger in der Alten Kirche beide als Hinweis auf das Altarsakrament gelesen haben. Diese christliche Deutung wird noch dadurch verstärkt, dass der Erzähler den *König* von Jerusalem zugleich als »*Priester* des höchsten Gottes« vorstellt. Indes verstand sich die Verbindung von königlichen und priesterlichen Funktionen im Alten Orient von selbst.

So war es in Ägypten allein dem König vorbehalten, mit den himmlischen Mächten zu verkehren. Da er aber nicht überall im Lande zugleich sein konnte, übertrug er die Ausübung des Kultus und zahlreiche spezielle Funktionen an die Priester. Das war in Juda nicht grundsätzlich anders. David und Salomo setzen Oberpriester ein und ab (2Sam 8,17; 1Kön 2,26f.; 4,2), Salomo bringt Opfer dar und segnet das Volk (1Kön 8,54–64), Ahas nimmt priesterliche Funktionen am Altar wahr und regelt den Tempelkult (2Kön 16,10–18).

---

101 Er gilt bei Josephus als Erbauer Jerusalems und Gründer des Heiligtums, Hebr 7 deutet ihn in Verbindung mit Ps 110 auf das ewige Priestertum Christi usw.
102 So noch die Bedeutung einer Speisung mit Brot und Wein in TestLevi 8,5.

Geheimnisvoll ist auch der Name *Melchisedek*. Er bedeutet »König der Gerechtigkeit«, was den Kontrast zum König von Sodom noch verstärkt.

Der Name kann aber auch bedeuten: »Mein König ist (der Gott) *Tsedeq*« oder – wenn man *tsedeq* übersetzt – »Mein König ist *Gerechtigkeit*«. Mit »mein König« wird *tsedeq* als persönlicher Schutzgott Melchisedeks qualifiziert. *Tsedeq* könnte eine der vorisraelitischen Gottheiten Jerusalems gewesen sein, was gut zur erzählten Zeit passt. Melchisedek wird jedoch hier als Priester des »höchsten Gottes« eingeführt, der zur Zeit des Erzählers kein anderer als Jhwh ist. Insofern erinnert der Name von fern an den Namen des messianischen Herrschers, den Jer 23,5–6; 33,16 erwarten: »Jhwh ist unsere Gerechtigkeit.«

Bemerkenswert sind schließlich noch die Prädikate des Gottes, in dessen Namen Melchisedek Abraham segnet: »der höchste Gott (*'el ʿäljon*), ... Schöpfer des Himmels und der Erde«. Zwar sind aus nordsyrischen Texten des 2. Jahrtausends *'el* als »Vater der Götter und Menschen« und *ʿäljon* als eine davon zu unterscheidende Gottheit bekannt. In der Bibel erscheinen beide als Appositionen oder Prädikate Jhwhs, der vor allem in Jerusalem als »der höchste Gott« verehrt wird.[103] Diese Bezeichnung für Jhwh war gerade in der Spätzeit des Alten Testaments und im frühen Judentum beliebt.[104] Das in einer phönizischen Inschrift aus Karatepe bekannte Prädikat des Gottes El als des »Schöpfers der Erde« ist hier nach dem Vorbild von 1Mose 1,1;

---

103 Ps 46,5; 47,3; 78,35 (nur hier in der Kombination *ʿel ʿäljon*).54; 87,5.
104 Bes. in Texten des 2. Jh.s v. Chr.: Dan 3,26.32; 4,14.21; 7,25 (vgl. Sir und die Texte aus Qumran) und das Jubiläenbuch.

2,1.4a zu »Schöpfer von *Himmel und* Erde« erweitert, was den gesamten Kosmos meint mit allem, was ihn erfüllt.

Mit dem Namen und der vorisraelitischen Herkunft aus Jerusalem erscheint Melchisedek als Vorläufer des Priesters Zadok, dessen Name eine Kurzform von Melchi- oder Adoni-Sedek (Jos 10,1.3) ist.

Zadok begegnet nach der Einnahme Jerusalems durch David ganz unerwartet als führender Priester; denn er steht in den Beamtenlisten stets vor Abjatar und dessen Sohn Ahimelech (2Sam 8,17; 20,25; 1Kön 4,4), die aus dem Hause Eli stammen. Wahrscheinlich gehörte Zadok zur kanaanäischen Oberschicht Jerusalems, die David nach seiner Übernahme der Stadt integriert hat. Nachdem sich in den Streitigkeiten um den Thron Davids die prosalomonische Partei durchgesetzt hatte, galten Zadok (1Kön 2,35) und seine Nachkommen (1Kön 4,2) als Erfüllung der Prophezeiung von 1Sam 2,35.

In der Perserzeit dürfen nur noch die Zadokiden priesterliche Dienste am Altar ausüben (Hes 40,46; 44,15f.).

Auf den empfangenen Segen antwortet Abraham mit der *Gabe des Zehnten*. Er erkennt damit nicht nur Melchisedek als Priesterkönig an, sondern auch den in Jerusalem verehrten »höchsten Gott«.

Ob es den Zehnten schon im königszeitlichen Juda gegeben hat, wissen wir nicht. In der Gründungslegende des Staatsheiligtums Betel im Nordreich dagegen hat Jakob den Zehnten für dessen Unterhalt eingerichtet (28,20–22; vgl. Am 4,4). Nach dem Bau des Zweiten Tempels 515 v. Chr. diente der Zehnte der Versorgung des Kultpersonals in Jerusalem. Er wird an die Leviten gegeben, die wiederum den Zehnten vom Zehnten an die Priester abführen (4Mose 18; Neh 12,47). Zunächst eine Naturalabgabe (so noch in Neh 10,38; Mal

3,8.10), kann er später in Silber bezahlt werden, wenn auch mit einem Aufschlag (3Mose 27,31). Er gehörte zu den freiwilligen Abgaben, die von der jüdischen Selbstverwaltung neben der verpflichtenden Steuer für den persischen Staat erhoben wird (Neh 5,4). Am Zehnten hängt also die Versorgung der Priester, die für den korrekten Vollzug des Kultus zuständig waren und damit auch für die Sicherung eines von Gott gesegneten Lebens im Lande.

Während sich Abraham vom Priesterkönig aus Jerusalem bewirten und segnen lässt, weist er edelmütig jede Gabe aus den Händen des Königs von Sodom mit dem sprichwörtlich gewordenen Satz zurück: »Du sollst nicht sagen: Ich habe Abraham reich gemacht« (V. 23). Vielleicht aber will der Erzähler Abraham auch von jeglichem Kontakt mit dem aus Sodom stammenden Gut fernhalten, das er aufgrund von 13,12 und 19,1 ff. für unrecht hält wie die Stadt selbst.

(5)
Jetzt verstehen wir einige wichtige Facetten dieses so merkwürdigen Textes besser. Da ist zunächst der *Zehnt*. Er kann kaum stärker autorisiert werden als durch Israels Ahn, der ihn als erster freiwillig aus Dank für den in Jerusalem erlangten Segen entrichtet. Offenbar war der Zehnt noch lange umstritten (vgl. Neh 13,10–12; Mal 3,6–12) und bedurfte deshalb derart starker Legitimation. Da ist sodann Melchisedek, dessen Anspruch als Priesterkönig von Jerusalem Abraham mit dem Zehnten anerkennt. Bei ihm wird die führende Stellung des *zadokidischen Hohenpriesters*[105] im perserzeitlichen

---

105 Von ihr lesen wir erstmals in Sach 3,1–7 und 6,9–15, vielleicht auch in Ps 110. Diese Stellung haben die Zadokiden erst in der Mitte des 2. Jh. v. Chr. verloren. GRANEROD sieht dagegen ge-

Jerusalem schon in der Ursprungsgeschichte Israels verankert. Das geht noch über 1Chr 5,29–41; 24,1–6 hinaus, die Aaron zum Ahnvater der Zadokiden machen. Schließlich kann man fragen, ob die Begegnung Abrahams mit Melchisedek die *Hasmonäer* legitimieren soll, die um 150 v. Chr. erstmals die hohepriesterliche mit der königlichen Würde verbanden. Jedenfalls konnte man die Begegnung Abrahams mit Melchisedek seit der Mitte des 2. Jh.s v. Chr. in diesem Sinne lesen.

Eine sehr späte Ansetzung dieses ungewöhnlichen Textes legen weitere Beobachtungen nahe.[106] Obwohl in ihm die Priesterschrift nicht nachweisbar ist, begegnen verschiedene Wörter aus deren Lexikon.[107] Die Archaisierung und das ›weltpolitische‹ Interesse in V. 1–11[108] berühren sich mit späten Stücken der Urgeschichte[109] und mit dem Danielbuch. Die Prädikate JHWHs in V. 18–19 und die Stilisierung Abrahams als eines Kriegshelden und Siegers über die Weltmacht erinnern an Judit. Der Erzähler »will Geschichte geben; aber er gibt eine Legende«[110] zur Verherrlichung Abrahams vor internationaler Kulisse.

Die Begegnung zwischen Abraham und Melchisedek hat eine intensive Wirkung im Christentum entfaltet:

---

rade eine anti-zadokidische Tendenz am Werk (Abraham and Melchizedek).
106 Vgl. die Argumente von GRANEROD, Abraham, der die Erzählung zwischen dem 5. und dem 2. Jh. v. Chr. ansetzt.
107 Z. B. das Wort für »Besitz« (*rᵉkusch* in V. 11–12.16.21), die »im Hause Geborenen« (V.14), die »Leute« (*näfäsch* V.21).
108 NA'AMAN vermutet für 14,1–11 sogar die Kenntnis der Behistun-Inschrift von Darius I. (Abraham's Victory).
109 Vgl. 9,26–27; 10,8–19.21.24–30; 11,1–9 – allesamt nach-priesterlicher Herkunft (dazu WITTE, Urgeschichte, 315–331).
110 GUNKEL, Genesis, 289.

Abb. 9: Abraham und Melchisedek
(Glasfenster um 1550 in Notre-Dame-en-Vaux zu
Chalons-en-Champagne)

Dieses wie ein Kleeblatt gebildete Oberteil eines gotischen Kirchenfensters enthält drei Bilder.
Im linken Bild begegnen sich die Häupter zweier Gruppen. Von links außen kommt eine Schar geharnischter Ritter. Ihr Anführer ist mit einer Fahne in der Hand auf die Knie gesunken. Die Gruppe auf der rechten Seite befindet sich in einem Kirchenraum, angedeutet durch Pfeiler, Gewölbebögen und Altar. Vor ihm steht eine priesterliche Gestalt in bischöflichem Ornat mit zwei Broten und einem Krug Wein in den Händen, die er dem knieenden Ritter darreicht.
Auf dem rechten Bild sehen wir mehrere Zelte. Vor ihnen sind ein Mann, eine Frau und ein Kind dabei, kleine runde Brote einzusammeln, die vom Himmel fallen.
Auf dem dreieckigen Bild über den beiden halten zwei Engel eine Monstranz mit dem geweihten Brot in die Höhe. Sie deuten die gesamte Komposition: Es geht um die Eucharistie. Die beiden größeren Bilder bringen die alttestamentlichen Vorausdarstellungen des Abendmahles: Links reicht Melchisedek Brot und Wein Abraham dar, rechts sammeln die Israeliten das Manna ein (2Mose 16), das in Ps 78,24 »Brot vom Himmel« heißt. Ihm stellt Jesus in Joh 6 das Brot entgegen, das der Welt das Leben gibt (V. 33) und von dem er sagt: »Ich bin das Brot des Lebens« (V. 35).

2.2. »Fürchte dich nicht, dein Lohn ist sehr groß!«
1Mose 15:
Der versprochene Erbe und das gelobte Land

(1)
Die Wendung »Nach diesen Begebenheiten« knüpft unmittelbar an 14,1–24 an und lässt eine Erzählung wie nach 22,1 erwarten, doch folgen großenteils Reden Gottes und Einwände Abrahams, auf die wiederum Gott antwortet. Sie erzeugen die Spannung, nicht das dürftige Erzählgerüst. Wo diskutiert wird, muss etwas umstritten sein. Das Thema des Streites ergibt sich aus der Gestalt des Textes.[111]

Die erste Gottesrede lässt mit der allgemein gehaltenen Zusage »großen Lohnes« (V. 1b) vorerst unbestimmt, worin der Lohn besteht. Auf einen leiblichen Erben (V. 4) oder auf zahlreiche Nachkommen (V. 5) kann er sich nicht beziehen; denn Abrahams Frage in V. 2 »Was willst du mir geben, gehe ich doch kinderlos dahin?« setzt voraus, dass Abraham unter dem Lohn etwas versteht, das ohne leiblichen Erben sinnlos ist. So weist schon V. 1b über V. 2–5 auf »dieses Land« in V. 7–18 hin. In der Perspektive von V. 1b erscheinen V. 2–6 als Zwischenschritt, der niemals ohne V. 7–18 bestanden haben kann.

Beide Teile münden jeweils in eine Deutung, die aus dem Erzählfluss heraustritt. Dabei hat V. 6 ein doppeltes Gesicht. Mit dem einen blickt er zurück und zieht eine Zwischenbilanz: »Bei alledem glaubte er an Jhwh.« Mit dem andern blickt er voraus: »und der

---

111 Zur Analyse und strukturellen Einheit des Textes sowie zu seiner literarhistorischen Einordnung Köckert, Vätergott, 204 ff.; Ders., Gen 15, 25–48.

rechnete ihm das als Gerechtigkeit an.« Wir fragen uns, was aus dieser Anrechnung folgen wird. Jetzt kommt erneut der Lohn in den Blick, den V. 1b angekündigt hatte. Allerdings hat sich die Lage geändert, ist doch nach V. 4 klar, dass er den leiblichen Nachkommen zugute kommen wird. Deshalb kann in V. 7 vom »Besitz des Landes« die Rede sein. Im zweiten Teil wird das Thema »Land« mit dem Thema »Nachkommen« verschränkt, bis in V. 18 Gott dieses Land Abrahams Nachkommen übereignet. Beide Teile werden auch durch das Leitwort *jarasch* zusammengehalten, das »erben« (V. 3.4) und »besitzen« (V. 7.8) bedeutet. Aus ihm erschließt sich die Leitfrage, die 15,1–6.7–21 bewegt: Was wird aus »diesem Land« als Erbe Abrahams ohne legitime Erben?

So ist die Zusage »großen Lohns« in V. 1b das Band, das den zweiteiligen Text zu einer literarischen Einheit verbindet. Aber das Gegenüber von »Glaube« und »Gerechtigkeit« in V. 6 ist sein entscheidendes Gelenk.

(2)
Der erste Teil besteht aus einem Heilsorakel (V. 1b), einem zweiteiligen Einwand Abrahams (V. 2–3) und einer zweiteiligen Antwort Gottes, die Abrahams Einwände behebt (V. 4–5):

¹Nach diesen Begebenheiten erging das Wort Jhwhs an Abram in folgendem Gesicht:
  Fürchte dich nicht, Abram!
  Ich bin dein Schild; dein Lohn ist sehr groß.
²Abram aber sprach:
  Mein Herr Jhwh, was willst du mir geben,
  gehe ich doch kinderlos dahin,
  und der Verwalter meines Hauses ist Elieser.[112]

³Abram sprach weiter:
   Sieh, mir hast du keine Nachkommen gegeben,
   so wird mich der Sohn meines Hauses beerben (*jarasch*).
⁴Aber siehe, das Wort Jhwhs erging an ihn:
   Nicht dieser wird dich beerben, sondern der aus deinem
   Leib hervorgeht, der wird dich beerben.
⁵Er führte ihn nach draußen und sprach:
   Blicke doch zum Himmel hinauf und zähle die Sterne,
   wenn du sie zählen kannst!
Er sagte ihm weiter:
   So werden deine Nachkommen sein!
⁶Bei alledem glaubte er an Jhwh;
und der rechnete ihm das als Gerechtigkeit (*tzᵉdaqah*) an.

Der Beginn inszeniert Abraham als einen Propheten und alles, was folgt, als ein visionäres Geschehen. Visionen und Träume folgen anderen Regeln als die reale Welt. Deshalb müssen weder die verschiedenen Tageszeiten und deren unlogische Abfolge in V. 5.12.17 noch die kühne Mischung der Traditionen befremden. Zunächst stellt sich Gott als Abrahams Schild vor, der ihn schützt (Ps 18,3), so dass er niemanden fürchten muss. Der Schutzschild als Metapher für Gott hat einen königlichen Hintergrund.[113] Das Wort für »Lohn« bezeichnet in Hes 29,19 und Jes 40,10 den Sold oder die Beute. Insofern schlagen beide Teile der Heilszusage in V. 1 auch eine Brücke zurück zu Abraham als Krieger, der in 14,12–24 auf alle Beute verzichtet hatte.

---

112 Erklärung des schwierigen hebräischen Textes bei Köckert, Gen 15, 38.
113 Gott als Schild des Königs in Ps 3,4; 18,3.31; 28,7.

Vom Einwand Abrahams in V. 2 ist nur die Klage verständlich, er müsse kinderlos sterben. Die Übersetzung des Restes gibt den mutmaßlich ursprünglichen Sinn des schwierigen Textes wider. In einem zweiten Anlauf (V. 3) spricht Abraham die erbrechtlichen Folgen offen aus, die in der beklagten Kinderlosigkeit noch verborgen waren (vgl. Jer 22,30). Insofern führt V. 3 über V. 2 hinaus. Mit dem »Sohn meines Hauses« ist der »im Hause geborene Sklave« gemeint, wie man aus 14,14 und Pred 2,7 ersehen kann.

Nun aber nimmt Gott das Wort und entkräftet Abrahams Einwände: Nicht der im Hause geborene Elieser, sondern sein leiblicher Sohn wird Erbe sein. Dann führt er Abraham nach draußen und geht zur Bekräftigung noch über die Zusage eines Leibeserben hinaus: So zahlreich wie die Sterne, die keiner zu zählen vermag, sollen auch Abrahams Nachkommen werden (V. 5). Beide Antworten Gottes gehören zusammen; denn so zahlreiche Nachkommen wie die Sterne am Himmel setzen wenigstens einen leiblichen Sohn voraus.

(3)
Im Gefälle des bisherigen Textverlaufs erwartet man nun eine Reaktion Abrahams. Die gibt V. 6,[114] allerdings nur in der Deutung der Septuaginta, die ins Griechische übersetzt: »Und Abraham glaubte (daraufhin) Gott.« Die *hebräische Verbform* drückt jedoch keinen Handlungsfortschritt aus, sondern führt Abrahams Glauben als eine mit der Verheißung Gottes in V. 5b gleichzeitige und begleitende Handlung[115] ein, also:

---

[114] Ausführliche Diskussion der philologischen Probleme und Lösungsversuche bei Köckert, Glaube, 421–443 (mit Lit.).

»Bei alledem glaubte er ...« Damit wird nicht Abrahams Glaube hervorgehoben, sondern Gottes Verheißung in V. 5, die alle Erwartungen übersteigt. Wann hat sich bei Abraham der Umschwung von den Einwänden zum Glauben ereignet? Offenbar in der Handlungspause zwischen den beiden unmittelbar aufeinander folgenden Gottesreden angesichts des gestirnten Himmels.[116]

Was heißt hier »*glauben*«? Wir gebrauchen das Verb meist dann, wenn wir etwas nicht genau wissen. Im Hebräischen bedeutet es dagegen soviel wie »sein Vertrauen in etwas oder auf jemanden setzen«. Das erhält in 15,6 sein besonderes Profil vor dem Hintergrund von Texten wie 2Mose 4,31; 14,31: Während das Volk erst glaubt, nachdem es den Erweis der Macht Gottes in der Vernichtung der Feinde gesehen hat, vertraut Abraham gegen allen Augenschein allein auf Grund der Zusagen Gottes. Während das Volk sein Vertrauen immer wieder verliert, wie die zahlreichen Geschichten vom Murren Israels in der Wüste lehren, hält Abraham an seinem Vertrauen fest – auch in der abgründigen Probe 22,1–14.

Mit dem zweiten Satz in V. 6 bewertet der Erzähler Abrahams Verhalten, indem Gott Abrahams Vertrauen als »*Gerechtigkeit anrechnet*«. Das Verb ist von Hause aus weder im Kultus beheimatet, noch erscheint es im Zusammenhang einer himmlischen Buchführung menschlicher Taten.[117] Es ist aber stets mit einem Be-

---

115 BLUM, Verbalsystem, bes. 124–132.
116 So jedenfalls deutet eine der antiken jüdischen Bibelparaphrasen das Schweigen Abrahams zwischen jenen beiden Gottesreden in V.5 (Targum Pseudo-Jonathan zu 15,6).
117 Ansätze dazu finden sich erst in Jes 65,6; Dan 7,10; Ps 56,9 u. a. – stets ohne das in 15,6 gebrauchte Verb *chaschab*.

werten verbunden. Von einer Ersetzung kultischer Leistung durch den Glauben[118] kann in 15,6 also nicht die Rede sein. Das hebr. Wort für Gerechtigkeit hat verschiedene Aspekte, die hier eine Rolle spielen. Es bezeichnet zunächst Abrahams Vertrauen als »*rechte Tat*«: So würdigt Ps 106,31 das Einschreiten des Pinhas für die Beachtung des Fremdgötterverbots als »(Tat der) Gerechtigkeit«. Sodann qualifiziert es Abrahams Vertrauen als »*angemessen*« oder »*in Ordnung*«, weil Abraham damit dem Verhältnis entspricht, das Gott ihm seit 12,1–3 eröffnet hat. Schließlich wird rechtes Tun heilvolle Folgen haben, wie die Weisen Israels immer wieder hervorheben.[119] Abrahams Vertrauen ist also nicht nur eine angemessene, sondern auch eine *verdienstliche Tat*. Diese Würdigung des Vertrauens Abrahams bestimmt die gesamte jüdische Auslegungsgeschichte von 15,6.[120] Von ›Werkgerechtigkeit‹ kann dabei keine Rede sein, ist es doch Gott, der anrechnet; und von einer Aufrechnung der Taten lesen wir nichts. Genau dieses Verständnis von Glauben als rückhaltlosem »Vertrauen« entfaltet Paulus in Röm 4,18–22.[121] So steht in 15,1–6 der Glaube weder im Gegensatz zu Werken oder Taten noch gar an deren Stelle.

---

118 So die wirkmächtige Deutung bei von Rad, Anrechnung, 130–135.
119 Vgl. nur Spr 11,18–19: »Wer Rechttun aussät, (erntet) beständigen Lohn; so gereicht Rechttun zum Leben.«
120 Dazu C 2.
121 Dazu C 3 und Köckert, Abrahams Glaube, 15–27.

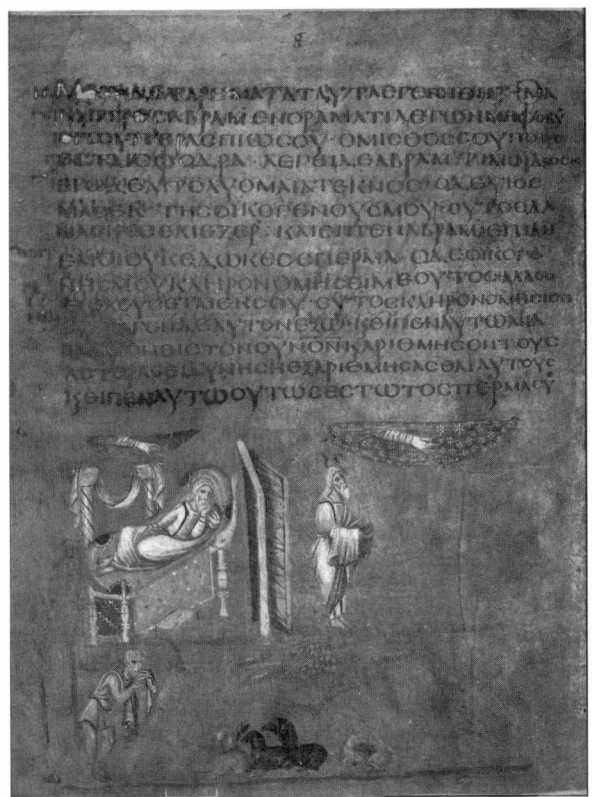

Abb. 10: »So zahlreich werden deine Nachkommen sein« (Miniatur, Wiener Genesis, fol. 4v, pict. 8, aus dem 6. Jh.)

Die erste Szene zeigt einen Innenraum. Er ist von zwei Säulen und einer Tür begrenzt. Abraham liegt auf einem kostbar verzierten Bett. In seinen Schlaf bricht Gottes Hand und weckt ihn auf: »Fürchte dich nicht, ich bin dein Schild; dein Lohn ist sehr groß« (15,1). – In der zweiten Szene hat ihn Gott gerade aus der geöffneten Tür seines Hauses ins Freie geführt. Abraham steht mit verhüllten Händen wie ein Bittsteller vor dem Kaiser in Byzanz. Gottes Hand weist ihn auf den gestirnten Himmel und fordert ihn auf, die Sterne zu zählen. – In der unteren Szene hütet ein alter Hirte, nach vorn gebeugt, die Schafe. Es könnte der in 15,2 genannte Verwalter Abrahams sein.

(4)
Im zweiten Teil belohnt Gott Abrahams rückhaltloses Vertrauen als verdienstliche Tat sogleich mit der Verheißung des Landes (V. 7.18):

⁷Er sprach zu ihm:
> Ich bin JHWH, der dich aus Ur in Chaldäa herausgeführt hat, um dir dieses Land zu geben, damit du es besitzt (*jarasch*).

⁸Er sprach:
> Mein HERR JHWH, woran erkenne ich, dass ich es besitzen werde (*jarasch*)?

⁹Er sprach zu ihm:
> Bringe mir eine dreijährige Kuh, eine dreijährige Ziege und einen dreijährigen Widder, eine Turteltaube und eine junge Taube.

¹⁰Er brachte ihm diese alle, zerteilte sie in der Mitte und legte die Hälften einander gegenüber, aber die Vögel zerteilte er nicht. …

¹²Als die Sonne unterging, fiel ein tiefer Schlaf auf Abram und siehe, großer Schrecken –*Finsternis* – überfiel ihn. …

¹⁷Als die Sonne untergegangen und es ganz dunkel geworden war, da: ein rauchender Ofen und eine feurige Fackel; das zog zwischen jenen Stücken hindurch!

¹⁸An jenem Tage schloss JHWH einen Bund mit Abram (*karat bᵉrit 'et*):
> Hiermit gebe ich deinen Nachkommen dieses Land vom Strom Ägyptens bis zum großen Strom, dem Euphrat. …

An diesem zweiten Teil ist alles außergewöhnlich.[122] Er verbindet Exodus (V. 7), Sinaioffenbarung (V. 12.17.18a)

---

122 Bahnbrechende Erhellung dieses Teils bei PERLITT, Bundestheologie, 69–77.

und Landnahme (V. 7c.18b), überträgt aber diese andere Ursprungsgeschichte Israels auf dessen Ahn. Mit Abrahams Exodus aus Ur in Chaldäa (11,28.31) wird das zeitgenössische Israel des Erzählers angesprochen. Im Ahn soll sich die in der Perserzeit erstarkte babylonische Judenheit wiedererkennen. Ihr gilt der Besitz dieses Landes. Abrahams Bitte um ein Erkennungszeichen in V. 8 ist nicht aus Zweifeln an Gottes Macht geboren, sondern zeugt von Vertrauen – wie Hiskias Bitte um ein Bestätigungszeichen.[123] Mit den Anweisungen in V. 9 nimmt Gott Abrahams Bitte auf. Er braucht deren Zweck nicht eigens zu nennen; denn die Formulierung »Bring mir …« und die Arten der Tiere lassen ein Opfer erwarten, auch gelten »dreijährige« oder »drittgeborene« Tiere als besonders qualitätvoll. Doch Abraham behandelt sie in V. 10 bis auf die Tauben anders, als bei einem Opfer, indem er sie in zwei Stücke zerteilt und so plaziert, dass eine Gasse zwischen den Hälften der Kadaver entsteht. Die eigentümlichen Vorbereitungen sind von vornherein auf das Ziel des Ritus in V. 17–18 ausgerichtet.

Dort aber kann es sich erst recht nicht um ein Opfer handeln; denn das Feuer verzehrt nicht die Tiere wie in Ri 6,20f., statt dessen lesen wir von Rauch und Feuer, wie sie mit Gottes Gegenwart im Jerusalemer Tempel und mit seinem Erscheinen auf dem Sinai verbunden sind.[124] Sie sind hier wie dort Begleiterscheinungen und Folgen göttlicher Ankunft, dienen aber seiner Verbergung. Jetzt verstehen wir auch, warum Abraham in

---

123 Vgl. Ri 6,17; 2Kön 20,8–11 mit Jes 7,10ff.
124 Man vergleiche den »rauchenden Ofen« mit Jes 6,4; 31,9 und dem rauchenden Berg in 2Mose 19,18; 20,18, die »feurige Fackel« mit dem Feuer und den Blitzen bei der Ankunft Jhwhs auf dem Berg und die Dunkelheit mit 2Mose 20,21.

V. 12 bis zum Einbruch der Dunkelheit warten muss, warum ein unnatürlich tiefer Schlaf auf ihn fällt (2,21; Hi 4,13f.) und warum panischer Schrecken[125] ihn überkommt. All das realisiert erzählend die unüberbrückbare Distanz zwischen Gott und Mensch, wie sie auf andere Weise in 2Mose 33,20 zum Ausdruck kommt.

Leser im 1. Jtsd. v. Chr. haben aber schon bei der Zerteilung der Tiere kein Opfer, sondern einen Vertragsschluss erwartet. In der Bibel findet sich der einzige annähernd vergleichbare Vorgang in Jer 34,18:

Ich werde die Männer, die meinen Bund ($b^e rit$) übertreten und die Worte des vor mir geschlossenen Bundes nicht in Kraft gesetzt haben, zu dem Kalb machen, das sie in zwei Teile zerschnitten haben und zwischen dessen Stücken sie hindurchgeschritten sind.

Also schreitet derjenige durch die von den Kadavern gebildete Gasse, der sich durch den Vertrag verpflichtet. Auch in assyrischen Staatsverträgen begegnet ein vergleichbares Ritual mit entsprechender Deutung:

Dieser Kopf ist nicht der Kopf des Widders, sondern der Kopf Mati'ilus sowie der Kopf seiner Söhne, seiner Großen und der Leute seines Landes.
Wenn Mati'ilu gegen diesen Vertrag verstößt, so soll, wie dieser Kopf des Widders abgerissen ist …, auch der Kopf Mati'ilus abgerissen werden … [126]

---

125 Ein späterer Leser fand das Wort wohl unpassend und hat es mit der aus anderen Gotteserscheinungen wie Ps 18,12 geläufigen Finsternis erklärt.
126 S. das altorientalische Vergleichsmaterial in TUAT I, 155ff.; 179ff.

Die Tiere stehen an der Stelle dessen, der sich verpflichtet. Ihm droht deren Geschick, wenn er den Vertrag bricht. Hier aber in 15,17 ist es Gott selbst, der – wenn auch in den Symbolen seiner Gegenwart verhüllt – durch die Gasse zieht. Das ist die Antwort, die Gott auf Abrahams Frage in V. 8 gibt.

In V. 18 deutet der Erzähler diesen Vorgang als Abschluss eines Bundes mit Abraham und nennt mit der Landgabe an die Nachkommen sogleich seinen Inhalt. Das nur unzulänglich mit »Bund« oder »Vertrag« übersetzte hebr. Wort b^erit bezeichnet im Alten Orient eine gegenseitige oder einseitige Verpflichtung, die wie in 21,24; 26,28 mit Eiden oder wie in 15,17 mit einem Ritual der Selbstverfluchung geschützt wird. Das sprengt alle Vorstellungen, die wir uns von Gott machen; denn hier nimmt Gott selbst das Geschick der zerteilten Tiere auf sich, sollte er nicht erfüllen, wozu er sich verpflichtet. Diese Inszenierung gilt der denkbar stärksten Vergewisserung des Landbesitzes in seiner weitesten Ausdehnung für Abrahams Nachfahren: Vom »Strom Ägyptens«, also vom Nil, statt vom sonst üblichen »Bach Ägyptens«, bis zum Euphrat – das übersteigt noch die Großreichsträume in 5Mose 1,7; 11,24; Jos 1,4.

Erst im Rückblick erschließt sich die überlegte Anlage des Textes: Zunächst wird erklärt, wer überhaupt legitimer Erbe ist (V. 2–3.4), dann geht es um dessen Mehrung zu einer unzählbaren Menge (V. 5), erst danach kommt in den Blick, worin das Erbe besteht (V. 7.18). Dessen Besitz ist offenbar umstritten und muss deshalb mit dem Ritus V. 9–10.12.17 als unbezweifelbar zugesichert werden.

(5)
Aus diesem thematischen Verlauf fallen der Ausblick auf das Geschick der Nachkommen Abrahams in V. 13–

16 und dessen Vorbereitung in V. 11 heraus.[127] Die kaum verhüllten Anspielungen auf den Frondienst in Ägypten, auf die Plagen und endlich auf Exodus und Landnahme stören ihn; denn sie setzen die Landverheißung von V. 18 voraus, schränken sie aber ein: Zwar werden die Nachkommen dieses Land besitzen, aber erst in 400 Jahren,[128] wenn das Maß der Schuld der nichtisraelitischen Bevölkerung Kanaans voll ist, wie es in Anlehnung an 3Mose 18,24–27; 5Mose 9,4–5 heißt. Diese Vorbewohner Kanaans werden hier »Amoriter« genannt. Auf sie muss man wohl die vier Generationen beziehen, die sie allein im Land Kanaan lebten, nachdem Jakob nach Ägypten gezogen war 46,1–7.[129] Bei der vierten Generation endet Gottes Geduld, wie man aus 2Mose 20,9 geschlossen hat.

Während der Grundbestand Abrahams Nachfahren in ihrem Ahn direkt anspricht, reflektieren die V. 13–16 das Verhältnis zwischen dem Ahn der erzählten Zeit und seinen Nachkommen in der Zeit des Verfassers dieser geheimnisvollen Zukunftsschau. Der versucht damit, die Spannungen auszugleichen zwischen einem Abraham-Israel, das seit je im Lande lebte, und einem Exodus-Israel, das erst von außen ins Land kommt.[130] Der Nachtrag setzt also eine Großerzählung voraus, in

---

127 Gründe bei WELLHAUSEN, Composition, 22, und GERTZ, Abraham, 71–78.
128 Man kommt auf 400 Jahre, wenn man wie RASCHI mit Isaak als erstem Nachkommen zu zählen beginnt, der mit 60 Jahren Jakob zeugte (25,26), der wiederum mit 130 Jahren nach Ägypten kam (47,9), und wenn man aufgrund von 2Mose 6,16–20; 7,7 für den Aufenthalt in Ägypten 210 Jahre ansetzt.
129 JACOB, Genesis, 400.
130 Diese konzeptionelle Unterscheidung geht auf STAERK und GALLING zurück und ist von DE PURY, Le cycle, weiter ausgearbeitet worden.

der die Vätergeschichte bereits mit der Mose-Exodus-Geschichte verbunden war.

Andere Interessen verfolgt die Korrektur der geographischen Ausdehnung des Landes durch eine ethnographische in V. 19–21. Die einzigartige Liste von zehn Völkerschaften erweckt zwar den Eindruck von Größe, dient aber nur dazu, den verheißenen Landbesitz auf Palästina zu reduzieren, schließt jedoch das Ostjordanland ein. Sie verdankt sich der Absicht, Israels Ursprünge von der vorisraelitischen Bevölkerung scharf abzusetzen. Andererseits verrät sie ein erstaunliches antiquarisches Interesse an der eigenen Vergangenheit, wie man es bei den jüdischen Historikern in spätpersischer und frühhellenistischer Zeit findet. Da Neh 9,8 mit seiner verkürzten Völkerliste auf 15,6.18a.19–21 anspielt, wird der Nachtrag etwas älter sein. Seine auffällige judäische Orientierung in den Gliedern, die nur hier begegnen, spiegelt vielleicht Ansprüche auf den Süden Judas und den Negev wider, die seit der Perserzeit von den Idumäern kontrolliert wurden.[131]

(6)
Da die Ankündigung eines leiblichen Sohnes in V. 4–5 die Geburtsankündigung 18,9–15 vorwegnimmt und Abrahams Vertrauen auf Gott in V.6 dessen Lachen in 17,17 korrigiert,[132] muss Kap. 15 nicht nur jünger als die Abraham-Lot-Erzählung, sondern auch als die Priesterschrift sein. Die Ankündigung »großen Lohns« gleich zu Beginn antwortet auf den Verzicht Abrahams in 14,22–24. Die Vorstellung Gottes mit »Ich bin dein

---

131 BLUM, Komposition, 379.
132 So schon EERDMANS, Studien I, 39, 90.

Schild (*magen*)« nimmt sachlich und ›buchstäblich‹ den Lobpreis Melchisedeks aus 14,20 auf: »Gepriesen sei der höchste Gott, der deine Feinde in deine Hand gegeben hat (*miggen*).« Dann kann Kap. 15 schwerlich älter als Kap. 14 sein. Beide gehören zweifellos zu den jüngsten Stücken der Abrahamüberlieferung.[133]

Welche Position vertritt dieser große Text im Streit um die Identität Israels? Die V. 2–4 heben den leiblichen Erben hervor und setzen damit das genealogische Konzept voraus, das wie in Mi 7,20 die Nachkommen mit ihrem Ahn identifiziert. Andererseits bringt V. 7 den Ahn von außen ins Land und macht ihn dadurch wie Jes 41,8b–9 zur Identifikationsfigur für die Weggeführten in Babylonien. Die zweiteilige Komposition integriert beide Ursprungsgeschichten in Abraham, der wie in Jes 51,1–8 gemeinsam mit Sara das Gottesvolk als Ganzes verkörpert. Weil beide Gruppen leibliche Nachkommen Abrahams sind, werden sie als legitime Erben dieses Land besitzen. Jüngere Stimmen aus hellenistischer Zeit wie Jes 57,13; 58,14; 60,21; 65,9 sprechen den Besitz des Landes nur noch den Gerechten innerhalb Israels zu, nicht mehr Israel insgesamt.

Am bedeutsamsten ist freilich, dass 15,17–18 den zweiseitigen »Bund« am Sinai in eine reine Selbstverpflichtung Gottes verwandeln. Der Besitz des Landes beruht jetzt auf dem unverbrüchlichen Eid, den Gott selber leistet und der allen gilt, die zu Abrahams Nachkommen gehören, gleichgültig ob sie im Lande wohnen oder aus der Diaspora heimkehren. Die Häufung der unterschiedlichen Motive und deren Mischung zeigt, dass Kap. 15 nicht am Anfang, sondern eher am Ende jener Auseinandersetzungen steht.

---

133 Ausführliche Begründung bei Köckert, Gen 15, 42–47.

2.3. »Jhwh *hat mich verschlossen, dass ich nicht gebären kann.*«
1Mose 16:
Saras Plan, Hagars Flucht und Ismaels Geburt

Erstmals hier in der Abrahamüberlieferung nehmen Frauen ihr Geschick selbst in die Hand. Doch am Ende sieht das Ergebnis anders aus, als Sara und ihre Sklavin Hagar dachten.

(1)
Die Erzählung kennt die beiden voranstehenden Kapitel nicht, sondern knüpft unmittelbar an 13,18 an. Orts- und Personenwechsel markieren zwei Teile; die Reden bestimmen vier Szenen.[134] Der erste Teil (V.1–4a.4b–6) spielt nach 13,18 in Hebron und wird von Sara beherrscht. Der zweite (V.7–12.13–16) erzählt von der Begegnung Hagars mit dem Boten Jhwhs in der Wüstensteppe, setzt aber am Ende die Rückkehr Hagars voraus. Das Leitwort »demütigen, unterdrücken« durchzieht in seinen verschiedenen Aspekten beide Teile (V.6.9.11). Im hebräischen Text lautet das erste Wort »Sara«, das letzte »Abraham«; zwischen beiden stehen Hagar und Ismael.

In der Erzählung lassen sich mehrere Stimmen unterscheiden. Zunächst fallen V.3.16 durch ihr Interesse an der Chronologie heraus, das für die Priesterschrift charakteristisch ist. Außerdem erscheint Hagar hier nicht als Leihmutter für Sara wie in V.2, sondern als zweite Ehefrau Abrahams.[135] Die genaue Datierung »nachdem Abraham schon zehn Jahre im Lande Ka-

---

134 Eine detaillierte Untersuchung der Struktur des Textes bietet Irsigler, Erhörungsmotiv, 108–114.
135 So jedenfalls der jüdische Midrasch Bereschit Rabba (BerR 45).

naan lebte« gibt nur in Verbindung mit den Daten in 17,19.21.24 einen Sinn: Weil Sara schon 76 Jahre alt ist und nicht mehr mit eigenen Kindern rechnen kann, gibt sie Hagar »ihrem Mann Abraham zur Frau«.

Sodann fallen V.9–11 durch ihre gleichlautenden Anfänge auf. Davon bezieht sich allein V.9 auf Hagars Flucht. Während V.11 die Flucht stillschweigend billigt, wird sie in V.9 getadelt. Das bereitet V.15 vor, der die Rückkehr Hagars voraussetzt. Außerdem widerspricht die Namengebung durch Abraham in V.15 dem Auftrag des Boten in V.11. Indem Abraham den Namen gibt, erkennt er Hagars Sohn an. Offenbar wurden V.9.15 mit Rücksicht auf 21,8ff. nachgetragen, weil Hagar mit Ismael dort immer noch zum Haushalt Abrahams gehören, den sie in 16,6b.12 verlassen hatten. Zu dieser nach-priesterlichen Ergänzung gehören wohl auch die geographischen Präzisierungen in V.7b und V.14b, die Hagar näher an Ägypten heranrücken. Noch jünger dürfte V.10 sein. Die überschwängliche Verheißung kombiniert 22,17 mit 32,13 und geht weit über die Ankündigung eines Sohnes in V.11 hinaus.

Die ursprüngliche Erzählung (16,1–2.4–7a.8.11–14a)[136] endet in der Wüste. Ihr fehlt jetzt allerdings der Bericht von der Geburt Ismaels dort. Der ist offenbar von den jüngeren Notizen in V.15.16 verdrängt worden. Aber auch in ihrer ursprünglichen Gestalt hatte diese Erzählung schon einen größeren Erzählzusammenhang vor Augen: Weil Saras Plan, durch Hagar als Leihmutter zu einem Kind zu kommen, an der

---

136 Weitere Gründe für diese Abgrenzung bei BLUM, Komposition, 315–320; KNAUF (der jedoch auch V.13–14 für zugesetzt hält: Ismael, 25–35); und KÖCKERT, Hagar, 2.2.

Flucht Hagars scheitert, bleibt das auslösende Problem (V.1) bis zum Ende offen. Erst durch den Besuch der drei Himmlischen bei Abraham in Kap. 18 wird es gelöst. Es handelt sich also nicht um eine in sich selbst ruhende Einzelerzählung. Offenbar wurde schon die ursprüngliche Erzählung von vornherein für den vorpriesterlichen Kontext 12,1–13,18* und 18,1–15 geschaffen. Das erklärt auch die Berührungen mit 12,10–20.[137] Ihr erster Teil bringt Ismael über die Vaterschaft Abrahams in ein Verhältnis zu Israel, ihr zweiter bettet die Ismaeliter mit V.11–12 in die Ursprungsgeschichte Israels ein. Es handelt sich also nicht einfach um eine Frauen- oder Familiengeschichte; entscheidend ist vielmehr ihre völkergeschichtliche Dimension, ohne die sie gar nicht überliefert worden wäre.[138]

(2)

Schon in 12,2 hatte Gott mit seinen ersten Worten an Abraham versprochen, ihn zu einem »großen Volk« zu machen: mit »Nachkommen so zahlreich wie der Staub der Erde« (13,16). Viele Jahre sind seither vergangen. Wer wollte da noch hoffen? Kinderlos zu sein, wurde als Schmach empfunden (30,23), über die auch die Liebe des Mannes nicht zu trösten vermag (1Sam 1,4–8). Denn Kinder sichern als Arbeitskräfte und als Versorger im Alter das Überleben. Deshalb hängt in patriarchalen Gesellschaften der Wert der Frau an ihnen. Nur als Mutter erfährt die Frau ähnliche Wertschätzung wie der Mann (2Mose 20,12; 21,17). Unter diesen

---

137 Die Hinweise bei RÖMER, Exodusmotive, 10–14, überzeugen freilich nicht alle.
138 So schon GUNKEL, Genesis, 190–191.

Voraussetzungen versteht sich die kinderlose Sara als ein Wesen, dem Entscheidendes fehlt wie einem unfertigen Gebäude (vgl. V.2 mit Rt 4,11). Sara hat sich (anders als Rahel in 30,1) damit abgefunden und deutet ihr Geschick als von Gott gewirkt. Weil sie an Gottes Verheißung festhält und ihrer Erfahrung traut, macht sie einen Plan, der beides miteinander zu versöhnen verspricht. Die priesterschriftliche Zeitangabe »nach zehn Jahren« (V.3) macht Saras Verhalten nur noch verständlicher. Abraham kann sich der Überzeugungskraft seiner realistischen, klugen und tatkräftigen Frau nicht entziehen.

Saras Plan entspricht einem im Alten Orient verbreiteten Brauch, im Falle eigener Kinderlosigkeit über eine Sklavin als Leihmutter zu Kindern zu kommen, die dann als rechtmäßige Kinder der Ehefrau gelten (30,3) und erbberechtigt sind (21,10).[139] So bringt Sara ihre ägyptische Sklavin Hagar ins Spiel, allerdings nur als stummes Objekt und Mittel zum Zweck (vgl. Bilha und Silpa in 30,3.9). Das entspricht ihrem sozialen Status als »Sklavin« auf der untersten Stufe einer Unfreien (*schifchah*), die unter der Gewalt ihrer Herrin steht (V.6).[140] Sara und Abraham nennen sie denn auch nie mit Namen (V.2.5.6).

Nachdem sie schwanger geworden ist, überschreitet Hagar ihre Grenzen als Sklavin (Spr 30,23) und lässt ihre Herrin Verachtung spüren. Die aber beklagt sich bei ihrem Mann.

---

139 Diskussion der Fälle bei Thompson, Historicity, 252–269, und v. Seters, Childlessness.
140 Zur sozialen Stellung Engelken, Frauen, 132ff.166.185.

Abb. 11: Rembrandt, Sara beschwert sich über Hagar
(Federzeichnung um 1640–44, 18,9 x 30,3 cm)

Welch Gegensatz! In der Mitte steht die greise Herrin mit runzligem Gesicht, angewiesen auf einen Stock, von Alter und Gram gebeugt. Anklagend hebt sie die Hand und spricht zu ihrem Mann. Dicht neben ihr reckt eine junge Schönheit stolz ihr Haupt. Ihre Augen blicken aus einem makellosen Gesicht ein wenig herablassend auf die Alte, hat sie doch das, was ihrer Herrin fehlt: behaglich ruhen ihre verschränkten Hände auf dem schon gewölbten Leib. Trotzdem hat sie sich für diesen Auftritt zurechtgemacht: mit einem Obergewand, das den Kontrast zu ihrer Herrin noch verstärkt, mit Kette und Schleier. Nicht von ungefähr hockt ein Pfau hinter ihr. Durch einen deutlichen Abstand von den beiden Frauen distanziert sehen wir Abraham, aber nur von hinten; denn bisher haben wir von ihm in dieser Erzählung noch nichts gehört. Jetzt hebt er die Hand und sagt seinen einzigen Satz: »Deine Sklavin ist in deiner Gewalt. Verfahre mit ihr, wie du es für richtig hältst!«

Die Vorhaltungen Saras bewegen Abraham dazu, das durch die Schwangerschaft nicht veränderte Rechtsverhältnis zwischen Herrin und Sklavin ausdrücklich zu bekräftigen und damit die Ehre seiner Frau wiederherzustellen. Nun aber überschreitet Sara ihre Grenzen als Herrin, indem sie ihre Sklavin »demütigt« und sie ihre Abhängigkeit fühlen lässt. Die flieht jedoch, und mit ihr entschwindet die Hoffnung – wenn auch auf Umwegen – doch noch zu Kindern zu kommen. Sara ist trotz kluger Planung der Lösung ihres Problems keinen Schritt näher gekommen.

(3)
Der zweite Teil (V. 7–16) setzt mit einer Initiative Gottes ein. Hagar ist jetzt frei und für Sara unauffindbar, aber auf der Flucht und in der Wüste (V. 7), fern von aller Versorgung. Doch für Gott ist kein Ort unauffindbar. Er macht sich auf den Weg zu der Gedemütigten ins Elend. Dabei unterscheidet der Erzähler zwischen dem »Boten JHWHs« (V. 7–11) und JHWH (V. 11.13). Auf diese Weise nimmt Gott Hagar wahr und handelt unsichtbar an ihr. Aber er spricht mit ihr nicht direkt wie mit Abraham, sondern verkehrt mit ihr durch seinen Boten, der ihn im Bereich der Menschen vertritt.[141] Der Bote ist jedoch nicht als Bote *Gottes* erkennbar. So weiß Hagar im Unterschied zum Erzähler und zu uns nicht, dass ihr kein Mensch, sondern der *Bote J*HWHs begegnet. Sie hat also noch eine Überraschung vor sich.

Dieser Bote behandelt sie als einziger in der gesamten Erzählung nicht wie ein Objekt, sondern nimmt sie in ihrer besonderen Lage wahr und redet mit ihr. Mit der namentlichen Anrede »Hagar, Sklavin Saras« (V. 8) würdigt er sie als Person, ohne die harte Wirklichkeit zu verklären. Die Frage nach dem Woher und dem Wohin bringt Hagars Hoffnungslosigkeit an den Tag; denn sie nennt das Woher, kennt aber kein Wohin (V. 8). Die Antwort darauf muss Gottes Bote selber geben:

---

141 Zu den Engeln und Gottesboten in 1Mose 12–50 KÖCKERT, Divine Messengers.

¹¹Der Bote Jhwhs sprach zu ihr:
Siehe, du bist schwanger und wirst einen Sohn gebären.
Du sollst ihn Ismael nennen;
denn Jhwh hat deine Demütigung gehört;
¹²und er wird ein Mensch von der Art eines Wildesels sein;
seine Hand wird gegen alle und die Hand aller wird gegen ihn sein, und allen seiner Brüder gegenüber wird er leben.

Gottes Antwort besteht aus der Ankündigung der Geburt eines Sohnes in V.11 und aus einem Völkerspruch. Die Geburt eines Sohnes sichert Hagars Zukunft. Der Name »Ismael« bedeutet: »Gott hat er-/gehört«. Der Erzähler passt aber die Deutung an Hagars gegenwärtige Lage an: »Jhwh hat *deine Unterdrückung / dein Elend* gehört.«

Der Stammes- oder Völkerspruch in V.12 mit einem Tiervergleich nach Art der Sprüche in 49,14.21.27 sichert nach V.11 ganz situationsgemäß die Zukunft des noch ungeborenen Sohnes. Er erklärt, warum die Ismaeliten so sind, wie sie sind, und in welchem Verhältnis sie zu ihren Nachbarn stehen. Was hat man in Israel mit einem »Wildesel« verbunden? Er ist ein ungezähmtes Tier, das im Gegensatz zu den Bewohnern des Kulturlandes in der Wildnis lebt (Dan 5,21). Stets hungrig schreit er nach Futter (Hi 6,5) und ist von Durst gequält (Jer 14,6). Anders als die wohlversorgten Haustiere ist er stets gefährdet. Wie ein Wildesel in der kargen Steppe sein Dasein fristen zu müssen, gehört deshalb zum festen Bestand der Flüche, die assyrische Vertragstexte dem Eidbrüchigen androhen.¹⁴² Andrerseits steht der Wildesel auch für ungebundene Freiheit

---

142 So z. B. TUAT I/2, 170 (§ 39).

(Hos 8,9); denn er muss nicht das Geschrei der Treiber hören wie der Hausesel (Hi 39,7–8).

Der Spruch V.12 entfaltet von den mit dem Wildesel verbundenen Momenten zwei: den Kampf ums Überleben (»seine Hand gegen alle und die Hand aller gegen ihn«) und den unbezähmbaren Drang nach Freiheit (»allen seinen Brüdern gegenüber« im Sinne von: »ihnen zum Trotz«). Das passt zu vielen Gruppen, die abseits des Kulturlandes und in einem Gegensatz zur Stadtkultur leben. V.11 und die dort angezeigte Namengebung beziehen den Völkerspruch jedoch auf Ismael. Dessen Verhältnis zu Israel wird nach dieser Ankündigung jedenfalls nicht das eines Sklaven zu seinem Herrn sein.

(4)
Mit der Ankündigung eines Sohnes und dessen Geschicks hat sich die Lage Hagars grundlegend verwandelt. Jetzt erkennt sie, dass es Jhwh ist, der mit ihr durch seinen Boten gesprochen hat. Deshalb muss eine Reaktion Hagars folgen. Mit ihrem Lobpreis und Bekenntnis schließt die Erzählung in V.13–14:

¹³Da nannte sie den Namen Jhwhs, der zu ihr geredet hatte:
   Du bist ein *'el-r°'i*;
denn sie sprach:
   Wahrlich, ich habe hier dem nachgesehen,
   der mich sieht!
¹⁴Deshalb nennt man den Brunnen *Be'er-Lachaj-Ro'i*;
siehe, er liegt zwischen Kadesch und Bered.

Hagar war Hören und Sehen vergangen. In dieser Lage erfährt sie, dass Gott die Gedemütigte hört (V.11) und nach ihr sieht (V.13b). Leider lässt sich V.13 nicht sicher deuten.[143] Zweifellos will die letzte Zeile die Gottes-

bezeichnung El-Ro'i und den Namen des Brunnens in
V. 14 begründen. Die Wendung 'el-ro'i ist in der masoretischen Vokalisierung mehrdeutig; denn sie bedeutet: »Gott des Sehens (u. des Gesehenwerdens)«.[144] Die letzte Zeile von V. 13 legt jedoch das Verständnis nahe: »Du bist der Gott, der *mich* sieht.« So hat auch die Septuaginta den Namen ins Griechische übersetzt. Diese Deutung entspricht ganz dem Kontext von V. 7–12. Auf jeden Fall ist diese Bezeichnung nicht Name einer eigenen Gottheit, sondern ein Beinamen, vergleichbar jenem »Du bist ein Gott, der Wunder tut« in Ps 77,15. Mit ihm rühmt Hagar Jhwh und deutet ihre Begegnung mit dem Boten als Begegnung mit Jhwh: In ihrem Elend hatte sie Gott nicht entdecken können; erst nachdem er sie in ihrem Elend gesehen und ihre Not mit seiner Botschaft gewendet hat, kann sie ihm in den Wirkungen seiner Zuwendung nachsehen (2Mose 33,18–23).

Mit V. 14 bringt der Erzähler die Vergangenheit in seine Gegenwart: Er identifiziert den Wasserquell in der Wüste (V. 7) mit einem Brunnen, den er wegen der aus 12,16 erschlossenen ägyptischen Herkunft Hagars im Negev lokalisiert. Weil *Bered* unbekannt ist und weil es in der Wüstensteppe nicht nur *ein* Wasserloch gibt, lässt sich der Brunnen nicht mit einem bekannten Ort identifizieren. Eine beduinische Lokalüberlieferung findet ihn in ᶜ*Ain Muwelich*, 8 km westlich von Kadesch.[145] Wo im Negev auch immer der Brunnen liegen mag, er ist ein heiliger Ort, weil Gott in seinem Boten der Hagar dort begegnet ist. Von einem Kult verlautet freilich nichts. Das Element *chaj* im Namen des Brun-

---

143 Zu 16,13 Irsigler, Erhörungsmotiv, 121–124, und Koenen, Wer, 468–474.
144 Ges.-Donner, Lfg. 5, 1206.
145 Jericke, Ortsangaben, 147.

nens bezieht sich weniger auf die bewegte Wasseroberfläche (»lebendig«) als vielmehr auf die Qualität des Wassers (»frisch«), also: »Brunnen des Frischen, der mich sieht«.

(5)
Als ältester Bestandteil der Erzählung hat sich der Stammesspruch in V.12 herausgestellt. Er beschreibt das Verhältnis der Nachfahren Ismaels zu ihren Nachbarn. Von Ismaels Nachfahren lesen wir erstmals in 25,13–15. Die Namen seiner zwölf Söhne erscheinen in außerbiblischen Texten seit dem 7. Jh. v. Chr. als Namen beduinischer Gruppen in Nordwestarabien.[146] Sie werden von den Assyrern »Araber« genannt. Das passt zur letzten Zeile des Stammesspruches, wenn man das »gegenüber allen seinen Brüdern« geographisch als »östlich aller seiner Brüder« deutet. Die Erzählung spielt jedoch im Negev und versetzt die arabischen Nachbarn nach Südpalästina. Das setzt schon einen gehörigen Abstand zu den Realitäten des Stammesspruches voraus. Die Erzählung versteht unter Ismael den Repräsentanten beduinischer Araber in Südpalästina und die letzte Zeile des Völkerspruches nicht mehr lokal (»östlich«), sondern polemisch im Sinne von »ihnen zum Trotz«. Das passt alles besser in die Perserzeit als zu den Tagen, da Könige über Juda herrschten.

Diesem historischen Kontext entspricht auch der literarische Horizont der Erzählung. Sie wirkt zwischen der Verheißung zahlreicher Nachkommen in 13,16 und der Ankündigung eines Sohnes in 18,1–15 als Verzögerung. Eine vergleichbare Verzögerung, wenn auch beim Thema Land, leistet die Reise nach Ägypten in

---

146 Knauf, Ismael, 65–81.

12,10–20 zwischen 12,1 und 13,14–17. Beide Erzählungen sind mit ihrem mehrfachen Wechsel von Problem und Lösung ähnlich angelegt. Sie stammen von der Hand, die den nicht-priesterlichen Erzählbogen in 12,1–13,18* geschaffen hat.[147] Dadurch erklärt sich auch die ungewöhnliche Verbindung Hagars mit Ägypten[148] und die leitwortartige Verwendung der Wurzel »demütigen, unterdrücken« in 16,6.11, die in der Exoduserzählung eine Rolle spielt (2Mose 1,11–12; 3,7; 14,5).[149]

2.4. »Ich will dir und deinen Nachkommen nach dir Gott sein.«
1Mose 17: Gottes unzerstörbarer Bund mit Abraham

(1)
Diese Abhandlung in Gestalt einer mehrteiligen Gottesrede steht zwischen der Geburt Ismaels in 16,16 und der Ankündigung der Geburt Isaaks in 18,10–15. Sie klärt vorab das Verhältnis Gottes zu den beiden Söhnen Abrahams und deren Nachkommen. Motive und Themen verbinden sie mit den wichtigsten Brückentexten der priesterschriftlichen Ausgabe der Ursprungsgeschichte Israels.[150]

---

147 Köckert, Hagar, (gegen: ders., Geschichte, 122).
148 Das Genesis-Apokryphon aus Qumran führt Hagar unter den Geschenken des Pharaos von 12,16 sogar namentlich auf (1QapGen xx 32). Der Name Hagar ist jedoch nicht ägyptisch, sondern nur als Name einer Stadt und Landschaft Ostarabiens seit dem 13. Jh. v. Chr. bezeugt (Knauf, Ismael, 49–55). 1Chr 5,10 sucht die Hagariter hingegen an der Ostgrenze Gileads, Ps 83,7 im Ostjordanland.
149 Verbindungen zur Exoduserzählung haben Trible (Mein Gott, 30f. und 40f.) und Römer (Exodusmotive, 10–14) herausgearbeitet.
150 Vgl. den Schöpfungssegen in V.2.6.20 mit 1,28–32; 9,1–7, das

Der einzigartige Inhalt zeichnet 1Mose 17 als Zentrum und Höhepunkt der Abrahamüberlieferung aus, in die sie eingetragen wurde. Dem entsprechen die Stilisierung als Erscheinung Gottes, die genaue Datierung im Leben Abrahams, der »auf sein Angesicht« fällt (V. 3.17) und sogar mit Gott redet (V. 17–19), und die Umbenennung des Ahnpaares (V. 5.15).

Der komplexe Inhalt erschließt sich, wenn man der »inneren Dynamik« folgt und die einzelnen Aussagen im Gefälle des Ganzen deutet.[151] Ein knapper Rahmen (V. 1a.22) umschließt eine Gottesrede in drei Teilen. Sie enthält I. die Ankündigung (V. 2) und Übereignung (V. 4) des Bundes mit Abraham (V. 2.4–6) sowie mit Abraham und dessen Nachkommen (V. 7–8), II. die Anordnung der Beschneidung (V. 9–14) und III. die Klärung der Frage, wer zu den Nachkommen Abrahams im Sinne des Bundes von V. 7–8 gehört (V. 15–18.19–21). Nach den Anweisungen zur Beschneidung im Mittelteil darf deren Ausführung nicht fehlen (V. 23–27). Abgesehen von einigen Zusätzen in den Anweisungen, die vor allem die Ausweitung auf die Sklaven betreffen, ist der Text aus einem Guss.

In seinem Verlauf werden die Inhalte des Bundes und seine Adressaten immer genauer bestimmt, bis die Gedankenbewegung mit der Unterscheidung von Isaak und Ismael in V. 19–21 ihr Ziel erreicht. Allein Isaak und der Linie, die über Jakob zu Israel führt, gelten die exklusive Nähe Gottes und der dauerhafte

---

Leitwort »Bund« in V. 1–3.7.19.21 mit 9,8–11; 2Mose 6,4–6, das Zeichen des Bundes in V. 9–14 mit 9,12–17 sowie das von Gott gewährte Verhältnis in V. 7–8 mit 2Mose 6,7; 29,45–46. – Zu den Einzelheiten Köckert, Leben, 77–79.

151 Grundlegend Gross, Bundeszeichen, und Blum, Komposition, 421; ausführliche Auseinandersetzung mit alternativen Deutungen bei Köckert, Gottes Bund.

Besitz des Landes Kanaan (V.7–8), obwohl auch Ismael beschnitten wird.

(2)
Zu Beginn stellt sich Jhwh vor und fasst mit Anweisung und Verheißung vorab zusammen, was er dann ausführlich entfalten wird:

¹Als Abram neunundneunzig Jahre alt war, erschien ihm Jhwh und sprach:
   Ich bin *El Schaddaj*.
   Gehe deinen Weg vor mir, so wirst du untadelig sein!
²Ich will meinen Bund stiften zwischen mir und dir:
   Ich werde dich überaus zahlreich machen.

Mit *schaddaj* greift die Priesterschrift eine ältere Gottesbezeichnung auf, die in 4Mose 24,4 und in der Bileam-Inschrift[152] bezeugt ist und vielleicht »Der (Herr) des Berges« bedeutet.[153] Sie gebraucht die von ihr geschaffene Verbindung El-Schaddaj als Bezeichnung für Jhwh nur in der von ihr eigens abgegrenzten Epoche der Väter.[154] Die Septuaginta hat das für sie unverständliche Wort *schaddaj* mit »Allmächtiger« (*pantokrator*) ins Griechische übersetzt.

»Gehe deinen Weg vor mir« meint soviel wie: Lebe unter meiner Führung und unter meinem Schutz (24,40; 48,15). Darin realisieren sich die beiden Seiten des Bundes, zunächst was Gott betrifft (V.4–8), sodann was Abraham und seine Nachkommen betrifft (V.9–14). Der Ankündigung des Bundes in V.2 folgt in V.4

---

152 Die Inschrift wurde in *Tell Der ʿAlla* gefunden und stammt aus dem 9.Jh. v. Chr. (TUAT II, 138–148).
153 Zu El-Schaddaj Witte, El Schaddaj, bes. 221–229.
154 Vgl. 17,1 mit 28,3; 35,11; 43,14; 48,3 und mit 2Mose 6,3.

seine Übergabe oder das, was in 15,18 Bundesschluss heißt.

Gott redete mit ihm:
⁴Was mich betrifft – siehe, das ist mein Bund mit dir:
Du wirst Vater einer Menge von Völkern werden.
⁵Du sollst nicht mehr Abram heißen, sondern Abraham soll dein Name sein; denn hiermit mache ich dich zum Vater einer Menge von Völkern.
⁶Ich mache dich überaus fruchtbar und lasse dich zu Völkern werden, und Könige werden aus dir hervorgehen.

Es fällt auf, dass die Priesterschrift zwar von einem »Bund zwischen mir und dir« spricht und damit eine gewisse Gegenseitigkeit nahelegt, dass aber Gott stets »mein Bund« sagt. Damit ist das Missverständnis einer Wechselseitigkeit ausgeschlossen. Sodann vermeidet sie die sonst übliche Wendung *karat bᵉrit* für das Schließen eines Bundes. In ihr klingen zu deutlich vertragsrechtliche Untertöne an. Vor allem war die plastische Wendung »einen Bund (*bᵉrit*) schneiden (*karat*)« mit der Schlachtung und Zerteilung eines Tieres beim Ritual des Bundesschlusses verbunden (s. bei 15,7–18). Derartiges verbietet sich bei Noah (9,9.11.17), Abraham und Mose (2Mose 6,4), weil die Priesterschrift keine Schlachtung außerhalb von Opfern kennt; die werden jedoch erst in 3Mose 1–7 geregelt. Deshalb formuliert sie mit den Verben »geben, stiften« (*natan*) und »errichten« (*heqim*).

Der Bund in V.2–4 gilt jedoch nur dem *Ahn*, nicht seinen Nachkommen, wie man an der Umbenennung von Abram in Abraham sehen kann, die der Umbenennung Jakobs in Israel (32,29) folgt. Die Priesterschrift leitet den neuen Namen aus der besonderen Gestalt der Mehrungsverheißung ab: So wird aus Ab*ram*, was »der Vater (*'ab*) ist erhaben (*ram*)«[155] bedeutet, ein

Abra*ham*: »Vater (*'ab*) einer Menge (*hamon*) von Völkern«. Doch liegt das Gewicht stärker auf dem Akt der Umbenennung überhaupt. Es handelt sich dabei um einen Herrschaftsakt, wie man aus der Umbenennung von Vasallen durch den Großkönig in 2Kön 23,34; 24,17 sehen kann. Mit der Umbenennung nimmt Gott den Ahn Israels aus der Menge aller Menschen heraus und stellt ihn in ein besonderes Verhältnis zu sich. »Bund« und »Erwählung« sind hier zwei Seiten einer Medaille.

Sodann entfaltet V. 6 die in V. 2 zugesagte Mehrung. Die entspricht zunächst dem Schöpfungssegen für alle Menschen und so auch für Ismael (V. 20a). Dann aber erhält sie mit »Völkern« und »Königen« ein ganz besonderes Profil, allerdings kein multinationales, ist doch von Völkern und Königen nur noch bei Sara in V. 16 und bei Jakob in 35,11 f. die Rede. Offenbar sind damit die Stämme Israels (vgl. 28,3; 48,3–4) und die Könige Judas wie des Nordreichs gemeint.

Die V. 7–14 kündigen darüber hinaus einen Bund mit *Abraham und seinen Nachkommen* an. Deshalb kann nun von einem »*ewigen* Bund« gesprochen werden:

⁷Ich werde meinen Bund errichten zwischen mir und dir
und deinen Nachkommen nach dir in ihren Generationen
als einen ewigen Bund,
dass ich dir und deinen Nachkommen nach dir Gott sei.
⁸Ich werde das Land deines Aufenthalts, das gesamte
Land Kanaan, dir und deinen Nachkommen nach dir zu
immerwährender Nutzung geben
und werde ihnen Gott sein.

---

155 Dabei bezieht sich »Vater« wahrscheinlich auf den persönlichen Schutzgott.

Dieser Bund besteht in der traditionellen Landgabe, wenn auch in einer neuen Gestalt[156] (vgl. mit 13,15), und in der erstmals hier gegebenen Zusage eines exklusiven Gottesverhältnisses. Beide Inhalte gehen über den Schöpfungssegen hinaus, beide gelten allein Abraham und seinen Nachkommen. Der Ton liegt auf dem besonderen Gottesverhältnis, das deshalb nach der Landgabe noch einmal eigens wiederholt wird.

(3)
Nachdem Gott in V. 7–8 seinen Bund mit Abraham und dessen Nachkommen angekündigt und die damit verbundenen Gaben genannt hat (»Was mich betrifft …« V. 4), teilt er mit, wie diese in den Genuss der Gaben kommen (»Was dich betrifft …« V. 9). Dazu ordnet er in V. 9–14 die Beschneidung an. Sie begründet also weder den Bund noch die Verheißungen. Gott übergibt mit seinem Bund vielmehr einen Scheck. Insofern ist Gottes Bund bedingungslos. Der Scheck bringt freilich keinen Nutzen, wenn der Empfänger ihn nicht einlöst, indem er sich beschneiden lässt.

Bei der Beschneidung[157] wird die Vorhaut des männlichen Gliedes entfernt. Es handelt sich um einen uralten vorisraelitischen Brauch, wie man an der Verwendung von steinernen Messern sehen kann (Jos 5,2).

---

156 Die Wendung »Land deines Aufenthalts« (*'ärätz m^{e}guräka*) betont nicht Abrahams Status als den eines landfremden Schutzbürgers (*ger*), sondern das Land als Raum, in dem Abraham »sich aufhält« (*gur*), und das hebr. Wort *'achuzah* akzentuiert ein Recht auf Nutzung, nicht auf bloßen Besitz – dazu BLUM, Komposition, 443, KÖCKERT, Land, 516 ff., und GERLEMANN, Nutzrecht, 315–318.
157 Zu den Einzelheiten BLASCHKE, Beschneidung.

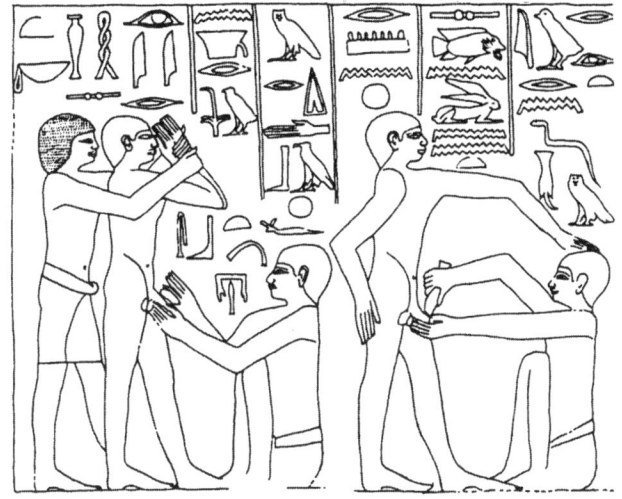

Abb. 12: Ägyptische Darstellung einer Beschneidung
(aus einem Grab in Saqqara um 2200 v. Chr.)

Links beschneidet ein Totenpriester mit einem ovalen Feuerstein (?) einen jungen Mann, der von einem Gehilfen gehalten wird. Die rechte Szene zeigt vielleicht die Vorbereitung oder die Nachbehandlung der Wunde. In Ägypten wurden nicht Kinder, sondern männliche Jugendliche im Alter von 10–20 Jahren beschnitten.

Im 1. Jahrtausend v. Chr. waren fast alle Nachbarn Israels beschnitten, außer den Philistern, Babyloniern und Assyrern (Jer 9,25; Hes 28,10). Insofern konnte die Beschneidung im babylonischen Exil zu einem Merkmal der Unterscheidung werden.

⁹Gott sprach zu Abraham:
 Was aber dich betrifft – meinen Bund sollst du halten,
 du und deine Nachkommen nach dir in ihren Generationen!
 ¹⁰... Beschnitten werde bei euch jeder, der männlich ist.
 ¹¹Und zwar sollt ihr euch an eurer Vorhaut beschneiden

lassen. Das soll als Zeichen des Bundes zwischen mir und euch dienen.

¹²Im Alter von acht Tagen soll jeder, der männlich ist bei euch in euren Generationen, beschnitten werden …

¹³… Mein Bund an eurem Fleisch soll ein ewiger Bund sein.

Die Priesterschrift hat eine ältere Überlieferung aufgenommen, aber den Brauch auf den 8. Tag nach der Geburt[158] verlegt und als »Zeichen des Bundes« gedeutet (V. 11). Damit wurde die Beschneidung ein sichtbarer Ausweis der Zugehörigkeit zum Gott Israels, eben ein »Zeichen des Bundes«. In der Makkabäerzeit wurde sie zum Bekenntniszeichen gegenüber den hellenisierten Juden (1Makk 1,48–65). Später war sie eine der Voraussetzungen für einen vollen Übertritt zum Judentum.

Gehören dann nicht auch die nicht-israelitischen Hausklaven und Ismael zum Kreis derer, denen Bund und Verheißungen gelten, tragen sie doch als Beschnittene (V. 13–14.23–27) das Zeichen des Bundes an ihrem Fleisch? Das Beispiel der Sklaven zeigt, dass die Beschneidung allein nicht zu Teilhabern des Bundes macht; denn es ist ausgeschlossen, dass auch ihnen die Zusage bleibenden Besitzes des Landes Kanaan gilt. Das muss dann auch für das exklusive Gottesverhältnis zutreffen. Die Sklaven und Ismael werden beschnitten, weil sie zum Haus Abrahams, nicht weil sie zum Bund gehören. Insofern hat »Ismaels Beschneidung … allein für Abraham eine Bedeutung als Bundeszeichen«[159]; denn indem er Ismael beschneidet, erweist er seine Bundestreue.

---

158 Ein siebentägiges Tabu nach der Geburt gibt es auch für Tiere (2Mose 22,29 u. a.).
159 BLUM, Komposition, 422.

(4)

Im dritten Teil der Gottesrede (V. 15–21) erklärt Gott, wer zu den Nachkommen Abrahams im Sinne des Bundes gehört. Jetzt kommt Sara ins Spiel:

¹⁵Gott sprach zu Abraham:
 Deine Frau Saraj sollst du nicht mehr Saraj nennen,
 sondern Sara ist ihr Name.
 ¹⁶Ich werde sie segnen und dir auch von ihr einen Sohn schenken. Ich werde sie segnen, dass sie zu Völkern wird; Könige von Völkerschaften werden von ihr abstammen.

Auch bei Saras Umbenennung kommt es weniger auf die Bedeutung des neuen Namens an, als auf die Umbenennung als solche; denn die Bedeutung beider Namen liegt eng beieinander: Saraj hängt vielleicht mit dem akkadischen *scharratu* (»Königin«) zusammen; hebräisch *sarah* bedeutet »Fürstin« (Ri 5,29; Jes 49,23). Entscheidend aber ist, dass Gott den an der unfruchtbaren Sara bisher nicht wirksamen Schöpfungssegen von 1,28; 9,1 in Kraft setzt (V. 16). »Bund« und »Erwählung« gelten nicht Abraham allein und *seinen* Nachkommen, sondern nur dem Ahnpaar und dessen *gemeinsamen* Nachkommen. Deshalb wiederholt Gott über Sara das, was er in V. 4–5 schon Abraham hat wissen lassen: Auch Sara soll zu Völkern werden, und Könige werden von ihr abstammen. Nichts legt nahe, hier andere Größen anzunehmen als dort. Dann kann aber auch in V. 4–6 nicht Ismael gemeint sein. Doch Abraham hat das noch nicht begriffen:

¹⁷Da fiel Abraham auf sein Angesicht und lachte (*wajjitzchaq*). Er dachte in seinem Herzen:
 Einem Hundertjährigen soll geboren werden,
 und Sara, eine Neunzigjährige, soll gebären?

¹⁸Abraham sprach zu Gott:
Möchte doch Ismael vor dir leben!

Die Priesterschrift greift mit dieser Reaktion 18,10–12 auf, überträgt aber Saras Lachen und ihre Einwände auf Abraham. Der in V.19 genannte Name Isaak »Er lacht« bezieht sich hier (anders als in 21,6) hintergründig auf Abrahams Reaktion. Weil Abraham die biologischen Realitäten einwendet, wiederholt Gott seine Verheißung, stellt sie gegen Abrahams Einwand und sagt ausdrücklich, mit wem er seinen »Bund als einen ewigen Bund« aufrichtet: allein mit Isaak (V.19.21).

¹⁹Gott erwiderte:
Nein, vielmehr wird Sara, deine Frau, dir einen Sohn gebären; den sollst du Isaak (*jitzchaq*) nennen. Mit ihm werde ich meinen Bund errichten als einen ewigen Bund für seine Nachkommen nach ihm.
²⁰Was aber Ismael angeht, habe ich dich gehört:
Siehe, hiermit segne ich ihn; Ich werde ihn fruchtbar machen und überaus zahlreich. Zwölf Fürsten wird er zeugen, und ich werde ihn zu einem großen Volk machen.
²¹Aber meinen Bund errichte ich mit Isaak, den dir Sara im nächsten Jahr um diese Zeit gebären wird.
Als er aufgehört hatte, mit ihm zu reden, stieg Gott von Abraham auf.

Zwar wird auch Ismael eines Segens gewürdigt, aber Segen und Mehrung stellen ihn in eine Reihe mit allen Menschen, denen der Schöpfungssegen von 1,28 gilt. Zwar bleibt es auch für Ismael nicht beim Schöpfungssegen, aber »Fürsten« und »großes Volk« hier, statt einer »Menge von Völkern« und »Königen« dort, zeigen den Unterschied zwischen Ismael und Isaak. Vor allem aber ist nur bei Isaak[160] und seinen Nachkommen von Gottes Bund als einem »ewigen Bund« die Rede. So öffnet Gott am Ende seiner Rede Abraham und uns die Augen für den, den er von Anfang an mit »deinen Nachkommen nach dir in ihren Generationen« (V. 7) gemeint hatte.

Nach diesen grundsätzlichen Klärungen verlässt Gott Abraham und »steigt auf«, offenbar in den Himmel, wo er vorgestellt wird. Der Himmel als der Gott vorbehaltene Raum ist zwar auf den meteorologischen Himmel hin durchlässig, aber nicht einfach mit dem Luftraum über der Erde identisch. Nachdem Gott an seinen Ort zurückgekehrt ist, beeilt sich Abraham, erstmals auf Erden die gebotene Beschneidung zu vollziehen: an sich, an Ismael und an allen männlichen Mitgliedern seines Hauswesens (V. 23–27). Damit wird der Ritus, der wie kein anderer ein Bekenntnis zur jüdischen Identität darstellt, noch vor der Tora am Sinai schon bei Abraham begründet.

(5)
Der sehr überlegt formulierte Text ist Teil der priesterschriftlichen Ausgabe der Gründungsgeschichte Israels. Er ist wahrscheinlich im Exil entstanden, um der Beschneidung der Knaben bereits am 8. Tag als Bekenntnis zur jüdischen Identität in einer nichtjüdischen Umwelt Geltung zu verschaffen. Er wendet sich also gegen eine Assimilation um jeden Preis. Die Priesterschrift hat den Abrahambund mit der Beschneidung nicht als einen zweiseitigen Vertrag mit gegenseitigen Verpflichtungen konzipiert. Deshalb ist der Abraham-

---

160 Zum Namen s. u. bei 18,9–15 und 21,1–7.

bund unzerstörbar. Der Mensch kann ihn zwar ausschlagen, aber auch dann bleibt der Bund bestehen, so dass er in V.7.13.19 mit Recht ein »ewiger Bund« genannt wird.

Abb. 13: Rembrandt, Gott erscheint Abraham
(Federzeichnung um 1656, 19,7 x 26,6 cm)

Nicht noch einmal hat Rembrandt das Erscheinen Gottes so eindrücklich in Szene gesetzt, von dem 1Mose 17,1 spricht. Gott kommt in Begleitung zweier Engel auf einer Wolkenbank heran. Man meint das Rauschen zu hören. Über seinem Haupt schwebt ein Wesen mit ausgebreiteten Schwingen. Wir wissen nicht, was der Künstler mit diesem Wesen verbunden hat, das einer überdimensionalen Taube ähnelt. Aber es wirkt wie ein lebendiger Baldachin, der die Majestät Gottes unterstreicht. Diese überraschende Begegnung wirft Abraham aus der Bahn. Vor Schreck fällt ihm der Wanderstock aus der Hand, er wirft sich auf den Boden und bedeckt sein Gesicht mit den Händen. Wem Gott begegnet, dem vergehen Hören und Sehen. Da hebt der Allmächtige seine Hand und spricht Abraham an. Im Hintergrund sehen wir eine weitere Person. Sie schaut aus dem Fenster. Mit ihr bringt Rembrandt Sara auf die Szene, geht es doch in 1Mose 17,15–21 ausdrücklich um sie und um den Sohn, den sie bekommen wird.

Ein jüngerer Nachtrag bedenkt in V. 14 den Fall, dass es unbeschnittene Juden geben könnte. Er droht dieser Person das Erlöschen ihres Geschlechts[161] an, weil sie »meinen Bund gebrochen hat«. Dieser Bund kann also nur von der Person gebrochen werden, die sich der Beschneidung und damit dem Bund versagt, nicht aber von Israel als Volk.[162] Deshalb bedarf es für das Verhältnis Israels zu seinem Gott auch keines »neuen Bundes« wie in Jer 31,31.

2.5. »Ist denn für Jhwh etwas unmöglich?«
1Mose 18–19:

(1) Die Abraham-Lot-Erzählung als Grundstock der Komposition

Beide Kapitel bilden in ihrer vorliegenden Gestalt eine dreiteilige Komposition, die durch den Wechsel der Orte, der Personen und der Tageszeiten szenisch gegliedert ist. Der I. Teil (18,1–16a) erzählt vom mittäglichen Besuch dreier Männer bei Abraham in Hebron, die als Gastgeschenk einen Sohn ankündigen. Der II. Teil (19,1–38) erzählt vom Besuch zweier Boten des Abends bei Lot in Sodom, die ihn und seine Familie vor Tagesanbruch aus dem Vernichtungsgericht retten. Beide Teile sind dadurch verbunden, dass die Männer von Hebron nach Sodom gehen, um zu prüfen, ob die Stadt unwiderruflich der Vernichtung geweiht ist (18,16b.20–22a.33b). Abrahams Blick auf den Ausgang der Prüfung (19,27–28) schlägt eine weitere Brücke.

---

161 Mit dieser Sanktion ahndet Gott nur Verletzungen der religiösen Ordnung (3Mose 17,10; 23,30 u. ö.). Es handelt sich also nicht um die normale Todesstrafe, sondern um ein Gottesgericht (3Mose 20,3.5 neben 4).
162 STIPP, Bund, 303.

Da der Weg von Hebron (am Nachmittag) nach Sodom (am Abend) ungefähr 40 km beträgt, können das Tageszeitenschema und die Verbindung beider Teile nur literarisch hergestellt sein. Beide Teile setzen die Abraham-Lot-Erzählung von 13,2–18* fort und führen auf die Geburt der Ahnen Moabs und Ammons (19,30–38) und Israels (21,1–6*). Die Umstände der Schwangerschaft, aus den Namen der Ahnen entwickelt, stehen in einem scharfen Gegensatz, mit dem sich Israel von seinen östlichen Nachbarn schon am Ursprung abgrenzt. Der eine steht in der Helle des Tages, der lachen lässt, die andern im Dunkel der Höhle über einem Toten Meer. Da die Erzählung zum Preis Israels eng mit Hebron verbunden ist, der ersten Königsstadt Davids (2Sam 2–5), könnte sie noch aus der Königszeit Judas stammen.

Die Erzählung vom Besuch der drei Männer mit der Ankündigung eines Sohnes setzt nur noch dessen Geburt voraus, aber weder die Lot- noch die Sodom-Erzählung. Vielleicht geht sie auf eine alte Einzelüberlieferung aus Hebron zurück.[163] Dagegen waren 19,1–38 niemals eine selbständige Einheit. Vielmehr ist das Kapitel aus mehreren Stoffen (s. u.) erst für die Abraham-Lot-Erzählung als Gegensatz zu 18,1–16 gebildet worden; überdies setzt V. 19 Lots Abgang nach Sodom in 13,12b voraus.

Zwischen die parallelen Kontrasterzählungen wurde später ein III. Teil eingeschoben. In ihm ringt Abraham in mehreren Anläufen mit Gott um die Frage: Darf der Richter der Welt Sodom vernichten (18,17–19.22b–33a)? Seiner Einfügung tragen »die (zwei) Bo-

---

163 BLUM, Komposition, 288 mit Anm. 10, und GESE, Komposition, 38 f.

ten« in 19,1.15 und 19,13b Rechnung. Ursprünglich war wohl nur von »die Männer« die Rede wie in 19,12.16. Auch der Rückverweis in 19,27b auf 18,22b geht auf diese Einfügung zurück. Obwohl Gott in 18,20–21 erst noch prüfen will, ob Sodom unausweichlich dem Untergang verfallen ist, setzen 18,17–19 die Vernichtung Sodoms bereits voraus. Der Disput spiegelt die Diskussionen um Gottes Gerechtigkeit nach der Zerstörung Jerusalems 587 v. Chr.

Die Priesterschrift begegnet nur in 19,29. Sie kennt zwar die Überlieferung von Lot und Sodom, aber nicht Abrahams Disput mit Gott. Lot wird allein um Abrahams willen[164] gerettet, nicht weil er den Männern Gastrecht gewährt und sich im Licht von 18,23–33 als gerecht erwiesen hat.

(2) Der Besuch der drei Männer bei Abraham und ihr Gastgeschenk (18,1–16)

Nur hier und in 32,23–33 erzählt die Bibel, dass Gott in menschlicher Gestalt sichtbar auf Erden erscheint. Beide Male wahrt sie das Geheimnis der Gegenwart Gottes: Dort heißt es, »ein Mann« habe mit Jakob gerungen; hier sind es »drei Männer«, die bei Abraham vorbeikommen. Der hatte sich nach Lots Abgang nach Sodom bei den Eichen von Mamre in der Flur Hebrons niedergelassen (13,18). Jetzt sitzt er im Schatten seines Zeltes und döst in der Mittagshitze (18,1b). Er blickt auf und sieht drei Männer, die ihm gegenüber stehengeblieben sind. Da eilt er schon herbei und nötigt die unerwarteten Gäste, sich bewirten zu lassen. Erst am Ende der Szene in V. 14–15 hebt sich der Schleier

---

164 Das entspricht 17,20: Gott sorgt für Ismael, weil Abraham für ihn gebeten hat.

für einen kurzen Moment: Der eine, der seit V. 10 zu Abraham spricht, gibt sich indirekt als Jhwh zu erkennen, so dass Sara von Furcht ergriffen wird; denn jetzt weiß sie, dass es Gott war, den sie unerkannt bewirtet haben.

Wir wissen schon am Anfang mehr, als das Ahnpaar in der Abraham-Lot-Erzählung wissen konnte. Denn derjenige, der den großen nicht-priesterlichen Erzählbogen in der Perserzeit geschaffen und 13,18 von der Fortsetzung in 18,1b–16 durch die Hagarerzählung abgetrennt hat, stellt den Satz voran: »Da erschien ihm Jhwh« (18,1a).[165] Damit zieht er unser Interesse von der Frage ab, wer die geheimnisvollen Männer sind, und richtet es auf das Verhalten Abrahams; denn wir wissen von Anfang an: *Gott* ist erschienen.

Die übernommene ältere Erzählung ohne V. 1a spielt jedoch mit der Identität der Drei, indem sie vom Plural (V. 2.4–9.16) in den Singular (V. 3.10–15) wechselt und in V. 3 wie in 19,18 die Anrede »Herr« mit dem Pluralsuffix gebraucht (*'adonaj*), wie man sonst den Gottesnamen umschreibt. In der älteren Erzählung konnte man das noch als höfliche Anrede an einen der drei lesen, aber nach der Vorfügung von V. 1a musste man »mein Herr« auf Jhwh beziehen, wozu die Singularformen passen: »Mein Herr, sollte ich etwa *dein* Wohlgefallen gefunden haben, dann *gehe* doch nicht an *deinem* Knecht vorüber.«[166] Einerseits erscheint Jhwh als *einer* von dreien, andrerseits *als die drei*.

---

165 Vgl. damit 22,1a und die Himmelsszenen in Hi 1–2.
166 Der samaritanische Pentateuch beseitigt das Problem, indem er auch in V. 3 den Plural liest und Abraham mit »meine Herren« die drei Männer anreden lässt.

Es verwundert deshalb nicht, dass man diesen Text in der christlichen Tradition als Hinweis auf die Dreiheit der göttlichen Personen in der Einheit des göttlichen Wesens gelesen hat.[167] Augustinus bringt diese Auslegung auf den einprägsamen Satz, Abraham habe drei gesehen (V.2a), aber einen angebetet (V.2b–3).[168] Älter ist die Deutung auf Christus, den Abraham in V.3 mit »Herr« (gr. *kyrios*, lat. *dominus* als Anrede für Christus) anspricht und der von zwei Engeln begleitet wird. Diese von Origenes vertretene Deutung ist vielleicht in einem Mosaik der Kirche Santa Maria Maggiore in Rom (um 435) dargestellt. Dort wird der mittlere der drei Männer bei der Begrüßung durch Abraham mit einer Aureole hervorgehoben.[169]
In der Ostkirche wird die Trinität durch die Bildkomposition von drei Engeln am Tisch dargestellt, am eindrücklichsten in dem Andachtsbild, das Andrej Rubljow um 1411 gemalt hat. Diese Deutungen sind dem Text fremd. Dessen schillernde Darstellung dient allein dazu, Gottes Geheimnis in seiner Erscheinung auf Erden zu wahren.[170] Die jüdische Auslegung, Hebr 13,2 und Augustinus deuten die drei Männer denn auch auf Engel. Dem entspricht die Darstellung in Ravenna, San Vitale (um 540 n. Chr.).[171]
Religionsgeschichtlich mag im Hintergrund die Vorstellung von göttlichen Triaden stehen, deren Bildung man im 1. Jahrtausend v. Chr. mancherorts beobachten kann.[172] Für Hebron etwa berichtet 4Mose 13,22 von drei namentlich genannten »Enakskindern«, die als Heroen der Vorzeit galten.

---

167 Ambrosius, De Abrahamo, 1, 5, 33.
168 Augustinus, De trinitate (PL 42,868); vgl. Origenes: »Dreien läuft er entgegen, und einen ehrt er (*unum adorat*), einen redet er an« (Hom 4,2).
169 Dazu C 3.5, Abb. 27.
170 Auch in 32,24 erscheint Gott als »Mann«, den Hos 12,4–5 als »Engel« deuten.
171 Dazu C 3.5, Abb. 30.
172 Haas, Geschichte, 468–488.

Die Erzählung besteht aus zwei Szenen. Die erste (V. 1–8) spielt in der irdischen Welt von Zelt, Baum und Ehepaar. Aber diese Welt erhält Besuch von weit her. Am Anfang stehen drei Männer vor Abraham, am Ende steht Abraham vor ihnen. Innerhalb dieser Klammer herrschen Eile und Bewegung. In der zweiten Szene (V. 9–15) tritt Ruhe an die Stelle geschäftigen Treibens. Die Bewegung wird in den Dialog verlagert; sie entsteht dadurch, dass die himmlische Wirklichkeit auf die irdische Realität des Ahnpaares trifft. Angeredet wird Abraham, Adressat des Gesprächs ist jedoch Sara, die sich im Zelt im Hintergrund der Bühne befindet. Weil aber der Eingang des Zeltes »hinter ihm« (dem göttlichen Wortführer) liegt, hört Sara, was der Gast sagt. Beide Szenen sind dadurch miteinander verbunden, dass die Gäste dem Gastgeber mit einem unerwarteten Gastgeschenk danken: »Übers Jahr werde ich wieder zu dir kommen; dann wird deine Frau Sara einen Sohn haben« (V. 10). Abraham bewährt sich, weil er die Fremden wie Ehrengäste behandelt, ohne zu wissen, dass sie Himmlische sind.

Die nächsten klassischen Analogien für die Bewirtung unerkannt auf Erden wandelnder Himmlischer finden sich in der Geschichte von Philemon und Baucis,[173] für eine mit dem Besuch Himmlischer verbundene Geburtsankündigung in der Sage von Orion:

> Zeus, Poseidon und Hermes kommen unerkannt in Menschengestalt zu Hyrieus, der sie gastlich bewirtet. Die Gottheiten gewähren dem Greis einen Wunsch. Da dem Witwer Kinder versagt geblieben sind, schenken sie ihm

---

173 Ovid, Metphormosen, VIII 616 ff.

ihren Samen. Der wächst in der Erde zu einem Heroen und großen Jäger heran.[174]

Näher an unserer Erzählung steht 2Kön 4:

Hier tritt an die Stelle der Götter der Gottesmann.

Hier wie dort wird die Kinderlosigkeit nicht vorab erwähnt;

hier wie dort wird die Gastfreundschaft mit einer Geburtsankündigung belohnt;

hier wie dort wird der Zeitpunkt hervorgehoben: »übers Jahr um diese Zeit« (vgl. V.10a.14 mit 2Kön 4,16).

Nicht die Wende einer Not, sondern die angekündigte Geburt zur vorausgesetzten Zeit ist das Wunder. Deshalb müssen derartige Erzählungen mit der Geburt des Sohnes enden (2Kön 4,17). Was in 1Mose 18 fehlt, findet sich in 21,1a.6. Die vielfach vertretene Deutung als Kultgründungssage von Hebron geht also an 18,1–15 vorbei.

Geschäftiges Treiben beherrscht die erste Szene in V.1–8 durchgehend. Mit vielen Worten und Gesten ausgesuchter Höflichkeit drängt Abraham die Fremden, seine Gäste zu sein. Die nehmen in wortkarger Würde die Einladung an: »So tu, wie du gesagt hast.« Jetzt sehen wir Abraham nur noch in Bewegung, damit seine Gäste nicht über Gebühr warten müssen. Er eilt zu Sara: »Rasch, ... knete, ... backe!« Dann läuft er zu den Rindern und holt ein ausgesucht zartes Kalb, damit es sein Knecht geschwind zubereite. Schließlich bringt er noch Rahm und Milch, um seine Gäste mit dem Besten zu bewirten, was er hat. Ein gemästetes Kalb gehört zu den kostbaren Leckereien (Am 6,4), die nur auf den Tisch kommen, wenn man ein Verschwender ist oder Gäste besonders ehren will. Drei Sea Mehl

---

174 OVID, Fasti, V 494–535.

entsprechen mehr als 22 Liter – davon kann man mehr Fladenbrote auf Glühsteinen oder in heißer Asche backen (1Kön 17,13; 19,6), als drei Männer essen können. Ein späterer Leser fügt noch »feinen Gries« hinzu, um die Mahlzeit einem Opfer anzunähern (3Mose 2,1–7); denn er weiß aus V.1a, dass Abraham keine gewöhnlichen Gäste bewirtet. Abraham lässt es an nichts fehlen. Während seine Gäste essen, steht er jedes Winks gewärtig vor ihnen und gewährt ihnen zugleich die Distanz der Ehrerbietung. Abraham weiß nicht, was wir wissen. Er bewirtet die Fremden nicht, um damit Gott zu ehren, sondern weil sie als Fremde seiner Gastfreundschaft bedürfen. Aber gerade so bedient er Gott.

Dass Sara keine eigenen Kinder hat, spielte in der Abraham-Lot-Erzählung bisher keine Rolle. Wir Leser tragen das Motiv aus dem Zusammenhang der nichtpriesterlichen Komposition mit der Hagarerzählung ein. Die zweite Szene (V.9–16) macht es dagegen zum Thema:

⁹Da sprachen sie zu ihm:
    Wo ist deine Frau Sara?
Er antwortete:
    Hier, im Zelt.
¹⁰Er sprach:
    Übers Jahr werde ich wieder zu dir kommen,
    dann wird deine Frau Sara einen Sohn haben.
Sara aber hörte zu am Eingang des Zeltes, der hinter ihm war.
¹¹Abraham und Sara waren jedoch alt und betagt.
Sara erging es nicht mehr nach Art der Frauen.
¹²Da *lachte* Sara in sich hinein:
    Nachdem ich verwelkt bin, soll mir noch Liebeslust werden, wo doch mein Herr alt ist?
¹³Jhwh sprach zu Abraham:

Warum hat denn Sara *gelacht* und denkt:
Sollte ich wirklich gebären, wo ich doch alt bin?
¹⁴Ist denn für JHWH etwas unmöglich?
Übers Jahr um diese Zeit werde ich wieder zu dir kommen, dann wird Sara einen Sohn haben.
¹⁵Aber Sara stritt es ab und sprach:
Ich habe nicht *gelacht*;
denn sie fürchtete sich.
Er sprach:
Doch, du hast *gelacht*.
¹⁶Die Männer standen auf von dort und blickten auf Sodom, während Abraham mit ihnen ging, um sie zu geleiten.

Die V. 9–15 setzen Akzente, die über die Ankündigung einer Geburt weit hinausgehen. Viermal fällt das Wort »lachen« (*tzachaq*). Damit spielt der Erzähler unüberhörbar auf den Namen Isaak (*jitzchaq*) an. Es handelt sich um einen Kurznamen, der soviel bedeutet wie: »Er (Gott) lacht.« Dreimal erscheint ein Hinweis auf das hohe Alter des Ahnpaares. In der Hintergrundinformation V. 11 unterbricht er den Gesprächsgang. Die Selbstreflexion Saras in V. 12 verstärkt ihn drastisch; denn sie gebraucht ein Wort, das anderwärts abgetragene Kleider bezeichnet (Jos 9,13). Mit dem Rückverweis auf den Erzähler und auf die Reflexion Saras stellt JHWH in V. 13 noch einmal die biologische Unmöglichkeit fest, schwanger zu werden. Dann aber setzt er sie mit der himmlischen Wirklichkeit seiner Geburtsankündigung außer Kraft. Die hat das erste Wort (V. 10), ihr gilt auch das letzte (V. 14).

Eine Zeile fällt aus jener kunstvollen Komposition heraus: »Ist denn für JHWH etwas unmöglich?« Sie hat besondere Bedeutung, weil sie alle Einwände auf den entscheidenden Punkt konzentriert und Saras Lachen in seiner Doppelbödigkeit aufdeckt. Die hebr. Wurzel *pal'a*, die in jenem mit »unmöglich« übersetzten Wort steckt, kann vielerlei bedeuten: »erstaunlich, wunderbar« (Ps 139,14), »unmöglich« (2Sam 13,2), »schwierig« (5Mose 17,8). Alle drei Nuancen schwingen in V.14a mit. Allerdings wird das Wort hier nicht in einem staunenden Lobpreis laut wie in Ps 139,14, sondern als Kern von Einwänden gegen Gottes Verheißung. Die Szene geht damit weit über eine Geburtsankündigung hinaus. Sie reflektiert bereits die Bestreitung der Macht Gottes durch die Sprache der Tatsachen. Nicht ohne Grund endet die Szene mit einem Rückverweis auf Saras Lachen, das dem Glauben an das Faktische entspringt. Aber wer wollte nicht lachen angesichts von V.11–12? Angesichts dieser Wirklichkeit ist Gottes Gastgeschenk unfassbar. Saras Lachen führt denn auch in die Furcht statt zur Freude. Doch für alle, die jemals diese Geschichte lesen, klingt in deren letztem Wort »du hast gelacht« (*tzachaqta*) schon das Wunder der Geburt mit, selbst in der Gestalt seiner äußersten Bestreitung; denn alle wissen: Ein Isaak, ein *jitzchaq* wurde geboren. Sara lacht mehr, als sie weiß. Sie lacht die Wahrheit, die ihr Mund bestreitet. Das dürfte der Sinn des letzten Satzes sein, der auf den ersten Blick befremdet. Gottes abschließender Hinweis auf Saras Lachen schlägt eine Brücke zu dem verwandelten Lachen in 21,6.

Nie begegnet in der Überlieferung von den Erzvätern und ihren Frauen eine derartige Reaktion auf eine verheißende Gottesrede. Etwas in der Sache wie in der Formulierung mit 18,14 Vergleichbares findet sich in der Bibel nur noch in Jer 32,17.27 und in Sach 8,6 – beide Male in Verbindung mit einem Heilswort angesichts trostloser Wirklichkeit. In dieses geistige Umfeld dürfte auch die Letztgestalt von 18,10–15 gehören. Sie stammt wahrscheinlich von dem, der den großen nicht-priesterlichen Erzählbogen in der Perserzeit geschaffen und dabei 18,1a vorgefügt hat. Auf ihn geht wohl auch die Verschärfung des Motivs der Kinderlosigkeit vom Erfahrungsurteil in 16,2 zur biologischen Unmöglichkeit in 18,11 zurück, die in V. 12 auch auf den Mann übertragen wird. Seine größte Leistung besteht aber darin, dass er mit V. 14 die Verheißung der Bestreitung durch die Sprache der Tatsachen aussetzt. Auf diese Weise nimmt er die Einwände seiner Leser auf und tritt mit seiner Neufassung der Erzählung ihrem Lebensgefühl entgegen.

Abb. 14: Rembrandt, Abraham bewirtet die drei Engel
(Radierung 1656, 16,0 x 13,1 cm)

Rembrandt setzt das Mahl der Drei ins Bild. Vor ihnen steht eine Schüssel mit Rundbroten, der Gast in der Mitte hat eine Trinkschale erhoben. Gekleidet wie ein orientalischer Fürst sitzt er als einziger ganz im Licht und sticht durch Größe, Alter und Würde heraus, ohne hinfällig zu wirken. Anders als seine Begleiter ist er ohne Flügel dargestellt. Rembrandt deutet ihn dadurch als Gott in Begleitung zweier Engel.[175] Von rechts unten tritt in demütiger Haltung der greisenhafte Abraham (18,12) heran, um nachzuschenken. An ihn wendet sich der Gast in der Mitte und kündigt ihm die Geburt eines Sohnes an (18,10). Von der zurückgezogenen Hand Abrahams über die ausgestreckte Hand Gottes und seine Gestalt ergibt sich eine aufsteigende Linie, die links oben bei Sara hinter der halb geöffneten Tür endet; denn um sie geht es bei Gottes Ankündigung. Als Sara das hört, legt sie erschrocken die Hand auf die Brust. Allein der kleine Ismael im Zentrum des Bildes ist von alledem unberührt. Er strebt aus der Komposition des Bildes hinaus und spielt mit Pfeil und Bogen, von denen er später, fern ab vom Haushalt Abrahams, sein Leben fristen wird (21,20).

(3) Abraham klagt Gottes Gerechtigkeit ein (18,17–33)
Nach der Ankündigung eines Sohnes verlassen die Männer das gastliche Paar. Der *ältere Übergang* von Mamre nach Sodom wird in V.16.20–22a.33b erzählt. Abraham geleitet die Gäste eine Strecke Wegs. Dabei teilt Jhwh seine Absicht mit zu prüfen, ob die Bewohner von Sodom und Gomorrha »dem Wehgeschrei (*tza-ʿaqah*) entsprechend, das über sie zu mir gekommen ist, ihren Untergang herbeigeführt haben oder nicht« (V.21). Der Erzähler versteht die Taten der Bewohner Sodoms als dynamische Größen, die – einmal getan – aktiv werden: Sie schreien zum Himmel nach Ahndung, wie in 4,10 das Blut Abels zu Gott schreit (*tzaʿaq*).

Nach der Absichtserklärung Gottes gehen »die Männer nach Sodom« weiter (V.22a) und Abraham kehrt nach Mamre zurück (V.33b). Wie wird die Prüfung aus-

---

175 Das entspricht Calvins Verständnis der drei Gäste (Auslegung der Genesis, 190f. [zu 18,13–14]), dem auch die 1637 erschienene niederländische Statenbijbel folgt (Kreutzer, Rembrandt, 26).

fallen? Offenbar steht das Urteil über Sodom hier noch nicht fest. Erst in 19,4–11 erfahren wir, was dort gen Himmel schreit und worin die überaus schwere Sünde besteht, von der Gott gesprochen hat.

Dieser ältere Übergang ist später mit *V. 17–19.22b–33a erweitert* worden.[176] Dadurch bekommt er einen neuen Sinn. Während Gott in V. 20–21 erst noch prüfen will, setzen V. 17–19 die Vernichtung Sodoms als bereits beschlossen voraus. Danach lesen sich V. 20–21 als Mitteilung der Vernichtung Sodoms an Abraham. Die wiederum erfordert eine Reaktion Abrahams, die V. 22b–33 geben. Die Überleitung hat also jetzt drei Teile: ein Selbstgespräch Gottes (V. 17–19), die Mitteilung der Absicht Gottes (V. 20–21) und ein Problemgespräch Abrahams mit Gott (V. 22–33). Sie sind miteinander durch die Stichworte *tzadaq* »gerecht, unschuldig, gut« (V. 19.23.25.26.28) und *mischpat* »recht, Recht« (V. 19.25) verbunden. Die Erweiterung setzt die Vernichtung Sodoms in Kap. 19 bereits voraus.[177]

Was in Sodom geschieht, ist bisher an Abraham völlig vorbeigegangen. Mit V. 20 aber bezieht Gott Abraham ein – zunächst als Ohrenzeugen, in 19,27–28 auch als Augenzeugen. Warum?

[17]JHWH aber dachte:
Soll ich vor Abraham verbergen, was ich vorhabe?
[18]Abraham soll doch zu einem großen und starken Volk werden, dass sich mit ihm alle Völker der Erde Segen wünschen.

---

176 Zu den Einzelheiten BLUM, Komposition, 400–405, und KÖCKERT, Vätergott, 180 ff. (doch stammt die Erweiterung wohl von einer Hand).
177 Das zeigen die Stichworte »wegraffen« (vgl. *safah* in 18,23.24 mit 19,15.17) und »vernichten« (vgl. *schachat* in 18,28.31–32 mit 19,13–14.29).

> ¹⁹Denn ihn habe ich dazu ersehen, dass er seinen Söhnen und seinem Haus nach ihm einschärfe, den Weg Jhwhs zu beachten und zu tun, was gut und recht ist, damit Jhwh über Abraham bringe, was er ihm zugesagt hat.

Israel steht eine glorreiche Zukunft bevor, so dass sich alle Völker der Erde mit dem Verweis auf dieses große und starke Volk Segen wünschen werden. Dessen Größe und Stärke (vgl. 5Mose 26,5) haben durchaus politische Dimensionen. Allerdings kennt die Verwirklichung der Versprechungen Gottes in der älteren Überlieferung noch kein Wenn und Aber. Hier wird sie jedoch davon abhängig gemacht, dass Abrahams Nachkommen »den Weg Jhwhs beachten und tun, was gut und recht ist (*tzᵉdaqah umischpat*)«. Damit ist nichts anderes gemeint als Gehorsam gegenüber den Weisungen, die Gott in der Tora gegeben hat. Um sie befolgen zu können, muss man sie kennen und in ihnen unterwiesen sein (*tzawah* »einschärfen, gebieten«). Dazu hat Gott Abraham zu sich in ein besonderes Vertrauensverhältnis gesetzt.[178] In V.17 erscheint Abraham als Empfänger göttlicher Offenbarung wie die *Propheten* in Am 3,7. In V.18 wird er als Empfänger von Verheißungen mit universaler Bedeutung wie in 12,2–3 erinnert. V.19 autorisiert ihn als ersten Inhaber eines *Lehramtes der Tora* für Israel weit vor des Moses Tagen (5Mose 18,15ff.).

Die V.23–33 geben sich in Wortwahl und Stil nicht als Fürbitte zu erkennen, sondern als Diskussion einer nicht nur damals aktuellen Lebensfrage.[179] Abraham

---

178 Vgl. *jadᶜa* »erkennen, vertraut machen, ausersehen« in V.19 mit Jer 1,5; Am 3,2.
179 Man vgl. nur die Fürbitte Am 7,2.5; Jer 14,13 (»Ach Herr

formuliert das Problem wortreich (V. 23–25) und erhält eine so kurze wie erschöpfende Antwort (V. 26):

²³Abraham trat heran und sprach:
  Willst du wirklich Gerechte zusammen mit Frevlern wegraffen?
  ²⁴Vielleicht gibt es fünfzig Gerechte in der Stadt.
  Willst du auch sie wegraffen und dem Ort nicht vergeben
  um der fünfzig Gerechten willen, die in seiner Mitte sind?
  ²⁵Das sei ferne von dir, so etwas zu tun,
  den Gerechten zusammen mit dem Frevler zu töten,
  so dass es dem Gerechten wie dem Frevler ergeht!
  Das sei ferne von dir!
  Sollte der Richter der ganzen Erde nicht Recht üben?
²⁶Jhwh sprach:
  Wenn ich in Sodom fünfzig Gerechte in der Stadt finde,
  werde ich dem ganzen Ort vergeben um ihretwillen.

Die Absicht des Textes erhellen V. 23–25. Abraham tritt an Gott heran wie ein Kläger zu einem Richter und appelliert an dessen Gerechtigkeit. Gott erweist sich als »Richter der Erde« (Ps 58,12; 94,2) darin, dass er Recht übt (V. 25b). Deshalb darf er keinen Gerechten zusammen mit einem Frevler wegraffen, sonst würde er den Unschuldigen wie einen Schuldigen behandeln (V. 25a). Das aber »sei ferne!« Der hebräische Ausdruck ist noch schärfer; denn er hängt mit dem Verb zusammen, das »entweihen« bedeutet oder »etwas profan machen«, das in die Sphäre des Heiligen gehört. Ein Gott, der so handelt, hätte aufgehört, Gott zu sein. Wenn Gott fordert, Abraham solle Israel einschärfen, »das zu tun,

---

Jhwh …«) mit 18,25 (»Fern sei dir, so zu tun!«). Zur Gestalt Schweizer, Gespräch, bes. 129–138.

was gut und recht ist« (V. 19), darf er als Richter der Welt nicht ungerecht handeln. Abraham fordert damit von Gott nichts anderes, als sich im Rechtsverfahren Israels wie jedes Volkes seit alters von selbst versteht: Der Richter soll den Unschuldigen (*hatzaddiq*) für unschuldig und den Schuldigen (*haraschᶜa*) für schuldig erklären. »Recht üben« heißt, zwischen unschuldig und schuldig, zwischen Gerechten und Frevlern zu unterscheiden. Was unter Einzelnen oft schwierig genug, aber meist nicht unmöglich ist, erörtern 18,23–33 am Beispiel der Stadt (V. 24.26.28) Sodom (V. 20–21). Weil die Stadt eine gemischte Gesellschaft von Schuldigen und Unschuldigen ist, muss die Vernichtung einer ganzen Stadt unweigerlich Gottes Gerechtigkeit in Frage stellen. Darf Gott als gerechter Richter der Welt Sodom vernichten, wenn mit den Schuldigen auch Unschuldige weggerafft werden?[180] Gott stimmt Abrahams Einspruch zu: Er wird »dem ganzen Ort vergeben« – wenn sich fünfzig Gerechte in der Stadt finden (V. 26).

Was in den nächsten Versen folgt, bringt in der Sache nichts Neues. Gottes Antworten bleiben sich gleich und bestätigen fünfmal den Frager. Abraham indes hebt immer wieder neu an und lädt dadurch das Gespräch emotional auf. Beim ersten Neueinsatz verstärkt Abraham darüber hinaus den unendlichen Abstand des Geschöpfs vom Richter der Erde mit dem Hinweis auf die eigene Vergänglichkeit: »Sieh doch, ich habe mich erdreistet, zu meinem HERRN zu reden, obwohl ich doch nur Staub und Asche bin« (V. 27.31); »o HERR, zürne doch nicht, wenn ich weiter rede … wenn ich noch diesmal rede« (V. 30.32). Aber Gott reagiert stets nur in äußerster Sachlichkeit. All das macht das Gespräch im-

---

180 So L. SCHMIDT, De Deo, 143.

mer zäher und – durch die fortwährende Verminderung der unterstellten Anzahl der Gerechten – immer dramatischer.

Offenbar handelt es sich bei der diskutierten Frage für den Erzähler um eine Überlebensfrage, die ihn bedrängt und die er deshalb Abraham als seiner Identifikationsfigur in den Mund legt. Seine erneuten Anläufe sind nicht Ausdruck der Gewissheit eines Beters, sondern seiner wachsenden Unsicherheit, ob es überhaupt Gerechte in Sodom gibt. Mit dem Herzen Abrahams hören wir unser eigenes Herz schlagen – aber Gottes Herz? Gott bleibt kühl bis zuletzt. Er widersetzt sich dem Beschönigungsversuch Abrahams, indem er in V. 28 »fünfzig weniger fünf« zurechtrückt und Abrahams Unsicherheit noch verstärkt: »*wenn* ich dort *fünfundvierzig* finde.« So verschleißt sich »die anfängliche emotionale Kraft Abrahams ... am Fels Jahwe«.[181] Der Gesprächsverlauf lässt dessen Voraussetzung, es gebe Gerechte in Sodom, immer ungewisser werden. Durch die Art des Gesprächs führt der Erzähler uns mit Abraham einen Weg, an dessen Ende es nichts mehr zu sagen gibt. Vom Zaun gebrochen hatte das Gespräch Abraham, am Ende heißt es, Gott habe mit ihm geredet.

Was hat es mit der Zahlenfolge von fünfzig bis zehn auf sich, die aus dem Problem erst ein Problemgespräch macht?[182] Die Anzahl von fünfzig und von zehn Männern gilt in der Armee und in der Gerichtsverfassung als Untergruppe einer größeren Einheit.[183] Weniger als zehn Männer sind nur noch einzelne. Deshalb braucht es für einen jüdischen Gottesdienst mindestens

---

181 Schweizer, Gespräch, 134.
182 Dazu L. Schmidt, De Deo, 151 ff.
183 In der Armee 1Sam 8,12; 2Sam 15,1; 1Kön 1,5; 2Kön 1,9; in der späteren Gerichtsverfassung 2Mose 18,21 ff.; Rt 4,2.

zehn Männer, sonst betet jeder allein. Abrahams Appellation orientiert sich also an Gruppen. Wie das Problem der Gerechtigkeit Gottes bei Einzelpersonen gelöst wird, zeigt der Fall Lot. Er wird mit seiner Kleinfamilie durch Gottes Eingreifen gerettet. Der Fortgang der Geschichte bringt an den Tag, dass es noch nicht einmal zehn Unschuldige in der Stadt gibt. So stellt sich die Voraussetzung des Einspruchs Abrahams, es gebe außer Lot überhaupt Gerechte in der Stadt, als irrig heraus. Das Gespräch berücksichtigt also, dass sich laut 19,4.11 die *gesamte* Stadt an der Freveltat beteiligt und sich schuldig macht. Gott richtet also keineswegs unbesehen, sondern gerecht. Jetzt verstehen wir auch den sachlichen Zusammenhang der gesamten Erweiterung in V. 17–33: Der Erzähler macht aus Abraham einen prophetischen Ohrenzeugen des Wehgeschreis aus Sodom und der Absicht Gottes, die Verbrechen zu ahnden (V. 20–21 nach 17–19). Zugleich macht er ihn zum ersten Lehrer der Tora für seine Nachkommen, damit nicht über das zeitgenössische Israel das komme, was ihres Ahns Augen mit dem Untergang von Sodom und Gomorrha als das Geschick derer gesehen haben, die nicht auf Gottes Weg gehen.

Die Frage nach Gottes Gerechtigkeit, die 18,17–33 bewegt, hängt mit Erfahrungen zusammen, die Israel seit dem Verlust der staatlichen Selbständigkeit besonders bedrängt haben. Israel kennt *individuelle* Verantwortung im Rechtsverfahren (5Mose 25,1). Die ist auch Grundlage weisheitlichen Nachdenkens seit alters:

Die Hand darauf, dass der Böse nicht straflos bleibt;
wer aber Gerechtigkeit sät, der geht frei aus (Spr 11,21).

Daneben rechnet Israel aber auch mit *kollektiver* Verantwortung. So muss in bestimmten Fällen die Gemeinschaft die Schuld einzelner Glieder tragen (z. B. Jos 7,24–25; 2Sam 24,11–17). Das Nebeneinander beider Arten von Verantwortung entspricht der Differenziertheit des Lebens und ist kein Ausdruck primitiven Denkens. Beide Arten werden allezeit erfahren, solange Menschen leben. Man denke an die Verurteilung eines Mörders oder an die Bombardierung Dresdens nach der Zerstörung Coventrys durch die Deutschen.

Das Erleiden kollektiver Haftung stellt jedoch Gottes Gerechtigkeit in Frage. Israel hat das an sich selbst in der Zerstörung Jerusalems und im Untergang von Königtum, Tempel und Nation durch das Exil erstmals in aller Härte erfahren.

… sprich zum Land Israel:
So hat JHWH gesprochen:
Siehe ich will an dich!
Ich werde mein Schwert aus seiner Scheide ziehen.
Ich werde ausrotten aus dir *Gerechte und Frevler* (Hes 21,8).

Die Deutung jener Verluste als Gericht Gottes stellte unausweichlich die Frage: Was hat es für einen Sinn, zu tun, was gut und recht ist (18,19), wenn Gott Schuldige und Unschuldige gemeinsam vertilgt?

Unsere Väter haben gesündigt – sie sind nicht mehr.
Wir aber, wir müssen ihre Verschuldungen tragen (Klg 5,7).

Abraham lehnt diese Position als ungerecht und eines Gottes nicht würdig ab (18,25), und der Erzähler lässt Gott ausdrücklich zustimmen (V. 26).

In der Zeit nach dem Exil kommt es zu einer kritischen Auseinandersetzung mit *jeder* Art von kollektiver Haftung. So fragt 4Mose 16,22: »Wenn ein einziger Mann gesündigt hat, willst du dann gegen die ganze Gemeinde wüten?« und 5Mose 24,16 fordert: »Väter sollen nicht um der Söhne willen und Söhne nicht um der Väter willen hingerichtet werden; jeder soll nur für sein eigenes Vergehen hingerichtet werden.« Am klarsten argumentiert Hes 18 und kommt zu dem Ergebnis:

[20]Die Person, die sündigt, sie (allein) wird sterben.
Der Sohn soll nicht die Schuld des Vaters tragen;
und der Vater soll nicht die Schuld des Sohnes tragen!
Die Gerechtigkeit des Gerechten soll (allein) auf ihm liegen,
und der Frevel des Frevlers soll (allein) auf ihm liegen!

Aber diese Stimmen in jener Diskussion lassen offen, wie individuelle Verantwortung innerhalb kollektiver Größen durchgehalten werden kann. Hier bieten 18,17–33 eine Klärung an: Ein Gemeinwesen, das Schuldige und Unschuldige umfasst, wird um der wenigen Gerechten willen erhalten trotz vieler Frevler. Deshalb bejaht Gott Abrahams Einspruch. Gott hat Geduld mit uns (vgl. Hab 2,1–3 mit 2Petr 3,9) – um der Gerechten willen. Wir selbst sind doch die besten Zeugen für die Erfahrung, dass ein Volk, eine Stadt, eine Gemeinde voller Schuldiger, dass die Welt trotz aller Furchtbarkeiten noch besteht. Deshalb kommt es auf jeden Einzelnen an, Gottes Weg zu gehen (18,19), wenn alle Welt ihren Gang geht.

(4) Der Besuch der beiden Boten bei Lot und die Folgen (19,1–38)
Der zweite Teil der Großerzählung beginnt in V. 1–3 ähnlich wie der erste, nimmt aber mit dem zeitlichen Ablauf auf ihn Rücksicht und führt uns vom Land in die Stadt. Er setzt also den ersten Teil voraus. Lot sitzt nicht vor einem Zelt, sondern im Tor der Stadt, wo sich die Bürger treffen, um Geschäfte abzuschließen (Rt 4)

und Rechtshändel zu schlichten (Am 5,10). Weil es bereits Abend geworden ist, lädt er die Fremden nicht zum Festmahl ein, sondern in sein Haus, damit sie die Nacht unter dem Schutz seines Daches verbringen können. Wie Abraham übt auch Lot Gastfreundschaft, ohne zu fragen, was er davon hat. Wir wissen jedoch aus dem eingeschalteten Mittelteil (18,17–33) und aus der dadurch veränderten Bezeichnung der Männer als »zwei Boten«, dass es um mehr geht. Doch zuvor müssen erst noch Lot und uns die Augen geöffnet werden.

Das geschieht in den V. 4–11. Die enthüllen das Wesen der Bewohner Sodoms und zeichnen ein Sittengemälde der Stadt aus der Perspektive des Erzählers. Eine Menschenmenge drängt sich auf engstem Raum und rottet sich zusammen gegen alles, was fremd ist. Nichts ist ihnen heilig, noch nicht einmal das Gastrecht: Die »Männer von Sodom, vom Knaben bis zu Greis, die gesamte Bevölkerung ohne Ausnahme« (V. 4) wollen Lots Gäste vergewaltigen. Etwas Schlimmeres konnte sich der Erzähler nicht vorstellen; denn Homosexualität, unabhängig vom Einverständnis der Beteiligten, war damals ein todeswürdiges Vergehen (3Mose 18,22; 20,13). Später hat man unter »Sodomie« alle möglichen sexuellen Praktiken verstanden, die von dem abweichen, was jeweils als »normal« galt. Lot dagegen versucht bis zum Äußersten, seine Gäste zu schützen. Er achtet das Gastrecht höher als sein eigenes Nachleben über den Tod hinaus in seinen Kindeskindern und bietet dem Mob sogar seine noch unberührten Töchter an. Doch der Pöbel lässt sich von einem »Zugereisten«, noch dazu außerhalb seines Sippenverbandes, nichts sagen. Schon ist die Menge dabei, die Türe aufzubrechen, da bringen die Gäste ihren Gastgeber auf wundersame Weise in Sicherheit und schlagen die Menge mit Blindheit, so dass sie von ihrem verwerflichen Vorhaben ablassen muss. Die makabre Szene hat in Ri 19 ein Seitenstück, wenn auch ohne glücklichen Ausgang.[184] Vielleicht steht hinter der Szene in Sodom eine zum Klischee verfestigte Schilderung verworfener Stadtkultur. Die Aufnahme eines verbreiteten Klischees könnte die Spannung mit der nächsten Szene erklären, in der Lot unbehelligt seine Schwiegersöhne aufsucht, obwohl die doch zu denen gehört haben (V. 4!), die sich soeben noch an seinen Gästen vergreifen wollten.

Das wundersame Eingreifen der Gäste zeigt Lot, dass es mit ihnen eine besondere Bewandtnis hat. Deshalb glaubt er ihrer Botschaft (V. 12–14). Die ergibt sich aus dem unmittelbaren Kontext. Aus der Verworfenheit der Sodomiten folgt die Ankündigung unmittelbar bevorstehender Zerstörung der Stadt. Die wird eigens mit dem Hinweis auf das Wehgeschrei begründet, das bis zu Gott gedrungen ist (18,20). Aus Lots Gastfreundschaft hingegen folgt das Angebot der Rettung für ihn und die Seinen. Lot sucht seine künftigen Schwiegersöhne auf, denen seine Töchter versprochen waren (vgl. 1Sam 18,21), um sie vom Ernst der Lage zu überzeugen. Die aber denken, er »scherze« nur (V. 14). So stehen Lots Schwiegersöhne für das Fehlen jeglichen Schuldbewusstseins in der Stadt.

Während die Spannung steigt, verlangsamt sich das Erzähltempo zur Zeitlupe: »Als die Morgenröte aufstieg«, drängen die Boten Lot zur Eile (V. 15–22). Das Strafgericht soll offenbar bei Sonnenaufgang vollzogen werden. Sollte sich dann Lot noch in Sodom befinden, würde die Schuld der Stadt auch ihn mit sich hinwegraffen. Doch Lot kann sich nicht trennen von dem Ort,

---

184 Manches spricht dafür, dass Ri 19 die Sodomerzählung kennt (Pfeiffer, Sodomie.)

den er einst um des paradiesischen Reichtums an Wasser willen gewählt hatte (13,10). So packen die Männer den Zauderer, seine Frau und seine Töchter an der Hand und bringen sie aus der gefährdeten Stadt hinaus, »weil Jhwh Mitleid mit ihm hatte« (V. 16). Der Erzähler bringt damit Gottes Verschonungswillen als Grundzug seines Wesens noch im Gericht zur Geltung (vgl. 2Mose 34,6–7). Nicht ihren Qualitäten, sondern Gottes Mitleid verdanken Lot und die Seinen ihr Leben. Außerhalb der Stadt sind sie der unmittelbaren Gefahrenzone entronnen; nun liegt ihr Schicksal in ihrer Hand:

[17]Rette dich, es gilt dein Leben!
Blicke nicht hinter dich und
bleibe nicht stehen im gesamten Umkreis!

In wenigen Versen fällt fünfmal das Wort »sich retten« (*himmalet*) und bildet mit dem Namen Lot ein Wortspiel.

Die V. 18–22 verzögern das Erzähltempo weiter und steigern die Spannung noch einmal. Der Erzähler hat hier einen älteren Stoff eingearbeitet[185] und mit Lot in Verbindung gebracht. Damit erklärt er, warum es in unmittelbarer Nähe des Toten Meeres einen Ort mit Namen Zoar gibt, der nicht mit Sodom untergegangen ist. Die Erklärung wird aus dem Wortspiel zwischen »Kleinigkeit« (*mitzʿar*) und Zoar entwickelt. Man vermutet den Ort am südöstlichen Ende des Toten Meeres.

Die Gliederungssignale der Tageszeiten zielen auf den Sonnenaufgang in V. 23–26:

---

185 Man erkennt das auch daran, dass V. 31 die Zoar-Episode nicht berücksichtigt.

²³Die Sonne war gerade über der Erde aufgegangen und Lot in Zoar angekommen, ²⁴da ließ Jhwh über Sodom und Gomorrha Schwefel und Feuer regnen, von Jhwh aus dem Himmel herab.
²⁵Er stürzte diese Städte um und den gesamten Umkreis, alle Bewohner der Städte und was auf dem Ackerboden wächst.
²⁶Als seine Frau hinter ihn blickte, wurde sie zu einer Salzsäule.

Die Zerstörung der Städte sprichwörtlicher Ruchlosigkeit beginnt mit dem Aufstrahlen der Sonne. Das erinnert an das Auftreten des Sonnengottes im Alten Orient. Wenn Schamasch über den Horizontbergen in Erscheinung tritt, übt er Gericht:

Abb. 15: Der Sonnengott hält Gericht
(Abdruck eines akkadischen Rollsiegels um 2250 v. Chr.)

Die Sonne ist gerade aufgegangen. Der Sonnengott sitzt vor dem geöffneten Tor auf einem Thron und hält Gericht, flankiert von seinen beiden Dienern *kittu umescharu* (»Recht und Gerechtigkeit«). Das Siegel wurde in einem Grab des 7. Jh. v. Chr. in Jerusalem gefunden.

In 19,23–25 ist es Jhwh, der Gott Israels, der das Ge
richt vollzieht. Aber er wird hier in der Funktion des
altorientalischen Sonnengottes vorgestellt.[186] Dabei sichert V.24 mit seiner stilistischen Härte in der gegenwärtigen Gestalt, dass das Gericht über Sodom und
Gomorrha allein auf Jhwh zurückgeführt werden
kann.[187] Der erscheint in der Bibel auch anderwärts in
der Rolle, die im Alten Orient der Sonnengott spielt:

Jeden Morgen gewährt Jhwh sein Recht wie das Licht, das
nicht ausbleibt (Zef 3,5), und richtet die Verbrecher (Hi 38,12).
In Mal 3,20 wird das Aufleuchten »einer Sonne der Gerechtigkeit« erwartet, »unter deren Fittichen Heilung« ist. Mit
dem Gericht des Sonnengottes ist das Motiv der »Hilfe Gottes
am Morgen« verbunden, von der Ps 46,6; 101,8 u.a. reden.
Letzte Spuren dieser Tradition vom Sonnengott als Hüter des
Rechts finden sich in unserem Sprichwort »Die Sonne bringt
es an den Tag« und im Lied »Sonne der Gerechtigkeit, gehe
auf zu dieser Zeit« aus dem Gesangbuch.

Weniger eindeutig sind die Vorstellungen, die man
sich vom Hergang der Zerstörung gemacht hat. Die in
der Erzählung verwendeten Verben sind vieldeutig:
»Wegraffen« (V.15–17), »verwüsten, zerstören« (V.13–
14.29), »umstürzen« (V.21.25.29) kann durch mancherlei geschehen. Die einen denken an Erdbeben, andere an
einen Vulkanausbruch.[188] Die V.25–26 legen jedoch eine

---

186 Keel, Sodom, 12–13; zur Solarisierung Jhwhs s. Janowski, Sonnengott.
187 Der zweite Satz in V.24b klappt nach. Diese Bemerkung weist
nicht auf den Rest einer vorisraelitischen Überlieferung, sondern erklärt nach der Erweiterung mit 18,22b–33a, wo sich
Jhwh seit V.33a befindet: im Himmel, nicht bei Lot.
188 Josephus hatte eine große Feuersbrunst durch Blitzeinschlag
im Sinn (Ant. I 203); Strabon nahm an, durch Erdbeben seien

viel einfachere Erklärung nahe: Mit »Schwefel und Feuer« sowie mit »Salz« nimmt der Erzähler Elemente der Landschaft auf und erklärt sie als Ergebnis eines Gottesgerichts (vgl. Jes 34,8–10).[189] Das Bestreuen mit Salz (5Mose 29,22; Ri 9,45), seltener mit Schwefel (Hi 18,15), stammt aus dem reichen Arsenal altorientalischer Flüche. Es signalisiert die dauerhafte Unfruchtbarkeit (s. V. 25b) und Unbewohnbarkeit derartiger Stätten.

Auch V. 26 knüpft an die Landschaft an und nimmt vielleicht eine Lokaltradition auf. In der Vorstellung des Erzählers geht Lots Frau mit ihren Töchtern vor ihrem Mann, der den kleinen Zug beschließt und seine Familie als letzter gegen das Inferno abschirmt. Als sie »hinter ihn« (so der hebr. Text) auf das brennende Sodom blickt, erstarrt sie zu einer »Salzsäule«. Damit hat der Erzähler wohl ein Salzgebilde der Umgebung vor Augen, das schon Weish 10,7 als »Denkmal für eine ungläubige Seele« und Josephus erwähnen.[190] Die Tradition identifiziert es mit dem *Dschebel usdum* am Südwestufer des Toten Meeres.

Mit den V. 27a.28 schlägt die Abraham-Lot-Erzählung eine Brücke zurück. »Früh am Morgen« macht sich Abraham in Hebron auf den Weg, um zu erfahren, wie die Prüfung Sodoms durch Gott (18,20–21) ausgegangen ist. Von der Höhe des gewaltigen Abbruchs am Westrand des Jordangrabens schaut er in den Kessel hinab, in dem einst Sodom und Gomorrha lagen, und vernimmt nach dem Inferno nur noch Totenstille:

Da, Qualm stieg von der Erde auf
wie der Qualm eines Schmelzofens.

---

      dreizehn einst blühende Städte im Toten Meer versunken (Geogr. XVI 2, 44).
189 Vgl. den Feuerregen in 2Kön 1,10; Hes 38,22 u. ö.
190 Ant. I 11,4.

Abb. 16: Die Zerstörung Sodoms
(Mosaik in der Kathedrale von Monreale, 12. Jh.)

Die linke Seite des Bildes zeigt drastisch, wie die Mauern Sodoms zusammenstürzen und wie die Stadt samt ihren Bewohnern durch ein Feuer vernichtet wird, das vom Himmel fällt. Noch aus den Totenschädeln züngeln Flammen. Der Künstler nimmt die Abfolge von V.23–24 wörtlich und verbindet den Feuerregen mit der Sonne. Rechts sehen wir Lot mit seinen beiden Töchtern auf der Flucht. Zwischen ihnen und dem Inferno steht Lots Frau, durch weiße Mosaik-Steine dem Salz ähnlich, zu dem sie erstarrte. – Später deutete man Sodoms Vernichtung im Feuerregen als Vorabbildung des Weltgerichts und Lots Rettung als Erlösung der Gerechten aus der Versuchung (2Petr 2,6–9).

Ein knapper Rückblick auf das Gottesgericht in V.29 führt Lots Rettung nicht auf dessen Gastfreundschaft sondern darauf zurück, dass Gott an *Abraham* denkt. Mit diesem Abschluss markiert der priesterliche Bearbeiter einen Einschnitt vor der folgenden Szene.

Die ältere Abraham-Lot-Erzählung kam jedoch mit dem schimpflichen Ursprung der Moabiter und Ammoniter in V. 30–33 überhaupt erst an ihr vorläufiges Ziel. Inzest war in Israel wie im Alten Orient verpönt (3Mose 18,6–7; Hes 22,10). Die gesamte Szene ist aus den Namen der beiden Völker und mit Rücksicht auf den Kontext entwickelt. Die Namen werden allerdings diffamierend gedeutet: Moab als *me'ab* (»vom Vater [gezeugt]«[191]) und Ammon als *ben-ʿammi* (»Sohn meines [Bluts]verwandten«). Alle weiteren Einzelheiten der Szene dienen der Entlastung Lots, der immerhin Abrahams Neffe ist. So geben die beiden Töchter Lot Wein zu trinken, so dass er trunken ist, bevor sie mit ihm schlafen. Er merkt also gar nicht, dass sich seine Töchter zu ihm legen. Überdies setzt die Erzählung den Inzest als alternativlos voraus, weil es »keinen Mann im Land« mehr gab (V. 31). Um diese Fiktion einigermaßen glaubhaft zu machen, müssen Lot und seine Töchter Zoar, einen Grenzort Moabs (Jes 15,5), sogleich wieder verlassen und hinauf ins ostjordanische Gebirge ziehen. Dort hausen sie in der Gegend, in der später die Moabiter siedeln.

Im Rückblick sehen wir, dass 19,1–38 anders als 18,1–16a nicht auf eine selbständige Einzelüberlieferung zurückgehen. Die Erzählung von Lots Rettung und Sodoms Untergang setzt Kap. 13 voraus und ist aus mehreren Stoffen literarisch gebildet worden: V. 1–3 setzen 18,1–8 voraus; V. 4–11 verarbeiten ein Klischee; V. 17–26 nehmen verschiedene Wissensstoffe und landschaftliche Gegebenheiten in der Umgebung des Toten Meeres auf; V. (12–15.)24–25 schildern eine urge-

---

191 So deutet schon die griechische Übersetzung der Septuaginta. Der Name »Moab« bedeutet jedoch wahrscheinlich »breites, ebenes Land« (Ges.-Donner, Lfg. 3, 640).

schichtliche Katastrophe wie die Sintflut; V.30–38 sind aus den Völkernamen entwickelt.

Die Erklärung der Landschaft des Toten Meeres als Ergebnis einer Städtekatastrophe ist jedoch unabhängig von Lot. So wird das Geschick Sodoms und Gomorrhas mehreren Völkern angedroht: Moab und Ammon (Zef 2,9), Edom (Jer 49,18) und Babel (Jes 13,19; Jer 50,40). Jes 1,10 bedroht damit sogar Jerusalem, indem es die Bewohner als »Sodomfürsten und Gomorrhavolk« anspricht. 5Mose 29,22 und Hos 11,8 kennen daneben noch andere Städte wie Adma und Zeboim, die das gleiche Geschick wie Sodom ereilt haben soll.

Auch sind die Vergehen sehr verschieden, mit denen man den Untergang jener Städte im unteren Jordangraben begründet: soziale Vergewaltigung der Schwachen (Jes 1,10), Ehebruch, Lüge und Ermunterung zu Untaten (Jer 23,14), Anmaßung, Wohlleben und mangelndes Schuldbewusstsein (Ez 16,49), Verletzung des Gastrechts (1Mose 19).

Mit der Geburt Moabs und Ammons und der wenig schmeichelhaften Erklärung des Ursprungs ihrer Nachfahren »bis heute« kommt zwar der Lot betreffende Teil der Komposition ans Ziel, nicht aber die Abraham-Lot-Erzählung; denn noch steht der in 18,10–15 angekündigte Sohn Abrahams und Saras aus.

(5) Die Geburt Isaaks (21,1a.6)

Der in Aussicht gestellte Zeitpunkt »übers Jahr um diese Zeit« (18,10.14) setzt in der Großerzählung eine gewisse Erzählzeit voraus. Vor allem aber liegen in der Geburt Isaaks Höhepunkt und Ziel der Ursprungsgeschichte Israels im Kreise seiner Nachbarn. Deshalb muss von Isaaks Geburt als *letztem* Akt der Abraham-Lot-Erzählung nach der Geburt der beiden Söhne Lots noch erzählt werden. Das geschieht in 21,1–7. Indes ist ein entsprechender Bericht durch die priesterschriftli-

Abb. 17: Die Geburt eines Kindes
(Terrakotta aus dem Heiligtum einer Geburtsgöttin
auf Zypern um 500 v. Chr.)

Die Gebärende wird von einer Frau gehalten, die hinter ihr steht, während die Hebamme das Kind aus dem Leib der Mutter zieht.

che Notiz in V.1b–5 verdrängt worden. Auf festerem Boden steht man nur bei V.6; denn er bezieht sich mit dem Verb »lachen« (*tzachaq*) und mit dem Lachen *Saras* nicht auf 17,17, sondern ausdrücklich auf 18,10–15:

⁶Da sprach Sara:
   Zum Lachen hat mich Gott gebracht;
   jeder, der davon hört, wird über mich lachen.

Außerdem setzt diese Begründung des Namens Isaak voraus, dass Sara den Namen gibt, was nicht zu 21,3 passt. Umgekehrt bedarf der Hinweis auf Saras Lachen am Ende des Besuchs in 18,15 einer geeigneten Fortsetzung. Die gibt 21,6, wenn auch ohne ausdrückliche literarische Verbindung zur Abraham-Lot-Erzählung.[192]

In diesem Fragment findet Sara zu Worten, die von einem ganz anderen Lachen künden. Das Lachen bezieht sich zunächst darauf, dass Gott in 18,12 die greise Sara durch seine überraschende Ankündigung tatsächlich »zum Lachen gebracht hat«. Zugleich spielt es auf das befreiende Lachen der Mutter nach überstandener Geburt an (V. 6a). Sodann handelt es sich um das ansteckende Lachen, in das alle einstimmen, die diese erstaunliche Geschichte lesen (V. 6b). Schließlich bringt der Name Isaak, auf den das Lachen anspielt, etwas vom Wesen dieses Gottes zum Zuge, der nicht nur zum Lachen bringt, sondern selber lacht; denn der Name *jitzchaq*(-*'el*) bedeutet: »Er (Gott) lacht (dem Kind zu)«.[193]

Isaak verdankt sich einem Gastgeschenk Himmlischer. An ihm hat Gott Freude, während Moab und Ammon, in einer finsteren Höhle gezeugt, ihr Dasein einem Inzest verdanken. Damit ist viel über das Verhältnis Israels zu seinen östlichen Nachbarn gesagt, aber nicht alles; denn dieser finstere Ursprung hat Rt 4,18–22 nicht daran gehindert, eine Moabiterin zur Ahnmutter des Königs David zu machen.

3. In Gerar und Beerscheba

Die Erzählungen vom Ahnpaar in Gerar (20), von der Vertreibung Hagars und Ismaels (21) und von der Erprobung Abrahams (22) fallen durch die Häufung von Reden, durch kommentierende Bemerkungen und

---

192 Die Rede von »Gott« (*'elohim*), noch dazu im Munde einer Erzählfigur, spricht gegen eine Verbindung mit Kap. 18.
193 Möglich wäre auch eine Anspielung auf die Geburt: »Es (das Kind) lächelt« (so GES.-DONNER, Lfg. 2, 484).

durch eine ungewöhnliche Emotionalisierung auf. Die ersten beiden haben in 1Mose 12 und 16 Seitenstücke. Auf sie beziehen sie sich inhaltlich; auf sie nehmen sie auch in ihrem Wortlaut Rücksicht.[194] Die letzte (22) geht über die ersten beiden hinaus und hängt doch auf vielfältige Weise mit ihnen zusammen, vor allem mit 21,1–21. Alle drei setzen die Priesterschrift voraus.[195] Mehrere Besonderheiten verbinden die drei zu einer Gruppe:

Sie sind im Süden Judas lokalisiert.
Der Erzähler nennt den Gott Israels nicht bei seinem Namen JHWH, sondern »Gott« (*'elohim*).
Auch in ihrem Handlungsgerüst ähneln sie einander auffällig.[196]

Überdies folgen die einzelnen Stücke nicht zufällig aufeinander:

Die Verwicklungen des Aufenthalts in Gerar setzen voraus, dass Isaak noch nicht geboren ist. Deshalb müssen 20,1–18 vor 21,1–6 stehen.
Andererseits löst die Vertreibung Hagars und Ismaels ein Problem, das erst durch die Geburt Isaaks geschaffen wurde.
Der Auftrag, Abraham solle seinen »einzigen Sohn« als Brandopfer darbringen, setzt wiederum Ismaels Vertreibung voraus; denn nur durch sie ist Isaak als »einziger« Sohn übriggeblieben.

---

194   BLUM, Komposition, 311ff., und KÖCKERT, Gen 20–22.
195   KÖCKERT, Gen 20–22.
196   S. die Beobachtungen bei MCEVENUE, Elohist, und JEREMIAS, Gen 20–22, 61–69.

Die überlegte Anordnung und die vielfältigen Berührungen legen nahe, den Kernbestand des gesamten Blocks 20,1–22,19* einem einzigen Verfasser zuzuschreiben.[197] Er hat die ihm vorliegende Abrahamüberlieferung korrigiert und mit neuen Aspekten bereichert.

3.1. »Mein Land liegt vor dir; lass dich nieder, wo es dir gefällt!«
1Mose 20,1–18:
Abraham und Sara als erste Juden in der Diaspora

(1)
Wie schon in 12,10–20 lesen wir vom Ahnpaar im Ausland. Dieses Mal befindet es sich bei König Abimelech in Gerar. Wieder gibt Abraham seine Frau Sara als seine Schwester aus (V. 2). So kommt, was wir schon aus 12,15 kennen: Der fremde König nimmt sich Sara zur Frau. Doch an dieser Version der Geschichte befremdet einiges.[198] Anders als in 12,10 erfahren wir keinen Grund für den überraschenden Ortswechsel des Paares von Hebron nach Gerar. Eine Hungersnot wäre hier ganz unpassend; denn eine Dürre in Palästina hätte auch Gerar nicht verschont. Ohne erkennbaren Grund gibt Abraham seine Frau als seine Schwester aus. Auch das Interesse des Königs an Sara ist völlig unmotiviert. In 12,11–13 war Saras Schönheit Grund genug für beides. Doch seither sind viele Jahre ins Land gegangen,

---

197 Darin haben die Väter des Quellenmodells (B 5.1) mit ihrer Zuweisung von 20–22 zum sog. »Elohisten« etwas Richtiges gesehen.
198 Grundlegend VAN SETERS, Abraham, 167–191, und BLUM, Komposition, 405–420, sowie KÖCKERT, Abraham, 152–161.

die beim Ahnpaar ihre Spuren eingegraben haben. Warum sollte Abimelech eine »verwelkte« Frau nehmen, die »Liebeslust« nur noch aus der Erinnerung kennt (18,13)? Nach 17,17 und vor 21,5 dürfte Sara schon 89 Jahre alt gewesen sein. Jetzt verstehen wir, warum jeder Hinweis auf Saras Schönheit fehlen muss.

Offenbar nimmt der Erzähler mehrere Ungeschicklichkeiten in Kauf, um auf den Kontext Rücksicht nehmen zu können. Zugleich erinnert er uns mit jenen in der Erzählung unmotiviert wirkenden Zügen schon zu Beginn an deren Erstfassung in 12,10–20. Der Erinnerung dient auch die merkwürdige Überleitung zu Beginn:

¹Von dort zog Abraham weiter in das Gebiet des Negev und ließ sich nieder (*jaschab*) zwischen Kadesch und Schur. Er hielt sich in Gerar als Fremder auf (*gur*).

Die erste Zeile greift 12,8–9 auf, die zweite nimmt Angaben aus 16,7.14, vermeidet jedoch durch deren Kombination mit »zwischen« eine genaue Lokalisierung. Das gilt auch für Gerar. Der Ort gehört in der Bibel nie zu Juda; 10,19 zählt ihn zum Gebiet der Kanaaniter. Der Erzähler stellt sich Gerar irgendwo im Negev vor, archäologisch nachgewiesen ist er bis heute nicht.[199] Vielleicht wurde der Name gewählt, weil man in ihm das Wort *ger* »Fremdling, Schutzbürger« hörte. Dann wäre »Gerar« kein Ort, den man auf einer Karte finden kann, sondern überall dort zu suchen, wo sich Juden als Fremde und Schutzbürger aufhalten.

Der Erzähler erinnert mehrfach an die Erstfassung, weil er sie korrigieren will. Das geschieht in drei

---

199 Manche identifizieren ihn mit *Tell Abu Hurere* auf halbem Wege zwischen Gaza und Beerscheba (s. Abb. 6).

großen Erweiterungen. Sie füllen die in Kap. 12 offengebliebenen Leerstellen, rücken Anstößiges zurecht und setzen neue Akzente. Die lassen das Interesse des Erzählers und seiner Leser erkennen.

(2)
Die erste Erweiterung (V. 3–7) erklärt, wie der König davon erfährt, dass Sara nicht Abrahams Schwester, sondern dessen Ehefrau ist:

³Des nachts kam Gott zu Abimelech im Traum und sprach zu ihm:
> Du musst sterben wegen der Frau, die du genommen hast; denn sie ist eine Ehefrau.

⁴Abimelech aber war ihr noch nicht nahegekommen.
Er sprach:
> Bringst du, o HERR, auch gerechtes Volk um?
> ⁵Hat er mir nicht selber gesagt: Sie ist meine Schwester?
> Auch sie hat behauptet: Er ist mein Bruder.
> Mit arglosem Herzen und reinen Händen habe ich das getan.

⁶Da sprach Gott zu ihm im Traum:
> Auch ich weiß, dass du das mit arglosem Herzen getan hast. Ich selbst habe dich ja davor zurückgehalten, dich gegen mich zu verfehlen. Deshalb habe ich nicht zugelassen, dass du sie anrührst.
> ⁷Aber nun, gib die Frau des Mannes zurück; denn er ist ein Prophet. Er soll für dich bitten, dass du am Leben bleibst. Gibst du sie aber nicht zurück, dann wisse, dass du sterben musst, du und all die Deinen.

Gott selbst würdigt den fremden König einer Mitteilung im Traum. Träume galten in der Antike als eine Weise, durch die eine Gottheit Kontakt aufnimmt (28,12–13a), Künftiges mitteilt (28,13b–15) oder Aufträge erteilt (20,7; 31,24). Sie sind deshalb ein willkommenes literarisches Mittel, Ansprüche zu autorisieren und Deutungen zu formulieren. Hier dient die göttliche Traumoffenbarung dazu, des Königs Unschuld zu bestätigen und die Ahnfrau vor jeglicher sexuellen Annäherung zu bewahren. So werden beide von jedem Verdacht gereinigt und die Legitimität Isaaks gesichert. Das ist unmittelbar vor dessen Geburt (21,1–7) dem Erzähler so wichtig, dass er nicht nur selber feststellt, der König habe sich Sara noch gar nicht genähert (V.4), sondern dass er sogar Gott bemüht, um den König nachträglich darüber aufzuklären, wer hier die Fäden gezogen hat, um Saras »Unberührtheit« zu gewährleisten (V.6).

Ohne diese Erklärung Gottes hätten alle, die diese Geschichte lesen, auf den Gedanken kommen müssen, den Lessing in einem seiner berühmten Fragmente einen fiktiven Araber äußern lässt: Isaak sei lediglich ein kleiner Abimelech II. gewesen. Deshalb – so meint Lessing – seien »nicht die Juden, sondern die Araber die wahren Nachkommen Abrahams«.[200] Dieses naheliegende Missverständnis wird schon in der Erzählung von Gott selbst, also mit höchster Autorität aufgeklärt.

Die »große Sünde«, von der Abimelech in V.9 redet, bezieht sich deshalb nicht auf einen bereits vollzogenen Ehebruch, sondern auf die bloße Übernahme Saras durch den König. Nur deshalb kann deren Rückgabe die angedrohte Todessanktion auch wieder aufheben (V.7).

---

200 Gotthold Ephraim Lessings sämtliche Schriften (hg. v. K. LACHMANN / F. MUNCKER), Bd. XVI, 302f.

(3)
Die zweite Erweiterung (V.10–13) deutet Abrahams Schweigen nach den vorwurfsvollen Fragen des Pharao in 12,18–19 als Eingeständnis der Schuld, sucht diese aber nach Kräften abzuschwächen:

[10]Weiter sprach Abimelech zu Abraham:
  Warum[201] hast du das getan?
[11]Abraham sprach:
  Ich dachte, gewiss gibt es an diesem Ort keine Gottesfurcht, so dass man mich wegen meiner Frau umbringen wird.
  [12]Sie ist ja auch wirklich meine Schwester, die Tochter meines Vaters, nur nicht die Tochter meiner Mutter; so wurde sie meine Frau.
  [13]Als mich Gott aus dem Hause meines Vaters ins Ungewisse führte, sagte ich ihr:
  Tu mir doch den Gefallen und sage über mich an jedem Ort, zu dem wir kommen: Er ist mein Bruder.

Zuerst bekennt Abraham freimütig sein Vorurteil, er habe gedacht, in der Fremde gäbe es keine »Gottesfurcht«, will sagen: die Anerkennung dessen, was man »Sitte und Anstand« nennt (vgl. 2Mose 1,17.21). Sodann verwandelt der Erzähler in V.12 die Lüge Abrahams (aus V.5a) in eine Halbwahrheit. Die Bibel kennt allerdings Sara sonst nicht als Halbschwester Abrahams.[202]

---

201 Zu der erst im nachbiblischen Hebräisch belegten Redewendung (»was hast du beabsichtigt, dass …«) BLUM, Komposition, 416 (mit Hinweis auf BACHER).
202 Die Ehe zwischen Halbgeschwistern wird in 2Sam 13,13 als möglich vorausgesetzt, in 3Mose 18; 20,17; 5Mose 27,22 dagegen scharf missbilligt.

Aber auch Sara wird entlastet, tat sie doch in V. 5b nur, worum Abraham sie einst gebeten hatte (V. 13). Dabei denkt der Erzähler mit der Formulierung »an *jedem* Ort, zu dem wir kommen« nicht nur an den Fall jetzt, sondern auch an 12,10–20. Zugleich erinnert er mit dem Rückverweis auf Gottes Führung ins Ungewisse an die Reisen in 12,1–13,18 kreuz und quer durchs Land: Gott hatte Abraham weit umherirren lassen, bis er ihm bei Betel das Land zeigt, das seinen Nachkommen gehören soll, und bis er ihn endlich bei Hebron zur Ruhe bringt.

Schließlich befreit V. 14 den Ahn von dem Vorwurf, er verdanke seinen Reichtum nur einer Lüge. Deshalb erhält Abraham die königlichen Geschenke – anders als in 12,16 – erst, *nachdem* der tatsächliche Sachverhalt aufgedeckt worden ist.

Die zweite Szene endet mit einer überaus großzügigen Entschädigung für Sara in Höhe von tausend Schekel Silber (V. 17).[203] Die außerordentliche Zahlung von ungefähr 11,5 kg Silbers soll eine »Decke für die Augen« sein. Der schwierige Wortlaut ist vielleicht so zu verstehen, dass die ungeheure Summe »die Augen aller, die bei dir sind«, vor der ehrenrührigen Lage verschließen soll, in die Sara von Abimelech – wenn auch unwissentlich – gebracht worden ist. Mit dieser Zahlung wird also die Ehre Saras »bei ihnen allen« oder »in jeder Hinsicht« wiederhergestellt. Zuvor aber macht Abimelech dem Abraham ein nicht minder generöses Angebot:

---

203 Als in der Perserzeit nach und nach Münzgeld in Umlauf kam, blieb das gewöhnliche Zahlungsmittel für größere Summen Hacksilber, das abgewogen wurde. Zur Größe der Summe vgl. 23,15.

¹⁵... Da, mein Land liegt vor dir,
lass dich nieder, wo es dir gefällt!

Mit dieser Zusicherung eines Bleiberechts in Gerar kann diese Version der Erzählung jedoch nicht geschlossen haben; denn jetzt will man wissen, ob Abraham das Angebot annimmt. Wo ist die Fortsetzung zu finden?

Jedenfalls nicht in V. 17–18. Davon gehört der erste Satz zu jenen Erweiterungen, mit denen der Erzähler Leerstellen der ersten Fassung erklärend ausfüllt. In 12,17 war offengeblieben, worin die »großen Schläge« bestanden. Auch in 20,6 erfährt man nicht, wodurch der König gehindert wurde, Sara anzurühren; V. 7 deutet lediglich eine Krankheit an. Die heilt jetzt Gott, wie in V. 7 angekündigt. Dazu bedarf der fremde König der prophetischen Vermittlung Abrahams. »Prophet« bezeichnet hier keinen Künder der Absichten Gottes noch seines Willens, sondern einen Mann, den man in Notlagen aufsucht (vgl. 2Kön 4), weil er in einer besonderen Beziehung zu Gott steht und deshalb seine Gebete besonders wirksam sind. Prominentester prophetischer Fürbitter war Mose.[204] 20,17 überträgt diese Funktion auf Abraham.

Die folgenden Sätze in V. 17–18 sind wahrscheinlich erst später nachgetragen. Sie machen aus Abimelechs Zeugungsunfähigkeit nachträglich eine *Gebär*unfähigkeit *aller* Frauen am Hof des Königs. Damit gehen sie über die erzählte Situation in V. 6 hinaus; denn der neue Tatbestand hätte erst sehr viel später festgestellt werden können.

---

204 2Mose 32,11–13; 4Mose 11,2; 12,13 u. ö.

(4)
Wo aber findet sich die Fortsetzung, die einst V. 15 weitergeführt und die Erzählung zum Abschluss gebracht hat? Nach seiner Heilung in 20,17a ergreift der König überraschend erst wieder in 21,22 das Wort:

²²... Abimelech sprach zu Abraham:
Gott ist mit dir bei allem, was du tust.
²³So schwöre mir jetzt hier bei Gott,
dass du weder an mir noch an meinem Kind und Kindeskindern treulos handeln wirst.
Die Güte, die ich dir erwiesen habe, sollst du auch mir erweisen und dem Land, in dem du dich bis jetzt aufgehalten hast (*gur*).
²⁴Da sprach Abraham:
Ich will es schwören.
²⁷Da nahm Abraham Schafe und Rinder und gab sie Abimelech; so schlossen die beiden einen Vertrag. ³⁴Abraham hielt sich lange Zeit als Fremder im Land auf (*gur*).[205]

Die Szene wirkt an ihrem gegenwärtigen Ort nach Isaaks Geburt und Ismaels Vertreibung deplaziert. Sie knüpft aber mehrfach unmittelbar an 20,1–17a an.[206] Da ist zunächst König Abimelech. Der hat in 20,1–17a gerade erfahren, was ihn staunend feststellen lässt: »Gott ist mit dir bei *allem*, was du tust« (21,22). Offenkundig steht Abraham auch auf krummen Wegen unter Gottes Schutz. Soeben hat sein Gebet sogar Gott bewegt, des Königs Krankheit zu heilen. Schließlich nimmt die Formulierung des Eides in 21,23 die jüngsten Erfahrungen auf: Abraham soll schwören, nicht »treulos« (*schaqar*)

---

205 Zu Abgrenzung und Gestalt s. B 3.3 (bei 21,22–34).
206 S. die Hinweise bei BLUM, Komposition, 413–414.

zu handeln (V. 23a). Mit dem hebr. Verb ist das Wort »Lüge« (*schäqär*) verwandt. Genau das hatte Abraham in 20,2 getan und damit die Verwicklungen verursacht. Abimelech aber hatte Abrahams Lüge mit Güte vergolten (20,14–16). Eben dasselbe erwartet der König nun auch vom Ahn (V.23b). Abraham leistet diesen Eid, erhält dadurch Bleiberecht und lässt sich für lange Zeit im fremden Land nieder. Mit 21,34* (*gur*) nimmt der Erzähler 20,15 (*jaschab*) auf; beide Verse schlagen eine Brücke zurück zu 20,1 (*jaschab* und *gur*). Erst jetzt ist die Erzählung wirklich abgeschlossen.

(5)
Das Interesse des Erzählers erschöpft sich allerdings nicht darin, lediglich ein paar Korrekturen am Bild des Ahnpaares vorzunehmen. Er setzt vielmehr ganz neue Akzente.[207] Die Neufassung beginnt damit, dass sich das Ahnpaar außerhalb Judas in Gerar unter einer fremden Oberherrschaft niederlässt (*jaschab*). Sie endet mit der Feststellung, dass es dort »für lange Zeit« bleibt. Ihr Thema ist offenkundig das Leben des Ahnpaares als Fremde im nichtjüdischen Ausland und ihr Verhältnis zu den Fremden. Mit Abraham führt der Erzähler seine Leser einen Weg voller Überraschungen.

Abraham denkt zunächst, was die Leser jener Erzählung auch gedacht haben werden und was V. 11 auf den Satz bringt: »Gewiss gibt es an diesem Ort keine Gottesfurcht.« Gottesfurcht meint hier nichts, was einen Juden von anderen Menschen unterscheidet. Es meint vielmehr das, was auch der schlechteste Wille als

---

207 Dazu BLUM, Komposition, 415–416, und Köckert, Abraham, 157–161.

gedeihlich für menschliches Zusammenleben anerkennen muss, gleichgültig aus welchem Volk er stammt und welcher Religion er anhängt (vgl. Lk 6,31). Abraham denkt, das könne man bei Nichtjuden nicht voraussetzen. Aber er wird ausgerechnet vom Repräsentanten der Fremdmacht eines Besseren belehrt. Der verhält sich tadellos, eben »gottesfürchtig« in jenem genannten Sinne. Abimelech ist nicht nur korrekt gegenüber dem jüdischen Ausländer, sondern ausgesprochen großzügig, indem er ihm Bleiberecht anbietet. Gott selbst würdigt den Nichtjuden einer nächtlichen Offenbarung, die ihm das Leben rettet, und attestiert ihm, »in der Unschuld des Herzens« gehandelt zu haben. Umgekehrt redet der fremde König wie ein frommer Jude Gott mit »HERR« (*'adonaj*) an (V. 4). Am Ende ändert Abraham seine anfängliche Meinung stillschweigend und bleibt »im Lande lange Zeit«.

Damit signalisiert die Erzählung, wozu sie ihre Leser bewegen will. Sie reflektiert ein dauerhaftes Leben Israels in der Fremde mit dem Ergebnis: Ein Leben unter Nichtjuden ist durchaus möglich; denn der Gott Israels ist keineswegs nur an das gelobte Land und an sein erwähltes Volk gebunden. Er lenkt vielmehr auch die Geschicke der Nichtjuden. Deshalb kann Abimelech von Abraham fordern, den Eid nicht bei *seinem* Gott, sondern »bei Gott« abzulegen (21,23a); denn der Gott Abrahams ist schon längst der einzige Gott der ganzen Welt geworden. In 20,4b klagt Abimelech sogar dieses Gottes Gerechtigkeit ein mit Worten, die an 18,23–25 erinnern, und erkennt ausdrücklich Abrahams und damit Israels Sonderstellung an (21,22). Auch den Fremden bekommt das Zusammenleben gut, weil Abraham ihnen Gottes Hilfe vermittelt (20,17). Am Ende ist aus Abraham, der Fremden misstraut, ein Werber für ein weltoffenes Judentum und für ein Leben in der Diaspora geworden. Grenzenlos ist diese Weltoffenheit allerdings nicht. Zwar steht einem Zusammenleben sowie gemeinsamem Handel nichts im Wege, umso mehr aber der ethnischen Vermischung. Der Erzähler legt in V. 6b.17 großen Wert darauf, dass Saras Aufenthalt im Harem des fremden Königs keine Folgen hat und dass die Reinheit des Blutes gewahrt bleibt.

Einem Späteren war das noch nicht genug. Er hat deshalb in einem Nachtrag (V. 17b–18) Gott selbst eine generelle Empfängnisverhütung im Hause Abimelechs bewirken lassen, und zwar ausdrücklich »Saras wegen, der Frau Abrahams«. Diese Wendung greift der Ergänzer aus 12,17 auf, gebraucht sie aber nicht dazu, Abrahams Reichtum zu erklären, sondern um Saras Integrität hervorzuheben.

Der Erzähler stellt sich mit dem Vertragsschluss zwischen Abimelech und Abraham und mit Abrahams Gebet für Nichtisraeliten (vgl. Jer 29,7) gegen eine radikale Abgrenzung, respektiert aber das Verbot von Mischehen (Esr 9). All das setzt eine längere Zeit positiver Erfahrungen mit einem Leben in der Diaspora der späten Perserzeit voraus.

3.2. »Der Sohn dieser Magd soll nicht mit meinem Sohn Isaak erben!«

1Mose 21,1–7.8–21:
Isaaks Geburt, Hagars Vertreibung und Ismaels Rettung

Die Geburtsnotizen in V. 1–7 und die zweiteilige Erzählung in V. 8–21 unterscheiden sich stark. Dennoch bilden sie eine literarische Einheit; denn die Notizen sind auf einen größeren Kontext angewiesen, und der Erzählung fehlt eine Exposition.

(1)
Die Notizen in V. 1–7 lassen sich nur noch schwer entwirren.[208] Mag in V. 6 der Rest einer älteren Geburtsnotiz für Isaak[209] bewahrt sein, mit dem die Abraham-Lot-Erzählung einst geschlossen hat, so sind die V. 1b–5 für die Priesterschrift gesichert.[210] Dafür sprechen die Verbindungen zur großen Gottesrede 17,1–21: Die Verweise auf Abrahams Alter und den Zeitpunkt (*lamoʿed*) der Geburt in V. 2 stehen näher bei 17,17.21 (*lamoʿed*) als bei 18,10 (»übers Jahr um diese Zeit«). Vor allem folgt Isaaks Namengebung durch Abraham in V. 3 der Anweisung 17,19, und seine Beschneidung am achten Tag in V. 4 entspricht der Anordnung 17,12. Von diesem priesterschriftlichen Kern hebt sich V. 7 ab:

Und sie sprach weiter:
    Wer hätte Abraham angesagt: Sara stillt Kinder?
    Und doch habe ich ihm einen Sohn geboren in seinem Alter.

Der Ausruf setzt mit der letzten Zeile die priesterliche Geburtsnotiz in V. 2 voraus. Der Hinweis darauf, dass Sara Kinder *stillt*, bildet die Voraussetzung für die folgende Erzählung, die mit einem Fest anlässlich der *Entwöhnung* Isaaks beginnt.

Es handelt sich also in 21,1–7 um ein im Kern priesterliches Stück (V. 1b–5), das aber nur noch in einer nach-priesterlichen Gestalt (V. 1a.7) auf uns gekommen ist. Als man die Erzählung vom Ahnpaar in Gerar hinzufügte, musste man die Notizen zur Geburt Isaaks

---

208 Zur Analyse Köckert, Gen 20–22.
209 S. o. B 2.5 (5).
210 Zur Erwähnung des Gottesnamens Jhwh in 21,1b vgl. 17,1.

von der älteren Abraham-Lot-Erzählung abtrennen, weil 1Mose 20 voraussetzt, dass Sara noch kinderlos ist. Dabei gestaltete man die Geburtsnotizen durch V. 7 zu einer Exposition für die Erzählung von der Vertreibung Hagars und Ismaels um.

(2)
Die hat zwei Teile. Sie ergeben sich aus einem Ortswechsel und aus der Verminderung des Personals. Die V. 8–13 führen uns zu einem Festmahl in die Familie Abrahams. Wir lernen zunächst Isaak kennen und den Sohn Hagars, der bis zum Ende namenlos bleibt, sodann Sara und Abraham; schließlich tritt auch Gott auf, der zu Abraham spricht:

⁸Das Kind wuchs heran und wurde entwöhnt. Als Isaak entwöhnt wurde, gab Abraham ein großes Festmahl.
⁹Da sah Sara, wie der Sohn Hagars, den die Ägypterin Abraham geboren hatte, sich lustig machte (*mᵉtzacheq*).
¹⁰Sie sprach zu Abraham:
  Vertreibe (*garasch*) diese Magd und ihren Sohn!
  Denn der Sohn dieser Magd soll nicht mit meinem Sohn erben (*jarasch*), mit Isaak!
¹¹Das missfiel Abraham sehr wegen seines Sohnes.
¹²Aber Gott sprach:
  Es missfalle dir nicht wegen des Jungen und wegen deiner Magd. Höre auf Sara in allem, was sie zu dir sagt; denn nach Isaak sollen deine Nachkommen benannt werden.
  ¹³Aber auch den Sohn der Magd will ich zu einem Volk machen, weil er dein Nachkomme ist.

Den Stoff und die Personen kennen wir bereits aus 16,1–16. Daraus hat der Erzähler hier jedoch etwas völlig Neues gemacht. Seine Neuerungen entwickelt er zu einem großen Teil aus den voranstehenden

Geburtsnotizen; andrerseits nimmt er auf 16,1–15 Rücksicht.[211] Der Erzähler präsentiert seine neue Geschichte also nicht als Variante der alten, sondern als deren Fortsetzung nach Flucht und Rückkehr Hagars.[212] Sie muss deshalb als Erzählung eines neuen Ereignisses nach Flucht und Rückkehr Hagars gelesen werden. In 16 ging es um ein Kind für die kinderlose Sara; nach der Geburt Isaaks in 21,1–7 steht dagegen die Sicherung des Erbes für Isaak im Mittelpunkt. Gott hatte in 16 das Ahnpaar in die Schranken gewiesen, indem er dessen Pläne scheitern ließ; die Fortsetzung in 21 befasst sich mit den selbstverschuldeten Folgen.

Der Konflikt entwickelt sich aus einer Beobachtung Saras beim Festmahl zur Entwöhnung Isaaks. Damals stillte man ein Kind etwa drei Jahre (2Makk 7,27), vielleicht auch länger (1Sam 1,24). Zwischen der Geburt Ismaels und der Entwöhnung Isaaks liegen mindestens vier, nach der biblischen Chronologie ungefähr 17 Jahre. Während des Mahles sieht Sara, wie Ismael »sich lustig macht« ($m^e tzacheq$).[213] Das zugrundeliegende Verb ist vieldeutig. Einige jüdische Ausleger entnehmen der Bemerkung sogar die Absicht Ismaels, Isaak zu töten, was Paulus in Gal 4,29 aufnimmt.[214] Andere denken wegen 2Mose 32,6 an Götzendienst.[215] Die griech. Übersetzung der Septuaginta

---

211 Nachweise zu beidem bei KÖCKERT, Gen 20–22, 166–167.
212 So schon VAN SETERS, Abraham, 196–200, und mit vielen Beobachtungen BLUM, Komposition, 311–313. KNAUF, Ismael, 19–25, spricht von »Midrasch« und »Kommentar«.
213 Das Verb wird hier im Steigerungsstamm gebraucht (Piel), kann deshalb nicht einfach nur »lachen« bedeuten.
214 So R. Jischmael (gest. um 135 n. Chr.) und R. Eliezer (um 150 n. Chr.) mit einer Kombination von 2Sam 2,14ff. und Spr 26,18f. (weitere Belege (STRACK-) BILLERBECK III 575f.).

deutet die Situation dagegen eher harmlos, indem sie hinzufügt, Ismael habe »mit ihrem Sohn Isaak« gespielt (*paizon*). Wie dem auch sei, das Partizip (*m^{e}tzacheq*) spielt auf den Namen Isaak (*jitzchaq*) in 21,3 an. Die Verwendung des gleichen Verbs signalisiert die Gefahr, die Grenzen zwischen »dem Sohn der Magd« und »meinem Sohn« könnten verwischt werden.[216] Was V. 9 im Spiel mit dem Verb nur andeutet, spricht Sara in V. 10 offen aus: Es geht um das Erbe und damit um die Zukunft Isaaks. Deshalb stehen »mein Sohn« und »ihr Sohn« einander gegenüber.

Der Fall ist kompliziert, weil der Erstgeborene der Sohn einer Sklavin ist, der Sohn der Hauptfrau dagegen nachgeboren. Eine genaue Entsprechung für diesen Fall findet sich in den biblischen Rechtstexten nicht. Immerhin sieht 5Mose 21,17 vor, dass der Erstgeborene des Mannes einen Vorzugsanteil von zwei Dritteln erhält, auch wenn es sich nicht um den Sohn der geliebten, sondern um den der »ungeliebten Frau« handelt. Im Codex Hammurapi § 170 sind bei mehreren Frauen alle anerkannten Söhne des Erblassers erbberechtigt. Da Abraham in 16,15 seinem Sohn den Namen gegeben und ihn damit anerkannt hat, wäre Ismael auf jeden Fall erbberechtigt. Doch zeigt Ri 11,3.7, wie man in diesen Fällen verfahren ist. Dort vertreiben (*garasch*) die Söhne der Ehefrau ihren Halbbruder Jiftach vom Hof, damit sie das Erbe nicht mit dem Sohn einer Dirne teilen müssen.

Wie irregulär beide Verfahren im Falle Ismaels sind, zeigen das Missfallen Abrahams in V. 11 und die Inter-

---

215 So die T<small>ARGUME</small> N<small>EOFITI</small> und J<small>ERUSCHALMI</small> I + II.
216 C<small>OATS</small> deutet das Lachen Ismaels als ein »Isaacing«, als ein »pretending to be Isaac« (Curse, 37 f.).

vention Gottes. Der heißt Saras Forderung ausdrücklich gut (V. 12) und begründet diese mit der Sonderstellung Isaaks, bevor er mit einer Verheißung die Zukunft Ismaels sichert. Erst jetzt sind Abrahams Bedenken zerstreut. In alledem entsprechen 21,12–13 ziemlich genau 17,6.16.19–21.[217]

Die Erzählung spielt vordergründig auf der Bühne der Familie. So verwundert es nicht, dass die Verben, die in V. 10 zur Beschreibung des Konflikts und seiner Lösung gebraucht werden, in familienrechtlichen Zusammenhängen begegnen.[218] Doch zugleich hat V.10 mit Isaak die Zukunft all jener im Blick, die aus der Linie Abraham-Isaak-Jakob stammen werden. Auf der Ebene des Volkes aber ist das Erbe das verheißene Land. Es kommt deshalb nicht von ungefähr, dass beide Verben auch für das Verhältnis Israels zu seinem Land entscheidende Bedeutung haben: Gott »vertreibt« (*garasch* Piel) die Vorbewohner des Landes (z. B. Ps 80,9), und Israel »nimmt deren Land in Besitz« (*jarasch* z. B. 5Mose 1,8). Es geht also in dieser Familiengeschichte um nichts Geringeres als um Israel als Volk in einem Land anderer Völker.

(3)

Im zweiten Teil (V. 14–21) stehen nur noch Hagar und ihr Sohn auf der Bühne, und die befindet sich jetzt in der Wüste. Nachdem Gott (des Nachts?) Abraham über die Zukunft seiner beiden Söhne unterrichtet und dabei deren Verhältnis zueinander erklärt hat, befolgt der Ahn

---

217 KÖCKERT, Gen 20–22, 169–171.
218 So kann der Ehemann unter bestimmten Umständen seine Frau »verstoßen« (*garasch* im Grundstamm: 3Mose 21,7; 22,13 u. ö.), und das Verb »erben« (*jarasch*) bezeichnet anderwärts die Übertragung des Eigentums (15,3–4).

am nächsten Morgen Saras Forderung. Die hatte durch ihre Formulierung dem ersten Teil eine gewisse Härte gegeben: »Vertreibe (*garasch*) diese Magd und ihren Sohn!« Der zweite Teil erzählt dagegen nicht ohne Einfühlsamkeit. Wir lesen kein Wort des Abschieds, aber:

¹⁴Am nächsten Morgen früh nahm Abraham Brot und einen Schlauch mit Wasser und gab's der Hagar, legte es ihr auf die Schultern und das Kind und schickte sie fort (*schalach*).

Abrahams Vorbereitungen lassen bei aller Fürsorge die kommende Bedrohung ahnen: Wie lange werden Brot und Wasser reichen? Wortlos geht Hagar los. Bald hat sie sich in der Wüste bei Beerscheba verirrt.

Abb. 18: Rembrandt, Abraham verstößt Hagar
(Radierung 1637, 12,6 x 9,6 cm)

Abraham, in der Mitte des Bildes durch kostbare Gewandung zusätzlich hervorgehoben, erscheint wie ein Herrscher und wirkt doch zerrissen von der Forderung Saras, die aus dem Fenster links oben prüfend und schadenfroh alles beobachtet, und den Gefühlen eines Vaters zu seinem Sohn, der rechts unter ihm steht. Abrahams Platz zwischen den beiden Frauen hinter ihm setzt einen weiteren Konflikt ins Bild. Aber nun ist er bereit, Sara zu folgen. Schon hat er einen Fuß zurückgestellt, um wieder ins Haus zu gehen. Der endgültige Abschied von Hagar ist erfolgt. Sie macht sich auf den Weg mit einer Wasserflasche und wenig Gepäck. Ihr verweintes Gesicht verschwindet fast ganz hinter einem großen Tuch. Nur Ismael scheint noch zu warten. Da zögert der Vater und streckt ein letztes Mal die Hand nach seinem Sohn aus, als wollte er ihn zum Abschied segnen. Aber in der geöffneten Tür am linken Rand steht der kleine Isaak. – Die sorgfältige Präsentation Abrahams als Bildfigur geht über die Schilderung eines Gefühlskonflikts hinaus. Rembrandt deutet damit an, dass in diesem Konflikt mehr auf dem Spiel steht: Wem wird das Erbe Abrahams gehören, Isaak oder Ismael? Es geht um die Zukunft Israels.

Im nächsten Vers sehen wir Hagar am Ende ihrer Kräfte und ihr Kind fast verdurstet. Sie hat es gerade unter einen der Sträucher abgelegt, der ein wenig Schatten spendet. Sie selbst setzt sich laut weinend abseits, um das Sterben ihres Kindes nicht ansehen zu müssen. Da öffnet sich der Himmel:

[17]Gott hörte (*schama^c*) die Stimme des Jungen (*hanna^{c}ar*), und der Bote Gottes rief Hagar vom Himmel her zu und sprach zu ihr:
    Fürchte dich nicht; Gott hat die Stimme des Jungen gehört (*schama^c*) dort, wo er ist.
    [18]Auf, nimm den Jungen und halte ihn fest an deiner Hand; denn zu einem großen Volk will ich ihn machen.

Während Gott mit Abraham direkt spricht (V.12–13), verkehrt er mit der Ägypterin (16,1) Hagar durch seinen Boten.

Seine Botschaft verwundert uns: Hatte nicht soeben *Hagar* laut geweint? Doch Gott hört die Stimme des *Jungen*. Während Ismael im ersten Teil schon ein älterer Junge sein muss, wird er in V. 15–19 offenbar als Kleinkind vorgestellt, das Hagar ablegt (V. 15), das schreit (V. 17) und das sie auf himmlisches Geheiß »an die Hand nehmen« soll (V. 18). Vielleicht ist hier noch der Rest einer älteren Überlieferung erhalten.[219] Die aramäische Übersetzung deutet dagegen »die Stimme des Jungen« in V. 17 nicht als Weinen, sondern als Gebetserhörung: »Weil Jhwh auf die Stimme *des Gebets* des Knaben gehört hat …«[220] Mit der Zusage, ein »großes Volk« zu werden, erhalten Ismael und mit ihm die Araber als seine Nachfahren Anteil an der Verheißung Abrahams (vgl. 21,18 mit 12,2).

Das himmlische Wort verwandelt nicht die Wüste, aber es öffnet Hagars Augen für ein Wasserloch, das ihr in ihrem Schmerz bisher verborgen geblieben war. Hagar geht hin, füllt den Wasserschlauch und gibt ihrem Jungen zu trinken. Damit könnte der zweite Teil enden, aber nicht die Erzählung. Die muss nach der Intervention Gottes in V. 12–13 vielmehr zur endgültigen Trennung Ismaels von der Familie Abrahams führen. Davon erzählt V. 20:

Gott war mit dem Jungen. Er wuchs heran und blieb in der Wüste und wurde ein Bogenschütze.

Nicht nur Isaak liegt Gott am Herzen, er kümmert sich auch um Ismael, so dass der heranwächst und sein Auskommen in der Wüste findet. »Wüste« ist hier ein

---

219 Blum, Komposition, 314–315.
220 Targum Neofiti I.

Ort, an dem man leben kann, wenn man sich angemessen zu verhalten weiß. In dieser »Wüste« gibt es Gesträuch (V. 15) und mitunter auch ein Wasserloch (V. 19). Es handelt sich also eher um das, was wir Steppe nennen, einen kargen, vom Kulturland unterschiedenen Raum. V. 21 befriedigt das Leserinteresse mit weiteren Details. Aus 16,3 stammt die Vermutung, dass Hagar ihrem Sohn eine Ägypterin zur Frau gibt. Durch die Lokalisierung in der Wüste Paran werden Ismael und seine Nachfahren vom Lebensraum Isaaks entfernt und näher an Ägypten herangerückt.[221] Die Heirat Ismaels macht schließlich die Trennung von Abraham und den Seinen unwiderruflich.

(4)
Wann ist die vorliegende Erzählung entstanden? Der erste Teil ist mit dem Stoff aus 16,1–15 auf 21,1–7 hin erzählt worden, der zweite aber von vornherein auf 22,1–14 ausgerichtet. Das zeigt sich in mehreren Motiven und inhaltlichen Bezügen.[222] Nach der Vertreibung Ismaels sind offenbar alle Probleme gelöst, die uns elf Kapitel lang in Atem gehalten haben: Endlich hat Sara einen Sohn geboren, das Erbe ist gesichert, die Erzählung vom Ahnpaar hat ihren Höhepunkt erreicht. Da bricht Gott mit seiner Forderung in 22,2 jäh in das späte Glück ein. Die Brücken zwischen beiden Erzählungen markieren jenen Wendepunkt. Die Erzählung von der Vertreibung Ismaels und die von der Erpro-

---

221 Paran und die nach diesem Ortsnamen benannte Wüste liegen wohl im Umkreis des *Wadi Feran* (1Kön 11,18) an der Ostgrenze Ägyptens auf der Sinaihalbinsel, aber auf alle Fälle außerhalb des verheißenen Landes (4Mose 13,3.26).
222 GUNKEL, Genesis, 230f.; BLUM, Komposition, 314f.; JEREMIAS, Gen 20–22, 61–67.

bung Abrahams stammen wahrscheinlich von einer Hand.

Eine zweite Antwort auf die Frage nach der Entstehungszeit ergibt sich aus dem Verhältnis von 21,8–21 zur Priesterschrift.[223] Der Hinweis auf Isaaks besondere Stellung in V. 12b setzt 17,19b voraus: Weil Gott seinen Bund nur mit Isaak als einen »ewigen Bund für seine Nachkommen nach ihm« errichten wird, sollen als Abrahams Nachkommen nur die gelten, die »nach Isaak benannt werden«, also von ihm abstammen (vgl. 48,16), nicht von Ismael. Die Vertreibung führt Ismael für immer aus der Familie Abrahams hinaus in einen neuen Lebensraum. Seine Trennung von Isaak ist damit endgültig. Das widerspricht der priesterlichen Vorstellung in 25,9a: Dort begraben beide Söhne gemeinsam ihren Vater. Das entspricht bis zu einem gewissen Grade 28,9: Offenbar leben Isaak, Esau und Ismael in der Vorstellung der Priesterschrift noch nicht vollkommen getrennt voneinander. Diese Ansicht konnten 21,1–21 nicht teilen. Denn eine Klärung der zentralen Frage, wer der Erbe sei, war in dem besonderen Fall der Hagar nur auf dem Wege einer Trennung möglich. Weil vor allem V. 11–13.20 in Anknüpfung und Widerspruch die Priesterschrift voraussetzen, kann die Erzählung nicht älter als diese sein. Sie wird wohl erst aus der vorgerückten Perserzeit stammen.

(5)
Die Erzählung von Ismaels Vertreibung befremdet uns. Ist nicht ein friedliches Zusammenleben der Vertreibung vorzuziehen? Schon Abraham war mit der Vertreibung seines Erstgeborenen nicht einverstanden.

---

223 Zu den Einzelheiten Köckert, Gen 20–22, 166–173.

Deshalb musste Gott selbst Saras Ansinnen in V. 12 autorisieren. Denn mit Abrahams Erbe stand das Israel verheißene Land auf dem Spiel. Wer »das Land Kanaan« als Gottes Verheißungsgabe allein für Abraham/Israel deutet, kann in der Frage des Landbesitzes keine Kompromisse dulden. Wenn das nur die einen erben, ist für die anderen kein Platz; sie müssen folglich vertrieben werden. Allerdings erfolgt in der Welt dieser Erzählung die Vertreibung nicht ins Nichts, sondern in einen eigenen Lebensraum. Dennoch ist die Härte der Vertreibung für die Betroffenen nicht zu übersehen (V. 15–16). Ihr neuer Lebensraum ist die karge Wüstensteppe. Aber Gott hört deren Stimme, wo immer sie sich befinden (V. 17–18). Er bleibt den Vertriebenen weiterhin so zugewandt, wie sie ihn als Retter in Wüstennot erfahren haben. Das unterscheidet 21,13.18–21 von den Erzählungen der Landnahme Israels im Buche Josua. Vertreibung in einen eigenen Lebensraum ist allemal besser als Vernichtung.

Was damals, als 21,14–21 geschrieben wurde, noch eine mögliche Lösung war, ist unter den Bedingungen unserer Zeit längst unmöglich geworden; denn wo gäbe es einen Lebensraum, der nicht schon längst der Lebensraum anderer ist. Vollends unmöglich aber ist die Vertreibung im Namen des Gottes, der nicht nur Abrahams Rufen, sondern auch das Ismaels hört.

3.3. *»Gott ist mit dir bei allem, was du tust.«*
1Mose 21,22–34:
Abraham erwirbt Brunnenrechte in Beerscheba

(1)
Bis auf die allgemeine Eröffnung mit »zu jener Zeit« verbindet den Abschnitt nichts mit der Vertreibung Hagars (21,1–21); noch weniger hat er mit der Bindung

Isaaks (22,1–14) zu tun. Aber er hatte auch niemals ein Eigenleben für sich; denn weder wird Abimelech eingeführt, noch wird erzählt, was ihn zur Einsicht gebracht hat, Gott sei mit Abraham bei allem, was er tut. Der Abschnitt bildet vielmehr die abschließende Szene eines größeren Ganzen. Das kann nur mit Abrahams Aufenthalt in Gerar in 20,1–18 begonnen haben; denn nur dort spielt Abimelech noch einmal eine Rolle. Dort findet sich alles, was wir hier vermissen.[224]

Jetzt sind in diesem Abschnitt jedoch *zwei* Handlungsketten miteinander verbunden.[225] Beide erzählen davon, dass Abimelech und Abraham einen Vertrag abschließen. Das erste Mal handelt es sich um einen Freundschaftsvertrag; dazu leistet Abraham einen Eid und stellt Schafe und Rinder bereit (V. 22–24.27). Die Erzählung wird aber jetzt überraschend von Brunnenstreitigkeiten (V. 25–26) unterbrochen. Die führen in V. 28–32 zu einem zweiten Vertrag, in dem Abimelech Abraham Brunnenrechte in Beerscheba einräumt. Dazu stellt Abraham sieben Lämmer als Geschenk für Abimelech bereit, bevor beide Partner Eide schwören und den Vertrag schließen. Der Vertragsschluss findet in Beerscheba statt. Von dort kehren Abimelech und sein Feldhauptmann Pichol in ihr Land zurück, das überraschend als »Land der Philister« bezeichnet wird (V. 32b). Von Philistern war aber bisher weder in Kap. 20 noch in Kap. 21 die Rede.

---

224 S. o. B 3.1 (4).
225 So die grundlegende Beobachtung von GUNKEL, Genesis, 233, bis WESTERMANN, Genesis, 423f., wenn auch mit unterschiedlichen Abgrenzungen im Einzelnen. Die folgende Analyse nimmt wesentliche Beobachtungen BLUMS auf (Komposition, 411f.), modifiziert aber seine Erklärung der Umstellung an den gegenwärtigen Ort.

Alle Erzählzüge, die mit dem Freundschaftsvertrag verbunden sind, bilden einen szenischen Zusammenhang (21,22*–24.27), der ohne die zweite Handlungskette verständlich ist. Er schloss ursprünglich unmittelbar an 20,1–17a an. Da kein Ortswechsel zu erkennen ist, wurde der Freundschaftsvertrag zwischen Abimelech und Abraham ursprünglich in Gerar geschlossen. In diesem Sinn haben wir oben die Grundschicht als abschließende Szene jener Erzählung vom »Ahnpaar als ersten Juden in der Diaspora« gedeutet.[226]

(2)
Die zweite Handlungskette ist dagegen ganz am Ort Beer*scheba* orientiert. Auf ihn führt nicht nur die indirekte Erklärung des Namens durch die »sieben (*schäba*) Lämmer« als »Siebenbrunn« in V. 28–30, sondern auch die ausdrückliche Erklärung als »Schwurbrunnen« in V. 31: »Deshalb nennt man jene Stätte Beer*scheba*; denn dort hatten beide geschworen (*nischba*).« Der auf den Brunnenvertrag zielende Erzählablauf lässt sich zwar als Ergänzung des Freundschaftsvertrages verstehen, aber er enthält mehrere Besonderheiten, die in dem Zusammenhang überraschen, der mit Abrahams Aufenthalt in Gerar verbunden ist. Sie sind jedoch fest in 26,1–33 verankert: Abimelech als König im »Land der Philister« (26,1.8.14.18), die Brunnenstreitigkeiten (26,19–21), der Feldhauptmann Pichol (26,26) und auch Beerscheba (26,23.25b.32.33).

Warum hat man die abschließende Szene auf diese Weise erweitert, und warum hat man sie von ihrem ursprünglichen Ort abgetrennt?[227] Angestoßen durch die Namen Abimelech und Gerar sowie durch den

---

226 S. o. B 3.1 (4).
227 Dazu Köckert, Gen 20–22, 162–163.

ähnlich gelagerten Fall, dass der Ahn seine Frau in der Fremde als Schwester ausgibt, wollte der Bearbeiter die Szene mit 26,1–33* ausgleichen.[228] Aus der Erwähnung der »Wüste von Beerscheba« (21,14), in der Hagar nach ihrer Vertreibung herumirrt, schloss er darauf, dass sich Abraham schon seit 21,1 in Beerscheba aufhält. Wahrscheinlich fand der Bearbeiter auch schon die Pflanzung der Tamariske in Beerscheba (21,33) als Verbindungsnotiz zwischen 21,1–20 und 22,1–14.19 vor. Deshalb trug er diese Lokalisierung, den Streit um den Brunnen und die anderen in Kap. 21 vermissten Details aus Kap. 26 ein.[229] Der Brunnenstreit erforderte aber einen längeren Zeitraum; denn der Brunnen musste ja erst von Abrahams Leuten gegraben und dann von Abimelechs Leuten weggenommen werden (V. 25). Deshalb konnte der gesamte Abschnitt nicht mehr unmittelbar auf 20,1–17a folgen. Weil die Vertreibung Hagars unlösbar mit den Geburtsnotizen verbunden ist, war der gegenwärtige Ort der nächstliegende. Der Umstellung nach 21,20 verdankt sich auch die neue Einführung mit: »Zu jener Zeit…«

(3)
Die Bearbeitung und die Umstellung an den neuen Ort haben das Profil des Abschnitts tiefgreifend verändert. Die Erzählung 20,1–17a; 21,22–24.27.34* hatte die Pointe: Auch ein Leben außerhalb des gelobten Landes steht

---

[228] Zu diesem Zweck hat er auch dort eingegriffen und mit 26,15.18 die Rückverweise auf Abraham eingetragen.
[229] So gerieten die »Philister« in den Text (V.34), aber auch »und Pichol, sein Feldhauptmann« (V.22), obwohl die Verben in V.22–23 stets im Singular stehen, während 26,28f. korrekt mit dem Plural formulieren (»sie … wir«).

unter Gottes Schutz. In 26,23.25b–33 wurde der Namen Beerscheba mit einem Brunnen erklärt, den Isaaks Knechte gegraben, und mit einem Freundschaftsvertrag, den Isaak und Abimelech gegenseitig beschworen haben (»Schwur-Brunnen«). Dagegen hat sich durch die Erweiterungen in 21,22–34 das Schwergewicht von der Ermöglichung eines Lebens in der Fremde ganz auf den vertraglich zugesicherten Besitz von Beerscheba verlagert. Auf Beerscheba kam es dem Bearbeiter entscheidend an; deshalb nennt er den Namen gleich dreimal in V. 31–33. Aus der ihm vorliegenden Werbung für ein Leben als Jude in der Diaspora macht er eine nachdrückliche Begründung von Eigentumsrechten am Brunnen von Beerscheba und an diesem Ort. Das wird erst auf dem Hintergrund der territorialen Verhältnisse in der Perserzeit verständlich. Damals gehörte die Stadt auf dem *Tell es-Seba*, im nördlichen Negev an der Südgrenze Judas gelegen (2Kön 23,8), nicht mehr zu Judäa. Da konnte eine Erzählung nicht schaden, in der schon Abraham all das gleichsam verbrieft und besiegelt besessen hat, worauf man jetzt selber Ansprüche erhebt.

In diesem Zusammenhang erhält auch V. 33 seine besondere Bedeutung: Abraham pflanzte eine Tamariske in Beerscheba und rief dort den Namen Jhwhs als El-Olam an.

Nachdem Abimelech den Anspruch Abrahams auf den von ihm selber gegrabenen Brunnen Beerscheba vertraglich anerkannt hat, nimmt Abraham den Brunnen (und damit den Ort) in Besitz. Mit der Pflanzung dieses Baumes setzt er dafür ein sichtbares Zeichen. Isaak baut zu dem gleichen Zweck dort einen Altar (26,25). Indem Abraham Jhwh als »ewigen Gott« (Jes 40,28) anruft, unterstellt er diese Stätte dem dauerhaften Schutz dieses Gottes. Beides geschieht angesichts fremder Herrschaften und deren Ansprüche.

3.4. »Nach diesen Begebenheiten stellte Gott Abraham auf die Probe.«
1Mose 22,1–19: Abrahams Bewährung und Isaaks Rettung

(1)
Wir lesen von Gottes Ansinnen, Abraham solle seinen Sohn als Brandopfer darbringen, und wenden uns mit Grauen ab. Schon früh hat diese Geschichte Entsetzen ausgelöst. So erzählt ein jüdischer Kommentar zum 1Mosebuch aus dem 5. Jh. n. Chr.: Als Isaak, vom Berg zurückgekehrt, seiner Mutter Sara berichtete, was ihm widerfahren war, habe sie sechs Schreie ausgestoßen und sei gestorben.[230]

Was ist das für ein Gott, der ein derartiges Opfer fordert? Was ist das für ein Vater, der sich diesem Ansinnen nicht widersetzt?

Hätte Abraham nicht mit Immanuel Kant antworten müssen:
»Daß ich meinen guten Sohn nicht tödten solle, ist ganz gewiß; dass aber du, der du mir erscheinst, Gott sei, davon bin ich nicht gewiß und kann es auch nicht werden, wenn die Stimme auch vom (sichtbaren) Himmel herabschallte.«[231]
Der Maßstab Immanuel Kants für das, was Gottes Stimme ganz gewiss nicht sein kann, ist das moralische Gesetz. Was dem widerspricht, kann nicht von Gott stammen, der doch dasselbe garantiert.

---

230 MIDRASCH BerR 56,11.
231 KANT, Streit der Fakultäten (1798), Werke VII, 63 (Anm.).

Schon der Autor der ältesten jüdischen Nacherzählung im Jubiläenbuch aus dem 2. Jh. v. Chr. hat es nicht ertragen, solches von Gott zu lesen. Er hat nach dem Vorbild von Hi 1–2 eine Himmelsszene vorangestellt, in der *Mastema* (der Satan) Gott dazu anstiftet, Abraham zu versuchen, um seinen Glauben zu erproben.[232]

Lange Zeit hat man versucht, die anstößige Erzählung dadurch zu entschärfen, dass man das von Gott geforderte Kinderopfer einer *vor*israelitischen Praxis zuschrieb: Die ursprüngliche Erzählung wolle erklären, warum man an der heiligen Stätte (V. 14) Tieropfer darbringt und nicht mehr Menschenopfer wie einst.[233] Diese in mancherlei Variationen dargebotene Erklärung erfreut sich bis heute großer Beliebtheit, entbehrt aber jeder Grundlage. Denn die Erzählung will weder eine bestimmte Opferpraxis begründen, noch kritisiert sie die Forderung Gottes. Überdies setzt sie in V. 7 Tieropfer als selbstverständliche Praxis voraus.

Menschenopfer waren weder in Israel noch in seiner altorientalischen Welt jemals allgemein üblich. Die archäologischen und inschriftlichen Befunde bei den Phöniziern und Puniern sind leider nicht eindeutig. Die biblischen Texte betreffen wahrscheinlich keine Kinderopfer, sondern einen Weiheritus (»durchs Feuer gehen lassen«) oder stehen (wie die Erstgeburtsbestimmungen) in keinem erkennbaren Zusammenhang mit Kinderopfern.[234] Die wenigen Fälle, die in der Bibel berichtet werden, erwachsen aus Ausnahmesituationen

---

232 Jub 17,16.
233 GUNKEL, Genesis, 240–242, u. v. a.
234 Zu den zahlreichen Fragen KAISER, Erstgeborene; MICHEL, Gott und Gewalt, 275 ff.; KEEL, Geschichte Jerusalems, 492–504; die Beiträge in: HUMAN SACRIFICE, und den Forschungsbericht von BAUKS, Menschenopfer.

(Ri 11,30–40;[235] 2Kön 3,27). Mi 6,7 lehnt selbst das mit Nachdruck ab. In nomadischen Gesellschaften des antiken Orients sind Menschenopfer unbekannt.[236]

Vor allem aber beträfe diese religionsgeschichtliche Erklärung ohnehin nicht die vorliegende Gestalt der Erzählung, sondern nur deren behauptete Vorgeschichte, von der sich aber keine Spuren erhalten haben.[237] Selbst wenn es in Israel Kinderopfer gegeben hätte, lässt 1Mose 22 keine Auseinandersetzung mit dieser Praxis erkennen.

Nicht die Erzählung bedarf der Korrektur, sondern wir müssen die Vorstellungen korrigieren, die wir uns von Gott und von uns Menschen machen. Der Gott, von dem diese abgründige Geschichte erzählt, ist jedenfalls nicht der Gefangene unserer Moral.

(2)
Nachdem mit Ismael (1Mose 16; 21) und mit Ammon und Moab (1Mose 19) alle Völker aus der Ursprungsgeschichte Israels verabschiedet wurden, die mit Abraham verbunden sind, steht nun mit Vater und Sohn *Israel allein* auf der Bühne. In 12,1 begann seine Ursprungsgeschichte mit einem Gotteswort, welches das Ahnpaar von seiner *Vergangenheit* trennte: »Gehe aus deinem Land und aus deiner Verwandtschaft und aus deines Vaters Haus …!« In 22,1–2 droht diese Ge-

---

235 Beachte die Berührungen mit 22,1-19: »als Brandopfer darbringen«, »einzige(r)«, das »Sehen« des Opfers (durch Gott oder den Vater) u. a. (MICHEL, Gott und Gewalt, 300 ff.).
236 HENNINGER, Menschenopfer, 757, 801; HÖFNER, Vorislamische Religionen, 333 f.
237 So auch L. SCHMIDT, Weisheit, 156. – Der für eine Vorgeschichte angeführte Wechsel der Gottesbezeichnung erklärt sich anders, wie wir noch sehen werden.

schichte an ihr vorzeitiges Ende zu kommen, indem ein Gotteswort das Ahnpaar von seiner *Zukunft* abzuschneiden scheint: »Nimm deinen Sohn ... und bringe ihn als Brandopfer dar!« In diesem weiten Horizont muss die Erzählung gelesen werden, die auf diesen Kontext hin geschrieben und nie für sich allein überliefert worden ist. Auf ihn führen auch zahlreiche Anspielungen.

Die Erzählung ist aufs äußerste verdichtet und enthält kein überflüssiges Wort. Die Wechsel von Rede und Handlung, von Zeit, Ort und Personen markieren sieben Szenen in drei Teilen (V.1–2.3; V.4–5.6–8; V.9–10.11–12.13–14.19). Sie sind von einem Rahmen umgeben, der durch die Einführungswendung »nach diesen Begebenheiten« (V.1a) mit den vorangehenden Überlieferungen locker verbindet und mit dem Gang nach Beerscheba (V.19b) hinter die Erzählung zurück zu 21,33 führt. Zur Geschlossenheit tragen Leitwörter bei. Sie geben mit ihren Assoziationen im jeweils neuen Zusammenhang der Erzählung zusätzlich Tiefe und Mehrdeutigkeit: der von Gott bestimmte »Ort«, »die Stätte« (V.2.3b.4b.9a.14), »sehen« und »ersehen«, »sehen lassen« oder »erscheinen« (V.4.8.13.14a.b), der lautliche Anklang zwischen *'elohim jiräh* (»Gott ersieht« V.8 vgl. 14) und *j^{e}re 'elohim* (»gottesfürchtig« V.12) sowie *Morija* (V.2).[238] Zweimal ist von Isaak als »deinem Sohn, deinem einzigen« die Rede (V.2.12); zweimal heißt es von Abraham, »er blickte auf und sah« (V.4.13); zweimal wird mit »die ihm Gott gesagt hatte« ausdrücklich auf die Opferstätte verwiesen (V.3.9); zweimal heißt es lapidar: »So gingen die beiden miteinander« (V.6.8).[239]

---

[238] Zu den stilistischen Künsten in dieser Erzählung Auerbach, Mimesis, und o. unter A 2 (5)–(8).
[239] Weitere Beobachtungen bei Neef, 65–81.

Aus diesem Kunstwerk fallen die V. 15–18 dadurch heraus, dass der Bote Jhwhs »zum zweiten Male« das Wort ergreift, nun aber mit seinen vollmundigen Zusagen weit über die Situation der Erzählung hinausgeht.[240] Vielleicht ist auch V. 14b nachgetragen; denn der Satz tritt unvermittelt aus der erzählten Welt hinüber in die Welt des Erzählers. Beide Zusätze entfalten Motive, die in der Erzählung schon enthalten sind. Sie müssen als frühe Zeugnisse der Wirkungsgeschichte dieses großen Textes gewürdigt werden.

(3)
Der Anfang scheint lediglich an den voranstehenden Vertrag mit Abimelech anzuknüpfen und hat doch sehr viel mehr vor Augen:

¹Nach diesen Begebenheiten stellte Gott (*ha'elohim*) Abraham auf die Probe und sprach zu ihm:
   Abraham.
Der antwortete:
   Hier bin ich.
²Er sprach:
   Nimm doch deinen Sohn, deinen einzigen,
   den du lieb hast, Isaak,
   und geh in das Land Morija.
   Bring ihn dort als Brandopfer dar auf einem der Berge,
   den ich dir sagen werde!
³Da machte sich Abraham früh am Morgen auf.
Er sattelte seinen Esel, nahm zwei seiner Knechte mit sich und Isaak, seinen Sohn. Er spaltete das Holz für das Brandopfer und machte sich auf den Weg zu der Stätte, die ihm Gott gesagt hatte.

---

240   Seit Wellhausen, Composition, 18, die meisten.

Die Wendung »nach diesen Begebenheiten« erinnert an 15,1. Was dann folgt, schlägt einen großen Bogen zurück zum programmatischen Anfang der Vätergeschichte in 12,1–13,18.[241] Offenbar wollen 22,1–14.19 ein letztes Wort über Abraham sagen.[242]

Der erste Satz in V.1 gibt uns einen Informationsvorsprung. Wir wissen jetzt, was Abraham nicht weiß: Gott »stellt Abraham auf die Probe«.[243] In V. 2 weiß Abraham, was sein Sohn noch nicht weiß: »Bringe deinen Sohn als Brandopfer dar!« So lenkt der Erzähler unser Interesse von vornherein auf das Verhalten Abrahams: Wird er die Probe bestehen? Wir finden uns unversehens in der Rolle von distanzierten Beobachtern wieder. Andrerseits verwickelt uns der Erzähler immer stärker in seine Geschichte: Wir leiden mit dem Vater, wir zittern mit dem Sohn, wir zweifeln an diesem Gott.

Der erste Satz gibt uns schon vorab eine Deutung, in deren Licht wir die Erzählung verstehen sollen: Gott stellt Abraham auf die Probe. Das hebr. Verb bedeutet »etwas Verborgenes durch Prüfung in Erfahrung bringen«. Das zielt entweder darauf, »mit etwas bisher Unbekanntem vertraut zu werden«. So »probiert« David, ob er mit der Rüstung Sauls überhaupt laufen kann (1Sam 17,39). Das Verb kann aber auch auf die Verge-

---

241 Die Aufforderung »Geh (*läch-lᵉcha*) in das Land«, in Verbindung mit dem unbestimmten Ziel auf einem der Berge, »den ich dir sagen werde« in V.2, lenkt unseren Blick auf 12,1. Die alsbaldige Ausführung mit dem Rückverweis auf die »Stätte, die ihm Gott gesagt hatte« ruft 12,4a in Erinnerung. Die Wendung Abraham »blickte auf« (V.4.13) begegnet zwar in vielen Zusammenhängen, richtet aber nach dem verstärkten Imperativ »Nimm doch« (V.2) unseren Sinn auf 13,14–15, wo das unbestimmte Ziel von 12,1b eingelöst wird.
242 Schmid, Rückgabe, 287.
243 Darin ist dieser Satz 18,1a mit Himmelsszenen in Hi 1–2 vergleichbar.

wisserung von etwas zielen, das man bereits erfahren hat. So vergewissert sich Gideon durch eine zweite Probe davon, dass Gott Israel tatsächlich durch ihn erretten will (Ri 6,39). In diesem Sinne ist das Verb auch hier gebraucht. Gott stellt also Abraham nicht auf die Probe, um ihn zu verunsichern, sondern um ihn als bewährt zu erweisen.

Diese Deutung steht auch deshalb voran, damit wir uns gar nicht erst in die unfruchtbare Diskussion verstricken, ob moralisch vertretbar sei, was hier von Gott erzählt wird. *Gott* ist es doch, der auf die Probe stellt. Das hebt die im Hebräischen auffällige Wortstellung eigens hervor. Bevor Gott Abraham auf die Probe stellte, hat er sich ihm in vielen »Begebenheiten« vertraut gemacht. Er war es doch, der bisher Abrahams Wege gebahnt und ihn geführt, der ihn bewahrt und beschützt hat. Gott ist für Abraham längst kein Unbekannter mehr; denn seit 12,1 verbindet beide eine lange Geschichte.[244] Unter diesem Vorzeichen steht alles, was folgt, wie schlimm es uns auch immer vorkommen mag.

Anders als in 18,1 lesen wir nichts von einem Erscheinen Gottes an einem bestimmten Ort. Gott ist hier nur Stimme und Anrede. Die aber gestattet kein Ausweichen. So stellt sich Abraham mit seiner Antwort »Hier bin ich« Gott zur Verfügung. Das »hier« sagt nichts über Abrahams Ort auf der Landkarte, sondern etwas über seinen »moralischen Ort im Verhältnis zu

---

244 Wahrscheinlich gebraucht der Erzähler auch deshalb den Artikel vor »Gott« (V.1.3.9) um anzuzeigen, dass es der aus vielen Begebenheiten bekannte Gott ist, der Abraham erprobt. JOSEPHUS (s. u. C 2.6) hat den Bezug auf den Kontext dadurch hervorgehoben, dass er Gott seine Wohltaten aufzählen lässt, bevor er das Opfer fordert (Ant 1,224).

Gott, der ihn gerufen hat: ich bin hier deines Winks gewärtig«.[245]

In drei Imperativen dringt Gottes Zumutung auf Abraham ein. Der erste bringt den Sohn so in die Erzählung, dass sofort deutlich wird, er ist das Beste, was Abraham hat. Er ist buchstäblich der »einzige«; denn Ismael ist für immer aus der Familie vertrieben (21,14.20).[246] Er ist »dein Sohn«, »den du lieb hast«. Damit erhält alles, was folgt, einen emotionalen Klang, so dass wir gleichsam des Vaters Herz schlagen hören. Und schließlich ist es »Isaak«, ohne den alle Versprechungen Gottes (17,19–21; 21,12) null und nichtig werden.

Der zweite Imperativ schickt Abraham in das sonst unbekannte »Land Morija«. Der Name erscheint auch in 2Chr 3,1, aber als »Berg Morija« und bezeichnet dort den Tempelberg in Jerusalem. Der Erzähler lässt das Ziel des Weges mit der Bezeichnung »Land Morija« und mit der Angabe »auf einem der Berge, den ich dir sagen werde« bewusst im Ungefähren. Auf diese Weise verbindet er mit Abrahams erstem Aufbruch in 12,1 und trägt zugleich dem Umstand Rechnung, dass Jerusalem bereits fest mit David verbunden war (2Sam 5; 24).

Der dritte Imperativ nennt in äußerster Sachlichkeit den Zweck dieses letzten Aufbruchs: »Bringe ihn dar als Brandopfer!« Das steht in starkem Kontrast zu den emotionalen Attributen im ersten Imperativ, was die Härte des Auftrags noch verstärkt. Beim Brandopfer wird das geschächtete, ausgeblutete und zerteilte Op-

---

245 AUERBACH, Mimesis, 10; JACOB, Genesis, 492 f.
246 Ein Verständnis von *jachid* als »einzigartig« (WILLI-PLEIN, Genesis, 123) liegt nicht nahe, weil es in der Bibel keinen Beleg dafür gibt (s. die Lexika).

fertier insgesamt auf dem Altar verbrannt, ohne dass man für den Opferherrn und die Priester Teile zurückbehält (3Mose 1; 6,2–6). Es findet also kein Opfermahl statt. Deshalb heißt es auch »Ganzopfer« (1Sam 7,9: hebr. *kalil*, griech./lat. *holocaustum*).

Gottes Anruf stellt Abraham in einen unlösbaren Konflikt: Verweigert er den Gehorsam, hat er von Gott keine Zukunft mehr zu erwarten; wenn er aber gehorcht, vernichtet er ebenfalls seine Zukunft.[247] Denn nach altisraelitischer Vorstellung war der Sohn unersetzbar für das Totengedenken und für den Fortbestand der Sippe, in der man sich auch als Toter aufgehoben wusste. Stirbt der Sohn, sinkt mit ihm das Andenken an den Vater ins Grab. Deshalb ist der Verlust des Sohnes das Schlimmste, was nach antikem Verständnis einem Vater geschehen kann. Ein Selbstopfer Abrahams würde den Konflikt Abrahams nur banalisieren, nicht aber lösen; denn Gott fordert mit dem Sohn mehr als des Vaters eigene Leben. Deshalb geht eine Psychologisierung der Erzählung als Vater-Sohn- oder Eltern-Kind-Konflikt[248] am Verständnis der Erzählung vorbei.

Abraham lässt keine Zeit verstreichen. »Früh am Morgen«, also unverzüglich, trifft er alle Vorbereitungen: Er sattelt den Esel, nimmt zwei seiner Leute mit sich »und Isaak, seinen Sohn«, spaltet das Holz für den Brand und macht sich auf den Weg stumm antwortenden Gehorsams. Für den Vater hat das Opfer schon begonnen.

---

247 Jacob, Genesis, 493; Veijola, Opfer, 142.
248 Als Beispiel A. Miller, Wenn Isaak den Opfertisch verläßt, in: Dies., Der gemiedene Schlüssel, Frankfurt ²1988, 152–162.

(4)
Drei Tage lang sind sie jetzt unterwegs. Drei Tage Weg ohne ein Wort, stummes Gehen. Drei Tage Weg, den Blick nach innen gerichtet. Am dritten Tag blickt Abraham auf und sieht den Ort von ferne.

⁵Da sprach Abraham zu seinen Knechten[249]:
 Bleibt ihr hier bei dem Esel!
 Ich aber und der Junge, wir wollen dorthin gehen und anbeten und dann zu euch zurückkehren.
⁶Abraham nahm das Holz für das Brandopfer und legte es auf Isaak, seinen Sohn. In seine Hand nahm er das Feuer und das Messer. So gingen die beiden miteinander.
⁷Da hob Isaak an und sprach zu Abraham, seinem Vater:
 Mein Vater.
Der sprach:
 Hier bin ich, mein Sohn.
Er sprach:
 Da sind das Feuer und das Holz, aber wo ist das Tier zum Brandopfer?
⁸Abraham sprach:
 Gott ist's (*'elohim*), der sich das Tier zum Brandopfer ersehen wird, mein Sohn.
So gingen die beiden miteinander.

Zweimal lässt uns der Erzähler in Abrahams Herz blicken (V. 5.8). Beide Male hat er durch die im Hebräischen ungewöhnliche Stellung das Subjekt vor dem Verb eigens hervorgehoben. In V. 5 sagt Abraham zu seinen Knechten: »Ich aber und der Junge, wir wollen

---

[249] Das hebr. Wort *naʿar* kann einen sozialen Status (»Knecht«), aber auch ein Lebensalter (»Junge«) bezeichnen; beides ist hier der Fall.

dorthin gehen und anbeten[250] und dann zu euch zurückkehren!« Üblicherweise versteht man diesen Satz als barmherzige Verschleierung der wahren Absicht des Vaters, der das Schlimmste nicht zur Unzeit aussprechen möchte;[251] denn »Weg ohne Rückkehr« heißt der Weg in den Tod (Hi 16,22). Wir tun jedoch gut daran, den hintersinnigen Text beim Wort zu nehmen;[252] denn am Ende wird beides geschehen: Opfer (V. 13) *und* Rückkehr (V. 19). So gelesen, ist der Satz Ausdruck der Hoffnung Abrahams gegen allen Augenschein.

Vater und Sohn sind nun allein. Isaak trägt das Holz, ohne zu wissen, dass er auf diesen Hölzern als Rauch aufsteigen wird (V. 6). So ist Isaak wie einer, »der sein Kreuz auf seinen Schultern trägt«.[253] Unversehens sind Feuer[254] und Messer[255] in des Vaters Hand. Wiederum kein Wort, nur Weg, nun aber ausgesprochen: »So gingen die beiden miteinander.« In diesem harmlos klingenden Satz verdichtet sich der stumme Aufstieg auf den Berg. Zugleich hebt er durch seine Wiederholung in V. 8 die Mitte der Erzählung hervor.

Jetzt, in der Einsamkeit zwischen Vater und Sohn, kommt es ein einziges Mal zu einem kurzen Wortwechsel. Frage und Antwort sind eingespannt in die innige Beziehung zwischen »mein Vater« und »mein

---

250 Anbetung erfolgt nicht nur mit Worten, sondern auch mit Opfern (1Sam 1,3).
251 GUNKEL, Genesis, 238, und viele andere.
252 COATS, Sacrifice, 393; BLUM, Komposition, 322 f.; VEIJOLA, Opfer, 161 f.
253 So der jüdische MIDRASCH BERR 56,3.
254 Feuer wurde durch Funkenschlag mit Steinen erzeugt (2Makk 10,3). Man transportierte es im Haus auf Scherben (Jes 30,14) und nahm es auf Reisen mit.
255 Das Messer wird für die Schächtung des Opfertieres gebraucht.

Sohn«, und lassen doch alle Gefühle und Motive unausgesprochen. Sie bleiben am Äußeren, aber sie gehen an die Grenze. Der Sohn spricht seinen Vater an. Abraham steht jetzt unausweichlich zwischen seinem Sohn Isaak und Gott, und Abraham hört beide.[256] »Hier bin ich«, hatte er auf Gottes Anruf geantwortet (V. 1b), »hier bin ich«, antwortet er auch seinem Sohn (V. 7b). Damit bringt der Erzähler auf den Punkt, was Abraham zu zerreißen droht, obwohl er den Konflikt nicht ausspricht. Die Frage des Sohnes führt an den Abgrund: »Da sind Feuer und Holz, aber wo ist das Tier zum Brandopfer?«[257] Die Antwort des Vaters wagt das Äußerste: »Gott ist's, der sich das Tier zum Brandopfer ersehen wird.« Noch einmal lässt Abraham in sein Herz schauen, dass immer noch auf Gott vertraut, während seine Augen schon die Opferstätte sehen.[258] Mit seiner Antwort gibt Abraham sich und das Geschick seines Sohnes aus der Hand und legt alles, was da kommen mag, in Gottes Hand. Wie in V. 5 spricht sein Mund gegen alle Erwartung die Wahrheit; denn am Ende wird Abraham »aufblicken«, er wird einen Widder sehen und ihn an seines Sohnes Statt opfern (V. 13). Aber noch weiß er das nicht, noch ist das Ende nicht erreicht: »So gingen die beiden miteinander.«

---

256 VEIJOLA, Opfer, 145.
257 Die Frage zeigt, dass Isaak nicht als Kleinkind vorgestellt ist. Allerdings entspricht die Bezeichnung »Junge« (*naʿar*) in V.5 nicht einem Mann von 37 Jahren, wie der Midrasch aus 17,17 und 23,1 errechnet hat. So oder so ist Isaak kein willenloses Wesen.
258 Am klarsten vertritt BLUM diese Deutung von V.5.8 (Komposition, 323).

(5)
Angekommen am Ort, den »Gott ihm gesagt hatte« (V. 9), scheint die Zeit stillzustehen. Vater und Sohn schweigen. Dann legt Abraham Hand an seinen Sohn – wortlos.

Schon im antiken Judentum hat man dieses Schweigen nicht ertragen. Flavius Josephus verlegt das Gespräch zwischen Vater und Sohn beim Aufstieg auf den Berg (V. 7–8) an die Opferstätte.[259] Rembrandt scheint diese Überlieferung zu kennen. Mit ihr hat er eine Radierung geschaffen, die ohne Vorbild ist:

Abb. 19: Rembrandt, Abraham und Isaak vor der Opferung
(Radierung mit Kaltnadel 1645, 15,7 x 13,0 cm)

---

259 JOSEPHUS, Ant. 1, 227–231.

Abraham und Isaak befinden sich bereits oben auf dem Berg. Im Vordergrund links liegt unübersehbar der Opferstein. Dahinter qualmt das mitgebrachte Feuer. Der Vater wendet sich an seinen Sohn und blickt ihn eindringlich an. Die linke Hand füllt den leeren Raum zwischen ihnen und weist nach oben: Gott hat's befohlen. Die rechte liegt auf seinem Herzen: Du bist mein einziger, mein geliebter Sohn, Isaak. Der hat das Bündel Holz abgesetzt, auf dem er gebunden liegen wird. Aufmerksam hört er, was sein Vater sagt. Sein Gesicht ist dunkel geworden. Hinter ihm deuten die Schraffuren im Zickzack den Opferrauch an, in den er sich in Kürze verwandeln soll. Vater und Sohn heben sich durch intensive Schraffur von der Umgebung ab. Furchtbares kündigt sich an. Aber hinter dem Vater öffnet sich ein weiter Himmel.

Abraham schickt sich an, den letzten Schritt zu tun. Dabei folgt der Erzähler nicht den Bestimmungen für ein Brandopfer, sondern berücksichtigt den besonderen Ausgang dieses Opfers. Höhepunkt ist deshalb hier die Fesselung (ᶜ*aqad*) des Opfers, die beim Brandopfer gar nicht vorgesehen ist. Deshalb hat das Judentum diese für alle künftigen Generationen verdienstliche Tat »Bindung (ᶜ*aqedah*) Isaaks« genannt. Sechs kurze Sätze halten jeden Moment des Geschehens fest, bis der Vater zum Messer greift und uns der Atem stockt.[260]

¹¹Da rief ihm der Bote JHWHS vom Himmel her zu und sprach:
   Abraham, Abraham!
Der sprach:
   Hier bin.
¹²Er sprach:
   Strecke deine Hand nicht nach dem Jungen aus
   und tue ihm nichts an;
   denn nun weiß ich, dass du Gott (*'elohim*) fürchtest,
   weil du mir deinen Sohn, deinen einzigen,
   nicht vorenthalten hast.

---

260   Dazu o. A 2 (5 und 7).

Wieder bricht Gott in Abrahams Welt ein, aber jetzt ist es nicht mehr *ha'elohim* wie in V.1, sondern »der Bote Jhwhs«. Gottes Ansinnen hatte Abraham in einen ausweglosen Konflikt geführt. Der kann nur von Gott selbst gelöst werden; denn vor Gott kann allein Gott retten.[261] Abraham hat es also immer mit dem einen Gott zu tun, aber in zweifacher Weise. Er begegnet ihm als *(ha)'elohim* (V.1.3.8.9) und als *(mal'ak) Jhwh* (V.11.14). Beide Bezeichnungen wechseln nicht willkürlich, sondern sind mit unterschiedlichen Erfahrungen verbunden.[262] »Solange sich Jhwh rätselhaft hinter seinem drohenden Befehl in V.2 verbirgt, steht die Gottesbezeichnung *(ha)'elohim*, seine befreiende Zuwendung zu Abraham hingegen zeigt die Verwendung des Eigennamens an.«[263] Die Erzählung stellt Abraham in die Zerreißprobe zwischen dem sich verbergenden Gott allgemeiner religiöser Erfahrung, der als absolute Macht alles fordern kann, und dem in seiner Erscheinung offenbaren Gott (V.11.14), der seine Macht begrenzt, indem er die Forderung von V.2 aufhebt (V.11–13). Der »Bote Jhwhs«, in 16,7–8 noch Mittler Gottes auf Erden, gehört hier wie in 21,17 zum Himmel als dem Bereich, der allein Gott vorbehalten ist. Er ist deshalb nicht weniger als »Gott« (*'elohim*), sondern mehr: Er ist die rettende Erscheinung Gottes (vgl. V.14).[264]

Deshalb ergeht in V.11–12 ein neues Wort, das zwar V.1b–2 formal entspricht, jetzt aber voll himmlischen

---

261 Vgl. Neef, Prüfung, 130.
262 Schon Jacob, Genesis, 985f.
263 Blum, Komposition 323.
264 Gese, Komposition, 42–43. – Eine Steigerung markiert auch die doppelte Anrede »Abraham, Abraham!« gegenüber der einfachen in V.2.

Inhalts ist. Zunächst setzt es den Befehl von V. 2 außer Kraft. »Denn jetzt«, nachdem Abraham den Weg gegangen ist, weiß Gott, was er durch die Erprobung in Erfahrung bringen wollte.[265] Als er Abraham auf die Probe stellte, setzte er ihn in den Stand der Freiheit, und Abraham hat sich in freiem Gehorsam bewährt. Insofern weiß Gott jetzt mehr, als in V. 1.

Sodann stellt Gott auch die Erfüllung des Gebots fest und deutet sie als Gottesfurcht: Abraham erweist sich als gottesfürchtig, nicht weil er seinen Sohn opfert, sondern weil er ihn Gott »nicht vorenthält«. In dieser hintergründigen Formulierung besteht Abrahams Gottesfurcht darin, dass er das Geschick seines Sohnes Gott anheimstellt (vgl. V. 8).

Gottesfurcht bezog sich in 20,11 auf die Befolgung der allgemeinen Regeln der Menschlichkeit. Das greift hier zu kurz. Auch der Hinweis auf 2Mose 20,20[266] hilft nicht weiter. Zwar stehen nur dort noch einmal »Prüfung« durch Gott und »Gottesfurcht« in einem Zusammenhang. Doch sind es dort die verhüllenden Begleiterscheinungen der Gegenwart Gottes, die das Volk *überwältigen* und in Furcht versetzen. Dagegen wird in 22,12 mit Gottesfurcht gedeutet, was aus *freier* Entscheidung erwuchs. Abraham gehorchte Gottes Forderung gerade nicht blind und überwältigt von dessen unmenschlicher Allmacht. Wir dürfen uns seinen Gehorsam auch nicht »als etwas Absolutes, als einen Selbstwert ..., als eine Tugend« vorstellen.[267] Abraham gehorcht vielmehr, weil er auf

---

265 Zur Auslegungsgeschichte des »Wissens Gottes« in 22,12 SKA, And Now.
266 Mit weitreichenden Folgerungen H.-CHR. SCHMITT, Versuchung, und JEREMIAS, Gen 20–22, 71–73.
267 So m. R. VON RAD, Opfer, 27, mit Verweis auf den jüdischen

die vielen Erfahrungen sieht, die er mit seinem Gott seit 12,1 gemacht hat. Deshalb setzt er sein Vertrauen bis zuletzt immer wieder darauf, dass das Ansinnen Gottes in V. 2 nicht dessen letztes Wort sein kann. Die Ankündigung an seine Knechte, »wir wollen anbeten und dann zu euch zurückkehren« (V. 5), und die Antwort auf die Frage seines Sohnes, »Gott wird sich das Opfertier ersehen« (V. 8), sind Ausdruck dieses »unbedingten Vertrauens«.[268] Das macht es ihm erst möglich, der Stimme von V. 2 zu gehorchen und den gebotenen Weg zu gehen.

Ein Opfer darzubringen, war Abraham aufgebrochen. Er hat es dargebracht drei Tage lang auf dem Weg von V. 3 bis zu V. 10. Das Opfer des Sohnes muss nicht mehr vollzogen werden; denn Abrahams Gottesfurcht ist an die Stelle des Opfers getreten.[269] Aber die Erlösung bedarf des Dankes. Das erlösende Wort vom Himmel befreit den Blick. Abraham blickt auf – wie in V. 4, und doch ganz anders: Jetzt sieht er den Widder im Gestrüpp, der ihm bisher verborgen war. Jetzt tut er das, was Gott ihm in V. 2 geheißen: »Er ging …, nahm … und brachte ihn dar an seines Sohnes Statt.« Abraham dankt, indem er die Stätte mit dem Namen des Gottes benennt, der ihm im Wort des Engels am Ort tiefster Gottesfinsternis begegnet ist: »JHWH ersieht (*jir'äh*)« (V. 14) – wenn Menschen nichts mehr sehen können als bitteres Ende. Diese Benennung erwächst ganz aus der Erzählung (V. 8.11–13).

Es war vielleicht der Erzähler, vielleicht aber auch ein Späterer, der einen zweiten Satz hinzugefügt hat. Er

---

Philosophen Philo, der meint, Abraham habe sich bei dem Befehl noch nicht einmal verfärbt.
268 BLUM, Komposition 328; VEIJOLA, Opfer, 162.
269 BLUM, Komposition, 328.

identifiziert die Stätte mit einem Ort in seiner Welt (V. 14b). Von »jenem Ort (*hammaqom hahu'*)« sagt man *heute*:

Auf dem Berg, auf dem JHWH erscheint (*jera'äh*).

Der Erzähler nennt in seinem Kommentar keinen Ortsnamen, sondern sagt, was diesen Ort vor anderen Orten auszeichnet.[270] Die Formulierung »der Ort (*hammaqom*), den Gott ihm gesagt hatte« (V. 3.9) erinnert auffällig an »den Ort, den JHWH erwählen wird«, mit dem in 5Mose 12,5.14.26 u.ö. der Jerusalemer Tempel gemeint ist. In V. 2 wird er mit »einem der Berge« im »Land Morija« identifiziert. Auch das kann sich im Licht von 2Chr 3,1 nur auf den Tempelberg in Jerusalem beziehen, auf dem JHWH König David »erschienen war«. Nach Ps 84,8 ist der Zion der Ort, auf dem »›der Gott‹ der Götter erscheint (*jera'äh*)«. Nachdem in 12,1–13,18 schon der Exodus und die Landgabe mit Abraham in Verbindung gebracht wurden, führt 22,14 nun auch das Jerusalemer Heiligtum auf eine Gründung Abrahams zurück. Das kann nur sehr verhüllt geschehen, weil die Begründung des Zionheiligtums in der Tradition schon fest mit David verbunden war (2Sam 24). Die Beziehung von 22,1–14 auf den Zion erklärt auch, warum Abraham in der gesamten Überlieferung nur hier ein Opfer darbringt; denn nach 5Mose 12,13-14; 2Kön 23,8a darf nur hier geopfert werden.

(6)
Der Nachtrag V. 15–18 ist geschickt zwischen den Dank Abrahams und den Epilog des Erzählers eingeschoben

---

270 Die zahlreichen Versuche, den ursprünglichen Namen zu rekonstruieren, müssen deshalb ins Leere laufen.

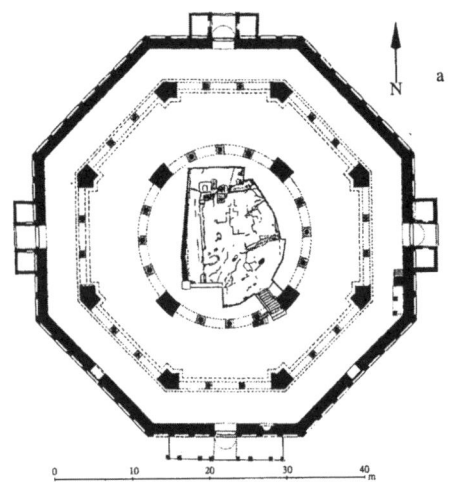

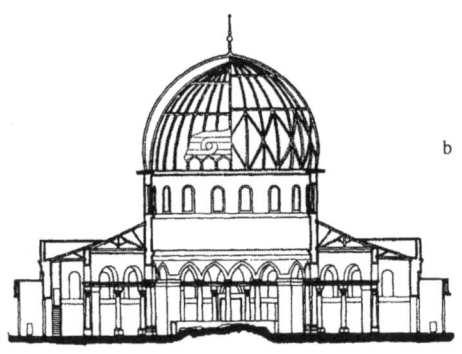

Abb. 20: Grundriss des Felsendoms mit heiligem Felsen in Jerusalem

Der heilige Fels befand sich wahrscheinlich östlich vor dem Tempel und trug den Brandopferaltar. Er wurde 688–690 n. Chr. von Kalif Abd al-Malik nach dem Vorbild der Grabeskirche mit einem hl. Schrein umbaut, dem sog. Felsendom. Später hat man ihn aufgrund von Sure 17,1.93 mit der nächtlichen Himmelsreise Muhammads in Verbindung gebracht.

worden. Der Bearbeiter deutet die ihm vorliegende Erzählung mit seinen Neuerungen. Schon die unvorbereitete Einführung der Verheißungen *nach* der bestandenen Prüfung Abrahams bringt Abrahams Gehorsam und Gottes Zusagen in das Verhältnis von Voraussetzung und Lohn. Dieser Akzent wird noch dadurch verstärkt, dass Abrahams Gehorsam in V. 18b mit der Wendung »auf meine Stimme hören« als Gehorsam gegenüber der *Tora* erscheint, noch bevor sie am Sinai gegeben wurde.[271] Ganz folgerichtig werden alle Verheißungen am Ende als *Lohn* für die Erfüllung der Tora durch Abrahams Gehorsamstat gedeutet. Die erscheint darüber hinaus als *Verdienst*, das seinen Nachfahren stellvertretend zugutekommen soll (26,3b–5.24b). Der Ahn ist hier bereits der Große und Unvergleichliche geworden, der Gott vertraut, seine Weisungen hört und seinen Willen tut. So wird er hier zum letzten äußeren Grund, der Gottes Verheißungen über das Versagen der Nachfahren und dessen Folgen zu tragen vermag.

Die zweite Engelrede liest sich wie ein Kompendium, in dem alle möglichen Verheißungen in ihren jüngsten Gestalten versammelt sind.[272] Offenbar lässt deren Erfüllung auf sich warten, so dass Gottes schlichte Zusage allein nicht mehr genügt, sondern mit einem Eid vergewissert werden muss (vgl. 24,7; 26,3; 50,24).

---

271 Mit dieser Formel wird im 5Mosebuch und in davon abhängigen Stücken der Gehorsam gegenüber der Tora eingeschärft. Zu Abraham als »Urbild der Toratreue Israels« (EGO) s. u. C. 2.
272 Dazu KÖCKERT, Vätergott, 171–176, und LEVIN, Jahwist, 178; man vgl. nur mit 12,2 (Segen); 16,10 (überaus zahlreiche Nachkommen); 15,5 (Mehrung wie die Sterne des Himmels); 32,13 (Sand am Ufer des Meeres); 24,60 (deine Nachkommen werden das Tor ihrer Feinde besetzen); und mit deinen Nachkommen (26,4) sollen sich Segen wünschen alle Völker der Erde (18,18) zum Lohn dafür, dass du meiner Stimme gehorcht hast (26,5).

Ein kurzer Epilog beschließt die Erzählung. Der aber hat es in sich, weil er die bisher vorgetragene Deutung in Frage zu stellen scheint; denn er lässt eine Leerstelle, die verschieden ausgefüllt werden kann:

¹⁹Abraham kehrte zu seinen Knechten zurück.
Sie machten sich auf und gingen miteinander nach Beerscheba, und Abraham wohnte in Beerscheba.

Wo ist Isaak geblieben? Der bisherige Gang der Erzählung erlaubt keine andere Deutung, als dass Vater und Sohn gemeinsam zu den beiden Knechten zurückgekehrt und dass Vater und Sohn, die Knechte und der Esel in dem »miteinander« eingeschlossen sind. Auch der Fortgang der Großerzählung setzt Isaak in 1Mose 24 und 25–27 voraus. Warum hat der Erzähler Isaak dann nicht erwähnt? Vielleicht nennt er den Sohn nicht, weil es um die Erprobung Abrahams geht, für die Isaak nur das Objekt ist.[273] Im Judentum hat man die Leerstelle verschieden ausgefüllt.[274]

Im Midrasch schickt Abraham seinen Sohn zu Sem, dass er im Garten Eden die Tora lerne (BerR 56,11). Späte Midraschim erzählen, dass Isaak tatsächlich geopfert und sogleich von den Toten auferweckt wurde.[275] Daraus erklärt sich die Rede von der »Asche Isaaks, die auf dem Altar aufgehäuft ist«.

Diese Deutungen zeigen ein Gespür dafür, dass nach 22,1–14 das Leben für Isaak nicht einfach weitergehen

---

273 VEIJOLA, Opfer 148.
274 Zu den Belegen KUNDERT, Opferung, Bd. 2, und KRUPP, Sohn.
275 Zur Erklärung dieser Lesart vor allem EBACH, Theodizee, 18–19.

kann, als wäre nichts geschehen.[276] Vielleicht hat der Erzähler deshalb diese Leerstelle gelassen.

(7)

Schon die Erzählung ohne jenen Nachtrag (V. 15–18) dürfte erst in der fortgeschrittenen Perserzeit etwa im 5. Jh. v. Chr. entstanden sein.[277] Dafür spricht ihr literarischer Horizont:

Die Kenntnis von 12,1–13,18 sowie die Verbindungen mit 20,1–21,21 und die ausdrücklichen Anspielungen auf jenen Großkontext schließen eine Entstehung in der Königszeit aus. Die Abhängigkeit von der Priesterschrift und vom Chronisten schließt die Zeit des Exils aus.[278]
Die Vorstellung, dass Gott einen Einzelnen auf die Probe stellt, verbindet mit Ps 26,2; 2Chr 32,31 sowie mit den Himmelsszenen in Hi 1–2[279] und ist der jüngeren Weisheit vertraut (Pred 3,18; Sir 2,1.5; 33,1; 44,20). Diese Individualisierung setzt die Erprobung Israels voraus, ein Gedanke, den erstmals diejenigen formuliert haben, auf die das 5Mosebuch in seinen Erweiterungen zurückgeht (man denke etwa an 8,2–6.16; 13,4), und deren Schüler (etwa in 2Mose 15,25;16,4). Aus dieser geistigen Welt (5Mose 6,24; 10,12; 13,5) stammt auch die Deutung des Gehorsams gegenüber den Weisungen Gottes als Gottesfurcht in V. 12.

Für eine so späte Ansetzung spricht auch die in der Erzählung durchgehend vorausgesetzte Erfahrung, dass

---

276 EBACH, Theodizee, 16.
277 S. auch die Hinweise bei K. SCHMID, Rückgabe.
278 KRATZ, Komposition, 264 (»eher nach- als vorpriesterschriftlich«); zur Abhängigkeit von P s. KÖCKERT, Gen 20–22, 173–176, zu der vom Chronisten s. VEIJOLA, Opfer, 155f.
279 WESTERMANN, Genesis, 435; BLUM, Komposition, 329; VEIJOLA, Abraham und Hiob.

die Welt und das Leben in der Hand des einen und einzigen Gottes ist. In einem derartigen Welt- und Gottesverständnis bringen das Böse und das Leid das Leben immer wieder in die Krise. Die widersprüchliche Wirklichkeit kann nicht mehr mit verschiedenen göttlichen Mächten in Verbindung gebracht werden. Es ist der *eine* Gott, der *beides* wirkt: Licht und Finsternis, Heil und Unheil (Jes 45,7). Es ist der eine Gott, der Böses zulässt, ja, der es in 22,1 sogar selbst in Gang setzt. So führt die Erfahrung von Unheil und Leid zu den Fragen: Wozu und Warum?

1Mose 22 antwortet auf die erste Frage mit einer Geschichte: Gott prüft, um zu bewähren. Sie erzählt vom denkbar härtesten Fall, von der Preisgabe des eigenen Sohnes. Der Erzähler legt seinen Lesern nahe, sich wie Abraham zu verhalten. Der antwortet auf die Frage seines Sohnes in V. 8: »Gott wird sich das Opfertier ersehen.« Damit erkennt er Gott an und sein Recht, alles fordern zu können. Aber zugleich legt er das Geschick seines Sohnes vertrauensvoll in die Hand dessen, der ihn in diese Lage gebracht hat.

Die Frage, warum Gott prüft, stellt der Erzähler nicht: Es ist Gott, der prüft, das ist genug. Aber weil es der Gott ist, dessen Güte Abraham wieder und wieder erfahren hat, ist Abrahams Vertrauen begründet: Gott werde sich am Ende als treu erweisen und das Vertrauen nicht enttäuschen, das er in größter Gefährdung bewährt hat. Auch damit wendet sich der Erzähler an die Leser; denn Abraham ist nicht nur eine Erzählfigur, sondern auch Projektionsfläche für eine Überlebensfrage Israels. Mit dem Gehorsam Abrahams steht Isaak auf dem Spiel und mit ihm die Glaubwürdigkeit der Verheißungen Gottes, ein »großes Volk« zu werden und »das ganze Land« zu besitzen. Was ist daraus geworden? In einer Zeit, in der keine Aussicht auf die Realisierung jener

Verheißungen zu bestehen scheint, gibt der Erzähler zu verstehen: Keine Lage kann so hoffnungslos sein, das Vertrauen in diesen Gott aufzugeben.[280]

Der Sinn dieser Erzählung von Abrahams Bewährung angesichts der Verborgenheit Gottes erschöpft sich jedoch nicht in einem einzigen historischen Kontext, wie die unterschiedliche Wirkungsgeschichte in Judentum, Christentum und Islam bis in die Gegenwart zeigt.[281]

Abb. 21: Rembrandt, Abrahams Opfer
(Radierung mit Kaltnadel 1655, 15,6 x 13,1 cm)

---

280 Vgl. von Rad, Opfer, 37.
281 Dazu C 2; 3; 4.

Rembrandt setzt in dieser Radierung die schon damals vielfach dargestellte Erzählung auf überraschende Weise ins Bild. Zwanzig Jahre früher hatte er die Überwältigung eines wehrlosen Opfers ohne Gesicht und den Widerstreit der Gefühle eines Vaters gemalt, der schon das Messer erhoben hat, aber weint, während der Engel die Tat verhindert.[282] Noch einmal ein Menschenalter zuvor hatte Caravaggio dem Grauen Ausdruck verliehen im Schrei des Entsetzens, der aus dem von Todesangst verzerrten Mund Isaaks dringt.[283]

Auch in der Radierung verschweigt Rembrandt das Grauen der biblischen Erzählung nicht. Er deutet es im erhobenen Messer und in der Opferschale im Vordergrund an, die das Blut auffangen soll. Aber er setzt andere Akzente: Isaak ist weder gebunden, noch liegt er ausgestreckt wie ein wehrloses Opfertier. Er kniet freiwillig[284] neben seinem sitzenden Vater und hat sich vertrauensvoll über dessen Knie gebeugt. Abraham drückt Isaaks Kopf liebevoll an seine Brust und bedeckt mit der Hand fürsorglich dessen Augen. So sind Vater und Sohn aufs engste miteinander verbunden. Über beide ist – Gott sei Dank – von oben noch rechtzeitig ein Engel gekommen. Wehende Haare künden von Eile. Von hinten ergreift er mit beiden Händen Abrahams Arme. Die werden im nächsten Moment das Messer sinken und den Sohn wieder das Leben sehen lassen. Mit seinen Fittichen beschirmt der Engel beide: den Vater vor der Tat, den Sohn vor dem Tod. Von rechts oben fallen Strahlen in das Dunkel der Szene und tauchen beide in himmlisches Licht. Rechts unten, abgerückt vom Geschehen, dösen die beiden Knechte mit dem Esel und sehen nichts. Links hinter Vater und Sohn ist der Widder zu ahnen, den beide in Kürze opfern werden.

---

282 Die letzte Fassung des Ölgemäldes befindet sich in der Alten Pinakothek, München.
283 Caravaggio, Die Opferung Isaaks, 1597/98, heute in den Uffizien, Florenz.
284 Vgl. JOSEPHUS, Ant 1,232; und MIDRASCH BerR 56,4 (C 2.6 und 2.7).

4. In Hebron

Im gesamten Schlussteil treten Frauen besonders hervor.

Der Stammbaum 22,20–24 bringt mit Milka und Rëuma die beiden Frauen Nahors ins Spiel, der in 25,1–4 mit Ketura die zweite Frau Abrahams.
Die Brautwerbung in Kap. 24 zielt auf »eine Frau für meinen Sohn Isaak« und schlägt damit eine Brücke zur nächsten Generation.
Zwar handeln in 23,1–20 nur Männer, aber die gesamte Erzählung kreist um die tote Ahnfrau Sara und um den Erwerb eines Grabes für ihre Bestattung.

Diese verschiedenartigen Texte dienen dazu, das verheißene Land als Abrahams Erbe für jüdische Familien so zu sichern, wie es die Tora gebietet.

Rebekka, die in der nächsten Generation die Rolle Saras einnehmen wird, kommt aus der Verwandtschaft Abrahams (vgl. 22,23 mit 11,29). Nachdem Hagar und Ismael schon in 21,14 vertrieben wurden, schickt Abraham die Söhne der Ketura mit Geschenken fort und übergibt alles, was er hatte, seinem Sohn Isaak (25,5–6).

So ist am Ende das Erbe Abrahams fest in der Hand desjenigen, über den allein alle Versprechungen Gottes seit 12,1–3 Wirklichkeit werden können.

4.1. »Gehe in mein Land, dass du aus meiner Verwandtschaft eine Frau für meinen Sohn Isaak holst!«

1Mose 22,20–23; 24,1–67:
Wie Gott das Geschick seiner Frommen lenkt

(1)
Die oft als schönste von allen gerühmte Erzählung ist trotz ihrer Länge arm an Handlung und einfach gegliedert. Sie stellt uns Abraham am Ende seines Lebens vor. Er beauftragt seinen vertrauten Knecht, aus der Verwandtschaft eine Frau für Isaak zu holen (V. 1–10). Danach hören wir nichts mehr von ihm. Fortan lenkt der Erzähler unser Augenmerk auf den Knecht: Wie wird es ihm gelingen, den Auftrag zu erfüllen? Nach langer Reise kommt er zur Stadt Nahors. Wie erfährt er, welche Frau die rechte ist? Am Brunnen begegnet er Rebekka und wird auf wundersame Weise inne, dass sie es ist (V. 11–28). Aber wie kann er erfolgreich um diese Frau für Isaak werben, so dass sie mit ihm nach Kanaan zieht (V. 29–61)? Rebekkas Familie lässt ihn ins Haus holen. Dort bringt er unverzüglich sein Anliegen vor und sucht mit einem Bericht der Segnungen Abrahams und der Führung durch Gott die Familie zu überzeugen. Die kann sich schließlich der Werbung nicht verschließen. So macht er sich anderntags mit Rebekka auf die Heimreise (V. 62–67). Am Ende heißt es von Isaak und Rebekka: »… und er gewann sie lieb.«

Im Ergehen des namenlosen Knechts zeigt der Erzähler, wie Gott im alltäglichen Geschehen den »Weg« seiner Frommen lenkt und »gelingen lässt« (V. 12.14.21.27.42.48.56). Zu diesem Zweck setzt er innere Monologe, Reden und Rückblenden sowie Leitwörter ein. Die umfänglichen Wiederholungen (s. nur V. 34–49) langweilen nicht, weil die Perspektive wechselt und Einzelheiten nachgeholt werden. Durch zahlreiche versteckte Anspielungen lässt der Erzähler die gesamte voranstehende Abrahamüberlieferung, aber auch die über Jakob (1Mose 29–31) und – mit dem Thema: Führung durch Gott – sogar die Josephsgeschichte anklingen.[285] Mit diesen neuartigen Mitteln hat er ein literarisches Kunstwerk geschaffen, das in der Bibel seinesgleichen sucht. Zu dessen Raffinement gehört, dass es den Leser weniger mit dem fesselt, was erzählt wird, als vielmehr mit der Art, *wie* das geschieht. An die Stelle einer durch Handlung erzeugten Spannung ist die Schilderung vorbildlicher Frömmigkeit getreten, die alles von der Vorsehung Gottes erwartet.

(2)
Die Erzählung stellt Abraham in V. 1–10 als »alten und betagten« Mann vor, der – von Jhwh »in allem gesegnet« – sein Haus bestellt. Das Erbe hatte er bereits seinem Sohn Isaak übergeben, wie wir aus V. 36 erfahren. Bleibt nur noch die Verheiratung Isaaks. Zu diesem Zweck beauftragt er »seinen Knecht, den Ältesten seines Hauses, der allem vorsteht«, für Isaak eine (Ehe-)Frau aus der Verwandtschaft zu holen. Die spätere Tradition identifiziert den namenlosen Knecht mit jenem Elieser aus 15,2. Der Auftrag hat es in sich. Er wird nicht nur als gleichsam letztwillige Verfügung autorisiert. Abraham sichert ihn darüber hinaus mit einem Eid. Das gibt ihm ein besonderes Gewicht:

> Lege doch deine Hand unter meine Hüfte!
> ³Ich will dich schwören lassen
>   bei Jhwh, dem Gott des Himmels und dem Gott der Erde,

---

285 Weitere Hinweise auf den Stil bei GILLMAYR-BUCHER, Genesis 24.

dass du für meinen Sohn keine Frau nimmst (*lo' tiqach 'ischah libni*) von den Töchtern der Kanaaniter, unter denen ich wohne, ⁴sondern dass du in mein Land und zu meiner Verwandtschaft reist und (dort) eine Frau für meinen Sohn Isaak holst (*laqach*).

Eide sind oft mit besonderen Riten verbunden, durch die der Eid vollzogen wird. Wir heben die Hand zum Schwur oder legen sie auf die Bibel. In alter Zeit berührte man das Zeugungsglied dessen, der den Eid fordert. Es wird hier mit »Hüfte« umschrieben und steht für die Quelle des Lebens und der Nachkommen.

Der Sinn dieses Ritus ist unklar; vielleicht ruft der Knecht mit dieser symbolischen Handlung die Ahndung durch Abrahams Sohn Isaak auf sich herab, sollte er den Eid nicht halten, den er leistet.[286] In 47,29 symbolisiert die Geste eher die Einbindung in die Sippe, von der der Sohn im Falle des Eidbruches für immer getrennt würde; das käme einem sozialen Tod gleich.[287]

Darüber hinaus ruft man beim Schwur die Götter an, die über die Einhaltung des Eides wachen. In den zahlreichen altorientalischen Verträgen werden sie am Ende der Reihe nach aufgezählt. Aber in 24,3–9 ist an die Stelle vieler Gottheiten schon längst der Eine als einziger getreten und hat deren Funktionen übernommen.

Die Wendung »der Gott des Himmels und der Gott der Erde« erinnert an Esr 5,11 und von fern an 1Mose 14,19. Als Beina-

---

286 Viberg, Symbols, 47–50.
287 Ruppert, Genesis II, 587 (nach Pedersen, Eid, 150).

men für Jhwh begegnet sie in der gesamten Tora nur hier. Hinter »dem Gott des Himmels« steht wahrscheinlich der »Himmelsherr« (*Baʿalschamem*), der im 1. Jahrtausend von Phönizien und Syrien aus zum universalen Gott im Alten Orient aufstieg. Seit dem 5. Jh. v. Chr. begegnet »der Gott des Himmels« als Beiname oder Bezeichnung für Jhwh im Verkehr mit Nichtjuden (Jona 1,9; Esr 1,2; 7,12), aber auch zwischen Juden (Neh 1,4–5; Dan 2,18–19).[288] Einen »Gott der Erde« gibt es in der syrischen Götterwelt sonst nicht.

Wahrscheinlich soll die auffällige Verbindung von Himmel und Erde die Universalität Jhwhs als des einen Herrn über alles zum Ausdruck bringen.

Eine Ehefrau für den Sohn aus der väterlichen Verwandtschaft zu holen, mag einer verbreiteten Praxis entsprochen haben, bleibt doch in diesem Fall das Vermögen in der Sippe (4Mose 36,11), die dadurch gestärkt wird.[289] Hier legt jedoch schon der unmittelbare Kontext einen anderen Grund für den Auftrag nahe; denn er setzt das Verbot voraus, nichtjüdische Frauen zu heiraten. Das haben erstmals die Nachfahren jener Gelehrten formuliert, denen wir die erste Auflage jenes Gesetzbuches verdanken, das im 5. Mosebuch verarbeitet worden ist. Sie haben auch anderwärts Texte in ihrem Sinn bearbeitet. Dem Wortlaut von V. 3 am nächsten steht 5Mose 7,3:

> Du sollst dich nicht mit ihnen (den Bewohnern Kanaans) verschwägern.

---

288 Zu den religionsgeschichtlichen Hintergründen und Entwicklungen Niehr, Baʿalschamem, bes. 185–213.
289 Als ideale Ehepartner galten Sohn oder Tochter des Vaterbruders (28,4; 36,3): Patai, Sitte, 25–31; de Vaux, Lebensordnungen I, 62.

Deine Tochter sollst du seinem Sohn nicht (zur Ehe) geben (*natan*), und seine Tochter sollst du nicht (zur Ehe) für deinen Sohn nehmen (*lo' tiqach libnäka*) (vgl. 2Mose 34,25–26; Jos 23,12).

Dabei geht es stets um die Wahrung jüdischer Identität. Abraham hält sich also mit seinem Auftrag treu an das Verbot der Tora in ihrer jüngeren erweiterten Gestalt.[290]

Was aber ist zu tun, wenn in der Verwandtschaft zwar eine Frau gefunden wird, sie aber sich weigert mitzukommen? »Soll ich dann deinen Sohn in das Land zurückbringen, aus dem du ausgezogen (*jatza'*) bist?«, fragt der Knecht (V.5). Man sieht sofort, dass der Erzähler kein Gespräch protokolliert, sondern ein Lehrgespräch über eine grundsätzliche Frage führt, die in *seiner* Zeit die Herzen bewegt. War Abraham nicht der ausdrücklichen Weisung Gottes gefolgt: »Geh aus deinem Land« (12,1)? Und war es nicht Gott selbst, der ihn herausgeführt hat (*jatza' Hif.*), um ihm dieses Land zum Besitz zu geben (15,7)? Eine Rückkehr des Sohnes in jene alte Heimat würde Gottes Führung bis hierher sinnlos und seine Verheißungen zunichtemachen. Der Erzähler klärt das Problem, indem er der Bindung der Nachfahren an das verheißene Land absoluten Vorrang einräumt.[291] Am Verbleib im Land findet der Eid seine Grenze:

> Hüte dich, dass du meinen Sohn dorthin zurückbringst!
> ⁷Jhwh, der Gott des Himmels, der mich aus meines Vaters Haus und aus dem Land meiner Verwandtschaft genommen und mir versprochen und geschworen hat:

---

290 Zu 24,1–9 und zu dessen geistiger Welt Köckert, Vätergott, 183–190.
291 Die Versuche, gerade diese Akzente als spätere Bearbeitung vom Text abzuheben, beruhen auf Geschmacksurteilen und bringen den Text um sein Profil.

Deinen Nachkommen gebe ich dieses Land,
der wird seinen Engel vor dir her senden,
dass du meinem Sohn eine Frau von dort holst.
⁸Wenn aber die Frau dir nicht folgen will,
bist du dieses Eides ledig, den du mir leistest;
nur meinen Sohn darfst du auf keinen Fall dorthin zurückbringen!

Mit der Mahnung »Hüte dich …« zeichnet der Erzähler den Ahn in den Konturen eines Torapredigers, wie er uns in der Gestalt des Mose in den Eingangskapiteln des 5. Mosebuches immer wieder entgegentritt. Die Motive: Aussonderung aus den Völkern (V. 7a), Absonderung von ihnen (V. 3.6), Verheißung des Landes (V. 7b), entsprechen 5Mose 7,1–6. Die eidliche Zusicherung dieses Landes für Abrahams Nachkommen (!) greift 15,18 auf. Sie begründet den in V. 3 vom Knecht geforderten Eid damit, dass Nachkommen einer kanaanäischen Frau von der Verheißung ausgeschlossen sind.

Gegen die zweifelnde Frage des Knechts in V. 5 stellt Abraham sein Vertrauen, das er aus den Erfahrungen mit seinem Gott gewonnenen hat (V. 7a). Er ist gewiss, dass der Auftrag gelingen wird (V. 7b), weil der Gott des Himmels durch »seinen Engel« alle Wege bahnen wird. Der »Engel« ist hier kein Bote Gottes, der eine Botschaft zu übermitteln hat wie in 16,7ff. und anderwärts. Er ist hier die Weise, durch die der »Gott des Himmels« Menschen verborgen nahe ist und ihre Geschicke lenkt (vgl. 48,15). Das Motiv des Führungsengels kennt der Erzähler aus 2Mose 23,20; 32,34; 33,2.[292] Mit Abrahams Antwort sind alle Einwände ausgeräumt, und der Knecht macht sich auf den Weg zu Abrahams Verwandtschaft (V. 10).

---

292   Auf den Einzelnen bezogen Ps 91,11; Tob 5,17–22.

(3)
Aus 11,27–32 wissen wir, dass Abrahams Verwandte in oder um Harran leben, und wir kennen die Verwandten der ersten Generation, nicht jedoch deren Kinder. Jetzt kommt die in 22,20–24 vorangestellte Genealogie ins Spiel. Ihr liegt eine Liste zu Grunde, die aus vorgegebenen Wissensstoffen erst literarisch gebildet wurde.

Von den zwölf Namen in V.21–22.24 kann man – sofern sie überhaupt historisch nachweisbar sind – *Uz* mit Edom (36,28), *Bus* mit einer Oase in Nordostarabien (Jer 25,23), aber *Kesed*, den Ahn der Chaldäer, *Tebach* (2Sam 8,8?) und *Maacha* (Jos 13,11; 2Sam 10.6) mit den Aramäern in Verbindung bringen. Die Liste ist in Anlehnung an andere mit zwölf Gliedern gebildet und auf sie abgestimmt worden: Die zwölf Söhne werden bei Nahor schon in der ersten Generation, bei Ismael in der zweiten und bei Abraham erst in der dritten erreicht.

Mit Hilfe mehrerer Ergänzungen hat man die Liste auf die Brautwerbung in 24,1–67 ausgerichtet.

Zunächst machte man den sonst unbekannten Kemuel ausdrücklich zum *Ahn der Aramäer* und beförderte damit stillschweigend die Erwartung, es müsse sich bei allen Namen um Aramäer handeln.

Sodann identifizierte man mithilfe der Überschrift in V.20b[293] die ersten acht Namen als *Söhne Milkas*, die aus 11,29 als Frau des Nahor bekannt war, und setzte mit der Unterschrift in V.23b die vier Söhne seiner Nebenfrau Rëuma davon ab. Auf diese Weise wurden die Aramäer zu Nachkommen *Nahors* und so zu Verwandten Abrahams.

Schließlich ließ man die Liste der Söhne Milkas mit *Betuel* enden, der aus der Jakobüberlieferung bekannt war. Von ihm

---

293 Die Hervorhebung »*auch* Milka« schlägt eine Brücke zurück zu 21,2.

heißt es in V. 23a ausdrücklich: »Betuel aber zeugte *Rebekka*.« Damit ist der Punkt erreicht, um dessentwillen diese Liste überhaupt geschaffen und vor Kap. 24 gestellt worden ist. Ohne sie wären die Personen dort nicht als Verwandte Abrahams identifizierbar.

Weil es in dieser Hinsicht vor allem auf die genaue Bestimmung der verwandtschaftlichen Beziehung zu Abraham ankommt, wird Nahor zweimal ausdrücklich als »Bruder Abrahams« genannt: Rebekka kommt aus der Familie des Vaterbruders, ist also im Verständnis des antiken Judentums eine ideale Schwiegertochter.[294]

Die Überleitungsformel »nach diesen Begebenheiten« knüpft an 22,1 an; mit ihr füllt der Erzähler nach 22,1–19 einen unbestimmten Zeitraum, bevor er in 24 zur nächsten Generation überleitet.

(4)
Mit einer stattlichen Karawane von zehn Kamelen[295] – Ausweis des Reichtums seines Herrn –, noch dazu beladen mit allerlei Kostbarkeiten, machen sich der Knecht und seine Leute (V.59) auf den Weg. Ziel seiner Reise ist »die Stadt Nahors« in »Aram Naharajim« (V.10).

Die Bezeichnung der Stadt stammt aus der Jakobüberlieferung und meint im Kontext von 27,42–43; 29,4 wohl Harran am oberen Balich.[296] Die Bezeichnung »Aram der beiden Ströme« dient der Unterscheidung von anderen Regionen, in denen Aramäer lebten. Sie bezieht sich hier auf das Gebiet zwischen den Flüssen Euphrat, Balich und Habur.[297]

---

294 HIEKE, Genealogien, 22–27, 279 ff.
295 Es handelt sich im Vorderen Orient um das einhöckrige Dromedar.

Abb. 22: Kamele als Transporttiere

Die Darstellung des Lastkamels oben stammt aus einem Raum im Palast Sanheribs in Ninive, der im 7. Jh. v. Chr. mit Reliefs von der Belagerung und Eroberung Lachischs in Juda dekoriert wurde: Judäer ziehen mit ihrer Habe ins Exil. – Die kleine Karawane unten schmückte im 6. Jh. n. Chr. als Mosaik einen Fußboden in der Festung von Bosra. Auch hier geht ein Führer mit dem Leittier voran. Die Tiere sind aneinandergebunden und haben Glocken am Hals. Sie tragen jeweils vier große Gefäße (Amphoren). Die Reise im Verband erhöht die Sicherheit bei Überfällen räuberischer Beduinen.

---

296 S. o. bei 11,27–32 und die Karte (Abb. 4).
297 In den anderen Belegen ist sie zu »Mesopotamien« verblasst (5Mose 23,5 u. a.).

Mehr als einen Monat ist die Karawane zumeist nachts unterwegs. Ungefähr eintausend Kilometer liegen zwischen der neuen Heimat Abrahams und Harran. Die lange Reise schrumpft der Erzähler auf einen Satz, widmet aber dafür umso mehr Raum der Begegnung mit Rebekka. Diese berührende Szene rahmt er mit zwei Gebeten (V. 12–14.26–27). Am Brunnen vor der Stadt lässt der Knecht die Karawane lagern. Dort erfährt man Neuigkeiten aus der Gegend. Denn dorthin kommen die Hirten, um ihre Herden zu tränken, dort trifft man auch die Mädchen und Frauen der Stadt, die in der Abendkühle Wasser holen. Die Wasserstelle ist deshalb der einzige Ort, an dem man Frauen unbefangen begegnen kann. Aber wie soll der Knecht die rechte finden? Deshalb wendet er sich an Gott (V. 12–14).

Es ist das erste Gebet, von dem wir in der Bibel lesen, und von beispielhafter Schlichtheit. Es findet weder an einem heiligen Ort noch zu einer bestimmten Zeit statt, sondern im Kopf des Knechts, während er am Brunnen wartet. Die Anrede »Jhwh, Gott meines Herrn Abraham« appelliert an Gottes Verbundenheit mit Abraham, die er sooft schon erwiesen hat (V. 7). Daran schließt sich eine kurze Bitte an: »Lass es mir doch heute gelingen und erweise meinem Herrn Abraham Güte!« Dabei fallen die Stichworte, die in der Geschichte immer wiederkehren und ihr geheimes Thema anklingen lassen: »es fügen« (*qarah*) im Sinne von »es gelingen lassen« (sonst: *tzalach* V. 21.40.42.56) und »Güte« (*chäsäd* V. 14.27.49). Schließlich bittet der Knecht um ein Zeichen, an dem er erkennen kann, welches Mädchen das rechte ist.

> ¹⁴Das Mädchen soll es sein, das du für deinen Knecht Isaak bestimmt hast, zu dem ich sage: Neige doch deinen Krug,

dass ich trinke! und das dann zu mir sagt: Trinke, auch deine Kamele will ich tränken!

Muss schon die Bitte des Knechts um Wasser dem Mädchen seltsam genug vorkommen, so wäre ihre Bereitschaft, von sich aus auch die zehn Kamele zu tränken, noch viel befremdlicher angesichts des Knechts und seiner Leute (V. 32.54.59). Sollte das Mädchen wider Erwarten von sich aus diese anstrengende Arbeit auf sich nehmen, will der Knecht das als Gottesbescheid annehmen. Insofern stellt er mit diesem Zeichen die Wahl des Mädchens in Gottes Hand.

Er hat sein Gebet noch nicht beendet, da kommt schon Rebekka zum Brunnen. Der Erzähler stellt sie in V. 15 als »Tochter Betuels, des Sohnes der Milka, der Frau Nahors, des Bruders Abrahams« vor, was 22,23 entspricht und das Ideal einer Ehefrau erfüllt, aus der Familie des Vaterbruders zu kommen. Sie eilt, die Kamele zu tränken. Zehn Tiere mit Wasser zu versorgen, nimmt geraume Zeit in Anspruch. Während sie weit mehr als 500 Liter Wasser schöpft und herbeiträgt, schaut er schweigend zu, um den Ausgang des Gottesbescheids nicht zu beeinflussen (V. 21). Dann dankt er ihr, indem er ihr zwei goldene Armspangen (Hes 16,11; Jdt 10,4) und einen goldenen Nasenring anlegt, mit dem Frauen ihren Gesichtsschleier befestigen (Jes 3,21; Hes 16,12; Spr 11,22). Er fragt sie, wessen Tochter sie sei und ob es in ihres Vaters Haus Platz zum Übernachten gebe. Sie stellt sich vor. Was uns der Erzähler schon in V. 15 mitgeteilt hat, erfährt jetzt der Knecht. Der fällt am Brunnen »vor Jhwh« auf die Knie und dankt staunend:

[27]Gepriesen sei Jhwh, der Gott meines Herrn Abraham, der seine Güte (*chäsäd*) und Treue (*ᵃmät*) meinem Herrn nicht versagt hat.

Ich bin auf dem Weg, den Jhwh mich geführt hat (*nachah*),
ins Haus der Brüder[298] meines Herrn gelangt!

Das Mädchen aber läuft nach Hause und berichtet seiner Mutter alles.

(5)
Zwar ist die erste Hürde genommen, doch steht der Knecht vor weiteren Schwierigkeiten: Wie kann er als Fremder Zutritt zur Familie des Mädchens erhalten? Wie kann er die Familie davon überzeugen, ihre Tochter einem Mann im fernen Kanaan zur Frau zu geben?

Die erste Frage klärt sich schnell (V. 29–33). Der reiche Goldschmuck, den Rebekka bei ihrer Heimkehr trägt, verfehlt seine Wirkung nicht.[299] Beeindruckt eilt Laban zum Brunnen, um den Fremden ja nicht zu verpassen und ihn samt seinen Tross ins Haus zu bitten. Auf diese Weise zeichnet der Erzähler Laban als habgierigen Mann, wie er ihn aus der Jakoberzählung in 29,21ff. und 31,14f. kennt.[300] Laban erscheint hier wie anderwärts als Rebekkas Bruder.[301] Er ist es auch, der die Verhandlungen im Namen der Familie der Braut führen, der das entscheidende Wort sagen und ein Geschenk erhalten wird (V. 50.53.56). Vom Vater Betuel ist dagegen nur in genealogischer Hinsicht die Rede (V. 15.24.47). Offenbar ist er bereits gestorben, so dass

---

298 »Brüder meines Herrn« umfasst im weiteren Sinne die »Verwandtschaft«.
299 Das Gewicht von 20,5 Scheqel entspricht ungefähr 240 gr. Gold, ein gewaltiger Batzen.
300 So schon Gunkel, Genesis, 256.
301 Vgl. 25,20; 27,43; 28,2.5. Dort ist er überall auch der Enkel Nahors, in 29,5 dagegen dessen Sohn.

Laban als Rebekkas Bruder für die Familie in dieser wichtigen Angelegenheit entscheidet.[302]

Nachdem die Kamele im Innenhof des sehr geräumig gedachten städtischen Anwesens abgeschirrt und gefüttert und auch die Begleiter des Knechts mit allem Notwendigen versorgt sind, duldet der Auftrag keinen Aufschub mehr. Als man zum Essen auftragen will, ergreift der Knecht das Wort (V. 34–49). Im ersten Teil seiner Rede schildert er seinen Herrn (V. 34–41). Dessen Reichtum muss er nach dem fürstlichen Schmuck für Rebekka nicht mehr eigens hervorheben. Vielmehr preist er Abraham zunächst als einen von JHWH außerordentlich gesegneten Mann. Der Erzähler lehnt sich im Wortlaut an 26,13 an (*gadal m^e'od*). Dann nennt er »Schafe und Rinder, Silber und Gold, Sklaven und Sklavinnen, Kamele und Esel« und greift dabei auf die Listen 12,16; 13,2 zurück. Sodann kommt er auf den Sohn zu sprechen, dessen Dasein gleichfalls Zeugnis für Gottes wunderbares und segensreiches Handeln an seinem Herrn ablegt, hat ihn doch Sara erst im Greisenalter geboren (21,2[303]). Schließlich hat sein Herr alle Habe bereits seinem Sohn übergeben (25,5) – kein unbedeutender Punkt bei der Entscheidung über den künftigen Mann Rebekkas.

Mit dem zweiten Teil seiner Rede hat der Erzähler vor allem seine Leser im Blick. Der Knecht nennt seinen Auftrag (V. 37–41). Durch ihn erweist sich sein Herr nicht nur als ein gottesfürchtiger Mann, der Sitte und Anstand wahrt, sondern als ein Mann strengen Gehorsams gegenüber der Tora; denn das Verbot in V. 37 liest sich fast wie ein Zitat von 5Mose 7,3. Die Erweiterung

---

302 Zur Rolle des Bruders s. bei 12,10–20.
303 Die griech. Übersetzung der Septuaginta bezieht das Greisenalter auf Abraham, der hebräische Text dagegen auf Sara.

in V. 40 mit »Jhwh, vor dem ich meinen Weg gegangen bin« unterstreicht Abrahams Gehorsam noch. Er entspricht ganz der Führung durch seinen Gott in V. 7a. Kleine Variationen gegenüber V. 3–8 heben angesichts der Familie der künftigen Braut die verwandtschaftliche Bindung noch stärker hervor: Labans Familie ist auch die Abrahams, »das Haus seines Vaters und seine Sippe« (V. 38.40). Rebekka ist nicht mehr nur ein Mädchen (na‘arah V. 14), sondern eine »junge Frau« (‘almah V. 43). Ausdrücklich weist der Knecht auf Jhwhs Engel hin (V. 40), der die Reise hat gelingen lassen. Seine Gegenwart begründet auch die Hoffnung auf ein gutes Ende. Beides stellt die Werbung um Rebekka unter die Vorsehung des Gottes Jhwh, den auch die Familie Rebekkas verehrt (V. 50). Mit mehr Nachdruck kann der Knecht seine Werbung kaum vorbringen; dennoch ist ihm bewusst, dass es auf die Familie ankommt: Sie ist es, die ihm Rebekka für Isaak übergeben muss (V. 41).

Deshalb erzählt er im dritten Teil seiner Rede von dem wunderbaren Widerfahrnis am Brunnen (V. 42–49). Er konzentriert den Bericht ganz auf die Fügung der Ereignisse durch Gott. Wirkungsvoll spitzt er am Ende alles auf die Frage zu:

> ⁴⁹Sagt an, ob ihr meinem Herrn Güte und Treue erweisen wollt; wenn nicht, werde ich weiterziehen.

Wir Leser ergänzen sogleich mit V. 12.14: so wie ihm bisher Gott Güte erwiesen hat. Wer wollte nach alledem noch widerstehen? So verwundert Labans[304] Antwort nicht:

---

304 Zusätzlich zu Laban erscheint hier noch Betuel. Weil das erste Verb im Singular steht, könnte Betuel später nachgetragen wor-

⁵⁰Von Jhwh ist diese Sache ausgegangen.
Wir können dazu nichts sagen, weder Böses noch Gutes.
⁵¹Da, Rebekka steht vor dir: Nimm sie und geh,
dass sie die Frau des Sohnes deines Herrn werde,
wie Jhwh gesprochen hat.

Jhwh hat das erste und das letzte Wort. Er hat die Reise glücklich ans Ziel geführt, er hat die rechte Wahl treffen lassen, er hat gefügt, was geschah. Er hat gesprochen, und damit ist alles gesagt. Deshalb sieht sich Laban außerstande, überhaupt etwas dazu zu sagen. Der förmlichen Übergabe der Schwester als Braut steht nichts mehr im Wege.

Jetzt ist es an dem Knecht, ein letztes Mal seinen Herrn zu vertreten. Als er Labans Einwilligung hört, dankt er zuerst Gott, der alles so wunderbar gefügt und den Auftrag hat gelingen lassen. Sodann beschenkt er zuerst Rebekka fürstlich, dann auch Laban und die Mutter mit Köstlichkeiten (*migdanot*).

Das lässt, wenn man dem arab. Wort *magada* folgt, an seltene Früchte, Gewürze oder Spezereien denken. In Esr 1,6; 2Chr 21,3; 32,23 liegen freilich »Kleinodien« näher. Von einem »Brautpreis« (*mohar*) ist jedenfalls nicht die Rede. Geschenke an die Familie der Braut gehören zum Abschluss eines Ehevertrags. Mit einem Kauf der Braut haben weder diese Geschenke noch der *mohar* etwas zu tun.³⁰⁵

---

den sein, vielleicht weil man an diesem entscheidenden Punkt den in V.15 genannten Vater vermisst hat. Betuel wird übrigens auch bei den Geschenken in V.53 nicht erwähnt.
305 Der Brautpreis (34,12 neben Geschenken!) war stets nur eine Ersatzleistung, um den Ausfall der Arbeitskraft in der Familie der Braut zu kompensieren (vgl. 29,18.27; 31,15); s. Lipinski, ThWAT IV, 719.

Nachdem der Auftrag erfüllt ist, kann das in V. 33 unterbrochene Nachtmahl für den Knecht und seine Männer endlich beginnen (V. 54).

Schon am nächsten Morgen drängt der Knecht zum Aufbruch. Die Familie der Braut bittet um eine zehntägige Frist bis zur Abreise.[306] Doch der Knecht mahnt zur Eile mit dem durch Luthers Übersetzung sprichwörtlich gewordenen Satz: »Haltet mich nicht auf; denn der HERR hat Gnade zu meiner Reise gegeben.« Der hebr. Wortlaut lässt dagegen hier noch einmal das Leitwort der Erzählung anklingen: »JHWH hat meinen Weg *gelingen* lassen (*hitzliach*).« Nachdem Rebekka ihre Einwilligung gegeben hat, wird sie von der Familie mit einem Abschiedssegen entlassen:

> [60]Unsere Schwester, werde du zu tausendmal Zehntausend; und deine Nachkommen sollen in Besitz nehmen das Tor derer, die sie hassen.

Dieser Segen geht weit über die Situation der Hochzeit und der Familie hinaus, wie man an einem Vergleich mit Rt 4,11–12 und Tob 10,11 sieht.[307] Die Mehrung übertrifft das, was man für ein antikes Volk am Rande der damaligen Welt erwarten kann. Der Wunsch im zweiten Satz hat mit der Eroberung von Städten Kriege und Siege im Blick und schlägt eine Brücke zu 22,17. Beide Segenswünsche erklären sich nur in der völker-

---

306 Die MISCHNA räumt später zwölf Monate zwischen der Verlobung und der Übergabe der Braut zur Ausstattung ein (Ketubot V 2).
307 Tob 10,11: »Sei wohlbehalten, Kind, und zieh wohlbehalten. Der Herr des Himmels möge euch Gelingen schenken und deiner Frau Sarra, und ich möchte (noch) eure Kinder sehen, ehe ich sterbe« (übersetzt von EGO, in: JSHRZ II/6, 981 f.).

geschichtlichen Perspektive, die in allen diesen Erzählungen eine wesentliche Rolle spielt.

Nun steht der weiten Reise nichts mehr im Wege und Abrahams Knecht zieht mit Rebekka, mit ihrer Amme, die der Erzähler aus 35,8 kennt, und mit ihren Mägden davon (V. 61).

(6)

Der Szenenwechsel nach Kanaan (V. 62–67) bringt erstmals Isaak in den Blick. Er befindet sich nicht bei Abraham, wo wir ihn erwarten, sondern in der Steppe[308] beim »Brunnen des Frischen, der mich sieht« (*be'er lachaj ro'i*) – wie in 25,11. An einem Brunnen begegnete Rebekka dem Knecht Abrahams (V. 15), in der Nähe eines Brunnens endet Rebekkas Reise bei Isaak.

Gegen Abend geht Isaak aufs freie Feld hinaus. Was er dort sucht, wird nicht recht deutlich; denn die Bedeutung des nur hier gebrauchten Verbs ist unbekannt. Deshalb übersetzt man es meist mit »(ziellos) umherstreifen«, was zum »Gefilde« passt.

Der Midrasch meint, Isaak wolle »beten« (BerR 26a). Andere deuten das Verb als Nebenform eines Verbs, das »klagen« bedeuten kann (Ps 55,18; Hi 7,11) und zu einem Todesfall passt (V. 67). Oder hängt Isaaks schwer deutbares Gebaren mit dem zusammen, was ihm in 22,1–19 auf einem der Berge im Lande Morija widerfahren ist und was er seither nicht mehr vergessen kann?[309]

Am einfachsten erklärt sich die Bemerkung jedoch aus dem Interesse, die Begegnung der beiden nach der lan-

---

308 So deutet die Septuaginta den unübersetzbaren hebr. Text.
309 Eine Verbindung mit 22,1–14 hat m.W. erstmals VAN VOOLEN hergestellt (Isaak, 54).

gen Reise als Überraschung zu erzählen. Isaak »blickt auf« und sieht: Kamele kommen daher. Auch Rebekka »blickt auf«; aber als sie den fremden Mann sieht, steigt sie hastig, »fällt« (*nafal*) gar »vom Kamel«.

Warum? Ist sie erschrocken über das Aussehen dieses Mannes[310] oder besorgt wie Naaman, als er Elischas Diener sieht (2Kön 5,21)? Oder will die eigentümliche Wendung nur sagen, Rebekka habe sich herabgebeugt, um nicht gesehen zu werden?[311] Wir wissen es nicht.

Zwei Blicke, die unterschiedlich sehen; zwei unbekannte Menschen, die einander begegnen. Sie fragt den Knecht, wer das sei, der ihnen auf dem Feld entgegenkommt, und der antwortet: »Das ist mein Herr.« Als Knecht Abrahams (V. 2) war er nach Harran gezogen, als Isaaks Knecht kehrt er zurück (V. 65). Da nimmt sie den Schleier und verhüllt sich.

Wozu? Um vor Isaak zu verbergen, wie erschrocken sie über sein Aussehen ist,[312] oder aus Schicklichkeit, weil die Ehe noch nicht vollzogen ist?[313] Auch hier tappen wir im Dunkeln.

Während sich Rebekka bedeckt, trifft der Knecht auf seinen neuen Herrn und berichtet ihm von der erfolgreichen Werbung.[314] Dann bringt Isaak Rebekka ins Zelt.

---

310 FRETTLÖH, Isaak, 436, will bei der wörtlichen Übersetzung bleiben, nach der Rebekka »vom Kamel fiel« – vor Schreck.
311 JACOB, Genesis, 533.
312 FRETTLÖH, Isaak, 438.
313 BLUM, Komposition, 384. – Allerdings ist diese babylonische Sitte im antiken Israel nicht bezeugt. Der jüdische Brauch, vor der Trauung die Braut »zu bedecken« hat seinen Ursprung in 24,65.

Auch hier ist die Fortsetzung des hebr. Textes nicht eindeutig. Bringt er sie ins Zelt *zu* »seiner Mutter Sara« oder bringt er sie ins Zelt, nämlich ins Zelt »seiner Mutter Sara«? Im ersten Fall würde Sara noch leben. Diese Deutung entspricht dem ursprünglichen Zusammenhang, der weder Kap. 23 noch den letzten Satz in 24,67 kannte und in dem Kap. 24 unmittelbar auf 22,20–24 folgte. Im zweiten Fall wäre Sara bereits gestorben, und Rebekka nimmt nun Saras Platz als Ahnmutter in deren Zelt ein. Die zweite Deutung setzt 23,1–20 voraus und wird vom letzten Satz der Erzählung bestätigt.

Am Ende vermerkt V. 67 nur noch den Vollzug der Ehe:

Er nahm Rebekka,
sie wurde seine Frau,
und er gewann sie lieb.
So tröstete sich Isaak nach seiner Mutter (Tod).

Unsentimentaler kann keiner erzählen. Kein überflüssiges Wort stört. Jeder Satz erschließt eine Welt.

(7)
Die Beispielerzählung (Rofé) von Gottes Führung ist von vornherein als literarisches Brückenstück für den Großkontext der Vätergeschichte geschaffen worden. Das zeigt schon ihre Anlage, die mit *Abrahams* Auftrag

---

314 Ist Abraham inzwischen gestorben? Das vermutet man meist (GUNKEL, Genesis, 247; BLUM, Komposition, 384). Allerdings ist die Rede des Knechts von Isaak als seinem Herrn in V.65 kein zwingender Grund für diese Annahme, hat Abraham doch Isaak seine Habe bereits übergeben, so dass er seit V.36 auch für die Leser als neuer Herr deutlich ist, obwohl sich »mein Herr« bis V.49 stets auf Abraham bezieht und der Knecht bis V.59 »Knecht Abrahams« heißt.

für den Knecht beginnt und mit der Übergabe der Braut an *Isaak* endet. Der Erzähler arbeitet mit den literarischen Mitteln einer neuen Zeit mit ausgedehnten Reden, Rückblenden und nachgeholten Details. Er kennt die gängigen Erzählmuster so gut wie die schon miteinander verbundene Abraham-Jakob-Josephserzählung und bedient sich aus ihr. Die in der Darstellung angedeuteten Verweise sind nur eine bescheidene Auswahl.[315] Er kennt die Priesterschrift, wie die Brücke von V. 40 zu 17,1 zeigt, kennt aber in V. 7.60 auch nachpriesterliche Stücke wie 15,17–18; 22,16–17. Diese Texte gehören zu den jüngsten im 1. Mosebuch. Hinzu kommen sprachliche Auffälligkeiten, die vor der Perserzeit nicht belegt sind.[316]

Gegen eine derart späte Ansetzung scheint das unzweifelhaft nomadische Kolorit zu sprechen. Das beschränkt sich allerdings auf die Kamele und Saras Zelt. Beides sind gängige Vorstellungen, die man zu allen Zeiten mit Nomaden verbindet und die auch einem Erzähler im 5. Jh. v. Chr. in den Sinn kamen, wenn er seinen Stoff in eine graue Vorzeit verlegen wollte. Wie wenig das Nomadische die Substanz bestimmt, kann man an Rebekka sehen, die der Erzähler in einem städtischen Milieu beheimatet. Kamelkarawanen werden erst in der Perserzeit üblich (Esr 2,67) und erweisen ihre Besitzer als außerordentlich wohlhabend (Hi 1,3; 2Kön 8,9). Deshalb muss nun auch David zahlreiche Kamele besessen haben (1Chr 27,30). Die Kamele in 24,10 ff. zeigen lediglich, wie man sich im 5. Jh. v. Chr. seinen schwerreichen Ahn vorgestellt hat.

---

315 S. auch KESSLER, Querverweise, 92–98.
316 Eine Liste bietet ROFÉ, Enquiry; eine Sammlung von Gründen für eine Ansetzung im 5. Jh. v. Chr. auch bei DIEBNER/SCHULT, Hintergrund.

Was hat zu dieser Erzählung genötigt und in welchem geistigen Umfeld wurde sie geschrieben? Eine Antwort ergibt sich vor allem aus dem Auftrag in V. 1–9. Der Ahn selbst schärft seinen Nachfahren ein, keine Ehen mit nichtjüdischen Frauen einzugehen. Dazu bietet er seinen letzten Willen als größte Autorität und den Eid bei Jhwh, dem Herrn über alles, als stärkste Absicherung auf. Dieses Verbot nimmt in den Diskussionen um die bis dahin durchaus tolerierten Mischehen[317] Partei für die Rigoristen (Esr 9–10; Neh 9–10).

Mit dieser Frage steht nichts Geringeres auf dem Spiel als die Identität des kleinen jüdischen Gemeinwesens in der Perserzeit. Wer diese Identität kultisch versteht, muss die Ehevorschriften, die für Priester gelten, auch für das Gottesvolk verbindlich machen[318]: »eine Jungfrau *seines Volkes / vom Hause Israel* soll er zur Frau nehmen« (3Mose 21,13–15; Hes 44,22). Auf die Reinheit des Blutes kommt es an, wenn man schon nicht mehr für die Reinheit des Landes sorgen kann. Mischehen sind deshalb Ausdruck von »Unreinheit« (Esr 9,11–12). Ein heiliges Volk im heiligen Land duldet keine Vermischung des »heiligen Samens mit den Völkern des Landes« (Esr 9,2). Die Erzählung von der Brautwerbung spricht eine andere Sprache, vertritt aber eine ähnliche Position. Wie umstritten diese Frage in persischer Zeit war, zeigt das Buch Ruth, das die gegenteilige Position vertritt, indem es eine Moabiterin als Vorbild einer rechten Jüdin darstellt und in die Ahnentafel Davids einstellt.

Abrahams Knecht bringt jedoch in 24,5 ein Problem zur Sprache, das Esr 9 noch nicht kennt: Was ist zu tun,

---

317 S. nur Esau (26,34; 28,6–9), Juda (38,2), Josef (41,45), Mose (2Mose 2,21) usw.
318 Dazu Lange, Your Daughters, 21–33.

wenn die Wahrung des »heiligen Samens« und die Bleibe im Land der Verheißung miteinander konkurrieren? Diese Frage spielte in einer begrenzten Gemeinschaft, die auf Jerusalem und seine Umgebung fixiert ist, noch keine Rolle. Sie wird aber sofort zu einem Problem, wenn man das Land als Gottes verheißene Gabe betont und die Juden in der Zerstreuung einbezieht. Abrahams Antwort in 24,8 ist glasklar: Die Bindung an das mit einem Gotteseid versicherte Land setzt dem Verbot, nichtjüdische Frauen zu heiraten, eine schmerzliche, aber unüberwindbare Grenze. Offenkundig diskutiert der Erzähler die Frage angesichts von Juden, die das Land aus wirtschaftlichen Gründen verlassen wollen[319], oder von Juden in der Zerstreuung, die nicht willens sind, in das von ihrem Gott »gelobte Land« zurückzukehren, weil sie in der Fremde Wurzeln geschlagen haben. Er lässt seinen Abraham die Position vertreten: Außerhalb dieses Landes gibt es kein Heil. Das zeigt den Abstand an zu den allein auf die Mischehen beschränkten Stimmen.

4.2. »Dort sind Abraham und seine Frau Sara begraben.«
1Mose 23,1–20; 25,1–10:
Ein Grabbesitz für das Ahnpaar

(1) Ein mehrstimmiges Ende
Der literarische Zusammenhang zwischen der Liste der Nachkommen Nahors, die auf Rebekka führt, und der Erzählung von der Brautwerbung für Isaak wird jetzt von 23,1–20 unterbrochen. Die Erzählung von Saras Tod und vom Kauf einer Grabstätte muss also später eingefügt worden sein.

---
319 So BLUM, Komposition 387, und LEVIN, Jahwist, 196.

Warum hat der Verfasser dafür diesen Ort gewählt? Da Abraham bei der Rückkehr des Knechts in 24,62–67* ursprünglich wohl als bereits gestorben vorgestellt wurde, musste der Kauf vorher erzählt werden. Wenn man die Erzählung aber vor die Liste der Nachkommen Nahors in 22,20–24 gestellt hätte, wäre der Tod Saras als unmittelbare Reaktion auf 22,1–14.19 verstanden worden.[320] Wer das vermeiden wollte, war auf den gegenwärtigen Ort angewiesen, so merkwürdig er uns auch erscheinen mag.

Derjenige, der 23 einschob, berücksichtigte in 24,67 den Tod Saras, indem er das Zelt, das Rebekka bezieht, durch die Zufügung von »seiner Mutter Sara« ausdrücklich als das Zelt der (verstorbenen) Mutter Isaaks bezeichnete und indem er den letzten Satz anfügte:»So tröstete sich Isaak nach dem Tod seiner Mutter.« Nach diesen beiden Änderungen zwingt nichts mehr zu der Annahme, auch Abraham sei bereits gestorben.

In 25,1–18 treffen wir auf eine dritte Stimme. Wir vernehmen sie in den Lebensdaten und Notizen zu Tod und Bestattung Abrahams (25,7–9a). Sie kann mit der sog. Priesterschrift identifiziert werden (vgl. 35,28–29).[321] Anders als 21,14–21 kennt sie die Vertreibung Ismaels noch nicht. Zu ihr gehören auch die Liste der zwölf Söhne Ismaels mit den abschließenden Bemerkungen zu dessen Lebensalter und Tod (25,12–17) sowie die Bemerkungen zu den Wohnsitzen Isaaks (25,11) und der Ismaeliten (25,18b).[322] Weil Ismael Abrahams Sohn war, noch dazu sein ältester, und weil Gott gerade ihm Segen und zahlreiche Nachkommen in zwölf

---

320 Diese Deutung findet sich mehrfach im Judentum (z. B. BerR 56,11).
321 Dazu B 5.1.
322 Vgl. WÖHRLE, Fremdlinge, 64–67.

Stämmen unter zwölf Stammesführern ($n^e si'im$) verheißen hatte (17,20), musste nun auch deren Erfüllung berichtet werden, bevor die Geschichte mit Isaak erzählt werden konnte.[323]

Neben der Priesterschrift lässt sich noch eine weitere Stimme hören. Die geradezu definitorische Bestimmung des Ortes der Bestattung Abrahams in 25,9b–10 mit ausdrücklichem Rückbezug auf 23,8–9.17.19 klingt jener Stimme zum Verwechseln ähnlich, die wir schon aus 23,1–20 kennen. Sie ist wahrscheinlich auch in 25,1–4.5–6 zu vernehmen. Die Priesterschrift jedenfalls rechnet in 25,9a nur mit zwei Söhnen Abrahams und kennt die Söhne der Ketura noch nicht.[324] Wer Saras Tod *vor* Abrahams Ableben berichtet hat, konnte zwischen 23,19 und 25,7–10 noch eine weitere Ehe Abrahams unterbringen. Dann musste allerdings vor Abrahams Tod auch das Verhältnis der daraus hervorgegangenen Söhne zu Isaak geklärt werden (25,5–6).[325]

So ergibt sich insgesamt folgendes Bild für den gesamten Schlussteil der Abrahamerzählung: (1) Am ältesten sind die priesterlichen Notizen 25,7–9a.11.12–18a, die einst die Abrahamüberlieferung von 11,27–20,1.6 beschlossen. (2) Als deutlich jünger hat sich die von 22,20–24 vorbereitete Erzählung von der Brautwerbung 24,1–67a herausgestellt; sie kennt mit Isaaks Aufenthalt in *Be'er-Lachaj-Ro'i* (24,62) schon 25,11 und spielt auch anderwärts auf priesterliche (17,1.8) und

---

323 Vgl. die Liste der Nachkommen Esaus in 36 vor der Josepherzählung in 37.
324 BLUM, Komposition, 446; WÖHRLE, Fremdlinge, 64.
325 Eine nach-priesterliche Herkunft von 25,1–6 liegt auch deshalb nahe, weil diese Liste anders als die der Ismaeliten (25,12–18a) nicht mit einem Toledotrahmen (Generationenfolge) versehen ist.

nach-priesterliche Texte (22,17) an. (3) Noch jünger dürften 23,1–20, die Retuschen in 24,67 und die damit zusammenhängenden Stücke 25,1–6.9b–10 sein, die allesamt von einer Hand stammen können.

(2) Abraham kauft eine Grabstätte für Sara (23,1–20)
Die Erzählung erwächst aus Notizen, die Saras Tod (V. 1–2) und ihre Bestattung (V. 19) melden. Sie sind durch den letzten Satz in V. 2b (»und Abraham ging hin, um für Sara die Totenklage zu halten und sie zu beweinen«) und durch die Überleitung in V. 19a (»danach«) so eng mit der Erzählung verbunden, dass Notizen und Erzählung wohl nur gemeinsam überliefert worden sind. Auf die Nachricht vom Tod Saras folgen drei Verhandlungsgänge, in denen erzählt wird, wie ein genau definiertes Stück Land rechtmäßig in Abrahams Besitz übergeht, damit er »seine Tote« bestatten kann. Die Erzählung endet mit der Feststellung der ordnungsgemäßen Übertragung des Grundstücks in Verbindung mit der Bestattung Saras. Die Notizen erinnern an die priesterschriftlichen Genealogien, unterscheiden sich jedoch mehrfach von ihnen. Überdies passt die von jenen Notizen umschlossene Erzählung – wie wir noch sehen werden – konzeptionell nicht zu den Texten, die man allgemein für priesterschriftlich hält.[326]

Schon der Beginn der Erzählung überrascht (vgl. die hebr. Formulierung in V. 1 mit 25,7). Hinzu kommt die genaue Angabe der Lebenszeit, die bei den anderen Ahnfrauen fehlt. Insofern gleichen 23,1–2 Sara an Abraham (25,7–8), Ismael (25,17) und Isaak (35,28–29) an. Saras Lebensalter übertrifft mit 127 Jahren das Alter

---

326 Schon EERDMANS, Studien, 20–23, sprach das gesamte Stück P ab; vgl. auch BLUM, Komposition, 441 ff.; LEVIN, Jahwist, 193; WÖHRLE, Fremdlinge, 61.

Moses, der nur 120 Jahre alt wurde. Das zeichnet Sara gegenüber allen anderen Menschen in der Zeit der Erzähler aus. Außerdem nennt V. 1 den Ort, an dem sie starb. Das geschieht weder bei Abraham, noch bei Isaak oder Jakob, sondern nur bei Rahel, weil sie unterwegs auf der Reise von Betel nach Betlehem stirbt (35,16–20). Der wohl erst Ende des 4. Jh. v. Chr. aufgekommene Name *Kirjat Arba* (»Stadt der Vier«) spielt auf die vier Stadtquartiere der im Tal des Wadi el-Halil neu entstandenen Stadt an (Jos 20,7). Weil der Name neu war, musste er eigens erklärt werden: »Das ist Hebron im Lande Kanaan.«

Nach allgemeinem Brauch hält Abraham am Lager der Toten die Totenklage. Dazu gehört mehr, als V. 2 erkennen lässt: Als Zeichen der Trauer zerreißt man sein Gewand und legt als Schurz einen Sack um (37,34; 2Sam 13,31); man schlägt die Hände auf dem Kopf zusammen, streut Asche oder Erde auf sein Haupt (2Sam 13,19) und sitzt auf der blanken Erde (V. 3); man schert sich eine Glatze, verhüllt Bart und Gesicht (2Sam 19,5), man schlägt sich auf die Brust (Jes 32,12), fastet (1Sam 31,13) und weint (V. 2; 50,3).[327]

Da die Bestattung aus klimatischen Gründen meist noch am Sterbetag erfolgt, muss Abraham die Totenklage unterbrechen. Er wendet sich in einem *ersten Verhandlungsgang (V. 3–6)* an die im Tor versammelten Bürger der Stadt (V. 10). Die werden hier als »Hetiter« bezeichnet, haben aber mit dem anatolischen Großreich des 2. Jahrtausends v. Chr. nichts zu tun. Die assyrischen und neubabylonischen Inschriften meinen mit *Hatti* stets Syrien, obwohl die Hetiter als ehemalige Herren Syriens

---

327 Zu den Trauerbräuchen und anderen Selbstminderungsriten sowie deren Sinn s. Köhlmoos, Trauer.

damals schon längst von der Bühne der Geschichte abgetreten waren. Die Bibel gebraucht »Hetiter« allermeist als Sammelbezeichnung für die nichtisraelitische Bevölkerung (vgl. 15,20) oder für deren Oberschicht wie hier in Kap. 23. Zunächst stellt sich Abraham als »ansässiger Fremder« (*ger w^{e}toschab*)[328] vor, um dann seinen Wunsch vorzutragen, einen »Grab-Besitz« (*'achuzat qäbär*) in der Gemarkung Hebrons zu erhalten, damit er seine Tote aus der Stadt bringen und begraben kann. Ein »Fremder« ist Abraham, weil er nicht zur alteingesessenen Bevölkerung gehört und kein Land besitzt, sondern Gastrecht genießt. »Ansässig« ist er, insofern er als »Fremder« auf Grund und Boden, der nicht ihm gehört, »dauernde Aufnahme gefunden«[329], oder wie wir heute sagen: ein Bleiberecht erhalten hat. So zurückhaltend sich Abraham vorstellt, so höflich wie elegant wird sein Wunsch mit einem Ausweichmanöver abgewiesen. Ein »Herr« und »Fürst Gottes« sei er, will sagen: ein unvergleichlich Hocherhabener. Deshalb kann nur das »vornehmste unserer Gräber« angemessen sein, und deshalb wird es für jeden eine Ehre sein, ihm das eigene Familiengrab zur Mitbenutzung zu überlassen (V. 6). Wer wollte bei diesem ehrenvollen Angebot noch an einen eigenen Grabbesitz denken?

Aber damit gibt sich Abraham nicht zufrieden. Er weiß längst, was er will, aber manche Ziele lassen sich nur auf Umwegen erreichen. Mit einer tiefen Verneigung vor den Oberen der Stadt dankt er für deren Großzügigkeit und eröffnet einen *zweiten Verhandlungsgang (V. 7–11)*. Aus der Abweisung nimmt er geschickt

---

328 Diese Verbindung begegnet nur in nach-priesterlichen Texten (3Mose 25,6.23.35.45.47; 4Mose 35,15).
329 HAL II, 1578b, nach BAENTSCH, Exodus, 107.

den Wunsch auf, dass auch die Herren der Stadt die Tote so schnell wie möglich außerhalb begraben sehen wollen. Dann antwortet er auf den Vorschlag der Herren mit einer Bitte und nennt ein ganz bestimmtes Grundstück, das er schon von Anfang an im Auge hatte:

> [8]Verwendet euch für mich bei Efron, den Sohn Zohars,
> [9]dass er mir die Höhle von Machpela gebe,
> die ihm gehört und die am Ende seines Feldes liegt.
> Für den vollen Betrag Silbers gebe er sie mir in eurer Mitte als Grabbesitz.

Ein kleines Eckchen Land, dazu am Rande des Grundstücks und deshalb leicht abtrennbar und dann noch zum vollen Preis – das ist doch nicht zuviel verlangt! Was wird jetzt jener Efron tun, dem die Höhle gehört und der alles mit angehört hat, weil er mit den anderen Herren im Tor sitzt? Hinter denen kann er sich kaum verstecken, weil er dann sie in eine wenig ehrenvolle Lage bringt. Man spürt den Druck, unter dem Efron steht. Der tritt die Flucht nach vorn an und macht ein Scheinangebot: Kaufen?

> [11]Nicht doch! Das Feld – schenke ich dir;
> und die Höhle, die auf ihm liegt – ich schenke sie dir,
> vor den Augen meiner Landsleute schenke ich sie dir.
> Begrabe deine Tote!

Doch Abraham kann dieses ›Geschenk‹ nicht annehmen, weil er ohne einen ordnungsgemäßen Kauf keinen sicheren Rechtsanspruch auf das Grundstück hat. Das weiß auch Efron. Deshalb wissen nun beide, dass es nach dieser Antwort nur noch um die Höhe des Preises gehen wird.

So eröffnet Abraham den *dritten Verhandlungsgang (V.12–16)*. Wieder verneigt er sich tief vor den Zeugen. Aber er besteht auf einem ordentlichen Kauf und öffnet schon den Sack mit dem Hacksilber, um zu bezahlen.[330] Jetzt ist Efron am Zuge. Er nennt seinen Preis:

> [15]Ein Grundstück im Wert von 400 Scheqel Silbers –
> was ist das schon zwischen mir und dir?

Will sagen: Welch lächerliche Summe, nicht der Rede wert für einen Gottesfürsten, wie du nun einmal einer bist! Indes, diese Summe ist gewaltig[331] und übersteigt den tatsächlichen Wert des Grundstücks um ein Vielfaches: Jeremia kauft einen Acker in Anatot für 17 Scheqel, allerdings während des Krieges, der die Bodenpreise tief gedrückt hatte (Jer 32,9). Efron will mit dem überhöhten Preis Abraham vom Kauf abschrecken. Doch Abraham liegt so viel an diesem Grab, dass er den Preis ohne weiteren Handel akzeptiert und sofort das Silber in Gegenwart der Zeugen abwiegt. Damit hat Efron nicht gerechnet. Jetzt kann er von diesem Verkauf nicht mehr zurücktreten.

Die Erzählung endet mit der rechtmäßigen Übertragung jenes Grundstücks, das Abraham erbeten hatte. Dazu gehören eine genaue Beschreibung der Immobilie, die Namen des Verkäufers und des Käufers sowie die Nennung von Zeugen:

---

330 Auch nachdem das Münzgeld in der Perserzeit aufgekommen war, blieb Hacksilber als Zahlungsmittel noch lange im Gebrauch.
331 Ein Sklave kostete 50 Scheqel (3Mose 27,3). – Rechnet man den Scheqel zu ca. 11,5 gr., kommt man auf ein Gewicht von 4,6 kg. Silber.

¹⁷So ging das Feld Efrons
auf Machpela, das gegenüber von Mamre liegt, das Feld und
die Höhle auf ihm, mit allen Bäumen auf dem Felde, in seinem ganzen Umfang ringsherum
¹⁸käuflich an Abraham über
in Gegenwart der Hetiter, soviel ihrer ins Tor seiner Stadt gekommen waren.

Leider wissen wir nicht genau, was Machpela ist.[332] Die Beschreibung des Grundstücks in V. 17 legt nahe, Machpela als Namen einer Flur zu deuten, die »gegenüber von Mamre«[333] liegt und auf der sich das Feld Efrons mit der Höhle befindet. Dazu würden auch die Formulierungen in V. 9.19 passen.

Doch damit ist die Übertragung der Immobilie noch nicht beendet. Der erworbene Grundbesitz muss vom neuen Eigentümer in Besitz genommen werden, um rechtsgültig übertragen zu sein (vgl. 1Kön 21,16.18). Was in 13,14–18 durch Abschreiten geschieht, erfolgt hier durch die Bestattung Saras in der erworbenen Höhle (V. 19). Deshalb ist V. 20 keine überflüssige Bemerkung, sondern schließt die Erzählung mit einer juristischen Wendung für das ab, was wir »Besitzübertragung« nennen (*qum ...l^e ... la'achuzah*[334]):

---

332 Da das Wort immer mit Artikel gebraucht wird, könnte es sich ursprünglich um einen technischen Ausdruck handeln, der nachträglich zu einem Eigennamen erstarrt ist. Die griechische Übersetzung der Septuaginta deutet ihn als »Doppelhöhle«, wohl aufgrund des Verbs *kapal*, das in 2Mose 26,9 »doppelt legen« bedeutet.
333 Zu Mamre s. bei 13,18 (B 1.2.[5]).
334 Für die Wendung *qum le* im juristischen Sinn bei der Übertragung von Grundbesitz (*'achuzah*) vgl. 3Mose 25,29–30 (Haus); 27,16–19 (Feld).

²⁰So gingen (*wajjaqom*) das Feld und die Höhle auf ihm als Grab-Besitz (*la'achuzat-qäbär*) von den Hetitern auf (*lᵉ*) Abraham über.

Was in V. 17–18 käuflich erworben (*qum ... lᵉ ... lᵉmiqnah*) und in V. 19 in Gebrauch genommen wurde, ist erst in V. 20 in Abrahams Besitz übergegangen (*qum ... lᵉ ... la'achuzat-qäbär*).

Mit welcher Absicht hat man sich diese Geschichte erzählt? Solange man sie als Teil der Priesterschrift las, musste man sie im Licht der Landverheißung von 17,8 deuten.

Zwar haben die Väter in einem Land gelebt, das ihnen und ihren Nachfahren als »ewiger Besitz« versprochen war. Aber noch war es ein Land, in dem sie nur als Fremdlinge lebten. 23,1–20 zeige: »Im Tod waren auch sie schon Erben und keine ›Fremdlinge‹ mehr.«[335] Mit dem eigenen Grabbesitz beginne die Erfüllung der Landverheißung.
Dagegen sprechen jedoch: Im Verlauf von 23,1–20 wird keine Brücke zur Landverheißung geschlagen; der Wortlaut von 17,8 hat »ganz Kanaan« im Blick und nicht nur ein Grab; und 35,12 wie 2Mose 6,4 erinnern an die bereits bei den Vätern vollzogene Übereignung des Landes.[336]

Anlage und Formulierung der Erzählung weisen in eine andere Richtung. Wiederkehrende Leitwörter setzen die Akzente, auf die es dem Erzähler ankam. Siebenmal wird das »Begraben meiner bzw. deiner Toten« erwähnt (V. 4.6.8.11.13.15.19). Es geht also nicht um »das ganze Land Kanaan«, sondern um einen »*Grab*-Besitz« (*'achuzat qäbär*), wie es bedeutungsvoll an den entscheidenden

---

335 VON RAD, Das erste Buch Mose, 199.
336 RENDTORFF, Problem, 128–130; BLUM, Komposition, 443.

Stellen des Textes in V. 4.9.20 heißt. Siebenmal ist die Rede von der »Höhle« und dem »Feld«, auf dem die Höhle liegt (V. 9.11.13.15.17.19.20); siebenmal wird der Name des Eigentümers eigens genannt, der das Grundstück verkauft (V. 8.10.13.14.16.16.17). Das war bei einer rechtlich verbindlichen Besitzübertragung unabdingbar. Dreimal fällt auch der eigentümliche Name »Machpela« (V. 9.17.19), den die griechische Übersetzung der Septuaginta mit »Doppelhöhle« übersetzt. Auf sie wird bei der Bestattung der Ahnväter Israels immer wieder verwiesen (25,9b–10; 49,29–32; 50,13).[337] Mit der Wiederkehr jener Leitwörter hämmert der Verfasser ein, dass die Grabstätte von Abraham rechtmäßig erworben wurde. Sie ist deshalb unantastbarer Besitz seiner Nachfahren. Mit dieser Erzählung erheben Abrahams Nachkommen Anspruch auf das Patriarchengrab in Hebron. Zu dieser Absicht passen die katasterartige Beschreibung der Stätte und der gewaltige Kaufpreis. Die Art des Textes mit seinem Anspruch wird sofort verständlich in der Zeit nach 587 v. Chr., als Hebron nicht mehr zu Juda und zur Provinz Jehud gehörte, sondern zu Edom. Juden waren fortan in Hebron nur noch eine Minderheit (Neh 11,25). Erst Judas Makkabäus unterwirft in der Mitte des 2. Jh. v. Chr. Hebron kurzzeitig (1Makk 5,65). Danach wurde es wieder idumäisch. Wahrscheinlich stehen die in Kap. 23 immer wieder genannten »Hetiter« für die edomitische Bevölkerung des Ortes.

Gräber waren seit je Orte des Gedenkens. Herausragender Gedächtnisort wurde im Judentum das Grab

---

337 Zwar wird »die Höhle Machpela« als Grabstätte der Ahnen zu den allgemeinen Wissensstoffen gehört haben, die jedem Israeliten bekannt waren. Aber die Hinweise auf den Kauf des Grundstückes vom Hetiter Efron setzt in allen Rückverweisen die nach-priesterliche Erzählung 23,1–20 voraus.

der Ahnen Israels: Machpela. Am erkennbaren Beginn dieser Entwicklung steht 1Mose 23, am Ende jenes Memorial *Haram el-Halil* (im Zentrum der modernen Stadt Hebron).

Abb. 23: Der Haram el-Halil in Hebron

Das mit einer gewaltigen Mauer umgebene Podium ließ Herodes der Große (37–4 v. Chr.) über Höhlen mit älteren Grabanlagen aus dem 2. und 1. Jt. v. Chr. errichten. Im 6. Jh. n. Chr. baute man eine Kirche innerhalb der Umfassungsmauern, die im 7. Jh. n. Chr. in eine Moschee verwandelt wurde. Heute ist die Machpela auf dem Haram el-Halil für Juden und Moslems in gleicher Weise ein heiliger Ort, dessen zweigeteilte Moschee seit 1967 zu einem Teil als Synagoge genutzt wird.

(3) Abraham stirbt alt und lebenssatt (25,1–11)
Die Abrahamgeschichte endet in V.7–9a mit dem Schlussteil des genealogischen Rahmens, dessen Beginn in 11,27–32 zu finden ist. Dem Abschluss steht jetzt eine Liste von Nachkommen Abrahams voran, von denen bisher noch nicht die Rede war (V.1–6).

Wir lesen, dass sich Abraham nach Saras Tod »nochmals eine Frau« namens Ketura nimmt und mit ihr sechs Söhne zeugt. Das wundert uns. Hielt er sich nicht schon 40 Jahre früher für viel zu alt, um einen Sohn zu zeugen (17,17)? Inzwischen hat er – kombiniert man 17,17 und 23,1 – mehr als 137 Jahre hinter sich gebracht. Nun aber soll er noch sechs Söhne gezeugt haben, die Mädchen nicht gerechnet.

Der Midrasch behalf sich damit, »Ketura« kurzerhand als Beiname der Hagar zu erklären: Sie sei eine »Duftende« – von Pflichterfüllung und guten Werken; Abraham habe sie, nachdem er sie verstoßen hatte (21,14 ff.), wieder zu sich genommen.[338] Manche Ausleger meinen, Ketura sei schon zu Lebzeiten Saras Abrahams zweite Frau gewesen, und 25,1–6 böten nur einen »erzählerisch verspäteten Nachtrag«.[339]

Nimmt man aber den literarischen Ort der Liste nach dem Tod Saras ernst, scheidet eine biographische Erklärung aus.[340] Vielmehr muss diese Liste in völkergeschichtlicher Perspektive gelesen werden. Ihr gelehrter Verfasser will offenbar noch weitere Gruppen genealogisch mit Abraham in Verbindung bringen.[341] Die sechs Söhne Keturas erinnern an die sechs Söhne Leas in 29,31–35; 30,17–20. Bei Midian unterscheidet er zwei, bei Joqschan über Dedan sogar drei Generationen.[342] Einige Namen der Liste können genauer bestimmt wer-

---

338 MIDRASCH BerR 61,5. Der Name bedeutet wahrscheinlich die »in Räucherduft Gehüllte« (HAL 1021a, von *qitter* »räuchern«).
339 ZIMMERLI, 1Mose 12–25, 136; so schon JACOB, Genesis, 534.
340 WESTERMANN, Genesis, 484.
341 EISSFELDT, Stammessage, 6 ff.; BLUM, Komposition, 446.
342 Die dritte Generation V.3b fehlt in der Parallele 1Chr.1,32–33 noch.

den. Sie weisen zum großen Teil auf die arabische Halbinsel.

Schon der Name der Ahnmutter *Ketura* lässt an Südarabien und an die Weihrauchstraße denken. *Simran* erinnert an das Land *Simri*, das in Jer 25,25 nach den Königen der Araber genannt wird. *Joqschan* wird offenkundig nur wegen seiner beiden Söhne genannt. *Midian*, in der Bibel gut bezeugt (s. nur 2Mose 2,15ff.), ist ein nordwest-arabischer Stamm östlich des roten Meeres.[343] *Schuach* liegt offensichtlich östlich von Israel; denn von dort kommt Hiobs Freund Bildad (Hi 2,11). Die Söhne Joqschans sind wohlbekannt: *Saba* (1Kön 10,1–13) und Edoms Nachbar *Dedan* (Jer 25,23) gehören nach Südwestarabien. Von den fünf Söhnen Midians wissen wir nur, dass *Abida* wie *Eldaʿa* dort als Namen begegnen.

Mit den Söhnen der Ketura sind in der erzählten Welt mit einem Mal neue Erbberechtigte da. Deshalb muss deren Verhältnis zu Isaak geklärt werden (V. 5–6). Abraham übergibt Isaak all seinen Besitz und macht ihn damit schon zu seinen Lebzeiten zum Alleinerben. Diese Übergabe erwächst in V. 5 aus den Erfordernissen der Situation, in 24,36 ist sie dagegen ein loses Motiv, das man aus 25,5 entnommen hat. Alle »Söhne seiner Nebenfrauen« findet er jedoch mit Geschenken ab und schickt sie fort nach Osten. Im Zusammenhang können mit diesen Söhnen nur die Söhne der Ketura gemeint sein; denn Ismael befindet sich schon seit 21,14ff. nicht mehr in der Familie, und von anderen Söhnen wissen wir nichts.[344] Das hier genannte »Ostland« erinnert an

---

343 Dazu Knauf, Midian.
344 Von den Frauen Abrahams neben Sara kennen wir nur Hagar und Ketura, die in 1Chr 1,32 ausdrücklich als »Nebenfrau« (*pilägäsch*) bezeichnet wird.

die »Ostleute« in 29,1, bezieht sich aber auf ein Gebiet, das weiter entfernt ist, wie die Namen zeigen.

Nach diesem jüngeren Nachtrag endet die priesterliche Abrahamgeschichte mit dem genealogischen Schlussrahmen in V.7–9a.11. Abraham hat seine Frau begraben, seine Habe Isaak übergeben und sein Haus bestellt. Einhundertfünfundsiebzig Jahre liegen hinter ihm. In seinem 75. Jahr war er aus Harran ausgezogen (12,4). Mit 86 Jahren gab er seinem ersten Sohn den Namen Ismael (16,15). In seinem 99. Lebensjahr erschien ihm Gott und band von allen Menschen allein ihn an sich (17,1.24). Im Alter von 100 Jahren gebar ihm seine neunzigjährige Frau Sara den lang ersehnten Sohn Isaak (21,5). In seinem 137. Jahr starb sie, und er kaufte ein Grab (23,1.17–20). Jetzt, 38 Jahre später, ist für ihn die Zeit gekommen zu sterben: So »verschied er in gutem Alter«, will sagen: ohne Kummer und Bitterkeit; »betagt und lebenssatt« (V. 8).[345] Was wollte er noch erleben, das er nicht schon gelebt hätte? Wahrlich ein gesegnetes Leben (12,1–3)! So starb Abraham und wurde »zu seinen Vorfahren versammelt«[346] und an der Seite Saras von seinen Söhnen Isaak und Ismael begraben (vgl. 25,7–10 mit 35,27–29). Die Priesterschrift kennt die Geschichte von der Vertreibung Hagars und Ismaels in 21,8–21 noch nicht. In ihr verlässt Ismael die Familie Abrahams offenbar erst nach dem Tod des Vaters.

---

345 Zu dieser Wendung und 25,7–11 bes. Neumann-Gorsolke, »Alt und lebenssatt«, 119–134.

346 Diese Wendung kann sich hier nicht auf die Bestattung im Familiengrab beziehen, weil das Grab erst von Abraham gekauft wurde. Entweder hat man hier die übliche Formulierung als Metapher für »sterben« verwendet, oder mit ihr ein Weiterleben des Verstorbenen im Gedächtnis der Familie zum Ausdruck bringen wollen (vgl. Jacob, Genesis, 536).

Die Geschichten um Abraham und Sara enden jedoch nicht in einer Grabhöhle. Was das Ahnpaar in seinem langen Leben erfahren hat, überträgt der Erzähler auf den gemeinsamen Sohn:

[11]Als Abraham gestorben war, segnete Gott dessen Sohn Isaak.

Gottes Segen ereignet sich in der Bibel ganz irdisch. Deshalb hat die »von Gott gewirkte Beglückung«[347] eine konkrete Adresse:

Isaak ließ sich nieder bei *Be'er-Lachaj-Ro'i*.[348]

5. Wie wurde aus den vielen Geschichten die Geschichte von Abraham und Sara?

5.1. Zwei Erklärungsmodelle

In den biblischen Texten stoßen wir immer wieder auf Erzählzüge, die einander widersprechen. Wir stolpern über Wiederholungen, die den Lesefluss stören, über Doppelüberlieferungen, über unterschiedliche Erzählstile und andere Ungereimtheiten.

Zweimal lesen wir vom Aufenthalt des Ahnpaares im Ausland (12,10–20 und 20,1–18), zweimal von Hagars Entfernung

---

347 So die treffende Umschreibung des hebräischen Wortes für »Segen« bei Jacob (Genesis, 555).
348 Weil in P eine Notiz über die Wohnsitze der Söhne zum Abschluss nicht fehlt (vgl. bei Ismael 25,17–18a, bei Isaak und Jakob 35,28f.; 36,1; 37,1), gehört sie auch hier zum Grundbestand.

aus der Familie Abrahams (in 16,1–15 durch Flucht, in 21,8–21 durch Vertreibung), zweimal von einem »Bund«, den Gott mit Abraham schließt (in Kap. 15 und 17).
Wie reimen sich die trockenen genealogischen Notizen zu Abrahams Verwandtschaft in 11,27–32 mit den lebendigen Erzählungen vom Besuch der drei Himmlischen in Mamre und von der Rettung Lots aus der Vernichtung Sodoms (Kap. 18–19)? Wie passt die aufs äußerste verdichtete Erzählung vom Ahnpaar in Ägypten in 12,10–20 zur Weitschweifigkeit von 20,1–18?

Diese Schwierigkeiten erklärt man seit mehr als 250 Jahren mit der Entstehungsgeschichte jener Texte und deren Zusammenstellung zu jenem Riesenwerk, das von der Weltschöpfung in 1Mose 1 bis zum Tod des Mose in 5Mose 34 reicht und das man seit Tertullian (2. Jh. n. Chr.) und Origenes (3. Jh. n. Chr.) Pentateuch nennt.[349] Gegenwärtig stehen sich zwei Erklärungsmodelle gegenüber.

Die Vertreter des *Quellenmodells* verteilen die Stoffe auf mehrere *parallele Erzählstränge*.[350] Davon lassen sich die priesterschriftlichen Texte (P) aufgrund ihrer sprachlichen, stilistischen und inhaltlichen Besonderheiten am überzeugendsten aussondern. Wir haben P vor allem in den Genealogien 11,27–32 und 25,7–9a.11 sowie in der großen Gottesrede 17,1–27 und in den Ge-

---

349 Genauere Informationen zum Pentateuch und seiner Erforschung finden sich bei GERTZ (Hg.), Grundinformation; ZENGER, Einleitung; DIETRICH, Entstehung; KRATZ, Komposition. Eine allgemeinverständliche Darstellung der neueren Forschung gibt BLUM, Entstehungsgeschichte.
350 Die sog. »(Neuere) Urkundenhypothese« wurde in ihrer wirkmächtigsten Gestalt für den gesamten Pentateuch 1876 von JULIUS WELLHAUSEN abschließend formuliert und 1948 von MARTIN NOTH modifiziert.

burtsnotizen 21,2b–5 kennengelernt. Die meisten rechnen mit deren Entstehung zwischen der zweiten Deportation der Oberschicht Judas 587 v. Chr. und dem Bau des zweiten Tempels 520 v. Chr.

Die übrigen Texte verteilt man auf zwei weitere Quellen. Man hat sie nach den jeweils gebrauchten Gottesbezeichnungen J*HWH* und *Elohim* Jahwist (J) und Elohist (E) genannt und hält sie für älter als P.

Zu J zählt man in der Abrahamüberlieferung vor allem den Einzug ins Land, den Aufenthalt des Ahnpaares in Ägypten und seine Rückkehr sowie Lots Trennung (12–13), den Bundesschluss (15), die Hagargeschichte (16), den Besuch der Himmlischen bei Abraham in Hebron und bei Lot in Sodom (18–19), die Genealogie der Ahnen Rebekkas und die Brautwerbung (22,20–24; 24).

E schreibt man die Erzählungen vom Aufenthalt des Ahnpaares bei König Abimelech (20), von der Vertreibung Hagars und Ismaels (21) sowie von der Erprobung Abrahams (22,1–14.19) zu.

Diese Quellen sind zu verschiedenen Zeiten entstanden und wurden einst jeweils für sich überliefert, bevor Redaktoren sie nacheinander zu jenem großen Werk vereinigt haben. Bis in die Mitte des 20. Jh.s beherrschte das Quellenmodell die europäische Forschung; heute wird es in strenger Form vor allem in den USA vertreten. Seine Überzeugungskraft litt allerdings schon immer daran, dass seine Verfechter noch nicht einmal die Hälfte der Texte überzeugend auf die einzelnen Quellen verteilen konnten. Überdies erwiesen sich nicht nur die älteren Quellen, sondern auch P bei näherem Zusehen als in sich uneinheitlich.

Es kann deshalb nicht verwundern, dass gegenwärtig viele einem Modell den Vorzug geben, das nicht mit parallelen Großerzählungen rechnet, sondern von mehreren *Überlieferungsblöcken* ausgeht, die dem Pentateuch zugrunde liegen. Dazu gehören auch die Abraham-, die Jakob- und die Josepherzählung usw.[351] Die wurden zunächst unabhängig voneinander überliefert, bevor man sie miteinander verbunden und mehrfach *fortgeschrieben* hat. Dieses Modell befreit vom Zwang, die einzelnen Quellen in allen Stoffen finden zu müssen. Der hatte zu einer unangemessenen Atomisierung der Texte geführt. Im Blockmodell kommen statt dessen die einzelnen Texte viel stärker zu Geltung, weil sie nicht sofort vom Profil der angenommenen Quelle überdeckt werden. Die vorliegende Darstellung folgt deshalb diesem Modell. Die Vertreter beider Modelle gehen davon aus, dass die einzelnen Quellen oder Blöcke schrittweise miteinander verbunden und dabei verändert wurden.

5.2. Kurze Biographie der Abrahamüberlieferung

Die Erzählungen über Abraham und Sara sind wie die meisten biblischen Texte ohne ausdrückliche Informationen über ihre Autoren, Entstehungssituationen und Leser überliefert worden. Deshalb müssen diese Zusammenhänge erst aus jenen Texten selbst rekonstruiert werden. Das hat zu weit auseinander liegenden Deutungen geführt.[352] Aus unseren bisherigen Beobachtungen an den Texten ergibt sich folgendes Bild:

---

351 Detailliert ausgeführt wurde dieses Modell von ERHARD BLUM am Beispiel des ersten Mosebuches (Ders., Komposition).
352 Vgl. die Kommentare zu den einzelnen Texten.

(1) Die Abraham-Lot-Erzählung

Ihre nicht mehr vollständig erhaltene mehrteilige Gestalt[353] bildet den ältesten Kern der Abrahamüberlieferung. Ihr Anfang mit der Einführung der Ahnen ist bei der Verbindung mit der Jakoberzählung durch eine neue Eröffnung ersetzt worden, die mit 12,1–3 aus Abraham einen Einwanderer macht. Die ältere Abraham-Lot-Erzählung beginnt deshalb jetzt abrupt mit der Trennung Lots von Abraham als erster Szene. Sie bringt den einen nach Hebron und den anderen nach Sodom. Dieser Beginn lässt eine Fortsetzung in zwei parallelen Erzählsträngen erwarten. Der Besuch von drei Fremden am Mittag bei Abraham erweist dessen Gastfreundschaft. Die wird mit der Ankündigung eines Sohnes belohnt. Zwei der Fremden kommen abends zu Lot. Dessen Gastfreundschaft wird der veränderten Lage entsprechend mit der Rettung seiner Familie aus dem Gottesgericht über Sodom belohnt. Beide Stränge führen auf die Geburt der Ahnen Moabs und Ammons (19,30–38) sowie Israels (21, … 6).

Die Umstände der Schwangerschaft stehen in scharfem Gegensatz: Während sich Abrahams und Saras Nachkomme einem Gastgeschenk Himmlischer verdankt, gehen Moab und Ammon aus einem Inzest hervor. Die Erzählung stiftet Identität durch Abgrenzung gegenüber den östlichen Nachbarn. Diese Regionen im Ostjordanland stehen zunächst unter dem Einfluss des Nordreichs Israel, bevor sich König Mescha um 850 v. Chr. unabhängig macht.[354] Erst Ende des 9. Jh. v. Chr. bildet sich unter Meschas Nachfolgern in

---

353 Zu ihr gehören: (A) […] (B) 13,2*.5*.7a.8–9.10*.11a.12b*.13.18a; (C) 18,1b–16a; (D) 18,16b.20–22a.33b; (E) 19,1–27a.28*; (F) 19,30–38; (G) 21, […] 6.
354 Mescha-Stele bei WEIPPERT, HTAT Nr. 105.

der von verschiedenen Stämmen besiedelten Region beiderseits des Arnon der Kleinstaat Moab aus.[355] Da die Abraham-Lot-Erzählung eng mit Hebron verbunden ist, der ersten Königsstadt Davids (2Sam 2–5), erscheint Abraham aber als Repräsentant Judas. Die Erzählung muss also jünger sein. Wahrscheinlich ist sie nach dem Untergang des Nordreichs 720 v. Chr. im Milieu des judäischen Landadels entstanden, als zahlreiche Bewohner des südsamarischen Berglandes ins Südreich abwanderten. Sie stiftet Identität, indem sie das eigene Volk abgrenzt gegen die Fremden im Osten.[356] Etwa gleichzeitig entstehen in Nähe zum Jerusalemer Hof mehrere Erzählkränze über David.[357] Sie propagieren jedoch eine Identität durch Eroberung und zwangsweise Integration der Nachbarn (2Sam 8; 10), indem sie David zu einem Großkönig überhöhen, der einst all das beherrscht haben soll (2Sam 24,4–7), was jetzt verloren ist.

(2) Die vereinigte Vätergeschichte[358]
Jene Flüchtlinge aus dem Nordreich brachten die Jakob-Erzählung als ihre Ursprungsgeschichte mit. Wachsende Integration der Zugewanderten musste früher oder später dazu führen, deren Überlieferungen in judäischer Perspektive zu lesen. Schließlich verband man spätestens in der frühen Perserzeit die judäische Abraham-Lot-Erzählung auch literarisch mit der Ja-

---

355 Vgl. Gass, Moabiter.
356 Das zwingt nicht dazu, die Mamre-Sodom-Erzählung erst ins 6. Jh. v. Chr. nach dem Untergang Judas anzusetzen (wie Jericke, Abraham, 230–235, und Naʾaman, Abraham Story, vorschlagen).
357 Finkelstein, Königreich, 177–181, 187; Dietrich, Königszeit, 267.
358 Zu ihrem Historischen Ort vgl. Köckert, Vätergeschichte, 61–66.

koberzählung des Nordreichs zu einer gemeinsamen Vätergeschichte.[359]

Zum Zwecke der Integration stellt man die Abrahamgeschichten vor die Jakoberzählung und bringt schon Abraham mit Orten wie Sichem und Betel (12,6.8; 13,3–4) in Verbindung, die von Hause aus mit Jakob verbunden waren. Vor allem aber fügt man Gottesreden mit weit ausgreifenden Versprechungen für die Zukunft ein: 12,1–3; 13,14–17; 26,2–3ba; 28,13b–14. Von ihnen ist die erste am wichtigsten; denn in ihr sind die bedeutsamsten Themen und Profile der vereinigten Vätergeschichte verdichtet.

Sie ergeht außerhalb des verheißenen Landes. Sie macht aus Abraham gleich zu Beginn der vereinigten Vätergeschichte einen *Einwanderer*. Abraham ist hier eine Identifikationsfigur für diejenigen, die ins babylonische Exil gehen mussten. Sie sollen sich wie einst Abraham aufmachen, um ins verheißene Land zu ziehen. Denn der in 12,2–3 angesagte vierfältige Segen wird sich nur in dem Land realisieren, das Gott Abraham zeigen will (12,1b), das dieser dann auch ausdrücklich in Augenschein nimmt (13,14–15), auf dem schließlich Jakob liegen wird (28,13b) und das ihren Nachkommen »für immer« gehören soll (13,15).

Nicht weniger wichtig ist sodann das Versprechen, ein »großes Volk« zu werden (12,2) so zahlreich »wie der Staub der Erde« (13,15; 28,14). Das Thema *Mehrung* spielte in den älteren Abraham- und Jakobüberlieferungen keine Rolle. Noch nach 597 v. Chr., als Juda den ersten Aderlass hinter sich hatte, war das kein Thema. Die Jerusalemer meinen sogar: »Abraham war ein ein-

---

359 Dazu gehören in 1Mose 12–25 folgende Stücke: … 12,1–4a.6.8.9; 12,10–20; 13,1–18*; 16,1–2.4–7a.8.11–14a; 18 – 19*; 21, … 6.

zelner, wir aber sind viele« (Hes 33,24). Das hat sich nach dem Desaster 587 v. Chr. und der schleichenden Entvölkerung danach gründlich geändert. Jetzt werden die Stimmen der Verzweiflung laut (Jer 31,36; 33,24): Ist Israel überhaupt noch ein »Volk«? Wahrscheinlich ist auch das Motiv der unfruchtbaren Ahnfrau Ausdruck jenes Lebensgefühls, das nach 587 v. Chr. bis in die nachexilische Zeit hinein in Israel weit verbreitet war. In diesen Zusammenhang gehört auch die Verzögerung, die durch die Einfügung von 16,1–14 zwischen 12,2 und 18,10–15 bewirkt wird.

Mit dem Stichwort »Sippen des Erdbodens« bringt 12,3 schließlich das Thema *Völker* zur Sprache, das in verschiedener Gestalt das Werk durchzieht. Die ältere Abraham-Lot-Erzählung hatte das Verhältnis Israels zu seinen Nachbarn Ammon und Moab genealogisch als ein Verwandtschaftsverhältnis aufgefasst, war aber auf Abgrenzung bedacht. Bei der Verbindung mit der Jakoberzählung in der frühen Perserzeit erweitert man das Spektrum um Ismael als Isaaks Halbbruder, der die beduinischen Araber im Osten und Süden Israels repräsentiert, die jetzt neu ins Blickfeld treten (16,1–14). Edom war als Bruder Jakobs schon in der Jakoberzählung genealogisch verankert. Ismael und Edom sind zwar mit Israel verwandt, leben aber nicht im verheißenen Land. Das Verhältnis der nicht als verwandt geltenden Ägypter und Philister zu Israel wird in den Kontrasterzählungen vom Aufenthalt des Ahnpaares beim Pharao (12,10–20) und beim König in Gerar (1Mose 26*) verdeutlicht. Der Pharao vergreift sich an der Ahnfrau und wird deshalb von Gott selber geschlagen; aus Ägypten kann man nur ausziehen; auf das Geschick des Ahns wird das Geschick des Volkes zurückgespiegelt. Isaaks Aufenthalt beim König von Gerar steht dagegen für ein gesegnetes Leben unter dem Schutz fremder Oberherrschaft (26,11–14a). Genau das erhoffen sich der Erzähler und seine Leser unter den Persern.

(3) Die priesterliche Konzeption
Die Texte, die hierher gehören,[360] sind wie die vereinigte Vätergeschichte wohl noch vor dem Bau des zweiten Tempels 520 v. Chr. entstanden. Sie stammen aber aus priesterlichen Kreisen. Sie stellen sich in ihrer Lage vor allem einer Frage: Hat sich Gott in dem Gericht, das er wegen unseres Ungehorsams über uns brachte, für immer abgewandt? Als Antwort schaffen sie mit den ihnen bekannten Überlieferungen eine neue Großerzählung. Die beginnt mit der Weltschöpfung (1Mose 1) und kommt in der Gegenwart des Weltschöpfers im Heiligtum ans Ziel (2Mose 25,8; 29,45–46).

Weil Gott seine Weisungen erst am Sinai mitgeteilt hat, ist Abraham von Israels Ungehorsam und dem daraus folgenden Unheil nicht berührt. Deshalb gewährt Gott allein ihm als Ahn des Volkes ein besonderes Verhältnis (»Bund«) und gibt ihm das »gesamte Land Kanaan« (1Mose 17,6–8), bevor er den Bau des Heiligtums (2Mose 25–31) und den Sühnekult ordnet (3Mose 1–9), der nach dem Versagen des Volkes ein Leben in seiner Gegenwart weiterhin möglich macht.

Abraham kommt in diesem priesterlichen Konzept eine entscheidende Bedeutung für das zeitgenössische Israel zu. Das zeigt sich schon in der Anlage des Werkes. Jene Priester haben erstmals die Ursprungsgeschichte Israels in seinen Ahnen mit der vom Ursprung

---

360 P tritt in den Ahnpaargeschichten eher in Ergänzungen der älteren Überlieferungen denn als ein für sich stehendes Werk in Erscheinung. In der Abrahamüberlieferung gehören dazu: 11,27–32; 12,(4b.)5; 13,6.11b–12a; 16,3.15–16; 17,1–27; 19,29; 21,1b–5; 25,7–9a.11.12–17.

Israels im Exodus verbunden (vgl. 17,6–8 mit 2Mose 6,2–8). Darüber hinaus haben sie den Ursprungsgeschichten Israels eine Urgeschichte der Menschheit voran gestellt und beide miteinander verknüpft. Dem dienen die Gliederung der Weltgeschichte in »Toledot« – Zeugungen, Generationenfolgen – (5,1; 6,9; 11,10.27; 25,12.19) und mehrere Querverbindungen. So gedenkt Gott an Abraham (19,29) wie an Noah in (8,1), um ihretwegen Lot bzw. die Menschheit zu retten. Der Menschheit wird nach der Flut ein Bund mit »Gottes Bogen in den Wolken« als »Zeichen« gewährt (9,1–17) wie Abraham und seinen Nachkommen mit dem Zeichen der Beschneidung (17,9–14). Darüber hinaus gibt es eine genealogische Brücke von Noah und seinen Söhnen bis zu Abraham. Ihre Chronologie hebt Abraham als Wendepunkt der Geschichte hervor; denn sie lässt alle Urväter nach der Flut von Noah an mindestens solange leben, bis Abraham geboren ist (9,28–29; 11,10–26). Sem war darüber hinaus noch am Leben, als Isaak und Jakob das Licht der Welt erblickten. So ist der Ahn der Semiten unmittelbar mit den drei Gründerahnen Israels verbunden. Mit Abraham beginnt in der Weltgeschichte eine neue Ära; denn allein mit ihm schließt Gott seinen Bund (17).

Darüber hinaus wird die Ursprungsgeschichte Israels in besonderer Weise im Ahn Abraham verdichtet und für die zeitgenössischen Leser in ihrer Lage durchsichtig gemacht. Einerseits nimmt Abrahams Auszug aus Ur und Harran den Exodus Israels aus Ägypten vorweg. Andrerseits machen ihn die ihm erstmals hier zugeschriebene Herkunft aus dem südbabylonischen Ur und der mehrjährige Aufenthalt im assyrischen Harran (11,27–32) zu einem Einwanderer. Er wird dadurch nicht nur zur Identifikationsfigur für die nach Babylonien Deportierten aus dem Südreich Juda von 587 v. Chr., sondern auch für die Exulanten aus dem Nordreich von 720 v. Chr., die in der Region um Harran angesiedelt wurden. Beide sollen das tun, was einst ihr Ahn getan hat.

Abrahams Einwanderung nach Kanaan in 12,5 greift der Landnahme Israels vor. Die älteren Vorstellungen von ihr werden jedoch in 17,8 korrigiert: Gott gibt das Land (nur) zur Nutzung, aber »für immer«. Von beidem war in den vor-priesterlichen Texten nicht die Rede. Nicht weniger wichtig angesichts der Dezimierung des Volkes durch Krieg und Verheerung war in dieser Lage das Thema »Mehrung«. Es stammt aus der Tradition, wird aber gleichfalls transformiert: Abrams Umbenennung in »Abraham« wird damit begründet, dass er zum »Vater einer Menge« (17,4–6) werden soll. Jetzt endlich wird auch die seit 11,30 quälende Unfruchtbarkeit Saras aufgegriffen. Das Ausbleiben des Schöpfungssegens von 1,28 und 9,1–7 ausgerechnet bei Sara konnte nur als Ausdruck der Abwendung Gottes gedeutet werden. In 17,16 setzt Gott seinen Segen ausdrücklich auch für Sara in Kraft.

Im Zentrum der priesterlichen Abrahamüberlieferung steht jedoch die Stiftung eines neuen Gottesverhältnisses. Die deuteronomistische Schule hatte es als einen Vertrag aufgefasst, den Gott am Sinai geschlossen, Israel aber nicht gehalten hat. Sie erklärte deshalb die Katastrophe von 587 v. Chr. als Folge des Vertragsbruchs Israels. So hielt sie noch auf den rauchenden Trümmern Jerusalems an Gottes Gerechtigkeit fest. Die priesterliche Schule überträgt die Gründung des Gottesverhältnisses vom Sinai auf Abraham.[361] Sie tilgt aus der Bundesvorstellung alle vertragsrechtlichen Anklänge und bindet das Gottesverhältnis nicht an den

---

361 ZIMMERLI, Sinaibund.

menschlichen Gehorsam, sondern allein an Gottes Treue. Ihr »Bund« besteht aus einer einseitigen, gnädigen Selbstverpflichtung Gottes. Gott bestimmt sich dazu, »für immer dir und deinen Nachkommen Gott zu sein« (V. 7). Deshalb kann keiner an diesem Bund scheitern, deshalb ist er unzerstörbar, eben ein »ewiger Bund«. Der Himmel steht wieder offen.

Dieses Gottesverhältnis gilt jedoch allein denen, die Abraham ihren Ahn nennen können. »Bund« heißt hier das, was in 5Mose 7,6–10 »Erwählung« genannt wird. Dieses Verhältnis kann aber ohne die Zustimmung der davon Betroffenen nicht wirksam werden. Indem sich Abraham und seine Nachkommen beschneiden lassen, treten sie in den Bund ein, den Gott ihnen gewährt. Mit diesem »Zeichen des Bundes« unterscheiden sie sich von allen anderen Menschen. Das exklusive Gottesverhältnis und die Beschneidung als Zeichen seiner Annahme bilden fortan Israels Identität. Sie neu und wirksam begründet zu haben, ist das Verdienst der priesterlichen Abrahamüberlieferung.

(4) Eine Diskussion um Gottes Gerechtigkeit
Das Lehrstück (18,17–33) unterbricht die Abraham-Lot-Erzählung. Es muss jünger sein als die priesterliche Neufassung der Abrahamüberlieferung; denn in der priesterlichen Notiz 19,29 wird Lot nicht wegen seiner Gerechtigkeit gerettet, sondern um Abrahams willen; offenbar kennt P das Lehrstück noch nicht. Das scheint andrerseits der nach-priesterlichen Erzählung vom Aufenthalt des Ahnpaares in Gerar mit der vorwurfsvollen Frage Abimelechs in 20,4 schon vorzuliegen: »Willst du auch einen Gerechten töten?« In 18,17–33 erscheint Abraham als Prophet, Toralehrer und Weiser in einer Person. Diese Mischung war erst in der vorgerückten Perserzeit möglich.

V. 17 zeichnet Abraham zunächst als einen *Propheten*, der wie in Am 3,7 in das kommende Unheil der Frevler eingeweiht wird. Sodann macht V. 19 aus ihm einen *Toralehrer*, der wie Mose in 5Mose 5,31–33 seine Nachkommen im »Weg Jhwhs« unterweist. Das meint nichts anderes als das Tun von »Gerechtigkeit« und »Recht«, die Gott in der Tora geboten hat.[362] Der Toralehrer erscheint also als prophetischer Mahner, der – das Geschick Sodoms vor Augen – die Leser warnt, um ihnen jenes Geschick zu ersparen. Dieser Abraham steht nahe bei Hes 3,17; 33,7.

Im anschließenden Lehrgespräch (V. 23–33) klagt er wie der *weise* Hiob Gottes Gerechtigkeit ein, hier nicht am Schicksal eines Einzelnen, sondern am Gottesgericht über eine ganze Stadt, das eine gemischte Gesellschaft aus Unschuldigen und Schuldigen trifft. Der Gang des Gesprächs erweist Gottes überaus große Geduld (2Mose 34,6) um der wenigen Gerechten willen. Damit lädt es gegen alle Resignation zu einem Leben auf dem »Weg Jhwhs« ein, den die Tora weist.

(5) Nachpriesterliche Erweiterungen

Drei Erzählungen[363] sind durch ähnliche Erzählstrukturen, durch ihre Lokalisierung im Süden, durch die weitgehende Vermeidung des Gottesnamens Jhwh und andere Besonderheiten zu einer Gruppe verbunden. Sie setzen allesamt die priesterlichen Texte voraus. Von den drei Erzählungen haben die vom Aufenthalt des Ahnpaares in der Fremde und die von Hagar und Ismael in 1Mose 12 und 16 ältere Seitenstücke. Die sollen durch die Neufassung revidiert und mit neuen

---

362 Vgl. Ps 119,33.44.60.112.121.166.
363 Dazu gehören 20,1–16; 21,22–24.27.34 sowie 21,1a (b–6).7–22 und 22,1–14.19.

Aspekten bereichert werden, um Antworten auf die Fragen einer neuen Zeit zu geben.

Schon viele Jahre lebt man als Bürger in einem Vielvölkerstaat unter persischer Herrschaft. Keineswegs alle Deportierten sind in die Provinz Jehud zurückgekehrt. Viele sind im Zweistromland geblieben und haben es dort zu Wohlstand gebracht. Fast überall im persischen Reich leben inzwischen jüdische Gruppen und haben gute Erfahrungen mit einem Leben unter Nichtjuden gemacht. Aber nicht alle finden das gut und fragen, ob es unter der Fremdherrschaft eine Zukunft für sie gibt. Anders als die ältere Geschichte vom Aufenthalt des Ahnpaares in Ägypten hält 1Mose 20 ein Leben als Jude außerhalb des gelobten Landes durchaus für möglich. Denn auch dort steht ein Jude unter dem Schutz des Gottes Israels (JHWH), der längst der Gott (Elohim) der ganzen Welt geworden ist. Er redet nicht nur mit Abraham, sondern auch mit dem König von Gerar und lenkt die Geschicke aller Menschen. Sogar der fremde König erkennt ihn als den Gott an (20,4b; 21,23a), der über alle wacht. Abraham muss lernen, dass es Gottesfurcht wider Erwarten auch außerhalb Israels bei Fremden gibt (20,8.11).

Wir vernehmen hier die Stimme eines weltoffenen Judentums. Das Zusammenleben von Juden unter Nichtjuden bekommt beiden Seiten. Der fremde Herrscher sichert Abrahams Überleben und gewährt ein Bleiberecht (20,15; 21,34). Sogar ein Freundschafts-Vertrag ist möglich (21,23–24.27), weil er Abrahams besondere Stellung anerkennt (21,22b).

Andrerseits stößt das Zusammenleben an unüberwindbare Grenzen, wenn die eigene Identität betroffen ist. Nichts steht gemeinsamem Handel und Wandel entgegen, aber die Reinheit des Blutes muss gewahrt bleiben. Auch in der Frage des Landes gibt es keine

Kompromisse: Zwar hat das Land nun fremde Herren, aber es bleibt das Erbe Abrahams, Isaaks und Jakobs (21,8–20).

Freilich lauern auf dem Weg ins Ungewisse (20,13) viele Gefahren. Auf ihm gerät die Glaubwürdigkeit Gottes in die Krise, weil wenig zu sehen ist von einem großen Volk in seinem eigenen Land. Von der am Ende der Königszeit stark angewachsenen Bevölkerung Judas war nur noch ein Drittel geblieben.[364] Während wenige »jüdische Brüder« zu Wohlstand kommen, verarmen die meisten unter der persischen Steuerlast und müssen sich selbst oder ihre Kinder in die Schuldknechtschaft verkaufen (Neh 5). Mit alledem stellt Gott ihr Vertrauen auf die Probe wie bei Abraham, dessen einzigen Erben er fordert (22,1). Aber gerade in der Erprobung kommt Abrahams Gottesfurcht an den Tag (22,12). Er schärft seinen Nachfahren im 5. Jh. v. Chr. ein, ihr Vertrauen nicht aufzugeben, sondern ihr Geschick in Gottes Hand zu legen.

(6) Weitere Umdeutungen in spätpersischer Zeit

Schon die nachpriesterlichen Erweiterungen, vor allem die Erzählung von der Bewährung Abrahams in 1Mose 22, individualisieren den Repräsentanten Israels stark und zeichnen zugleich ein Bild von ihm, das Menschenmaße übersteigt. Das gilt erst recht für 1Mose 14–15. Beide Kapitel hängen zusammen und sind wahrscheinlich mit Rücksicht auf den unmittelbaren Kontext von 12,1–13,18 geschrieben. Das Gefälle vom großzügigen Verzicht (14,21–24) zum göttlichen Lohn (15,1) wiederholt das von 13,9 zu 13,14–17, überhöht Abraham aber noch zu einer königlichen Gestalt.[365]

---

364 Carter, Emergence, 247.
365 Blum, Komposition, 464.

1Mose 14 zeigt Abraham als überlegenen Ahn, der zwar nur eine Minderheit repräsentiert, aber den Weltmächten gegenübertritt und wie der legendäre David Unmögliches vollbringt. Andrerseits erscheint er als Urbild: Mit seiner Gabe an Melchisedek legitimiert er die Abgabe des Zehnten für den Unterhalt des Jerusalemer Tempels zur Sicherung des Segens für das Land. Zugleich wird das zadokidische Hohepriestertum dadurch autorisiert, dass schon Melchisedek Abrahams Zehnten angenommen und ihn daraufhin gesegnet hat. Auf diese Weise gründet die besondere Bedeutung des Jerusalemer Heiligtums schon in der Geschichte Abrahams.

1Mose 15 stellt dagegen den Ahn in jeder Hinsicht als Vorbild vor: Er setzt sein Vertrauen auf Gottes Versprechen, ihm einen leiblichen Sohn zu schenken und seine Nachkommen so zahlreich wie die Sterne am Himmel zu machen. Die Erfahrung der Differenz zwischen Gottes Verheißung und der Sprache der Tatsachen verbindet Abrahams Lage mit jener der Leser. Sie sollen wie ihr Ahn auf den Gott vertrauen, der sich in jenem Schwurritus dazu verpflichtet hat, Abrahams Nachkommen dieses Land zu geben (15,12.16b–18). Damit erhalten jene zahlreichen Rückverweise auf das Land, das Gott den Vätern zu geben geschworen hat, einen Bezugspunkt.[366]

(7) Diskussionen in der Spätzeit

Der Nachtrag 22,15–18 deutet Abrahams Gehorsam als Gehorsam gegenüber der Tora. Er antwortet auf die Bewährung mit einer Belohnung, die als Eid stilisiert ist (15,17–18)[367] und inhaltlich aus einer Kombination von

---

366 S. 1Mose 24,7; 26,3; 50,24; 2Mose 13,5.11; 33,1 usw.
367 Die Formulierung des Gehorsams mit »auf meine/Jhwhs

Verheißungen besteht, die alle bisherigen übersteigt. Schließlich macht er aus Abrahams Tat ein Verdienst (vgl. 26,3b–5.24b), das seine Nachkommen über ihr Versagen hinweg trägt.

Die durch den Stammbaum der Aramäer (22,20–24) vorbereitete Erzählung von Gottes Führung (24,1–67) bezieht sich in V. 7.40 auf 15,17–18 und 17,1 zurück. Im Streit um das Zusammenleben mit Nichtjuden scheint Abraham mit der Ablehnung jeglicher Vermischung auf der Seite der Rigoristen zu stehen. Er führt mit seinem Knecht ein Lehrgespräch wie ein Toralehrer und schärft dabei seinen Nachfahren mit 5Mose 7,3 ein, ja keine Mischehe mit Nichtjuden einzugehen. Andrerseits räumt er in 24,8 der Bindung an das »gelobte Land« Vorrang ein. Der vorausgesetzte Konflikt zwischen »heiligem Samen« und Bleibe im Land war Esr 9–10 noch unbekannt. Der Erzähler stellt sich mit der Autorität Abrahams gegen die Rigoristen und sieht in Ehen mit Fremden keinen Hinderungsgrund für die Rückkehr in die Heimat.

Als letzte größere Umgestaltung der Abrahamüberlieferung erzählt man vom Erwerb der Grabstätte Machpela für Sara in 23 und stellt sie zwischen Genealogie und Brautwerbung. Durch Saras Tod bleibt Zeit für eine nochmalige Ehe Abrahams mit Ketura. Über sie werden weitere arabische Gruppen mit dem Ahn Israels in Verbindung gebracht (25,1–4). Mit dem Kauf und der katasterartigen Beschreibung der Immobilie erhebt man Ansprüche auf das Ahnengrab, das nach 587 v. Chr. außerhalb der Provinz Jehud lag. Zugleich vermeidet man bei dem Gedächtnisort jeden Anschein

---

Stimme hören«, vor allem aber die Stilisierung der Verheißung als Eid Gottes gehören zu den Eigentümlichkeiten des 5. Mosebuchs.

von Ahnenverehrung oder Totenkult (5Mose 26,14; Jes 65,4–5; Ps 106,28).

5.3. Wer war Abraham historisch?

Zeitgenössische Zeugnisse des Alten Orients, die unmittelbar auf Abraham und Sara bezogen werden könnten, sind bislang nicht bekannt geworden. Zwar hat man mitunter gemeint, Abraham auf der kleineren der beiden Stelen von Sethos I. (1290–1279 v. Chr.) in Betschean entdeckt zu haben.[368] Die Inschrift erwähnt Kämpfe mit den »Asiaten von *r-h-m*«. Mit jenem Wort *r-h-m* lässt sich *Ab-r-h-m* philologisch durchaus verbinden. Abraham wäre dann freilich kein Personenname, sondern so etwas wie ein Titel: »(Stamm-)Vater der Rahamiten«. Allerdings passt die Lokalisierung jener Rahamiten in der Nähe von Betschean, also im Norden, nicht zu den Haftpunkten der Abrahamüberlieferung, die allesamt im Süden Judas liegen.

Da es keine Quellen außerhalb der Bibel gibt, die Abraham erwähnen, ist man allein auf Hinweise in den biblischen Texten angewiesen. So deutete man vor hundert Jahren die Abrahamüberlieferungen aus der Lebenswelt von Wanderhirten in vorstaatlicher Zeit an der Wende zum 1. Jtsd. v. Chr.[369] oder gar aus der von Karawanenhändlern am Anfang des 2. Jtsd. v. Chr.[370] Derartige Geschichten habe man an den Lagerfeuern von Händlern und Hirten erzählt. Dieser Quellort der Überlieferung ist jedoch weniger von der Bibel als von Karl May inspiriert. Für die dabei vorausgesetzte halb-

---

368 So LIVERANI, gefolgt von GÖRG, Abraham; Text bei WEIPPERT, Textbuch, Nr. 64.
369 GUNKEL, Genesis, 88–89*.
370 ALBRIGHT, Abraham, 52–53.

nomadische Lebensweise kann man sich in der Überlieferung lediglich auf Abrahams Wohnen im Zelt (13,18; 18,2.9–10) und auf seine Wirtschaftsweise stützen, die auf der Zucht von Schafen und Ziegen beruht. Indes ist in 13,5 auch von Rindern die Rede, und in 18,7 bewirtet der Zeltbewohner seine himmlischen Gäste nicht mit einem Lamm, sondern mit Kalbfleisch. Der stets angenommene Wechsel zwischen Sommer- und Winterweide wird in keinem der Texte erwähnt.[371] Die altorientalischen Sitten und Rechtsbräuche, die man zur Erklärung einzelner Abrahamerzählungen bemüht, begegnen in Stadtkulturen und keineswegs nur im 2. Jtsd. v. Chr. Sie sind bis weit in die assyrische Zeit hinein verbreitet.[372] Schließlich hat sich die Annahme einer für Nomaden typischen Religion des »Gottes der Väter« nicht als tragfähig herausgestellt. Vielmehr handelt es sich bei den dafür in Anspruch genommenen Motiven um Elemente einer Religiosität, die in der Familie beheimatet ist und die es nicht vor, sondern neben der JHWH-Religion gegeben hat.[373] Über die Ahnen Israels in vorstaatlicher Zeit wissen wir so gut wie nichts, was historisch verlässlich wäre.

Andere lasen diese Texte als Ausdruck der »freigeistigen Ära Salomos« im 10. Jh. v. Chr.[374] oder vernahmen in ihnen umgekehrt die Stimme der Kritik am Optimismus jenes schon bei David vorausgesetzten »Großreichs«.[375] Inzwischen hat sich das eine wie das andre als Trugbild herausgestellt.[376]

---

371 Köckert, Vätergott, 115–134.
372 Thompson, Historicity, 196–297; Thiel, Probleme, 11–27.
373 Gegen Alts wirkmächtige Hypothese Köckert, Vätergott, bes. 142–147.
374 v. Rad, Das erste Buch Mose, 14.
375 Wolff, Kerygma, 369–370.
376 S. nur Berlejung, Geschichte, 97–101.

Schließlich deutete man die Abrahamüberlieferung als Literatur zur Bewältigung einer Krise. Man entdeckte, wie sich vor allem die Verheißungen als Antworten auf die Verluste des Landes und auf die Gefährdung der national-religiösen Identität erschließen. Beides setzt mindestens den Untergang des Nordreichs 720 v. Chr., wahrscheinlich aber das Ende Judas als eines selbstständigen Staates im Jahr 587 v. Chr. voraus.[377] Für diese Sicht spricht einiges.

Die unterschiedlichen Deutungen erklären sich daraus, dass in den biblischen Texten nicht der historische Abraham begegnet, sondern lediglich die Bilder erscheinen, die sich die Erzähler von Abraham und seiner Welt gemacht haben. Da die Erzähler von der Zeit der Könige bis in die frühhellenistische Zeit am Werk waren, spiegeln sich diese verschiedenen Zeiten bis zu einem gewissen Grade in den Texten wider.

Was können wir über den ›historischen‹ Abraham einigermaßen verlässlich sagen? Sein Name folgt den Regeln semitischer Namenbildung und nennt die Gottheit mit einer Verwandtschaftsbezeichnung: »Der Vater (*'ab*) ist erhaben (*ram*)«. Satznamen dieses Typs sind im Vorderen Orient von der altbabylonischen (18. Jh. v. Chr.) bis in die neuassyrische Zeit (7. Jh. v. Chr.) hinein verbreitet.[378] Das in der Überlieferung vorausgesetzte kulturgeschichtliche Milieu ist das der Eisenzeit im 1. Jtsd. v. Chr. und reicht nicht in die Bronzezeit zurück. Die Abraham-Lot-Erzählung als ältester

---

377 Für die Ansetzung der Verheißungen in die Zeit nach 720 KRATZ, Komposition, 269, in die Zeit nach 587 HOFTIJZER, Verheißungen, 81.99, J. VAN SETERS, Abraham, 269–278, und die meisten neueren Arbeiten.

378 Zu den Einzelheiten und zur Verbreitung THOMPSON, Historicity, 22–36.

Kern präsentiert Abraham als Ahnvater einer Menschengruppe. Weil in dieser Erzählung Hebron fest verankert ist, könnte Abraham der Chef eines Clans mit Hebron als Zentrum gewesen sein, der später in Juda aufgegangen ist.[379] Bislang kennen wir für staatliche Strukturen mit einer entsprechenden Schriftkultur in Juda keine Zeugnisse vor dem 8. Jh. v. Chr. Etwa seit dieser Zeit wurde aus dem Chef eines kleinen Clans zunächst der Ahn Judas, dann der Gesamtisraels und schließlich der Vater all derer, die sich als Nachkommen Abrahams und Saras verstehen.

---

379 LIPSCHITS, Abraham.

C. WIRKUNG

1. Vom Ahn der im Lande Verbliebenen zum Vorbild der Gerechten:
Abraham und Sara außerhalb des 1. Mosebuches

Außerhalb von 1Mose 11–50 ist von Abraham nur selten die Rede, meist in der Verbindung mit Isaak und Jakob.[380] Die Wendung »Gott Abrahams, Isaaks und Jakobs« bezeichnet Jhwh als Gott der Ahnen Israels und damit als Gott des gesamten Volkes.[381] Er steht treu zu seinem Bund. Er nimmt sich seines Volkes an und hält den Eid, den er den Vätern geschworen hat, ihren Nachkommen das Land zu geben.[382] Alle Belege stammen aus der persischen Zeit. Auch die wenigen ausführlicheren Anspielungen sind bis auf die erste nicht älter.

1.1.
Das erste Mal wird Abraham in einer Gottesrede in *Hes 33,24* erwähnt.

Menschenkind, die Bewohner dieser Trümmer im Lande Israel sagen:
> Ein einzelner war Abraham, und er besaß das Land;
> wir aber sind viele, uns ist das Land zum Besitz gegeben!

---

380 Überblicke haben zuletzt Köckert, Geschichte, 103–117; Römer, Abraham Traditions; und Mühling, Blickt auf Abraham, 84–113, gegeben.
381 2Mose 3,6.15.16; 4,5; 1Kön 18,36; 1Chr 29,18; 2Chr 30,6.
382 2Mose 2,24–25; 6,8; 32,13–14; 33,1; 3Mose 26,24 u. ö.

Gott zitiert eine Parole, mit der sich die Bewohner des Landes Mut zusprechen. Sie dient der Selbstvergewisserung und soll Besitzansprüche begründen: Wenn schon Abraham als einzelner das Land besaß, dann steht das seinen Nachkommen kraft ihrer Menge erst recht zu. Die Parole setzt Wissen um die genealogische Abkunft von Abraham und damit eine Abrahamüberlieferung voraus, als in Juda noch Könige herrschten. Die kannte weder eine Landverheißung noch gar einen Gotteseid; denn das Zitat weist allein auf den selbstverständlichen Besitz des Landes hin. In ihr muss der Ahn eine seit je im Lande heimische Gestalt gewesen sein; denn mit dem Hinweis auf den Landbesitz eines Immigranten hätten die Jerusalemer in dem verwandten Zitat Hes 11,15 schwerlich gegen die Ansprüche der Deportierten argumentieren können.

Die Gottesrede, in der die Parole jetzt steht, richtet sich in ihrem Kernbestand ursprünglich gegen diejenigen, die bei der ersten Deportation 597 v. Chr. noch einmal davon gekommen sind.[383] Zwar war Juda zur Ader gelassen worden, aber aus V.28–29 geht hervor, dass das Land bewohnbar war und der Tempel als des Landes »stolze Macht« noch bestand. Das entspricht der Lage, die in 2Kön 25,10–17 geschildert wird. Offenbar haben die Überlebenden aus dem Desaster nichts gelernt. Deshalb droht ihnen Gott durch seinen Propheten den Untergang an (33,27–29). Nach der Katastrophe hat die Buchredaktion die ihr überlieferte Gottesrede unmittelbar nach die Nachricht vom Fall Jerusalems 587 (V.21–23) gestellt, um damit anzuzeigen: Jetzt hat sich die Drohung erfüllt.

---

383 Begründung bei KÖCKERT, Geschichte, 104–107.

1.2.

In *Jes 51,1–8* und *41,8–13* wendet sich Gott dagegen an Trostbedürftige und Geängstigte. Beide Texte gehören wahrscheinlich schon in die beginnende hellenistische Zeit. Das persische Reich war in den Schlachten bei Issos 333 v. Chr. und in der Ebene Gaugamela 331 v. Chr. unter den Armeen Alexanders zusammengebrochen. Nun geriet die altorientalische Welt nach dem plötzlichen Tod des jungen Königs 323 v. Chr. in den Kämpfen der Diadochen um die Vorherrschaft aus den Fugen. In diesen Erschütterungen der gesamten Ordnung wurde die Vorstellung eines Weltgerichts geboren. Der von den Höraufrufen 51,1–3.7–8 umrahmte Kern sieht in V.6 davon nicht nur die Völker betroffen, die wie Mücken sterben, sondern sogar Himmel und Erde, die wie Gewänder zerfallen. Mit dem Hinweis auf das Ahnpaar vergewissert Gott die Verstörten erneut seines Segens und seiner Erwählung.

Jes 51,1–3 erinnert in manchem an Hes 33,23–29: Hier wie dort sind die Trümmer im Blick, hier wie dort spielt Abraham eine wichtige Rolle für die Gegenwart. Auch leben die Anspielungen beide Male vom Gegensatz zwischen dem Einen und den Vielen. Doch ist Jes 51 auf einen ganz anderen Ton gestimmt. Angeredet werden zunächst weder die im Lande Verbliebenen noch die Deportierten, sondern das eine Volk, das Gott sucht und dem Heil nachjagt (V.1a), weil es in seinem Wollen und Tun ganz von Gottes Weisungen in der Tora bestimmt ist (V.7):

¹ᵃ Hört auf mich, die ihr dem Heil nachjagt,
die ihr Jhwh sucht! …
⁷ Hört auf mich, die ihr das Heil kennt,
Volk, in dessen Herzen meine Tora ist!

Dem verwandelten Volk entspricht ein verwandelter Zion: Aus der Trümmerwüste ist ein Gottesgarten wie Eden geworden. Der von Lobgesängen widerhallt, statt von Klageschreien:

³ Denn JHWH hat Zion getröstet,
hat getröstet alle ihre Trümmer.
Er machte ihre Wüste wie Eden
und ihre Steppe gleich dem Garten JHWHs.
Wonne und Freude werden in ihr gefunden,
Danklieder und Gesänge.

Auch Abraham steht in einem neuen Licht. Aus dem Gewährsmann für Besitzansprüche auf das Land ist ein Beispiel für Gottes Gnadenwillen in der Mehrung des Einen geworden. Weil die Mehrung im Zentrum steht, ist auch von der Ahnmutter Sara die Rede:

² Blickt auf Abraham, euren Vater,
und auf Sara, die mit euch in Wehen liegt!
Denn als einen einzelnen habe ich ihn gerufen,
ich will ihn segnen und mehren.

Mit der Abfolge von Ruf, Segnung und Mehrung spielt der Text auf 1Mose 12,1–3 an. Er deutet Gottes Ruf als erwählende Berufung Abrahams. Doch fällt auf, dass die Erinnerung an das Ahnpaar in der zweiten und vierten Zeile aus der Vergangenheit in die Gegenwart und Zukunft fällt: Sara liegt noch in Wehen, und zwar mit den Angesprochenen; und die aus dem Segen erwachsene Mehrung ist noch keineswegs abgeschlossen. Ein Blick auf V. 1b.3 führt weiter:

¹ᵇ Blickt auf den Felsen, aus dem ihr gehauen,
und auf den Brunnenschacht, aus dem ihr gebrochen seid!

Zunächst denkt man, beide Zeilen beziehen sich wie V.2a auf das Ahnpaar. Aber beide Verben werden nie mit Geburt oder genealogischer Abstammung verbunden, sondern stets mit gewaltsamer Trennung und gewalttätiger Bearbeitung. Auch erscheinen weder »Fels« noch »Brunnenschacht« jemals als Metapher für Abraham oder Sara. Jedoch kann »Fels« für den Zion (Ps 27,5) und für den Gott vom Zion (Jes 30,29) stehen. Wasser, Quelle, Strom gehören ohnehin als feste Motive zu Tempel und Zion (Ps 46,5; 87). Das spricht dafür, dass in V.1b die vom Zion Deportierten und die Diaspora angeredet werden. Sie sollen Zions Verwandlung in einen wasserreichen Gottesgarten sehen.[384] Dann kann sich V.2 nur an die Zionbewohner wenden. Sie sollen an ihrem Ahnpaar sehen, wie Gottes Segen aus einem Einzelnen Viele machen kann. Das geschieht in der Gegenwart dieses Textes durch die Verbindung beider Gruppen zu dem *einen* Volk, das im Rahmen V.1.7 angesprochen wird. Durch Rückkehr werden die verstreuten Zionkinder zu Söhnen und Töchtern Abrahams und Saras. Deshalb liegt Sara noch immer in Wehen; deshalb ist Gott noch immer dabei, Abraham zu segnen und zahlreich zu machen. So sind beide in Jes 51 zu Identifikationsfiguren des einen Volkes aus den im Lande Verbliebenen und aus den Heimkehrern geworden.

Nahe bei diesen Anspielungen auf das Ahnpaar steht die Bearbeitung des älteren Heilswortes Jes 41,8a.10–13 durch *V.8b–9*:

⁸Aber du, Israel, mein Knecht,
Jakob, den ich erwählt habe,

---

384 Zu dieser Deutung STECK, Zions Tröstung, bes. 84–86.

Same Abrahams, der mich liebt,
⁹den ich von den Enden der Erde ergriffen
und von ihren Säumen gerufen habe.
Ich sprach zu dir: Mein Knecht bist du.
Ich habe dich erwählt und nicht verworfen.
¹⁰Fürchte dich nicht; denn ich bin mit dir!
Ängstige dich nicht; denn ich bin dein Gott!
Ich stärke dich, ja, ich helfe dir,
ja, ich ergreife dich mit meiner heilvollen Rechten.

Die Bearbeitung ist an der ungewöhnlichen Erweiterung der in Jes 40–55 verbreiteten Verbindung von Israel und Jakob durch Abraham sowie am Wechsel von Poesie in Prosa erkennbar. Sie setzt drei Akzente:

Zunächst erläutert sie Israels Erwählung damit, dass Gott den Ahn »von den Enden der Erde gerufen« hat. Das bringt 1Mose 12,1 nach 11,27–32 in Erinnerung: Wie Gott einst Abraham aus dem südbabylonischen Ur ergriffen und ins Land geführt hat, so ruft er jetzt die Juden in der Zerstreuung als Abrahams Nachkommen.

Sodann nehmen die letzten beiden Zeilen in V. 9 mit den Stichworten »mein Knecht« und »erwählen« den Beginn von V. 8 auf. Der Bearbeiter fügt aber ausdrücklich hinzu: »Ich habe dich nicht verworfen.« Damit weist er eine damals verbreitete Deutung des Exils ab:

Hast du nicht bemerkt, was diese Leute reden:
> Die beiden Sippen, die Jhwh erwählt hatte, die hat er verworfen (Jer 33,24).

Auch sie haben Abraham zum Vater und bleiben in ihm durch das Gottesgericht hindurch erwählt.

Schließlich hebt die erste Zeile der Bearbeitung mit der Anrede »Same Abrahams, der mich liebt«[385] das beispielhafte Gottesverhältnis des Ahns hervor. Die hebräische Formulierung ist mehrdeutig, weil das hier gebrauchte Partizip von »lieben« auch als Substantiv »Freund« im Sinne eines von Gott geliebten Menschen verstanden werden kann. Diese Deutung hat über den Würdetitel »Freund Gottes« für Abraham breite Wirkung entfaltet.[386] Näher liegt es jedoch, die hebräische Wendung wie in 5Mose 5,10; 6,5; 7,9 als »Gott lieben« zu verstehen. Die Liebe zu Gott äußert sich darin, dass man seine Gebote befolgt. So gelesen, erinnert Abrahams Gottesliebe an den unverzüglichen Aufbruch in 12,4a und an seine Bereitschaft in 22,2.16, Gottes Weisung über die Liebe des Vaters zu seinem Sohn zu stellen. Letztlich bündelt diese Anrede jene Texte, die Abraham als beispielhaften Torafrommen zeichnen.

In frühhellenistischer Zeit bezieht sich der Chronist im Gebet des Königs Joschafat in *2Chr 20,7* auf Abrahams Gottesliebe:

JHWH, du Gott unserer Väter, ...
Hast du nicht die Bewohner dieses Landes vor deinem Volk Israel vertrieben und es den Nachkommen Abrahams, der dich liebt, für immer gegeben?

Angesichts der Bedrohung durch die Nachbarvölker appelliert der Chronist an Gottes Macht zu helfen. Er verbindet Abrahams im Gehorsam bewährte Gottes-

---

385 Der alternativen Übersetzung des hebr. Partizips mit »Same Abrahams, meines Freundes« ist die mit Abraham als Subjekt des Liebens vorzuziehen (s. die Diskussion und Argumente bei HÖFFKEN, Abraham).
386 Dazu KRATZ, Abraham, mein Freund.

liebe (Jes 41,8) mit der Gabe dieses Landes für die Nachkommen (1Mose 15,18) zu bleibendem Besitz (17,8).

1.3.
Die folgenden Zeugnisse sind etwas jünger.[387] Nach 320 v. Chr. wurde Palästina zunehmend zum Zankapfel zwischen den Ptolemäern in Ägypten und zunächst den Antigoniden, später den Seleukiden in Syrien. Sympathisanten für die einen wie die andern hat es auch in Jerusalem gegeben, wie man den Schilderungen des Josephus entnehmen kann.[388] Diese innerjüdischen Konflikte bringen neue Gedanken hervor: Nicht mehr das gesamte Volk, sondern nur noch die Gerechten werden am Heil teilhaben; das Gottesgericht über die Völker wandelt sich zu einem Scheidungsgericht zwischen Frevlern und Gerechten *innerhalb* des Gottesvolks. Die Verzögerung des immer wieder angekündigten Heils befördert Diskussionen um Schuld und Vergebung.

Einiges davon spiegelt sich in *Jes 29,17–24* wider. Das Stück dürfte an der Wende zum 3. Jh. v. Chr. entstanden sein. Es rechnet mit einer Reinigung des Gottesvolkes. Der Norden ist für immer untergegangen, denn Libanon und Karmel gehören nicht mehr zum bevölkerten Land (V. 17). Auf Heil kann nur noch Juda hoffen. Doch halten Frevler innerhalb des Gottesvolkes (V. 19–21) das Heil auf, das nur noch den Demütigen und Geringen gilt. Die »Tyrannen« und »Prahler« werden dagegen

---

387 Vgl. die erhellenden Analysen von STECK zu den Texten der Fortschreibungen im Jesajabuch (Abschluss, 80–111).
388 JOSEPHUS beruft sich dafür auf Hekataios von Abdera (Contra Apionem I, 22 § 186–189); vgl. dazu SCHÄFER, Geschichte, 25–27.

dem Gericht verfallen. Mit ihnen könnten die jüdischen Interessenvertreter der Ptolemäer und der Seleukiden gemeint sein. Den Demütigen aber bringt »der Gott, der Abraham freigekauft/erlöst hat (*padah*)«, die frohe Kunde, dass Jakob keinen Grund mehr hat, sich zu schämen (V. 22); denn selbst wer bisher verblendet und taub für Gottes Kunde war, wird auf die im Prophetenbuch gesammelten Worte hören (V. 18), Gottes Namen heilig halten und Einsicht gewinnen (V. 23). »Jakob« ist hier zur Ehrenbezeichnung für die Gerechten innerhalb des jüdischen Gemeinwesens geworden. Das Verb »freikaufen« ist im Schuldrecht beheimatet. Einen Bezugstext für den Freikauf Abrahams kennen wir aus der biblischen Überlieferung nicht.[389] Das Verb wird jedoch mehrfach zur Deutung für die Herausführung Israels aus Ägypten gebraucht.[390] Auf diese Weise werden hier beide Ursprungsgeschichten Israels miteinander verbunden.

In allen bisher behandelten Texten identifizierte sich das zeitgenössische Israel mit seinem Ahn; in ihm war es »erwählt«. Davon will das Gebet im Stile eines Volksklageliedes in *Jes 63,7 – 64,11* nicht mehr reden.[391] Die Beter kennen zwar noch ihre genealogische Herkunft, aber sie berufen sich angesichts ihrer Not nicht auf Abraham, sondern allein darauf, dass JHWH ihr Vater ist, der sie zu seinen Söhnen erwählt hat. Diesem Vater und »Hirten«, nicht etwa Abraham, verdanken sie ihre Rettung im Exodus und die Führung ins Land. Aber all das geschah in den »Tagen der Vorzeit«

---

389 Vielleicht steht die Errettung Abrahams vor seinen heidnischen Verwandten in Ur im Hintergrund, von der das Jubiläenbuch erzählt (C 2.4).
390 5Mose 7,8; 9,26; 13,6; 15,15; 21,8; 24,18.
391 Zu den Einzelheiten GOLDENSTEIN, Gebet.

(V. 1–14). Wo ist dieser Hirte geblieben, wo sind sein Eifer und seine kraftvollen Taten jetzt? Die folgenden Bitten greifen am Anfang (63,15–16) und am Schluss (64,7–8) auf Gottes urzeitliche Selbstbestimmung zum Vater dieser Söhne zurück:

¹⁵Schaue vom Himmel und sieh …
¹⁶Ja du, du bist unser Vater,
denn Abraham kennt uns nicht
und Israel weiß nichts von uns!
Du Jhwh, du bist unser Vater,
»Unser Erlöser« ist von Urzeit an dein Name.

Das Bekenntnis erhält seine Schärfe dadurch, dass es den genealogischen Vätern jeden Nutzen für die Söhne abspricht, die unter dem anhaltenden Zorn Gottes leiden. Nicht eigenes Fehlverhalten hat ihn verursacht, sondern Gott selbst lässt seine Söhne »von seinen Wegen abirren« und »verhärtet ihr Herz, so dass sie ihn nicht fürchten« (63,17). Indem Gott sich verbirgt, liefert er seine Söhne der Gewalt ihrer Verfehlungen aus (64,4b–6). Diese bestürzende Sicht verarbeitet die Erfahrung fortwährender Enttäuschung; denn vom sehnlich erwarteten Heil ist wenig zu sehen. Schon lange hatte Gott ansagen lassen, dass die Sünden-Schuld bezahlt und sein Kommen nahe sei (Jes 40,1–5), aber es geschah – wenig. Auch die in Jes 60–62 angekündigte wunderbare Zukunft ist trotz des wieder aufgebauten Tempels ausgeblieben. Offenbar hält Gottes Zorn seit dem Untergang Judas 587 v. Chr. noch immer an. So deutet man die wenig heilvolle Gegenwart im Lichte von Jes 6 mit Gottes anhaltender Verborgenheit und mit der Verstockung seiner Söhne. In dieser Lage ist Hilfe allein noch von Gott zu erwarten, nicht von den Ahnvätern. Deshalb tun diese Söhne das, was ihre Vorväter in Jes 1,2 verweigert hatten, und werfen sich Gott als ihrem Vater in die Arme:

Jetzt aber, Jhwh, du bist unser Vater.
Wir sind der Ton, du bist unser Töpfer,
und das Werk deiner Hände sind wir alle (64,7).

All das legt einen langen zeitlichen Abstand zu 587 v. Chr. und den damals gebrauchten Deutemustern nahe. Das Gebet spielt auf eine vernichtende Niederlage (63,17), auf die Verheerung Jerusalems wie der Landstädte (64,9) und auf die Entweihung und Brandschatzung des Tempels an (63,18b; 64,10). Das lässt sich noch am ehesten mit der Einnahme Jerusalems unter Ptolemaios I. 302/01 v. Chr. und mit den Deportationen großer Teile der Bevölkerung verbinden, von denen vielleicht auch Sach 14,2 spricht.[392] Man deutete die harte Behandlung durch Ptolemaios mit den Bildern der Katastrophe von 587 v. Chr.

Damit ist jedoch nicht das letzte Wort über Abraham gesprochen. Aus der Mitte des 3. Jh. v. Chr. stammt der Abschluss des Michabuches in *Mi 7,18–20*. Er begründet Gottes grenzenlose Vergebungsbereitschaft mit seiner Treue zu dem Eid, den er den Ahnvätern geleistet hat.

1.4.
Drei Mal erscheint Abraham in großen Rückblicken auf die Geschichte Israels, die in der jeweiligen Gegenwart enden. Während Neh 9 und Jos 24 die Ahnväter in die Exodus-Volksgeschichte integrieren, indem sie die

---

392 Auf Josephus, Contra Apionem I, 205–211, und Antiquitates XII, 5–6, weisen Steck, Tritojesaja, 39, 237f.; Schäfer, Geschichte, 26–28.

Ahnväter vorschalten, bezieht Ps 105 umgekehrt das Volk in Gottes Zuwendung zu den Vätern ein.

Die zweite Abschiedsrede Josuas in *Jos 24* stammt aus nach-deuteronomistischer Zeit.[393] Sie bringt in V. 2–13 eine Zusammenfassung der Heilstaten Jhwhs von den Vätern bis zur Landnahme. Damit begründet sie den Aufruf in V. 14–16, sich von den fremden Göttern abzukehren und Jhwh allein zu dienen. Der Geschichtsrückblick kennt die Sinaiereignisse noch nicht und verbindet die Väter mit dem Exodus dadurch, dass er aus Abraham einen Einwanderer macht:[394]

²Josua sprach zum gesamten Volk: So hat Jhwh, der Gott Israels gesprochen:
Eure Väter wohnten ehedem jenseits des Stroms – Terach, der Vater Abrahams und Nahors – und dienten anderen Göttern.
³Da nahm ich euren Vater Abraham jenseits des Stroms und ließ ihn im ganzen Land Kanaan umherziehen. Ich mehrte seine Nachkommen und gab ihm Isaak.

Ganz ungewöhnlich ist der Beginn mit den Vorvätern Abrahams, von denen aber nur Terach eigens genannt wird. Die Vorväter werden vom Vater Abraham durch die Bemerkung abgesetzt, dass sie fremden Göttern dienten.[395] Aber Gott »nahm« Abraham aus der Ge-

---

393 Zur literarischen Einordnung vgl. BLUM, Knoten, 262–274, und KRATZ, Hexateuch, 299–307.
394 Im Hintergrund steht auch hier 15,7, ohne ausdrücklich genannt zu werden.
395 Wahrscheinlich handelt es sich bei der Einschränkung der Väter auf Terach um eine Korrektur, mit der Abraham von den Götzendienern ausgenommen werden soll. In Jub 11–12; ApkAbr 1–7 kommt Abraham erst allmählich zur Erkenntnis des einen Gottes.

meinschaft seiner Väter dort weg. Auf diese Weise macht Jos 24 Abraham zum ersten, der Jhwh allein verehrt, und deutet in V. 3 Gottes Ruf von 12,1–3 aus der Sicht von 24,7 als Erwählung. Die Fortsetzung fasst die beiden Einwanderungen ins Land und die mehrfachen Ortsveränderungen im Land (12,1–13,18) zusammen. Die abschließende Mehrungsnotiz kennt die Geburt Ismaels vor Isaak und wohl auch die Listen in 25,1–6.12–18. Mit den Vätern jenseits des Stroms (V. 2.14) erscheinen die Gefährdungen jüdischen Lebens in der Diaspora. Am Ende »des Buches der Tora Gottes« (V. 26), das von 1Mose 1 bis Jos 24 reicht, fordert Josua Abrahams Söhne in persischer Zeit auf, wie ihr Ahn Gottes Ruf zu folgen und die fremden Götter hinter sich zu lassen.

Auch der um 300 v. Chr. entstandene *Ps 105*[396] blickt auf die Geschichte von den Vätern bis zur Landnahme (wiederum ohne die Ereignisse am Sinai) als eine Kette von Wundertaten Gottes zurück. Deshalb findet das Versagen Israels hier anders als in Ps 78 und 106 keine Erwähnung. Mit dem Rückblick begründet der Dichter das Lob dieses Gottes, zu dem er in V. 6 »Abrahams Nachkommen«, »Jakobs Söhne«, »seine Erwählten« auffordert. Als erstes Beispiel der Wunder nennen V. 8–15 Abraham zusammen mit Isaak und Jakob. Abraham sticht schon dadurch hervor, dass nur er den Würdetitel »(Gottes) Knecht« erhält (V. 6.42) wie Mose (V. 26). Vor allem aber erscheint die gesamte Geschichte als eine Veranstaltung fortwährenden göttlichen Gedenkens an Gottes Bund mit Abraham (V. 8) und an sein unverbrüchliches Wort (V. 42). »Bund« meint hier im Anschluss an 1Mose 15,18 nichts anderes als das

---

396 FÜGLISTER, Psalm, 46.

verbindliche Versprechen: »Dir gebe ich das Land Kanaan« (V. 11). Aus der umfänglichen Überlieferung greifen V. 12–15 vor allem die Erzählung von der Preisgabe der Ahnfrau in ihren drei Versionen auf.[397] Die Bezeichnung Abrahams als »meines Propheten« (V. 15) erinnert an 20,7. Die Bezeichnung der Ahnväter als »meine Gesalbten« könnte von 17,6 angeregt worden sein.

Das Bußgebet *Neh 9* wurde, wohl im 3. Jh. v. Chr., in die Esra-Erzählung eingeschoben. Es beginnt mit der Weltschöpfung und setzt nicht nur 1– 5Mose (V. 6–23) mit der Sinaioffenbarung (V. 13) voraus, sondern auch die Bücher Jos (V. 24–25), Ri (V. 26–28) und 1Sam–2Kön (V. 29–30). Die Epoche der Ahnväter wird auf Abraham reduziert (V. 7–8). Dem Gebet liegt die Überlieferung 1Mose 11–25 schon komplett vor, doch konzentriert sich der Verfasser ganz auf Gottes Handeln an Abraham:

⁷Du, Jhwh, bist der Gott, der Abram erwählt hat.
Du führtest ihn aus Ur in Chaldäa heraus und gabst ihm den Namen Abraham.
⁸Du fandest sein Herz treu vor dir und schlossest den Bund mit ihm, das Land der Kanaanäer, Hetiter und Amoriter, der Peresiter, Jebusiter und Girgasiter seinen Nachkommen zu geben.
⁹Du hieltest deine Versprechen; denn du bis gerecht.

Die Verbindung von Erwählung und Herausführung in V. 7 deutet Gottes Ruf in 12,1 nach 11,26–32. Die Her-

---

[397] Nur so erklären sich »sie zogen von Volk zu Volk« (V.13) und »er rügte Könige ihretwegen« (V.14); s. BLUM, Komposition, 410. Außerdem verraten einige Stichworte die Kenntnis von 1Mose 20; 21; 26.

ausführung aus Ur bezieht sich darüber hinaus auf 15,7, während die Änderung des Namens 17,5 aufgreift. V. 8 verdichtet sodann 1Mose 15 auf seine Spitzensätze in 15,6.18. Von dort stammt auch die auf sechs Glieder reduzierte Völkerliste. Der letzte Satz V. 9 preist die Erfüllung der Landverheißung als Akt der Treue Gottes und seiner Gerechtigkeit. Die erscheinen als Lohn für Abrahams Treue. Damit wird Abrahams »Glauben« (15,6) im Sinne der Bewährung in einer Haltung oder durch Taten gedeutet. Zwar fehlt ein ausdrücklicher Bezug auf 1Mose 22, doch setzt die abschließende Beurteilung des Lebens Abrahams seit seiner Herausführung als »Treue« die Bewährung des Ahns voraus.[398] Es fällt auf, dass bei Abraham die Bezeichnung Vater und das Thema Mehrung fehlen. Das eine erscheint erst in V. 9 bei den Exodus-»Vätern«, das andere in V. 23 bei der Landnahmegeneration.

1.5.
Was Neh 9,8 nur angedeutet wird, spricht *Sir 44,19–21* anfangs des 2. Jh.s v. Chr. im »Preis der Väter« deutlich aus. Erstmals hier in der (griech.) Bibel wird Abrahams »Glauben« in 15,6 als Treue (*pistos*) ausgelegt und ausdrücklich mit seiner Bewährung in der Erprobung von 22,10 in Verbindung gebracht:

[19]Abraham war der große Vater einer Menge von Völkern,
keiner wurde gefunden an Ruhm ihm gleich.
[20]Er hielt das Gesetz des Höchsten
und war in einen Bund mit ihm.
An seinem Fleisch machte er den Bund fest;

---

398 Sir 44,20; Jub 17,17; 1Makk 2,52 bringen mit der Erwähnung der Prüfung Abrahams einen ausdrücklichen Verweis auf 1Mose 22.

und in der Prüfung wurde er als treu befunden.
²¹Darum hat er ihm durch einen Eid zugesichert,
dass Völker gesegnet werden in seinen Nachkommen,
ihn zahlreich zu machen wie den Staub der Erde
und wie die Sterne seine Nachkommen zu erhöhen
und ihnen Erbbesitz zu geben von Meer zu Meer,
vom Strom bis zum Ende der Erde.

Der Erprobung Abrahams gehen in V. 20 drei weitere Taten voraus. Abraham erwies sich darin als »treu«, dass er – schon vor der Tora vom Sinai – das Gesetz des Höchsten befolgte (18,19; 26,5), dass er in den Bund eintrat (17,3) und mit seiner Beschneidung den Bund »an seinem Fleisch festmachte« (17,10–13.23–27). Abraham »glaubte«, indem er den Weisungen Gottes gehorchte, und diesen Gehorsam belohnt Gott mit der Bestätigung der Verheißung, wie Sir 24,21 aus 1Mose 22,15–18 entnimmt. Lediglich die Anrechnung zur »Gerechtigkeit« aus 15,6b scheint bei Sirach zu fehlen. Indes steht der gesamte Preis der Väter unter der Überschrift: »Für alle Zeit besteht ihr Andenken, und ihre Gerechtigkeit wird nicht ausgelöscht werden« (V. 13).

Beide Sätze von 15,6 werden um 100 v. Chr. in *1Makk 2,52* aufgenommen. In seiner Abschiedsrede ruft der greise Mattathias dazu auf, »das Leben für den Bund unserer Väter« hinzugeben. Dabei erinnert er an die »Werke unserer Väter« und beginnt mit Abraham:

Wurde nicht Abraham in der Erprobung als treu erfunden,
und wurde ihm das nicht zur Gerechtigkeit angerechnet?

Die passive Formulierung setzt Gott als denjenigen voraus, der für die Anrechnung sorgt.

*

Das Ergebnis dieses Durchgangs überrascht auf den ersten Blick: Keine Erwähnung Abrahams bringt grundsätzlich neue Motive oder Gedanken; alle entfalten lediglich, was in der Abrahamüberlieferung 1Mose 11–25 schon angelegt ist. Das hängt wohl mit der späten Entstehung des größten Teils der Überlieferung über Abraham zusammen.

2. Vom ersten Verehrer des wahren Gottes zum Urbild der Proselyten:
Abraham im frühen Judentum

Alle Deutungen der Gestalt Abrahams erwachsen im Judentum aus der Auslegung der biblischen Texte. Zwar gab es die Bibel als abgeschlossenen Kanon heiliger Schriften im Judentum vor 100 n. Chr. noch nicht, auch wenn ihre Hauptteile Tora, Propheten und Psalmen Davids bereits Autorität genossen.[399] Damals war es durchaus noch üblich, Teile der nachmaligen Bibel neu zu erzählen und sie dabei aktualisierend zu deuten, ohne das eine vom andern zu unterscheiden. Zu dieser Art von Literatur gehört ein Teil der Bücher, die wir jetzt nach Abraham befragen, wie etwa das Jubiläenbuch oder das fälschlich Philo zugeschriebene »Buch der biblischen Altertümer« (*Liber Antiquitatum Biblicarum*). Andere benutzen biblische Texte und Bemerkungen antiker Autoren als Quellen für ihre eigene Geschichtsschreibung wie etwa Josephus in seinen »Jüdische Altertümer« (*Anitquitates Iudaicarum*). Wieder andere kommentieren den biblischen Text, den

---

399 Erst Josephus, Contra Apionem, I 38–48, und 4.Esr 14,45 bezeugen einen abgeschlossenen Kanon.

sie als Zitat kenntlich machen, wie der Midrasch *Bereschit Rabba*.

So verschieden die Arten der Texte auch sind, so ähnlich ist doch ihr Umgang mit der Bibel. Stets spielt nicht nur der Wortlaut des Textes eine Rolle, sondern auch das, was zwischen den Zeilen steht. Leerstellen und mangelnde Eindeutigkeit geben zu Fragen Anlass. Die führen oft zu kreativen Antworten. Assoziationen an andere Texte bringen überraschende Deutungen hervor. Die Auslegung der Bibeltexte ist also prinzipiell offen. Deshalb kann es niemals *die* jüdische Deutung Abrahams geben. Das macht es auch unmöglich, die vielfältigen Deutungen in eine Ordnung zu bringen, die alle Aspekte berücksichtigt. Wir müssen uns auf eine repräsentative Auswahl beschränken.[400]

In der langen Geschichte jüdischer Deutungen Abrahams lässt sich eine Grundspannung beobachten zwischen einer auf Israel beschränkten und einer auf die Völker ausgeweiteten Sicht. In geschlossenen Milieus des palästinischen Judentums dominierte, zumal in Krisenzeiten, die Tendenz zur Absonderung. In der hellenistischen Diaspora beobachten wir dagegen eine erstaunliche Offenheit. Indes beschleunigt der Aufstieg des Rabbinats nach der Zerstörung des herodianischen Tempels 70 n. Chr. den Rückzug in die Tora.

---

400 Einen kurzen Überblick über Abraham im frühen Judentum gibt EGO, Abraham, einen längeren Durchgang durch die einzelnen Textgruppen bis zum Neuen Testament MÜHLING, Blickt auf Abraham.

2.1. Abraham im Bildprogramm der Synagoge von Dura-Europos

Aus Dura-Europos, einer römischen Garnisonstadt am Euphrat auf dem Weg von Aleppo nach Bagdad, stammt die älteste bekannte bildliche Darstellung Abrahams. Die Synagoge wurde 244/45 n. Chr. auf den Resten einer älteren Haussynagoge erbaut und zweimal ausgemalt, zuletzt mit Fresken biblischer Szenen in drei Registern. Als die Stadt 256 n. Chr. von den Sassaniden belagert wurde, musste man die westliche Stadtmauer von innen verstärken. Deshalb schüttete man die hinter ihr gelegene Ringstraße mit Sand zu. In ihm versank mit den Häusern auch die Synagoge. Nach der Zerstörung der Stadt blieben die Fresken unter dem Sand verborgen, bis sie 1932 bei Ausgrabungen wieder ans Licht kamen. Heute kann man sie in einem Nachbau der Synagoge im Nationalmuseum von Damaskus betrachten.

Die zentrale Toranische an der Westwand in Richtung Jerusalem unterbricht das untere Register des Bilderzyklus.[401] Über ihr befindet sich im zweiten Register die Darstellung des Jakobsegens, im oberen die des davidischen Messias. Beide Bilder werden jeweils von zwei Männern flankiert. Bei den beiden Männern oben handelt es sich um Mose. Das rechte zeigt ihn mit ausgezogenen Schuhen am brennenden Dornbusch (2Mose 3,1–5). Das linke Bild ist schwer beschädigt; nur Andeutungen von Bergen lassen sich erkennen. Sie legen die Vermutung nahe, hier sei Mose dargestellt, wie er auf dem Sinai die beiden Tafeln mit den Zehn Worten empfängt (2Mose 24,12–18). Im unteren Register steht rechts Esra, der die geöffnete Torarolle in den

---

401 Zum Bildprogramm des Toraschreins Schubert, Bedeutung, und Stähli, Synagogenkunst, 69–99.

Händen hält und aus ihr vorliest (Neh 8,1–3). Die Identität des linken Mannes ist umstritten, doch spricht manches für Abraham:

Abb. 24: Fresko in der Synagoge von Dura Europos
(erste Hälfte des 3. Jh.s n. Chr., heute im Nationalmuseum
in Damaskus)

Vor uns steht ein bärtiger Mann in einem weißen Mantel. Als einzige Person des gesamten Bilderzyklus trägt er graues Haar. Der Maler hat es durch den schwarzen Hintergrund noch besonders hervorgehoben. Dadurch erscheint er als Patriarch schlechthin. Mit verschränkten Armen und sorgfältig verhüllten Händen steht er offenbar betend vor seinem Gott. Es sind Gesten der Demut, mit denen man in byzantinischer Zeit vor seinen Herrscher tritt. Über Abraham sind neben Sonne und Mond auch Sterne angedeutet. Das weist auf die Verheißung in 15,5–6. Jhwh führte Abraham nach draußen und sprach:

Blicke doch zum Himmel hinauf und zähle die Sterne, wenn du sie zählen kannst!
Er sagte ihm weiter: So werden deine Nachkommen sein!
Bei alledem glaubte er an Jhwh; und der rechnete ihm das als Gerechtigkeit an.

Der Künstler könnte auch an die Überlieferungen gedacht haben, die Abraham als Chaldäer aus Ur (11,31) besondere astronomische Fähigkeiten zuschreiben. Er habe sich aber bald von der Verehrung der Himmelskörper abgewandt, um allein ihrem Schöpfer zu dienen.[402] Aber vielleicht will die Darstellung beide Traditionen erinnern.

Von der ersten Ausstattung der Synagoge ist die Bemalung der Toranische und ihrer unmittelbaren Umrahmung erhalten. Zwei Säulen tragen einen Türbogen, dessen Bildprogramm unmittelbar über der Nische den Blick auf sich zieht:
Im Zentrum ist eine Tempelfassade zu sehen. Links von ihr sind traditionelle Motive dargestellt: die Menora (der siebenarmige Leuchter) des Tempels sowie Lulab (Palmzweig) und Etrog (Zitrusfrucht), die in den Feststrauß am Laubhüttenfest gehören (3Mose 23,40).

---

402 Jub 12,15–20; Philo, Abr 69–71; Josephus, Ant I 17,1. Nach anderen Quellen soll Abraham die Phönizier und Ägypter in der Sternenkunde unterrichtet haben.

Abb. 25: Toranische in der Synagoge von Dura Europos
(Fresko, heute im Nationalmuseum in Damaskus)

Rechts erwartet man das Schofarhorn, das am Neujahrstag geblasen wird. An seine Stelle hat der Künstler jedoch die Bindung Isaaks gemalt. Die szenische Anordnung im Hochformat lässt einen räumlichen Eindruck entstehen. Im Vordergrund sieht man den Widder an einem Baum. Über ihm steht Abraham mit dem

Rücken zum Widder, so dass er ihn nicht sehen kann. In seiner Rechten hat er das Messer zur Schächtung erhoben. Links über ihm befindet sich neben dem Tempel der Altar, auf dem Isaak bereits gebunden liegt. Unmittelbar über Isaak greift die Hand Gottes aus einer Wolke in die Szene. Der Künstler hat dargestellt, wie Gott im letzten Moment Abraham von der Opferung seines Sohnes abhält (22,11–12). Aus dieser biblischen Szenerie fällt am rechten oberen Bildrand das Zelt heraus, in dessen Eingang eine weitere Person steht. Manche sehen in ihr Sara, deren Tod in 23,1–2 nach der Erzählung von Abrahams Prüfung berichtet wird. Andere denken an Ismael, der als Nomade und deshalb im Zelt vorgestellt wird. Für Ismael spricht vor allem eine rabbinische Überlieferung, die den ersten Satz der Erzählung – »nach diesen Worten/Begebenheiten« (22,1) – damit ausfüllt, dass Ismael mit Isaak gestritten habe, wer bei Gott beliebter sei. Isaak habe dabei gesagt:

Wenn Gott jetzt von mir verlangte, mich schlachten zu lassen, ich würde es nicht verweigern.
Nun ist die Stunde gekommen, sprach Gott, und sofort versuchte er Abraham.[403]

Offenbar kannte der Künstler diese Überlieferung. Er hat diese Veranlassung der Erzählung so in sein Bild einbezogen, dass Ismael, der wie Abraham mit dem Rücken zum Betrachter steht, Gottes Entscheidung des Streites sieht: Gottes Hand weist auf den gebundenen Isaak. Gott hat zugunsten Isaaks entschieden; er ist der Erbe der Verheißung, nicht Ismael. Aus der rabbini-

---

403 BerR 55,4 zu 1Mose 22,1.

schen Überlieferung erklärt sich auch, warum die Bindung Isaaks und das Schofarhorn ausgetauscht werden können. Das Widderhorn wird am Neujahrstag geblasen, dem Tag des göttlichen Gerichts, damit Gott der Bindung Isaaks gedenke:

Alle Tage des Jahres sind die Israeliten in Sünden gefangen und in Nöthe verstrickt, am Neujahrstage aber nehmen sie das Horn, stossen hinein, und es wird ihrer vor Gott gedacht, er vergiebt ihnen und sie werden durch die Hörner des Widders erlöst.[404]

Noch heute wird zu Neujahr in der Synagoge die Erzählung von der Bindung Isaaks vorgelesen; und in Gebeten bittet man Gott, dass er Isaaks Opfer Israel anrechne, als hätte Israel es dargebracht. Darüber hinaus beginnt das tägliche Morgengebet ebenfalls mit der Lesung von 1Mose 22 und mit der Bitte:

»Herr der Welt! So wie Abraham, unser Vater, sein Erbarmen bezwang, um deinen Willen aus ganzem Herzen zu erfüllen, so möge dein Erbarmen deinen Zorn auf uns bezwingen, dein Erbarmen vor deinen Rechtssinn kommen, so dass du uns Gnade und Erbarmen zeigest.«[405]

Im Bildprogramm der Toranische und der Fresken über ihr wird Abraham mit dem Tempel, vor allem aber mit der Tora verbunden, allerdings zu einer Zeit, als der Tempel längst zerstört und ein Opferkult nicht mehr möglich war. Auf der Ädikula über der Nische steht der Brandopferaltar mit dem gebundenen Isaak unmittelbar neben dem Jerusalemer Heiligtum; das ist in 22,1

---

404 BerR 56,9 zu 1Mose 22,13.
405 LAU, Juden, 30.

durch die Lokalisierung des Berges im Lande »Morija« angelegt, der seit 2Chr 3,1 mit dem Tempelberg identifiziert wird.[406] Auf diese Weise begründet die Bindung Isaaks den Sühne wirkenden Opferkult. Das tägliche Opfer erinnert Gott jeden Tag an Abrahams Gehorsam, der »die gesamte Tora erfüllt hat«.[407] Zwischen den Säulen der Tempelfassade befindet sich ein Gegenstand, den man nach einer Darstellung auf dem Synagogenfries in Kapernaum als Lade deuten kann; in die Lade soll Mose die beiden Tafeln mit den Zehn Worten legen (5Mose 10,1–5). Aber auch die vier Männer in den beiden Registern oberhalb der Nische sind eng mit Gottes Gegenwart und der Tora verbunden: zunächst Mose, der die Tora am Sinai empfängt, und Mose, dem Gott im brennenden Dornbusch erscheint; sodann Abraham, der sich von den Himmelskörpern abwendet und ihren Schöpfer anbetet, und schließlich Esra, der die Tora verliest und das fortwährende Torastudium begründet. Mit alledem zeigt das Bildprogramm, dass Lesung und Auslegung der Tora, die in einem Schrein in der Nische verwahrt wird, an die Stelle des Tempelkultes getreten sind. Abraham ist derjenige, der sie mit seinem Gehorsam schon erfüllt hat, bevor sie am Sinai gegeben wurde.

2.2. »Unser Vater« und »Vater vieler Völker«

Seit dem 7. Jh. v. Chr., als die Abraham-Lot-Erzählung in Juda entstand, vor allem aber seit der Perserzeit verstanden zunächst die Judäer, schließlich alle Juden Abraham als ihren »Vater« (vgl. Hes 33,24; Jes 51,2; 63,16) und sich

---

406 Vgl. Jub 18,13; BerR 55,7.
407 LevR 2,9.

als seine Nachkommen. Auf Abrahams Vaterschaft beruht die völkergeschichtliche Bedeutung der Überlieferungen von den »Erzvätern«. Von den zahlreichen Deutungen Abrahams im Judentum ist »unser Vater« am weitesten verbreitet. Mit ihr begründete man seine jüdische Identität. So zitiert Eusebios aus Exzerpten, Artapanos habe die Selbstbezeichnung der Juden als Ebraioi vom Namen ihres Ahns Abraamos abgeleitet.[408]

Als Nachkomme dieses Vaters wusste man sich in einen einzigartigen Stand versetzt:

Du hast Abrahams Samen vor allen Völkern ausgewählt
und hast deinen Namen auf uns gelegt, Herr,
und er wird nicht aufhören in Ewigkeit (PsSal 9,9).[409]

Denn Gott hat seinen Bund mit Abraham und den anderen Vätern »um unsertwillen« geschlossen. Zwar richtet Gott die ganze Erde mit Barmherzigkeit, aber seine »Liebe (gilt) dem Samen Abrahams« (PsSal 18,3). Dabei war man sich mit 1Mose 17,19–21 durchaus bewusst, dass die heilsamen Wirkungen der Vaterschaft Abrahams keineswegs allen seinen Nachkommen zugutekommen, sondern nur »den Söhnen Israels«, wie PsSal 18,3 eigens fortfährt. Daran konnte sich in finsteren Zeiten das eigene Selbstbewusstsein aufrichten. Als um 25 n. Chr. Johannes der Täufer seine Landsleute auffordert, Buße zu tun, pochen diese auf ihre genealogische Abstammung: »Wir haben Abraham zum Vater!« Der Weg zu elitärer Abgrenzung ist kurz. Der Täufer schneidet ihn ab: »Gott vermag dem Abraham aus diesen Steinen Kinder zu erwecken« (Lk 3,8).

---

408   Fragment 1, übersetzt bei WALTER, Fragmente, 127.
409   Übersetzung von HOLM-NIELSEN, Psalmen Salomos.

Neben den Vater des erwählten Volkes stellt schon die Bibel Abraham als »Vater *vieler* Völker«. Dieser Aspekt knüpft nicht nur an die Änderung des Namens von Abram in Abraham in 17,4 an, sondern auch an Abrahams Nachkommen mit Hagar (Ismael in 16; 21) und Ketura (25,1–4). Über sie kann Josephus durch eine geographische Auswertung der Namen die halbe Welt der damaligen Zeit mit Abraham in Verbindung bringen: das zu seiner Zeit bedeutende Nabatäerreich und die arabischen Stämme (Ant 1,220–221) sowie Assyrien, Arabia Felix und ganz Afrika (Ant 1,238–241). Als krönenden Schluss berichtet er sogar, dass Herkules mit der Tochter des Aphra eine Urenkelin Abrahams zur Frau genommen habe.[410]

Josephus war nicht der erste, der auf internationale Verwandtschaft Wert legte; denn 250 Jahre früher war schon die hellenistische Reformpartei in Jerusalem an genealogischen Beziehungen zu den Griechen interessiert, wie die vielleicht ebenfalls aus 1Mose 25,1–4 entwickelte Legende von der Verwandtschaft der Juden mit den Spartanern zeigt.[411] Auf sie spielt der fiktive Brief in 1Makk 12,19–23 an, in dem der König der Spartiaten dem Hohenpriester Onias schreibt: Man habe in einer Schrift gefunden, dass Spartiaten und Juden »Brüder sind und dass sie aus dem Geschlecht Abrahams stammen«.[412] Jason, der die hellenistische Reform in Jerusalem befördert hatte, flieht 169 v. Chr. nach Sparta, »um kraft der bestehenden Verwandtschaft Schutz zu erlangen« (2Makk 5,9).

---

410 Aphra wird mit Epher, dem Sohn Midians in 25,4, in Zusammenhang gebracht. Zu möglichen Vorbildern MAYER, Aspekte, 122.
411 Dazu HENGEL, Judentum, 133f.
412 Übersetzung von SCHUNCK, 1. Makkabäerbuch. Auch JOSEPHUS berichtet davon (Ant 12, 226f.).

Das Jubiläenbuch, etwa zur gleichen Zeit um 150 v. Chr., aber von antihellenistisch eingestellten Gruppen aus der Jerusalemer Priesterschaft verfasst, schließt dagegen Ismael und seine Kinder und Brüder[413] sowie Esau aus Gottes Erwählungsgeschichte aus; denn der Herr hat sie »nicht nahegebracht zu sich und nicht auserwählt« (Jub 15,30), obwohl auch sie Abrahams Kinder sind.

2.3. Erster Verehrer des wahren Gottes: Apokalypse Abrahams

Schon der Verfasser der zweiten Abschiedsrede Josuas hatte aus 1Mose 11,27–32 geschlossen, dass Abraham und seine Vorväter »jenseits des Stromes *fremden Göttern* dienten« (Jos 24,2). Wie konnte aus Abraham der werden, der er im kulturellen Gedächtnis Israels war? Jos 24,3 antwortete: Gott selber hat den Ahn »von jenseits des Stromes genommen« und damit von seiner Vergangenheit getrennt. Das war den Späteren zweifellos bekannt, aber sie gaben sich mit dieser nebulösen Auskunft nicht zufrieden. Dabei lassen sich zwei Tendenzen beobachten. In stärker hellenistisch geprägten Kreisen zeichnete man Abraham in den Konturen eines Naturphilosophen, der aus der Beobachtung der Natur zur Erkenntnis des wahren Gottes gelangt. In den konservativen Gruppen vor allem Palästinas erzählte man dagegen Geschichten über die Jugend Abrahams.

Zur ersten Gruppe gehört auch die große jüdische Gemeinde in Alexandrien. Dort schreibt um die Zeitenwende ein jüdischer Historiker ein Buch über Abraham *(Pseudo-Hekataios II)*. Es ist nur noch in Fragmen-

---

413 Ketura wird mit Hagar identifiziert.

ten auf uns gekommen, die Josephus und Clemens von Alexandrien zitieren.[414] Jener jüdische Historiker schildert Abraham im Stile eines zeitgenössischen Naturphilosophen, der aus Beobachtungen die richtigen Schlüsse zieht. Abraham habe seine Zuhörer mit einem erstaunlichen Verständnis für alle Dinge und mit seinen Schlussfolgerungen überzeugt. Aus den Veränderungen, denen die Erde und das Meer, aber auch der Himmel mit den Gestirnen unterworfen sind, schloss er, dass alle Dinge nicht aus sich selbst heraus das sind, was sie sind, sondern nur »aus der Kraft dessen, der ihnen gebietet« (1,156). Abraham habe die damals herrschende Meinung über Gott durch eine richtigere ersetzt und als erster die Meinung geäußert:

Gott sei der Eine Schöpfer aller Dinge, und jedes von den übrigen Dingen, sofern es zum Glück beitrage, gewähre das nach seinem (d. i.: Gottes) Ratschluß und nicht aus einem ihm selbst innewohnenden Vermögen (1,155).

Weil sich die Chaldäer wegen seiner Ansichten gegen ihn erhoben, »beschloss er umzusiedeln und nahm nach Gottes Willen ... das Land Chananäa in Besitz« (1,158).

Zur zweiten Gruppe gehört die kurz nach der Zerstörung des herodianischen Tempels 70 n. Chr. entstandene *Apokalypse Abrahams*.[415] Ihr erster Teil (ApkAbr 1–8) schildert voller Ironie, wie Abraham durch den

---

414 Sie schreiben es dem hellenistischen Historiker Hekataios von Abdera zu (um 300 v. Chr.). Übersetzung bei WALTER, Fragmente, 158–160.
415 Übersetzung bei PHILONENKO-SAYAR, Apokalypse Abrahams, 421–429.

handwerklichen Umgang seines Vaters mit Götterfiguren erkennt, dass die von seinem Vater produzierten Götter sich noch nicht einmal selber helfen können und deshalb für ihre Verehrer nutzlos sind. Der erste Teil des Buches bietet eine geradezu aufklärerische Polemik gegen Götzenbilder in drei Szenen. Sie ist aus der Perspektive eines Juden geschrieben, der von außen die Verehrung der Götter in ihren Bildern betrachtet. Sie wird dem altorientalischen religiösen Verständnis eines Götterbildes und dessen Herstellung natürlich nicht gerecht und will es auch nicht.

In der ersten Szene (1,1–8) ist Abraham nur verwirrt, als er die aus Stein gehauene Figur des Gottes Marumath vor dem eisernen Gott Nahon auf dem Boden liegen sieht. Ihm geht es wie den Philistern, als sie ihren Gott Dagon vor der erbeuteten Lade Jhwhs auf der Nase liegen sehen (1Sam 5,1–5). In der zweiten Szene (2,1–9) lädt Abraham die Götter aus der Produktion seines Vaters auf den Esel, um sie auf dem Markt zu verkaufen. Doch als der Esel durchgeht, fallen drei Götter zu Boden und zerbrechen. Abraham wirft sie kurzerhand in den Fluss, so dass sie versinken, und »nichts« von ihnen übrigblieb« (2,9). Er fängt an nachzudenken (3,1–5): Der eine Gott war unfähig, von sich aus wieder aufzustehen, nachdem er gestürzt war. Die anderen Götter, die vom Esel gefallen waren, konnten sich weder selbst helfen noch den Esel bestrafen, und ihre Bruchstücke versanken im Fluss auf Nimmerwiedersehn. Also ist derjenige ein Gott, der die Figuren aus Holz, Stein oder edlem Metall gefertigt hat, nicht die Figur. Deshalb tritt er vor seinen Vater und spricht:

[4]Gesegnet (seien) die Götter von (dir, denn du bist ihr Gott, da) du sie geschaffen hast. Denn ihr Segen ist Verderben, und

ihre Macht ist eitel; und sie konnten sich selbst nicht helfen. Wie können sie dir helfen oder mich segnen?

Die dritte Szene (5,1–14) versetzt die sarkastische Polemik gegen Götterbilder aus Jes 44,9–20 in Abrahams Vaterhaus. Abraham, der das Essen für seinen Vater kocht, stellt dessen Gott Barisat neben das Feuer, dass er es hüte. Die hölzerne Figur fängt Feuer und verbrennt. Als Abraham das Essen serviert, sagt er zu seinem Vater (5,12):

Aus Liebe zu dir hat er sich ins Feuer gestürzt, um dir deine Speise zu kochen.

Doch sein Vater bleibt unbelehrbar und plant schon, seinen verbrannten Gott neu zu schnitzen. Abraham jedoch schließt aus dem vergänglichen und zerstörbaren Material der Götzenbilder auf deren Wirkungslosigkeit.

In der abschließenden Rede vor seinem Vater (7,1–8) prüft er die Grundelemente alles Geschaffenen. Aus der letzten Erfahrung mit der verbrannten Götterfigur schließt er, dass das Feuer verehrungswürdiger ist als dieser Gott. Aber das Feuer kann vom Wasser gelöscht werden. Das wiederum wird durch die Erde besiegt, in der es versickert. Die aber wird von den Menschen bearbeitet und zusammen mit jenen von der Sonne beleuchtet. Die Wolken jedoch verdunkeln die Sonne, und auch der Mond und die Sterne verdunkeln zu ihrer Zeit ihr Licht. Also kann nichts Geschaffenes Gott repräsentieren. Gott kann nur sich selbst zu erkennen geben. Deshalb beschließt er:

⁶Ich will den Gott suchen, der alles geschaffen hat,
nicht die von uns erdachten Götter. ...
⁸Möge Gott sich selbst uns offenbaren!

Die Wendung vom Geschaffenen zum Schöpfer erinnert an Jub 12,17–19 und an Philo.[416] Auf Abrahams Bitte antwortet Gott (8,1–3). Seine Stimme fällt »in einer Feuerflut vom Himmel« und spricht zu ihm mit Worten, die an 2Mose 3,14 und 1Mose 12,1 erinnern:

²Du suchst den Gott der Götter und den Schöpfer im Geist deines Herzens. Ich bin es. ³Verlasse deinen Vater Thare und verlasse sein Haus, damit nicht auch du in den Sünden deines Vaterhauses umkommst (8,2–3)!

Kaum hat Abraham das Hoftor hinter sich, da verbrennt eine Donnerstimme den Vater und sein Haus »bis zu einer Tiefe von vierzig Ellen«. So wird Abraham »aus dem Feuer (*'ur*)« gerettet, indem Gott ihn »aus Ur in Chaldäa« herausführt (1Mose 15,7).

Eine andere Geschichte von Abrahams Rettung aus dem Feuer präsentieren die *Biblischen Altertümer* (AntBib).[417] Die gesamte Abrahamüberlieferung wird auf wenige Erinnerungen in 8,1–3 zusammengedrängt, ihre Vorgeschichte dagegen legendarisch ausgemalt. Mitten in der Genealogie der Söhne Noahs weissagt Ragaus Frau bei der Geburt ihres Sohnes Seruch über

---

416 Auch bei ihm erkennt Abraham, dass nicht der Kosmos Gott ist, sondern Gottes Werk (PHILO, Abr 68–89).
417 Das Buch wurde fälschlich Philo zugeschrieben. Es entstand zwischen 73 und 132 n. Chr. und bietet eine deutende Nacherzählung der Geschichte Israels von der Erschaffung der Welt bis zum Tod Sauls (1Mose 1–1Sam 31), allerdings mit großen Auslassungen und legendarischen Bereicherungen (Übersetzung: DIETZFELBINGER, Pseudo-Philo).

einen Nachkommen in der vierten Generation. Er wird »vollkommen« genannt werden, »unbefleckt« sein und »Vater von Völkern« heißen, dessen »Bund nicht aufgehoben und dessen Nachkommen sich in Ewigkeit mehren werden« (4,11). Das kann nach 1Mose 11,20–26 und bei den Anspielungen auf 1Mose 17 nur Abraham sein. Die Genealogie endet bei Terach mit einer abschließenden Charakteristik (4,16):

Damals begannen die Bewohner der Erde, auf die Sterne zu schauen, und sie fingen an, (Götzen-)Bilder zu machen und von ihnen Weissagungen einzuholen und ihre Söhne und Töchter durchs Feuer gehen zu lassen. Seruch aber und seine Söhne wandelten nicht ihnen entsprechend.

So werden schon die Vorfahren Abrahams aus der verdorbenen Menschheit herausgenommen.

Anders als in der Bibel und im Jubiläenbuch verbindet der Verfasser die Geschichte vom Turmbau mit dem schon erwachsenen Abraham. Er und elf Verwandte weigern sich, für den Turmbau Ziegel zu brennen. Sie begründen ihre Weigerung so:

(Nur) einen Gott kennen wir, und ihn beten wir an. Auch wenn ihr uns mit euren Steinen ins Feuer werft, werden wir euch nicht zustimmen (6,4).

Damit deuten sie den Turmbau als Vergehen gegen das erste Gebot. Nichts scheint den Tod der Bekenner im Feuer des Ziegelofens aufhalten zu können. Doch der Anführer der Söhne Sems sucht im Vertrauen auf Gottes Stärke (6,9) das drohende Geschick mit einer List zu verhindern und den Zwölfen heimlich zur Flucht aus dem Gefängnis zu verhelfen. Nur Abraham weigert sich und gibt sich ganz in Gottes Hand:

Er lebt, auf den ich mich verlasse, darum will ich mich nicht fortbewegen von meinem Ort, an den sie mich gestellt haben. Wenn etwa eine verzehrende Sünde da sein sollte, so dass ich verzehrt werde, so geschehe der Wille Gottes (6,11).

Am Morgen findet man allein ihn und wirft ihn mit Ziegeln in den Feuerofen. Das aber ruft den einen Gott auf den Plan. Er bewirkt ein großes Erdbeben, so dass die Flammen aus dem Ofen springen und alle verbrennen, die auf Abrahams Tod im Ofen warten. Aber der verlässt völlig unversehrt den Ofen, der hinter ihm einstürzt. Während die anderen durch die Verwirrung ihrer Sprache und durch Änderung ihres Aussehens am Bau des Turmes endgültig gehindert werden (7,1–5), zieht Abraham mit den Seinen weg ins Land Kanaan (8,1).

Die Erzählung erinnert an die Geschichte von den drei Männern in Dan 3, die wegen ihres Bekenntnisses zu dem einen Gott in den Feuerofen geworfen und dort auf wunderbare Weise errettet werden. Wie dort die Verfolgung in der Zeit der Makkabäer ihre Spuren hinterlassen hat, so hat hier die Verfolgung im jüdischen Krieg eine Märtyrertheologie hervorgebracht. Mit ihr sollen die Leser bestärkt werden, am Glauben der Väter festzuhalten und ihr Geschick Gott zu überlassen. Deshalb ist die Geschichte von der Errettung Abrahams aus dem Feuerofen durch die Jahrhunderte hindurch im Judentum von großer Bedeutung gewesen.

2.4. Bewährter Diener der Tora: Jubiläenbuch

Schon 1Mose 22,15–18 begründen den Segen über Abrahams Nachkommen damit, dass ihr Ahn »meiner Stimme gehorcht« hat. 1Mose 26,5 bietet mehrere Begriffe auf, um die Tora in ihrer umfassenden Bedeutung zu beschreiben: »weil Abraham ... meine Rechte, meine Gebote, meine Satzungen und meine Weisungen (*torotaj*) gehalten hat.« Daran konnten Spätere anknüpfen, um sich an Abraham als Vorbild zu orientieren.

Als das Jubiläenbuch um 165 v. Chr. geschrieben wurde, wahrscheinlich von einem Priester in Jerusalem, war innerhalb des jüdischen Gemeinwesens die Auseinandersetzung zwischen den Hellenisten und den Altgläubigen noch im Gange, und Antiochus IV. ging gegen alle vor, die am Gesetz der Väter festhielten.[418] Die einen drängten auf Integration in die moderne hellenistische Kultur. Sie schämten sich der Beschneidung, missachteten den Sabbat (1Makk 1,11–15) und duldeten die Einrichtung eines Kultes für Zeus Olympios und Schweineopfer auf dem Brandopferaltar (1Makk 1,54). Die Parteigänger der Hellenisten verstanden unter diesem Zeus den »Herrn des Himmels« und damit keinen anderen als JHWH.[419] Aber in den Augen der Altgläubigen war dieser neue Kult schlimmster Götzendienst. Sie wurden um ihrer Treue zur Tora willen verfolgt (1Makk 1,41–64).

Angesichts dieser Lage erzählt das Buch[420] die biblische Geschichte von der Weltschöpfung bis zum Aus-

---

418 Zur Lage im Judentum unter Antiochus IV. K‍EEL, Massnahmen, 87–122.
419 S. o. B 4.1 (zu 1Mose 24,3).
420 Übersetzung und Einzelheiten bei B‍ERGER, Jubiläen. Eine erhel-

zug aus Ägypten neu. Es schärft ein, worin die jüdische Identität besteht: in der Hinwendung zur Tora, vor allem in der Beachtung des Fremdgötterverbots, des Sabbats und der Beschneidung sowie der Speisevorschriften. Mit alledem drängt das Buch auf strenge Abgrenzung von den Völkern. Schon die Anlage des Ganzen hebt den Sabbat hervor. Er rahmt das Werk (Jub 2 und 50) und strukturiert die Zeitrechnung in »Jubiläen« (daher der Name des Buches) von je sieben Jahrwochen zu je sieben Jahren.[421] Trotz der Tendenz zur Abgrenzung präsentiert der Verfasser die Tora keineswegs unmodern. Nach hellenistischem Vorbild, den Vorschriften Beispiele zuzuordnen, bindet er die Tora in die Vätergeschichten ein. Wir beschränken uns auf drei Beispiele.

(1) Abgrenzung von den Völkern und Hinwendung zur Verehrung des wahren Gottes kann nicht besser begründet werden als mit der *Bekehrungsgeschichte des Ahns*. Jub 11–12 schließen die Leerstelle in 1Mose 11,26–12,1 mit Details, die aus einem kreativen Umgang mit dem voranstehenden Kontext gewonnnen werden. Den gewaltigen Zeitraum von vielen Generationen zwischen der Geschichte vom Turmbau zu Babel und den Geschichten über Abraham füllt die Bibel durch eine Kette von Namen. Mit ihnen beantwortet das Jubiläenbuch die Fragen nach Abrahams Herkunft. Ein Vorfahr heißt *Ragau* (von der Wurzel *rʿa* »böse«); »denn die Menschen sind böse geworden, dass sie sich eine Stadt und einen Turm bauen« (Jub 10,18). Ein anderer heißt *Serug* (vom Verb *sur* »abweichen, abfallen«);

---

lende Skizze zu Abraham in Jub gibt Kratz, Öffner, einen Überblick Mühling, Blickt, 188–210.
421 Zu den Datierungen im Buch und den Kalenderfragen Vanderkam, Konzept.

»denn jeder war abgewichen, alle Sünde zu tun« (Jub 11,1–6), machten sie sich doch gegossene Götterfiguren und beteten sie an. Wer das tut, der vergießt auch Blut und ist zu allem fähig.

Das ist die Gesellschaft, in der Abraham geboren wird. Man reibt sich verwundert die Augen: Der von Gott erwählte Ahn des Volkes war kein frommer Jude, sondern ein Heide wie seine Familie auch und diente fremden Göttern. Aber, o Wunder: Der Knabe, kaum 14 Jahre alt,

begann den Irrtum der Erde zu erkennen, wie jeder hinter dem Götzen seiner Statue herirrte und hinter Gusswerken. Sein Vater lehrte ihn Schreiben. Mit 14 Jahren trennte er sich von seinem Vater, damit er nicht mit ihm die Götzen anbetete, und fing an, den Schöpfer aller Dinge anzubeten, dass er ihn aus dem Irrtum der Menschen errette (Jub 11,16–17).

Erwachsen geworden, versucht Abraham, seinen Vater von der Nutzlosigkeit der Götzenbilder zu überzeugen. Er hält ihm vor, dass sie weder Hilfe noch Vorteil bringen und nur totes Material sind, noch dazu stumm, nichts als »ein Irrtum des Herzens«. Er fordert seinen Vater und mit ihm die Leser des Buches auf:

Verehrt vielmehr den Gott des Himmels,
der ... alles geschaffen hat durch sein Wort (Jub 12,2–5)!

Aber der Vater reagiert, wie es die Leser des Jubiläenbuches vielfach erlebt haben: Er hat Angst davor, von denen getötet zu werden, die ihm befohlen haben, die Götzen zu verehren (Jub 12,6–7). Abraham jedoch hat sich entschieden. Eines Nachts legt er Feuer und verbrennt die Götzenbilder mitsamt dem Haus. Sein Bruder Haran will die Götterfiguren aus dem Feuer retten und stirbt dabei selber »im Feuer« (Jub 12,14).[422] Daraufhin zieht Terach mit seiner Familie von Ur nach Harran. In der Neumondnacht des siebten Monats, Abraham ist inzwischen 75 Jahre alt (1Mose 12,4), beobachtet er die Sterne, um zu sehen, was das Jahr an Regen bringen werde. Da kommt »eine Stimme in sein Herz« und der Sterndeuter entdeckt:

Alle Zeichen der Sterne und die Zeichen des Mondes und der Sonne – sie alle sind in der Hand des Herrn – was soll ich (sie) erforschen (12,17–18)?

Daraufhin betet er:

[19]Mein Gott, mein höchster Gott. Du allein bist für mich Gott. Du hast alles erschaffen. Werk deiner Hände ist alles, was ist. Dich und dein Reich habe ich erwählt. [20]Rette mich aus der Hand der bösen Geister, die im Denken des Herzens der Menschen herrschen. Sie sollen mich nicht von dir weg, mein Gott, in die Irre führen. Und mache, dass ich und meine Nachkommen nicht in die Irre gehen, von jetzt an und bis in Ewigkeit!

Gott antwortet durch einen Engel mit den Worten, die wir aus 1Mose 12,1–3 und 17,7 kennen.

Weil Abrahams Hinwendung zu dem einen Gott ohne Tora für den Verfasser des Jubiläenbuches undenkbar ist, die Tora aber in der »Sprache der Schöpfung« auf Hebräisch geschrieben ist, muss Abraham erst einmal Hebräisch lernen. Er schafft es im Winter-

---

422 Der Feuertod Harans verdankt sich der Mehrdeutigkeit des hebr. Wortes ʼur. Weil es nicht nur als Ortsname, sondern auch als Substantiv mit der Bedeutung »Feuer« verstanden werden kann, muss Haran »im Feuer« sterben.

halbjahr, wie auch heute noch fast jeder Student. Allerdings »öffnet« ein Engel Abrahams »Mund und seine Ohren und seine Lippen« (12,26). Er nimmt die Bücher seiner Väter, schreibt sie ab und lernt sie. Jetzt ist er mit allem Notwendigen ausgerüstet und kann sich in seinem 77. Lebensjahr[423] auf den Weg nach Kanaan machen. So wurde aus dem Sohn eines Götzendieners ein jüdischer Schriftgelehrter, der sich um der Tora willen sogar von seiner Familie trennt.

(2) Der Fortgang der Erzählung bringt mehrfach Beispiele für Abrahams vorbildliche Beachtung der *Opferbestimmungen* in der Tora. Gegen die biblische Überlieferung in 1Mose 12,8; 13,4 opfert er auf den Altären, die er bei seinen Zügen durchs Land Kanaan baut (Jub 13,9.16). Die für den Schwurritus zerteilten Tiere haben in 1Mose 15,9–10 nichts mit einem Opfer zu tun, aber in Jub 14,11.19 bringt Abraham sie auf einem Altar zusammen mit den dazu gehörigen Speis- und Trankopfern dar, wie es 4Mose 15,3–13 anordnen.

Auch den *Festkalender* hält er ein. Drei Feste werden ausdrücklich mit Ereignissen im Leben des Ahns verbunden. Nach der Geburt Ismaels und unmittelbar vor dem Bund der Beschneidung feiert er im dritten Monat das Wochenfest und bringt erstmals die Erstlinge von der Getreideernte dar (Jub 15,1–2). Aus Freude über die Geburt Isaaks begründet er das Laubhüttenfest: »Er war der erste, das Fest der Hütten auf der Erde zu feiern« (Jub 16,19). Schließlich begründet er nach seiner Rückkehr von der Prüfung auf dem Berg »das Fest des Herrn«, was an dem Tag stattfindet, an dem nach Jub 49,2–3 das Passaopfer dargebracht

---

423 Zur Differenz gegenüber den 75 Jahren in 1Mose 12,4 s. VANDERKAM, Konzept, 94.

wird.[424] Diese drei jüdischen Hauptfeste, von Abraham erstmals begangen, werden auf den »himmlischen Tafeln« für alle Zeiten festgehalten.

Angesichts der Leser und ihrer Lage ist das *Beschneidungsgebot* besonders wichtig. Jub 15 folgt im ganzen 1Mose 17, bringt aber nach dem Vollzug der Beschneidung Abrahams und aller Männer seines Hauses noch eine umfängliche Ermahnung (Jub 15,25–34). Sie schärft die Bedeutung der Beschneidung als immerwährend gültige Ordnung ein, die von Ewigkeit zu Ewigkeit auf den himmlischen Tafeln geschrieben steht. Ihre Durchführung muss pünktlich am 8. Tag erfolgen. Wer bis zum achten Tag nicht beschnitten ist, gehört nicht zu den Kindern des Bundes, sondern zu den »Kindern des Verderbens«. Aber nur wer die Beschneidung als »Zeichen des Bundes« bewahrt, wird vor der Vernichtung bewahrt. Deshalb sind selbst die Engel beschnitten.

Mit V. 28 geht die Ermahnung in eine Aufforderung an Abraham über, dieses Gebot seinen Nachkommen einzuschärfen. Damit erscheint der Ahn wie in 1Mose 18,17–19 als Toralehrer. Da auch Ismael beschnitten wird, klären Jub 15,30–32 das Verhältnis der Nachkommen aus der Linie Abraham-Isaak-Jakob zu Ismael und seinen Brüdern (den Söhnen der Ketura) und zu Esau. Anders als in 1Mose 17,19–21 heißt es jetzt ausdrücklich: Gott hat diese »nicht nahegebracht zu sich und nicht auserwählt« (V. 30), obwohl sie Abrahams Nachkommen und beschnitten sind. Zwar gehören alle Völker und Menschen Gott, aber nur über Israel herrscht allein Gott, während über die Völker »Gei-

---

424 Aus der Kombination von 17,15 (am 12.1.) mit 18,3 (drei Tage später) ergibt sich der 15.1. als Festtermin (49,1–3).

ster herrschen, damit sie sie weg von ihm verführen« (V. 31).

Schließlich wird Abraham in einer Prophezeiung mitgeteilt, wie in der Gegenwart des Verfassers jenes Gebot missachtet wird (V. 33–34):

Sie werden ihre Kinder nicht beschneiden gemäß diesem ganzen Gesetz. ... Und alle Söhne Beliars[425] werden ihre Söhne ohne Beschneidung lassen, wie sie geboren wurden. ... sie haben ihre Glieder wie die Heiden gemacht ...

Der letzte Vorwurf spielt darauf an, dass viele Juden in jener Zeit versuchten, ihre Beschneidung rückgängig[426] oder wenigstens weniger sichtbar zu machen – eine Sünde, die nicht vergeben werden kann; denn mit alledem haben sich Gotteskinder selber zu Satanskindern gemacht. Kein Wunder, dass die Gegenwart so elend ist.

Dagegen wird Abraham in Jub 17–18 als positives Gegenbild gezeichnet. Schon in der Nacherzählung des Bundesschlusses von 1Mose 15 betonen Jub 14,5–6 nicht nur Abrahams Glauben, sondern auch seinen Gehorsam gegenüber Gottes Weisung.[427] Um tätigen Glauben geht es erst recht in der Neufassung der Erzählung von Abrahams Erprobung. Der Verfasser knüpft in 17,15–16 ausdrücklich an 14,6 an, indem eine Himmelstimme Abraham rühmt, dass »er Gott liebe« und »in aller Trübsal glaubend sei«. Dann aber tritt der aus den Himmelsszenen im Hiobbuch bekannte Satan

---

425 Gemeint ist »Satan« (wie in Qumran und 2Kor 6,15).
426 Vgl. 1Makk 1,15; Josephus, Ant 12,241.
427 Zur Wirkungsgeschichte von 15,6 Köckert, Abrahams Glaube, bes. 29–38.

auf. Er rät Gott, Abrahams Glauben zu testen. Aber Gott hatte Abraham schon in vielen Versuchungen als bewährt erfahren.[428] Deshalb vertraut er ihm auch jetzt. Abrahams Treue beschämt Satan (18,12), Gott aber macht Abrahams Gottesfurcht allen bekannt: »Ich habe es sie alle wissen lassen, dass du mir glaubenstreu warst in allem, was ich dir gesagt habe« (18,16).[429]

(3) Die Abrahamgeschichte endet mit drei Abschiedsreden: zuerst an seine Kinder und Enkel (Jub 20), dann allein an Isaak (Jub 21) und schließlich an Jakob (Jub 22). Man erwartet Segenssprüche, bekommt aber hauptsächlich Mahnungen zu lesen, die sich teilweise wiederholen. Schon der Anfang in Jub 20,2 stilisiert den Ahn als Lehrer der Tora, ganz im Lichte von 1Mose 18,19:

Er gebot ihnen, dass sie den Weg des Herrn bewahrten, ...
Recht und Gerechtigkeit zu tun auf Erden.

Darüber hinaus begründet er in 21,2–4 seine Mahnungen mit dem Hinweis auf sein eigenes der Tora gemäßes Leben.

Die Rede an Isaak ruft vor allem kultische Vorschriften in Erinnerung (Jub 21,5–20): Sie betreffen die rechte Darbringung von Opfern, die dazu notwendigen Hölzer und Waschungen sowie Regeln im Umgang mit Blut aus 3Mose 17,10–14. Die beiden anderen Reden schärfen dagegen die Beschneidung ein (Jub 20,3), vor allem aber die Verbote von Unzucht und Unreinheit sowie das der Verehrung von Götzenbildern (20,3–4.7–8;

---

428 Die Tradition nennt sonst zehn Versuchungen oder Bewährungen (vgl. MISCHNA, Abot 5,3), Jub 17,17 nennt nur sieben.
429 Im hebr. Text von 1Mose 22,12 heißt es dagegen, dass Gott jetzt weiß (*jadᶜa* Qal).

22,16–22). Wie das Zitat aus 1Mose 24,3 zeigt, handelt es sich bei »Unzucht« um Mischehen mit nichtjüdischen Frauen. Vielleicht werden hier mit »Töchtern Kanaans« auch jüdische Frauen bezeichnet, die nicht mehr nach dem Gesetz der Väter leben. Angesichts dieser Gefahren, die zur Lebenswirklichkeit der Leser gehören, dringt Abraham in der letzten Rede auf strenge Abgrenzung:

Trenne dich von den Völkern und iss nicht mit ihnen, handle nicht nach ihrem Werk und sei nicht ihr Gefährte (Jub 22,16)!

Hier schlägt das Herz des Verfassers. Deshalb führt er als abschreckendes Beispiel das Gericht über die Riesen und über Sodom vor Augen. Wer derartiges tut, hat die Hoffnung auf Auferstehung von den Toten verwirkt.

Mit alledem propagiert das Jubiläenbuch keine Öffnung in die Welt, sondern Abgrenzung von ihr. Abraham, mit der Tora im Herzen, ist ihr Vorkämpfer. Anders war der Gefährdung der jüdischen Identität in der Mitte des 2. Jh.s v. Chr. nicht zu begegnen.

2.5. Vorbild an Frömmigkeit und Tugend: Philo, De Abrahamo

Philo (ca. 20 v.–40 n. Chr.), ein philosophisch gebildetes und angesehenes Mitglied der jüdischen Gemeinde in Alexandria zur Zeit Jesu, sucht in seinen zahlreichen Schriften die griechische Philosophie mit dem jüdischen Glauben zu verbinden.[430] Mehrfach hat er sich

---

430 Hahn, Gestalt.

mit Abraham befasst,[431] am ausführlichsten im zweiten Teil (*De Abrahamo*) einer Abhandlung über den Pentateuch (*Expositio legis*). Er setzt bei seinen Lesern (und wohl auch Leserinnen[432]) keine Kenntnisse der biblischen Überlieferung voraus. Die Abhandlung ist vielleicht als »Einführung für interessierte Außenstehende (und möglicherweise auch für dem Judentum entfremdete Mitglieder der Diasporagemeinde)« gedacht.[433] Das zweite Mal befasst er sich mit dem Ahn im Rahmen eines großen Kommentars zum 1. Mosebuch. Von den daraus erhaltenen fünf Schriften zu 1Mose 12–17 ist »Von den Wanderungen Abrahams« (*De migratione Abrahami*) am wichtigsten. Sie sind für Leser gedacht, die sehr genau mit den biblischen Texten und mit der allegorischen Auslegungsweise vertraut sind, die an den Dichtungen Homers entwickelt worden ist.

Der beschränkte Platz erlaubt jetzt lediglich einige Blicke auf die Lebensbeschreibung im engeren Sinne, auf den Hauptteil von *De Abrahamo* (Abr 59–276).[434] Der ausführliche Titel des Werkes lautet:

Lebensbeschreibung des Weisen, der durch Belehrung[435] zur Vollkommenheit gelangte, oder der ungeschriebenen Gesetze erstes Buch, oder über Abraham.

---

431 Eine erhellende Darstellung der Vätererzählungen in Philos Gesamtwerk gibt Böhm, Rezeption.
432 Beachte die positive Behandlung Saras.
433 Böhm, Rezeption, 227.
434 Übersetzung von Cohn-Heinemann, Werke Philos.
435 Philo versteht die drei Erzväter als Verkörperungen verschiedener »Charaktere der Seele«: Abraham hat Tugend durch Belehrung erworben, während sie Isaak angeboren ist und Jakob sie durch Übung erworben hat (Abr 52).

Philo folgt dem damals verbreiteten Typ der »Idealbiographie«, die weniger am Lebenslauf des Helden als vielmehr an seinem Charakterbild interessiert ist.[436] Er erzählt, allerdings sehr frei, ausgewählte Episoden des biblischen Stoffes in chronologischer Abfolge nach. Dabei stehen die Begebenheiten im Vordergrund, die Abrahams Tugenden belegen. Was dieses Bild stört, wird reduziert, umgedeutet oder einfach weggelassen. Auch theologisch bedeutsame Themen wie die Verheißungen von Segen, Land und Nachkommen sowie Bund und Beschneidung werden übergangen. Philo vermeidet alles, was die jüdische Exklusivität betont. Große Mühe gibt er sich, anstößig wirkende Züge in der biblischen Überlieferung zu erklären. Der Nacherzählung folgt in den meisten Fällen eine allegorische Auslegung, die in den *konkreten Begebenheiten* nach deren *allgemeingültiger Bedeutung* fragt. Dabei wird deutlich, wie Abraham zum Weisen wurde und »zur Vollkommenheit gelangte« und dadurch zum Vorbild für alle, die nach Tugend streben. Philo erörtert also zuerst die »buchstäbliche Auffassung«, die sich auf den Mann Abraham bezieht, und danach die »versteckte (allegorische), die sich auf die Seele bezieht« (Abr 88). Der buchstäbliche Sinn muss zuerst erhoben werden, weil die allegorische Bedeutung »unsichtbar unter den Worten verborgen« liegt wie die Seele im Körper.[437]

Philo belegt zunächst Abrahams *Frömmigkeit* (Abr 60–207), sodann seine *Menschenfreundlichkeit* (Abr 208–261). Beide Tugenden entsprechen dem Doppelgebot der Liebe: zu Gott und zum Nächsten. Beschlossen wird die Lebensbeschreibung mit dem *Lob* der heiligen Schrift über Abraham (Abr 262–276). Zwei ausge-

---

436 Böhm, Rezeption, 124.
437 Philo, De vita contemplativa, 78 (zum Gesetz).

wählte Begebenheiten zeigen beispielhaft, wie Philo Abraham deutet:

(1) Als erstes und wichtigstes Beispiel für die Frömmigkeit (*eusébeia*) des Ahns führt Philo den unverzüglichen Aufbruch aus der Heimat auf Gottes Geheiß an (1Mose 11,31; 12,1.4a). Nachdem er Gottes Befehl vernommen hatte, ließ er unverzüglich alles im Stich und »beschleunigte die Abreise, wie wenn er aus der Fremde in die Heimat zurückkehrte« (Abr 62). Philo verstärkt das Wagnis des Gehorsams noch, indem er mit einer längeren Reflexion unterstreicht, was der Verlust der Heimat bedeutet. Außerdem zog der Ahn »mit wenigen oder auch allein« los und »wanderte mehr mit der Seele als mit dem Körper, da himmlische Liebe über seine Zuneigung zu Sterblichen (gemeint sind seine Verwandten) den Sieg davontrug« (Abr 66).

Damit, so die im buchstäblichen Sinn verborgene Bedeutung, ist Abraham Sinnbild der »tugendliebende(n) und den wahren Gott suchende(n) Seele« (Abr 68). Philo zeichnet Abraham nicht als einen Eiferer, der Götzen verbrennt (wie im Jubiläenbuch), sondern als Weisen. Lange Zeit sei er wie die Chaldäer Verehrer der Gestirne gewesen und habe wie sie »das sichtbare Sein« gepriesen, aber »das unsichtbare und rein geistige nicht begriffen«. Dann aber entdeckte er in den Ordnungen des Kosmos den wahren Gott:

Er öffnete wie aus tiefem Schlafe das Auge der Seele und begann statt tiefer Finsternis reinen Lichtglanz zu schauen; er folgte diesem Licht und nahm wahr, was er vorher nicht gesehen hatte, einen Lenker und Leiter der Welt, der über allem waltet und in heilsamer Weise sein eigen Werk regiert (Abr 70).

Solange Abrahams Sinne noch im Geschaffenen gefangen waren, blieb Gott unsichtbar; erst nach der Auswanderung aus Chaldäa heißt es: »Gott erschien Abraham« (1Mose 12,7). Auch die Namensänderung in Abraham (1Mose 17,5) weist auf die vorangegangene Bekehrung.

Aus der Wanderung in den Negev (1Mose 12,9) als ein »wüstes Land« gewinnt Philo den versteckten tieferen Sinn:

Denn die, die Gott suchen und ihn finden wollen, lieben das von ihm geliebte Alleinsein und sind bemüht, eben darin zuerst dem seligsten und glücklichsten Wesen ähnlich zu werden (Abr 87).

Abraham ist also in doppelter Hinsicht »liebenswert«: in der buchstäblichen Auffassung als der Mensch Abraham und im tieferen Sinn als Sinnbild der menschlichen Seele. Der eine war den göttlichen Befehlen gehorsam, die andere blieb nicht »bei der sinnlich wahrnehmbaren Natur« stehen, sondern nahm »das rein geistige (Sein) wahr und den, der zugleich Schöpfer und Herrscher beider ist« (Abr 88).

Mit dem Gehorsam gegen Gottes Befehl (1Mose 22) übertrifft Abraham all seine Frömmigkeit:

Obwohl er mit unsagbarer Liebe an seinem Kinde hing, wechselte er weder die Farbe noch zuckte er in der Seele zusammen; ohne zu Wanken, blieb er in seinem festen und unerschütterlichen Glauben wie zuvor; von der Liebe zu Gott beherrscht, überwand er mit aller Kraft alle verwandtschaftliche Liebe und Zärtlichkeit (Abr 170).

Dieses Beispiel zeigt auch, wie Philo mit den Anstößen des Bibeltextes umgeht. Zunächst deutet er Abrahams

Antwort auf die Frage seines Sohnes nach dem Opfertier mit dem hintergründigen Hinweis, für »Gott sei alles möglich« (Abr 175). Dann holt er zu einer langen Verteidigungsrede aus, in der er die Unvergleichbarkeit dieser Begebenheit mit den Kinderopfern bei Griechen und Barbaren darlegt. Anders als diese verfolgt Abraham mit seinem Gehorsam keine Absicht, etwa ein Unheil abwenden oder Ruhm gewinnen zu wollen, auch folgt er weder einem Brauch noch einem Zwang. Vielmehr ist sein Gehorsam eine Tat reiner Gottesliebe (Abr 196). Damit wendet sich Philo auch gegen den Vorwurf, den judenfeindliche Kreise schon damals erhoben, es handle sich um einen rituellen Kindermord. In Abrahams Gehorsam ist das Opfer, obwohl nicht ausgeführt, dennoch vollzogen. Die Größe des im Gehorsam vollzogenen Opfers erschließt sich vollends in Philos Auslegung des »verhüllten Sinnes«, der sich aus dem Namen »Isaak« ergibt. Weil Sara nach menschlicher Weise nicht mehr gebären konnte, ist Isaak nicht das Ergebnis natürlicher Fruchtbarkeit, sondern göttliches Werk und reine »Seelen-Freude« (Abr 201). Deshalb ist Isaak das einzige leidenschaftslose Wesen auf Erden und darin das Ideal des Weisen.[438] Indem Abraham Isaak opfert, gibt er die Freude dem zurück, dem Freude allein zukommt.

(2) Mit einer zweiten Reihe von Begebenheiten belegt Philo Abrahams menschenfreundliches Verhalten (*philanthropía* Abr 208–261). Das zeigt sich beispielhaft an der Trennung von Lot (1Mose 13). Abraham hatte es, obgleich zugezogen, zu Reichtum und Ansehen bei den Einheimischen gebracht. Weil er Streitsucht und Zwietracht aus seiner Seele verbannte, konnte er die

---

438   PHILO, Det 46.

üblichen Zwistigkeiten in Ruhe beilegen. Was angesichts der an Zahl Überlegenen nicht verwundert, ist angesichts des schwächeren und unzuverlässigen Neffen Lot umso bewundernswerter. Denn seine Hirten waren wie ihr Herr widerspenstig, unausgeglichen und keinem Streit abgeneigt. Hier erweist sich die Überlegenheit des Weisen:

Er ließ den Streit nicht bis zum entscheidendem Kampfe kommen, damit sein Bruderssohn über die Niederlage seiner Leute sich nicht betrübe; er trat dazwischen und versöhnte die Streitenden mit friedlichen Worten, und zwar nicht nur für den Augenblick, sondern auch für die Zukunft (Abr 214).

In seiner Auslegung des tieferen Sinnes unterscheidet Philo mit Aristoteles seelische Güter (die Tugenden) von den körperlichen (wie Gesundheit, Schönheit und Stärke) und äußeren Gütern (wie Reichtum, Ehre, Abstammung), die er mit den Stoikern am geringsten schätzt. In der Seele des Menschen entsteht immer Streit zwischen den Hirten der seelischen und denen der äußeren Güter. Durch Übung gestählt, wachsen der Seele jedoch mit der Zeit Flügel:

Sie wird von mutiger Gesinnung erfüllt und sondert die Sinnesart in ihr ganz aus, die die äusseren Mittel bewundert, und verabschiedet sie und sagt …: Du kannst unmöglich mit dem Freunde der Weisheit und der Tugend zusammenleben und verbunden sein (Abr 223–224).

Jetzt sind es Menschenfreundlichkeit, Besonnenheit, Gerechtigkeit und Friedfertigkeit, die in der Seele des Weisen alles bestimmen (Abr 225).

In weiteren Beispielen zeigt Philo Abrahams Kühnheit und Tapferkeit (im Krieg mit den Königen 1Mose

14), seine Selbstbeherrschung (mit einer eigenwilligen Deutung von 1Mose 16) und seine Mäßigung in der Trauer (beim Tod Saras 1Mose 23).

(3) So steht am Ende Abraham vor uns als der, »der Gott vertraute«, und als *presbyteros*, der »Ältere« und »Ehrwürdige«. Als Weiser ist er der »Erste des Menschengeschlechts«. Als größtes Lob sagt die Schrift über ihn, er habe »das göttliche Gesetz und alle göttlichen Gebote« beachtet.

Das Lob, »Er glaubte Gott« (1Mose 15,6), ist zwar »leicht auszusprechen, aber schwer zu beweisen«. Philo versteht »glauben« (*pisteuein*) als »unerschütterlich vertrauen und sich verlassen«. »Glauben« wird »offenkundig als eine eigenverantwortete und selbst angestrengte Haltung verstanden«.[439] Sie findet sich bei allen Menschen; denn jeder Mensch verlässt sich auf irgendetwas. Jedoch verdient kein irdisches Gut unser Vertrauen, wie Philo in einer kurzen Analyse vorführt. Deshalb gilt:

Ein wahres und sicheres Gut ist ... allein das Vertrauen auf Gott, (worin enthalten sind) der Trost des Lebens, die Erfüllung guter Hoffnungen, das Fehlen alles Bösen und eine Fülle des Guten ... und in jeder Hinsicht eine Veredlung der Seele, die sich fest stützt auf den Urheber aller Dinge, der alles vermag und das Beste will (Abr 268).

»Auf Gott allein zu vertrauen« und sich von den vergänglichen Dingen frei zu halten, erfordert Anstrengung und ist deshalb für Philo »das Werk (*ergon*) einer großen, erhabenen Gesinnung, die sich nicht durch et-

---

439 Böhm, Rezeption, 162. Zur Wirkungsgeschichte von 15,6 im Judentum vor Paulus: Köckert, Glaube, bei Philo s. S. 43–44.

was Irdisches betören lässt« (Her 93). Ein derartiges Vertrauen ist die »Königin der Tugend« (Abr 270).

Das letzte Lob, »Abraham hat alle meine Gebote gehalten« (1Mose 26,5), übertrifft alles; denn er hat das göttliche Gesetz beachtet, »nicht durch Schriften belehrt, sondern ohne Schrift von der Natur« (Abr 275).

Am Schluss fasst Philo das Leben Abrahams nicht in dem traditionellen Urteil »gesetzestreu« zusammen; seine Darstellung habe vielmehr gezeigt, dass des Ahnvaters Leben »selbst Gesetz und ungeschriebene göttliche Satzung« war (Abr 276). Damit zeichnet er ihn als Herrscher, in dem das göttliche Gesetz offenbar wird, und als das Urbild jeder nach Tugend strebenden Seele. In alledem erscheint der Ahn als stoischer Weiser, der die Naturgesetze befolgt und dadurch zur Erkenntnis des wahren Gottes gelangt. So ist er zum Vorbild für alle Proselyten geworden.

2.6. *Philosoph und Erfinder: Josephus, Antiquitates*

Der jüdische Geschichtsschreiber Josephus stammte aus einer angesehenen Jerusalemer Priesterfamilie. Hellenistische und jüdische Bildung machten ihn zu einem weltgewandten jüdischen Stoiker. Im Jüdischen Krieg (66–70 n. Chr.) war er zuletzt Kommandant der Festung Jotapata in Galiläa. Nach deren Eroberung geriet er in römische Gefangenschaft. Dort prophezeite er, dass Vespasian Kaiser werde.[440] Nach dem Sieg der Römer ging er mit Titus nach Rom und wurde vom Kaiser mit dem römischen Bürgerrecht und einer Pension geehrt. Gegen die jüdischen Vorwürfe, er sei ein Überläufer,

---

440 JOSEPHUS, Bellum, 6, 312 (wahrscheinlich aufgrund von 4Mose 24,17–19).

wehrte er sich mit seiner Darstellung der Geschichte des Jüdischen Krieges (*De bello Iudaico* um 79 n. Chr.). Fünfzehn Jahre später vollendete er sein Alterswerk, »Die Jüdischen Altertümer« (*Antiquitates Iudaicarum*) in 20 Büchern, eine Geschichte des jüdischen Volkes von der Weltschöpfung bis zum Ausbruch des Jüdischen Krieges 66 n. Chr. Den antiken Idealen einer rhetorischen Geschichtsschreibung verpflichtet, ist er auf Genauigkeit, Vollständigkeit und Quellentreue in der Sache bedacht, weiß aber auch zu dramatisieren und alle Register zu ziehen, die das Lesevergnügen befördern. Er ist neben Philo der wichtigste Autor des hellenistischen Judentums.

Auf Abraham kommt er im ersten Buch der *Antiquitates* ausführlich zu sprechen.[441] In einer freien Nacherzählung der biblischen Stoffe verarbeitet er auch nichtjüdische Quellen, die er eigens nennt. Er verbindet die oft nur lose nebeneinander stehenden biblischen Episoden zu einem zwingenden Handlungsablauf, indem er Leerstellen ausfüllt und Motivationen einträgt. Geprägt von den Auseinandersetzungen, die sich im Jüdischen Krieg entluden, sucht er durch die Art seiner Darstellung die verbreiteten Vorurteile gegen sein Volk zu entkräften: Juden seien gottlos, weil sie nur an einen Gott glauben; und weil sie sich absondern, seien sie Feinde des Menschengeschlechts; sie leisteten keinen Beitrag zur Zivilisation und seien feige.[442]

(1) Schon die Charakteristik des Ahns zu Beginn entzieht den Vorwürfen die Grundlage. Abraham erscheint als Rhetor, Philosoph und Staatsmann:

---

[441] Ant 1,7–17; Text bei Niese, Übersetzung nach Clementz, vgl. Übersetzung und Kommentar von Feldman in der Ausgabe von Mason, Bd. 3, 56–100.
[442] Mit der antijüdischen Polemik seiner Zeit (vgl. Tacitus, Hist 5,5) setzt er sich in seiner Schrift gegen Apion auseinander.

Er besaß einen scharfen Blick, große Überredungsgabe und selten irrende Urteilskraft (Ant 1,154).

Philo zeichnet ihn als tugendhaften Weisen, der »beschloss, die hergebrachten falschen Ansichten von Gott in richtige umzuwandeln« (Ant 1,155). Denn die sich stets verändernde Natur nötige dazu, die »Macht eines höheren Wesens« anzunehmen, das für die Erhaltung der Schöpfung sorgt. Ihm gebührt deshalb allein Dank und Ehre. Daher habe Abraham erklärt,

> dass es nur einen Gott gebe, den Schöpfer aller Dinge, und dass dieser alles gewähre, was zum Glück diene, während der Mensch aus eigener Kraft dies nicht erlangen könne (Ant 1,155).

Die Verehrung nur eines einzigen Gottes ist also nicht Ausdruck von Gottlosigkeit, sondern Ergebnis philosophischer Überlegung.

(2) Auch Griechen wie Berossos und Hekataios bezeugen Abraham – wenn auch nicht namentlich – als einen »gerechten und hervorragenden Mann« und als »in der Himmelskunde erfahrenen« Astronomen (Ant 1,158f.). Diese Vorstellung verdankt sich der Erzählung, wie Gott ihn auffordert, die Sterne zu zählen (1Mose 15,5), und seiner Herkunft aus Chaldäa (1Mose 11,28; 15,7), das für derartige Künste berühmt war.

Abrahams Reise nach Ägypten (1Mose 12,10–20) schildert Josephus wie eine damals übliche Bildungsreise, »um die Meinung ihrer Priester über die Götter zu vernehmen«. Abraham disputiert mit den ägyptischen Weisen in der Art eines Philosophen, weist deren Einwände als haltlos zurück und wird deshalb »für höchst weise gehalten«.

Er unterrichtet die Ägypter sogar in Arithmetik, Astronomie und anderen Wissenschaften, die vor seiner Ankunft ihnen völlig fremd waren (Ant 1,167f.).

Es war also der Ahn des jüdischen Volkes, der den Ägyptern und – über diese – auch den Griechen Wissenschaft und Kultur gebracht hat.

Damit greift Josephus eine verbreitete Vorstellung auf, die auch bei Philo begegnet.[443] In einer anonymen Schrift über die Juden, die Alexander Polyhistor einem gewissen Eupolemos zuschreibt, soll Abraham, »der an Adel und Weisheit alle übertraf«, sogar die »Astrologie und die chaldäische Kunst« erfunden haben.[444] Schon das Jubiläenbuch rühmt Abraham als Erfinder: Er war der erste, der in Chaldäa einen Saatpflug konstruierte, so dass die Verluste bei der Aussaat durch die Vögel vermindert und Hungersnöte verhütet werden konnten.[445] Die Juden seien also mitnichten ein kulturloses Volk. Schließlich weist Josephus noch ausdrücklich darauf hin, dass Abrahams Stadt Hebron sieben Jahre älter als Tanis in Ägypten, mithin die jüdische Kultur älter als die ägyptische oder die griechische sei.[446]

(3) Darüber hinaus erscheint Abraham als wahrer Menschenfreund. Anders als in 1Mose 14 kämpft Abraham nicht nur aus Sorge um seinen Vetter Lot, sondern »voll Mitleid mit den Sodomitern, seinen Freunden und Nachbarn« (1,176). Aus dem Grundsatzgespräch über Gottes Gerechtigkeit vor der Vernich-

---

443 Vgl. Josephus, Ant 1,156, mit Philo, Abr 82, und Jub 12,16.
444 Pseudo-Eupolemos bei Walter, Fragmente, 141.
445 Jub 11,23–24 verbinden Abrahams Erfindungsgabe mit Wunderkraft und begründen beides in der Verehrung des wahren Gottes.
446 Vgl. Ant 1,170, mit Jub 13,12.

tung Sodoms (1Mose 18,22–32) wird bei Josephus eine ganz auf den unmittelbaren Kontext bezogene Szene des Mitleids Abrahams:

Als Abraham dies hörte, betrübte er sich über die Sodomiter, stand auf und bat Gott, doch mit den Gottlosen nicht zugleich die Gerechten und Guten zu verderben (1,199).

Wer wollte einem Volk Menschenfeindlichkeit nachsagen, dessen Ahn mit der halben Welt verwandt ist, noch dazu mit so bedeutenden Völkern der damaligen Welt wie mit den Nabatäern? Das gelingt Josephus in einer entsprechenden Deutung der Namen in 1Mose 25,12–18 und 25,1–4. Das jüdische Volk ist also selbstverständlicher Teil der großen hellenistischen Völkergemeinschaft. Mögen die Römer mit Mars oder Aeneas verwandt sein, mit Herkules hat das Volk Abrahams keinen weniger bedeutenden Verwandten.[447]

(4) Bemerkenswert ist auch Abrahams Tapferkeit, die zum Ideal eines Herrschers gehört und die Josephus mit 1Mose 14 begründet. Mit einer kleinen Schar von 315 Männern verfolgte er das gewaltige Heer der Assyrer und schlug es so, dass sich der Rest »schmachbedeckt zurückziehen« musste:

Hierdurch bewies er, dass der Sieg nicht auf der Menge der Krieger, sondern auf ihrer Rüstigkeit und Tapferkeit beruhe (1,178).

In diesen Zusammenhang gehört auch der ausdrückliche Verweis auf Nikolaus von Damaskus, der in seiner Geschichte geschrieben habe, Abraham sei mit einem

---

447 S. o. unter C 2.2.

Heer von Chaldäa nach Damaskus gekommen und habe dort regiert (*ebasíleusen*), bevor er nach Judäa ausgewandert sei (1,159).

(5) Josephus beherrscht alle Mittel großer Interpretationskunst. Das zeigt sich an seiner Deutung der Geschichte von der Erprobung Abrahams (1,222–236). Zunächst verstärkt er die Zumutung Gottes noch, indem er sagt, warum Abraham Isaak liebhat. Es ist sein einziger Sohn, den Gott ihm von Sara geschenkt hat, noch dazu im hohen Alter. Überdies vermehrte schon der Knabe die elterliche Liebe durch seine Tugenden »Gehorsam gegen die Eltern und innige Gottesverehrung«. Da tritt Gott in dieses späte Glück und zählt alle Wohltaten auf, die er Abraham erwiesen hat, bevor er seine Forderung erhebt.[448] Das macht sie einem Leser der Antike erträglicher:

Abraham werde so seine Frömmigkeit beweisen können, wenn er das, was Gott angenehm und wohlgefällig sei, der Wohlfahrt seines Sohnes vorziehe (1,224).

Abraham wird seinem Ruf gerecht. Er hält es für unrecht, Gott als dem »Geber des Lebens« nicht zu gehorchen. »Damit er nicht am Opferdienst gehindert würde«, teilt er seine Absicht keinem mit, »seinen Sohn selber schlachten zu wollen«.

Sodann wird Isaak als 25-jähriger, erwachsener Mann vorgestellt, der nicht stumm bleibt und der sich ausdrücklich zu Gottes Ansinnen verhält.[449] Zur akti-

---

448 Josephus versteht mit der Septuaginta V.1 als »nach dieser Rede« und erfindet eine entsprechende.
449 Die Herkunft dieser Altersangabe ist unbekannt, in der rabbinischen Tradition ist Isaak 37 Jahre alt (BerR 55,4), was aus den chronologischen Angaben in 1Mose 17,17; 23,1 folgt. Noch ei-

ven Rolle Isaaks passt, dass er den Altar errichtet (1, 227). Dabei fragt er beiläufig, wo denn das Opfertier sei. Des Vaters Antwort wirkt zunächst wie ein Lehrsatz, spiegelt aber hintergründig die konkrete Lage von Vater und Sohn[450]: Gott werde es ihnen gewähren, »wenn sie auf ihn ihr Vertrauen setzen« [!]; denn er könne den Menschen geben, was ihnen fehlt, und »nehmen [!], was sie besitzen«. Gott »werde ihnen also auch ein Opfertier geben, wenn er an seinem [Abrahams!] Opfer gefallen habe« (1, 227). Josephus entfaltet damit ein schon vom Text selbst ermöglichtes Verständnis.

Schließlich legt er seine Deutung der Erzählung Abraham in den Mund. In einer bewegenden Rede erklärt der Vater, wie sehr er sich über die Geburt Isaaks gefreut und welch große Hoffnungen er auf ihn gesetzt habe. Zugleich teilt er ihm mit, was jetzt geschehen soll:

Aber weil ich durch Gottes Willen dein Vater geworden bin, und er jetzt von mir fordert, deiner zu entsagen, so ertrage starkmütig deine eigene Opferung. Denn ich trete dich an Gott ab, da er dies zu seiner Ehre verlangt und stets mein gnädiger Helfer und Beschützer gewesen ist (1, 229).

Wie Isaak nicht auf gewöhnliche Weise geboren wurde, so werde er jetzt auch auf besondere Weise aus dem Leben scheiden, indem er »vom eigenen Vater Gott, dem Erzeuger aller Dinge, zum Opfer dargebracht« werde. Deshalb wird Gott »deine Seele unter Gebet und feierlichem Opfer aufnehmen und bei sich unterbringen«. Zwar habe er nun keinen Erben mehr,

---

nen Schritt weiter geht Judit 8,26 und betont, dass nicht nur Abraham, sondern auch Isaak versucht worden ist.
450 Josephus geht damit über Philo, Abr 175, weit hinaus.

dennoch wirst du der Pfleger und Hüter meines Alters sein ..., indem du durch dein Verdienst [!] Gott an deine Stelle setzt (1,231).

Im Bewusstsein dessen, was nun geschieht, antwortet Isaak, wie es sich für den Sohn eines solchen Vaters gehört:

Er wäre nicht wert geboren zu sein, wenn er nicht dem folgen würde, was Gott und sein Vater über ihn beschlossen hätten ... Darauf trat er zum Altar hin, um sich schlachten zu lassen (1,232).

Isaak wird gegen den hebr. und griech. Bibeltext nicht gebunden, sondern tritt frei an den Altar. Hier begegnet meines Wissens erstmals die Vorstellung, Isaak habe durch seine freiwillig auf sich genommene Opferung ein Verdienst erworben, so dass Gott selbst fortan an die Stelle Isaaks tritt und »Pfleger wie Hüter« Abrahams und seiner Nachkommen sein wird.

Doch Gott verhindert im letzten Moment die Opferung und gebietet Abraham, von der Tötung seines Sohnes abzustehen; denn

er sei nicht begierig nach Menschenblut und ... habe ihn nur erproben wollen, ob er auch gehorchen könne, wenn so Schreckliches von ihm verlangt würde. Nun aber habe er seine Bereitwilligkeit und Frömmigkeit gesehen (1,233).

In Gottes Verheißungsrede vermeidet Josephus den militanten Unterton in 1Mose 22,17 und beschränkt sich lediglich auf die Eroberung Kanaans. Am Schluss füllt er alle Leerstellen, die 1Mose 22 gelassen hatte: Gott führt den beiden einen Widder zu. Vater und Sohn umarmen sich, schlachten das Opfertier, kehren gemeinsam zu Sara zurück und leben fortan glücklich.

(6) Josephus endet seine Darstellung der Geschichte Abrahams mit einer kurzen Charakteristik. Abraham war ein Mann,

> der an Tugenden jeglicher Art hervorragte, und den Gott seiner ausgezeichneten Frömmigkeit wegen ganz besonders liebte (Ant 1,256).

Angesichts dieses gebildeten und frommen Weltbürgers laufen die antijüdischen Vorwürfe ins Leere. Wie sollte das bei denen anders sein, die Abraham ihren Vater nennen?

2.7. Abraham im Midrasch: Bereschit Rabba

Die Zerstörung des Tempels am Ende des ersten jüdischen Krieges (70 n. Chr.) hatte vor allem die mit ihm verbundenen Sadduzäer ihrer Orientierung beraubt. Führende Kraft wurden fortan die Pharisäer. Sie hatten schon vorher eine jüdische Frömmigkeit gelebt, die weitgehend ohne Tempel auskam und ganz auf die Befolgung der Tora gerichtet war. An die Stelle des zerstörten Tempels, seines Opferkultes und der Priester traten nun die Synagogen und Lehrhäuser mit den Rabbinen als Schriftgelehrten. Nach dem Scheitern des zweiten jüdischen Aufstandes (132–135 n. Chr.) wurden die Juden fast ganz aus Juda gedrängt. Die rabbinischen Gelehrten sammelten sich in Galiläa und vollendeten Anfang des 3. Jh. n. Chr. die Sammlung des jüdischen Religionsgesetzes in der *Mischna*. Sie und die Bibel prägten fortan das jüdische Leben.

Die Auslegung der Bibel hat mit den Midraschim eine neue Textgattung hervorgebracht. Ihre Anfänge liegen freilich schon in der Bibel selbst. *Midrasch* (von *darasch* »erforschen«) heißt das Studium der Bibel und zugleich dessen Ergebnis, der Bibelkommentar, in dem der Bibeltext für die Leser ausgelegt wird. Die Kommentierung fragt allerdings nicht wie wir heute nach dem ursprünglichen oder historischen Sinn eines Textes, sondern erklärt ihn aus dem Kontext der gesamten Bibel. Weil man die Bibel als eine geschlossene Sinn-Einheit versteht, kann jeder Vers mit jedem in Beziehung gesetzt werden. Auf diese Weise wird die Bedeutung eines Textes für die Zeit der Leser aktualisiert. Die Auslegung der gesetzlichen Teile ist an Eindeutigkeit interessiert, die der erzählenden Partien dagegen an der Wahrnehmung der in ihnen enthaltenen Sinnfülle. Deshalb ebnet man die Widersprüche zwischen den einzelnen Auslegern nicht ein, sondern würdigt sie wie die Vielfalt der Deutungsmöglichkeiten als Reichtum der Schrift.[451]

Nirgendwo werden die biblischen Texte über Abraham so intensiv ausgelegt wie im Midrasch *Bereschit* (oder: *Genesis*) *Rabba*, dem ältesten rabbinischen Kommentar zum 1. Mosebuch.[452] Er wurde wahrscheinlich vor 450 n. Chr. in Palästina redigiert, also etwa gleichzeitig mit dem palästinischen Talmud, enthält aber ältere Überlieferungen, die sich mit denen im Jubiläenbuch, bei Philo und Josephus berühren.[453] Wahrscheinlich geht er auf Predigten in der Synagoge zurück, wie man aus seiner Gliederung vermuten kann. Jeder Ab-

---

451 STEMBERGER, Judentum, 161–166.
452 Dtsch. Übersetzung von WÜNSCHE, Midrasch. Zu Abraham in BerR OBERHÄNSLI-WIDMER, Figuren, 259–373; zu 1Mose 22 in BerR KRUPP, Sohn, 21–54, und die gründliche Kommentierung von KUNDERT, Opferung, 66–201.
453 STEMBERGER, Einleitung, 475f.

schnitt wird durch eine oder mehrere besondere Einleitungen eröffnet, die einen Hauptgedanken des Abschnittes hervorheben und damit unser Verstehen lenken. Daran schließt sich die Auslegung des Bibeltextes an. Sie erfolgt Vers für Vers, manchmal sogar Wort für Wort. Dabei stellt man häufig unterschiedliche Deutungen verschiedener Rabbinen nebeneinander. Weil jedes erzählte Detail Bedeutung für Gegenwart und Zukunft haben kann, verdient es ungeteilte Aufmerksamkeit. Nicht selten finden sich Anspielungen auf Rom, so etwa in der Sodomerzählung (BerR 49–51).

(1) Die gesamte Auslegung Abrahams ist durchdrungen von dem Bewusstsein, dass in ihm das Geschick des Judentums aller Zeiten beschlossen ist. Deshalb überträgt man alle für das religiöse und politische Leben wichtigen Funktionen auf ihn, eine Tendenz, die schon in den biblischen Texten beginnt. Allein Abraham kommen *königliche und priesterliche* Würden zu. Das wird in BerR 55,6 aus einem Vergleich zwischen Gottes Reaktionen auf Abrahams Antwort »Hier bin ich« in 1Mose 22,1 und auf Moses gleichlautende Antwort in 2Mose 3,4 geschlossen. Abrahams doppelte Würde wird mit 1Mose 23,6 (»Fürst Gottes«) und Ps 110,4 (»du bist ein Hoherpriester nach der Weise Melchisedeks«) begründet. Dagegen verbietet Gott in 2Mose 3,4–5 Mose ausdrücklich »näherzutreten«; denn nur die Priester dürfen Gott nahen (4Mose 17,5). Was Abraham darf, ist Mose nicht gestattet. Offenbar kommt keiner Abraham gleich!

Andernorts erscheint Abraham ausdrücklich als *Prophet*. Als Gott Abraham den Sternenhimmel zeigt (1Mose 15,5), um ihm vor Augen zu führen, wie zahlreich seine Nachkommen sein werden, sehen sich einige Rabbinen genötigt hinzuzufügen, Gott habe zu ihm gesagt: »Du bist ein Prophet (1Mose 20,7), aber kein Sterndeuter« (BerR 44,12). Sie wollen damit das Missverständnis ausschließen, als sei Abraham zur Verehrung der Gestirne wie im chaldäischen Ur zurückgekehrt. Den Tiefschlaf, der in 1Mose 15,12 über Abraham kommt, erklärt R. Levi als »prophetische Betäubung«, die sich vom Traum als ihrem Gegenbild unterscheidet (BerR 44,22). Zur Erklärung von 1Mose 18,17 erzählt R. Jehuda das Gleichnis vom König und seinen Freunden. In ihm wird Abraham mit dem Ratgeber des Königs verglichen, ohne den der König nichts tut.[454] Genauso hat ihm Gott »schon die zukünftige Gesetzgebung und das Gehinnom[455] offenbart« und deshalb auch das Strafgericht über Sodom.

Sodann führt Gott selbst Abraham als seinen Hohenpriester (R. Ismael zu 1Mose 17,2) und Propheten in die *Ordnungen des Kultes und der Riten* ein. Das geschieht anlässlich der Bereitung der Tiere in 1Mose 15,9–10, die Abraham in BerR 44,21 ausdrücklich als Opfer darbringt. Die Bemerkung Abrahams in 1Mose 14,23, er wolle weder einen Faden noch einen Schuhriemen von der Beute nehmen, veranlasst Gott nach Meinung des R. Abba bar Memel, Abrahams Nachkommen das Gebot zu geben, »Schaufäden« zu tragen (4Mose 15,38), und die »Schwagerehe« (5Mose 25,5–10) einzuführen.

Schließlich ist Abraham durch seine *Treue zur Tora* zum Vorbild für alle Juden geworden. Aber wie konnte

---

454 Vgl. BerR 49,2 mit 1Mose 18,17; Am 3,7.
455 Das Tal Hinnom (*ge-[ben-]hinnom*), südl. und westl. von Jerusalem gelegen, gilt in aethHen 90,26 als Ort der endzeitlichen Vergeltung und gab dem Ort ewiger Strafen für die Bösen den Namen (vgl. »Hölle«).

er der Tora gemäß leben, wenn doch sein Vater sie ihn nicht gelehrt hat? Die einen sagen, Gott habe »ihm seine zwei Nieren wie zwei Lehrer bereitet, welche sprudelten und ihn Tora und Weisheit lehrten« (BerR 61,1). Die Nieren sind der Ort im Menschen, den wir »Gewissen« nennen. Abraham hat also die Tora nicht nur mit dem Verstand aufgenommen, sondern ganz und gar verinnerlicht. Andere meinen, Melchisedek sei es gewesen, der ihn mit der Tora bekannt gemacht habe, bevor sie Israel am Sinai gegeben wurde; denn er brachte ihm »Brot und Wein« heraus (1Mose 14,18), was Spr 9,5 auf die in der Tora geoffenbarte Weisheit bezieht (BerR 43,6). Noch weiter geht R. Jochanan in BerR 64,4: Aus der Kette der Wechselwörter für die Tora in 1Mose 26,5 schließt er, dass Abraham nicht nur die gesamte schriftliche, sondern auch die *mündliche Tora* gehalten hat.[456] Ja, selbst sein Vieh versorgt er im Gegensatz zu Lot nach den Vorschriften der Tora; deshalb sei es in 1Mose 13,7 zum Streit zwischen den Hirten Lots und Abrahams gekommen (BerR 41,5).

Doch Abraham hat nicht nur für Juden Bedeutung. Weil er sich als erster von der Verehrung von Götzenbildern abwandte, um fortan dem einen wahren Gott zu dienen, wurde er zum *Urbild und Vater aller Proselyten*. Auch seine späte Beschneidung erst mit 99 Jahren ermöglichte es Sympathisanten mit dem Judentum, sich mit ihm zu identifizieren und mit der Beschneidung noch ein wenig zu warten. Darüber hinaus berichtet der Midrasch von seinen missionarischen Aktivitäten: In der kleinen Sammlung von Jugendgeschichten Abrahams in seiner chaldäischen Heimat (BerR 38,13) bringt er einen alten Mann, der eine ge-

---

[456] Vgl. bYoma 28b, was noch über die MISCHNA hinausgeht (Qidduschim 4,14).

rade vor einem Tag angefertigte Götterfigur anbeten will, zur Einsicht in das Unsinnige seines Tuns. Im Streitgespräch mit dem mächtigen Nimrod führt er den Lesern vor Augen, dass die Grundbausteine der Welt nicht der Anbetung würdig sind. BerR 49,14 deutet die Menschen, die Abraham in Haran erwarb (1Mose 12,5), auf die Proselyten, die durch ihn zur rechten Gotteserkenntnis gelangten; und BerR 39,16 erklärt das »Anrufen des Namens Gottes« (1Mose 12,8) damit, dass Abraham anfing, »Proselyten unter die Flügel der Schechina zu führen«.

Doch Abrahams Bedeutung reicht noch weiter: Gott hat die *gesamte Welt nur um Abrahams willen erschaffen*. R. Josua ben Karcha schließt das aus einer Formulierung in 1Mose 2,4: In der Wendung *bhbr'm* [»als sie geschaffen wurden«] stecken die Konsonanten des Namens Abraham. Deshalb bedeute sie so viel wie: »wegen Abrahams, um Abrahams willen«. R. Judan kommt auf dem Weg des rabbinischen Schlussverfahrens vom Kleineren zum Größeren zum gleichen Ergebnis: Wenn in Ps 104,18 Gott die Welt schon um des Klippdachses willen erschaffen hat, der doch nur ein Tier und noch dazu ein unreines ist, »um wie viel mehr wegen Abraham« (BerR. 12,9). An anderer Stelle heißt es: »Wärest du nicht, sprach Gott zu Abraham, so hätte ich Himmel und Erde, die Sonnenkugel und den Mond nicht erschaffen« (BerR 48,8). Was gäbe es Größeres von einem Menschen zu sagen? Hat Gott die Welt um Abrahams willen erschaffen, so gilt doch von *Sara* nichts Geringeres: Sie hat mit der Geburt Isaaks »*die Welt erhalten*; denn ohne sie wäre alles untergegangen« (BerR 48,8).

(2) Abrahams unvergleichliche Größe tritt vor allem in den Prüfungen an den Tag, in denen er sich stets als treu bewährt, wie schon Sir 44,20 mit Blick auf 1Mose 22 rühmt. Wenig später weiß das Jubiläenbuch sogar

von zehn Prüfungen, die der Ahn bestanden hat, nennt sie aber nicht alle. Die Reihe erreicht bei den Rabbinen (anders als in Jub 19,8) mit der Bindung Isaaks (1Mose 22) als zehnter Prüfung oder Versuchung ihren Höhepunkt.[457] Sie wird in BerR 55–56 ausgelegt. Hier kommt Abrahams Leben an sein Ziel:

R. Chanin sagte: Es heißt hier [1Mose 22,16] »weil du getan hast«, weil diese letzte Versuchung ebensoviel wiegt, als alle übrigen zusammen. Hätte er diese nicht auf sich genommen, so wäre alles, was er getan, umsonst gewesen (BerR 56,11).

Drei Einleitungen stehen in BerR 55,1–3 voran; sie setzen uns die rechte Lesebrille auf. Die erste verteidigt die Erwählung Israels gegen Einwände der Völker mit dem Hinweis auf Abrahams Opferbereitschaft. Die zweite erweist Abraham als Gerechten, gerade weil Gott ihn prüft; denn Gott prüft nur die Gerechten (Ps 11,5). Die Prüfung ist also weder Strafe für begangene Sünden, noch dient sie der Läuterung oder Vollendung Abrahams. Die dritte schärft ein: Wer in Frage stellt, was Gott tut, hat Gottes Tun nicht verstanden; denn Gott stellt Abraham auf die Probe um Israels willen, dessen Erwählung die Völker leugnen.

Eine grundsätzliche Überlegung im Anschluss an Mi 6,6–7 gehört wahrscheinlich auch hierher, obwohl sie die Einzelauslegung in BerR 55,5 unterbricht: Abraham und Isaak haben nach dem Willen Gottes gefragt (V.6: »Womit soll ich mich dem Herrn nahen?«) und waren bereit, ihn zu erfüllen. Aber die Fortsetzung in V.7 zeigt, dass Gott Kinderopfer verschmäht. Es kommt

---

457 Ausführlich werden alle zehn Prüfungen im MIDRASCH Pirke R. Elieser (8. Jh. n. Chr.) beschrieben.

also allein auf die Bereitschaft an. Deshalb wurde Abrahams »Wille als Tat genommen«.

Nach diesen wichtigen Lesehinweisen beginnt die minutiöse Auslegung der Einzelheiten. Von ihr kann hier nur weniges genannt werden. Zu V.1 fragt man, welche Worte gesprochen wurden, und füllt die Leerstelle mit verschiedenen Vermutungen aus.[458] Mehrere Einzelzüge der Erzählung verbinden das Geschick Abrahams mit dem seines Volkes. Dass Abraham seinen Esel selber sattelt, verbindet ihn mit Bileam in 4Mose 22,21, der daraufhin Israel nicht verflucht, sondern segnet. Indem Abraham das Opferholz »spaltet«, gibt er Gott einen Anlass, das Schilfmeer für seine Nachkommen beim Exodus aus Ägypten zu »spalten« (BerR 55,8). Weil der Ahn auf Moria anbeten will, wird der Tempel dereinst dort erbaut (BerR 56,2).

Die Zeitangabe »am dritten Tag« in 1Mose 22,4 ist Anlass, zehn[459] Bibelstellen aufzuführen, in denen am dritten Tag eine Wendung zum Heil für Israel eintritt. In der Reihe steht am Anfang und gegen Ende der Hinweis auf die Auferstehung der Toten am dritten Tage aus Hos 6,2. Das letzte Beispiel wird ausdrücklich mit Abrahams Verdienst begründet. In dieser Perspektive weist die Bindung Isaaks auf die Auferstehung voraus.

Schon die Rabbinen lesen die Absicht Abrahams »*Wir* wollen anbeten und zu euch zurückkehren« (1Mose 22,5) als Ankündigung, dass auch Isaak »in Frieden vom Berg Moria zurückkehren werde« (BerR 56,2).

Die auffällige Wiederholung des Satzes »und gingen die beiden miteinander« in 1Mose 22,6.8 umschließt den einzigen Wortwechsel zwischen Sohn und Vater.

---

458 Zu einer Antwort s. o. bei Anm. 403.
459 Entsprechend den zehn Prüfungen.

Der Midrasch sucht zu ergründen, was sich dazwischen in den Köpfen von Vater und Sohn ereignet habe. Er füllt die Leerstelle damit, dass er eine neue Szene erfindet (BerR 56,4), in der Samael (der Teufel) auftritt und zunächst Abraham dreimal versucht:

Alter, Alter! Du hast wohl deinen Verstand verloren? Einen Sohn, der dir im hundertsten Jahr gegeben wurde, gehst du zu schlachten?
Abraham antwortete: Trotzdem.
Wie wäre es denn, wenn Gott dich noch mehr prüfte, würdest du auch dann beharren?
Abraham sprach: Und wenn noch mehr.
Aber, nahm Samael wieder das Wort, morgen wird er zu dir sagen: Du bist ein Blutvergießer, du hast deinen Sohn ums Leben gebracht.
Abraham sprach: Trotzdem.

Der erste Einwand spricht Abraham jeden Verstand ab, der zweite bezweifelt seine Standhaftigkeit, der dritte führt Gottes ausdrückliches Verbot in der Tora (»Du sollst nicht töten«) gegen das ins Feld, was Abraham als Gottes Forderung vernommen hat. Damit stellt der Teufel in Frage, dass es wirklich Gott gewesen sei, der diese Forderung erhoben hat. Mit alledem will er Abraham von seinem Weg abbringen, um die Erlösung Israels zu verhindern, die in der Bindung Isaaks gründet.

Weil er bei Abraham nichts ausrichtet, wendet er sich an Isaak. Zuerst bringt er mit der Anrede »Sohn der Unglücklichen / oder Verlassenen« das künftige Schicksal der Mutter ins Spiel, die keinen Sohn mehr haben wird. Dann spricht er aus, worüber der Vater bisher geschwiegen hat: »Er geht, dich zu schlachten.« Aber Isaak bleibt standhaft und antwortet: »Dennoch folge ich.« Im zweiten Anlauf unterstellt er, alles sei nur von Ismael eingefädelt worden, der die Stelle Isaaks einnehmen und sich mit seinen Gewändern bekleiden wolle. Diese Rede zeigt Wirkung; denn Isaak wendet sich an seinen Vater und fragt nach dem Lamm zum Opfer. Der Midrasch deutet das so:

Isaak sprach zu seinem Vater: Mein Vater!
Warum steht das Wort [Vater] zweimal? Damit er sich seiner erbarme.

Auf die Frage nach dem Lamm antwortet Abraham mit einem doppeldeutigen Satz:[460]

Gott wird sich das Lamm ersehen.
Und wenn nicht: das Lamm zum Opfer, mein Sohn.
Das Lamm zum Opfer: meinen Sohn.

Da im Midrasch keine Satzzeichen gesetzt werden, kann »mein Sohn« als Anrede (»mein Sohn«) verstanden werden, aber auch als Erläuterung zum Objekt Opferlamm (»meinen Sohn«). Wie verhält sich Isaak?

Und sie gingen beide miteinander.
Abraham ging, um zu binden, Isaak, um gebunden zu werden; Abraham, um zu schlachten, Isaak, um geschlachtet zu werden.

Isaak weiß jetzt, was zuvor nur sein Vater wusste. Weil er dennoch in Eintracht mit ihm weitergeht, willigt er in Abrahams Opferbereitschaft ein. Ist damit alles gut? Keineswegs. Als der Vater die Hand zum Schlachtmes-

---

460   Übersetzung und Deutung hier nach Krupp, Sohn, 41–42.

ser ausstreckt, weinen die Engel, wie es in Jes 33,7 heißt:

Die Arielim[461] schreien (draußen).
Was heißt »draußen« (*hutsa*)? R. Asarja sagte: »Widernatürlich« (*hitsa*), es ist widernatürlich, seinen Sohn eigenhändig zu schlachten.[462]

Der Midrasch verharmlost nichts; was furchtbar ist, bleibt furchtbar. Deshalb schreien die Engel. Was schreien sie? »Er (Gott) sieht nicht auf die Frömmigkeit Abrahams, kurz, kein Geschöpf ist vor ihm beachtet« (BerR 56,7).

Im letzten Moment verhindert Gott die Opferung. War also alles nur ein großes Missverständnis? Auch diese Deutung findet sich im Midrasch. Abraham verwundert sich und stellt Gott zur Rede: Gestern sprachst du: »Mit Isaak sollen deine Nachkommen genannt werden«; heute sprichst du: »Nimm deinen Sohn«; und jetzt sprichst du wieder: »Lege nicht Hand an ihn!« Gott antwortet (BerR 56,8):

Abraham, ich breche nicht meinen Bund und ändere nicht mein Wort (Ps 89,35).
Ich habe zu dir gesagt: Nimm deinen Sohn. Aber ich sagte nicht: Schlachte ihn. Ich habe zu dir gesagt: Führe ihn hinauf aus Liebe. Du hast mein Wort gehalten, du brachtest ihn hinauf, jetzt führe ihn wieder hinab!

---

461 Im Bibeltext sind die Bewohner Ariels (das ist: Jerusalems) gemeint, im Midrasch dagegen die Engel um den Thron Gottes.
462 Übersetzung und Deutung von Krupp, Sohn 43–44.

Diese Deutung der Bindung Isaaks aus einem Missverständnis spielt mit der Doppelsinnigkeit des hier verwendeten Verbs *häʿälah*. Es bedeutet im alltäglichen Gebrauch »hinaufführen, hinaufbringen«, in „kultischen Zusammenhängen jedoch »ein Tier als Ganzopfer (verbrennen und im Rauch) aufsteigen lassen, opfern«. Der alltägliche Gebrauch legt sich hier schon deshalb nicht nahe, weil Abraham die Prüfung dann nicht bestanden hätte. Denn in diesem Verständnis wäre nicht Abrahams Hingabe geprüft worden, sondern sein Scharfsinn oder sein Sinn für schwarzen Humor.[463]

Am Ende sieht Abraham: Ein Widder »dahinten« (*'achar*) hatte sich im Gestrüpp verfangen (1Mose 22,13). Der Midrasch deutet das Wort nicht lokal, sondern im zeitlichen Sinn als »nach« (BerR 56,9), einmal auf den Neujahrstag im liturgischen Kalender[464], dreimal auf das Ende der Tage:

Nach allen Geschehnissen wird Israel in Sünden und Drangsale verwickelt [wie der Widder im Gestrüpp], aber am Ende werden sie erlöst werden durch die Hörner des Widders (Sach 9,14: »Dann wird Gott ins Horn stoßen«).[465]

Nach dem Opfer des Widders gibt Abraham der Stätte, an der er seinen Sohn gebunden hat, den Namen »Er sieht« (1Mose 22,14). Der Midrasch begründet diese Namengebung mit einer Bitte Abrahams:

---

463 S. die Adaption der Erzählung durch Woody Allen, Die Schriftrollen, Fragment 2 (1972), in: Ders., Ohne Leit kein Freud. Aus dem Amerikanischen von Benjamin Schwarz, München 1979, 35–37.
464 S. o. bei Anm. 404.
465 Das im Kult gebrauchte Horn stammt von einem Widder. Mit dem Widder und speziell seinen Hörnern sind zahlreiche weitere Legenden verbunden.

… ich habe … mein Mitleid unterdrückt, um deinen Willen zu tun. Deshalb bitte ich dich, Ewiger, unser Gott, wenn die Nachkommen Isaaks in Sünden und böse Handlungen geraten, sei ihnen seiner [Isaaks] Akeda (Opferwilligkeit) eingedenk und erbarme dich ihrer! (BerR 56,10).

Die Bindung Isaaks ist Grund für die Erlösung Israels geworden: »Mit Isaak ist ganz Israel erlöst.«[466]

(3) Je stärker man die Erlösung Israels von allen Sünden mit dem Verdienst verbindet, das durch die Bindung Isaaks erworben wurde, desto wichtiger musste der reale Vollzug des Opfers werden; denn im kultischen Verständnis wird Sühne nur durch das beim Sühnopfer geflossene Blut vermittelt.

Schon der älteste Midrasch zum 1. Mosebuch lässt offen, was auf dem Altar geschehen ist. Sicher, am Ende opfert Abraham jenen Widder. Aber in BerR 56,9 wird großer Wert daraufgelegt, dass Gott das Blut des Widders so ansehen möge, als ob es das Blut Isaaks wäre. Nach R. Pinchas habe Abraham Gott sogar gebeten: »Sieh es so an, als hätte ich meinen Sohn Isaak zuerst und dann diesen Widder an seiner Stelle dargebracht.« Noch weiter geht BerR 49,11. Dort wird der Brauch, an den Bußtagen Asche zu streuen, mit der Asche Isaaks begründet, also mit dem vollzogenen Brandopfer.[467] Später spricht man sogar vom wirklichen Tod Isaaks auf dem Altar und von seiner Auferstehung, erstmals im Midrasch *Pirke de Rabbi Elieser*, einer Nacherzählung der biblischen Geschichte bis zum Tod des Mose aus dem

---

466 So im palästinischen TALMUD, Traktat Taanit 2,4 (bei OBERHÄNSLI-WIDMER, Figuren, 310).
467 Auch in AntBib 18,5 (aus dem 1. Jh. n. Chr.) gilt die Opferung Isaaks als vollzogen, und um des Blutes Isaaks willen hat Gott Israel erwählt.

8. Jh. n. Chr.[468] Dort erzählt R. Jehuda, was Isaak geschah, als Abraham die Hand zum Messer ausstreckte:

Als das Schwert seinen Hals erreicht hatte, entwich die Seele Isaaks und entfloh. Als [Gott] seine Stimme zwischen den zwei Keruben hören ließ und sagte: »Schicke deine Hand nicht gegen den Knaben aus (1Mose 22,12), da kehrte die Seele zu seinem Körper zurück, und [Abraham] band ihn los und Isaak stellte sich auf seine Füße.
Da wusste Isaak, dass so einst die Toten wiederbelebt werden. Und in dieser Stunde öffnete er [den Mund] und sagte: Gepriesen seiest du, Jhwh, der du die Toten belebst.

Isaaks erste Worte nach seiner Wiederbelebung sind ein Gebet. Er betet die zweite Bitte des Achtzehnbittengebets, die deshalb auch Isaak-Bitte genannt wird. Aber so kann auch diese Nacherzählung nicht schließen; denn noch ist kein blutiges Opfer dargebracht worden. Deshalb berichtet der Midrasch von dem Widder, den Gott in der Abenddämmerung vor dem Sabbat der Schöpfungswoche eigens dazu erschaffen hat, dass er sich anstelle Isaaks opfern lasse. Er läuft heran, aber der Satan hindert ihn an seiner Bestimmung, so dass er sich mit seinen Hörnern zwischen den Bäumen verfängt. Offenbar will der Satan das Opfer und damit die Erlösung Israels verhindern. Der Widder aber streckte den Fuß aus nach Abrahams Gewand. Der sieht ihn und opfert ihn an seines Sohnes Statt.
  Die Vorstellung, dass die Opferung Isaaks wirklich vollzogen, er aber wieder zum Leben erweckt worden sei, ist wahrscheinlich viel älter als dieser Midrasch. Schon die Nacherzählung der Abrahamgeschichte un-

---

468 Aufbereiteter Text und Übersetzung von Kap. 31 bei BÖRNER-KLEIN, Pirke, 352–366.

ter dem Leitwort »Glauben« in Hebr 11 endet mit der Erinnerung:

[17]Durch Glauben hat Abraham den Isaak (als Opfer) dargebracht, als er versucht wurde, ... [19]indem er bedachte, dass Gott sogar die Macht hat, von den Toten aufzuwecken; deshalb erhielt er ihn auch zurück als Gleichnis (für Tod und Auferweckung Christi).[469]

(4) Für diese Vorstellung gibt es auch ein altes Zeugnis in der jüdischen Bildkunst. Um 520 n. Chr. wurde die Synagoge in Bet-Alpha, einem kleinen Dorf in der Jesreelebene gelegen, mit einem Fußbodenmosaik ausgestattet. Auf ihm hat ein lokaler Künstler die Bindung Isaaks dargestellt:

Abb. 26: Die Bindung Isaaks
(Mosaik auf dem Fußboden der Synagoge von Bet-Alpha,
6. Jh. n. Chr.)

---

469 S. u. C 3.

Die Bildergeschichte beginnt links mit den beiden Knechten, die beim Esel auf die Rückkehr von Vater und Sohn warten. Im Zentrum des Bildes befindet sich ein Baum, an dem der Widder – schon seit der Schöpfungswoche angebunden – auf seinen Auftritt wartet. Über dem Baum bricht Gottes Ruf, durch eine aus dem Wolkendunkel ragende Hand dargestellt, aus dem Himmel in die erzählte Welt ein. Eine Beischrift zitiert 1Mose 22,12: »Strecke deine Hand nicht aus!« Der irdische Bereich ist mit einer Linie vom Himmel darüber geschieden. Das Mosaik stellt den Moment dar, in dem Gott das grausige Geschehen unterbricht, Abraham mit dem Messer noch in der Hand den Kopf wendet und nun den Widder sieht. So weit passt alles zum biblischen Text und zu den Erweiterungen im Midrasch. Überrascht werden wir rechts: Dort sehen wir einen Altar mit einem lodernden Opferbrand. Zwischen ihm und Abraham schwebt ein Knabe mit zwei Flügeln, dessen Hände vorn gebunden sind. Eine Beischrift identifiziert ihn mit Isaak. Als kleiner Mensch mit Flügeln wird in der antiken Bildkunst die Psyche oder der unsterbliche Teil eines Menschen dargestellt.[470]

*

Dieser nur sehr kurze Überblick über die vielfältigen Deutungen Abrahams im Judentum lässt zwei Hauptlinien erkennen: Das hellenistische Judentum der Diaspora zeichnet ihn vornehmlich als Künder des Monotheismus und als tugendhaften Weisen, das palästinische hebt dagegen besonders seine Treue gegenüber der Tora hervor. Aber die Tora schließt keineswegs ge-

---

[470] KEMP, Seele, 140.

gen alles Fremde ab, wie Rabbi Abuhu an Abrahams Gastfreundschaft verdeutlicht:

Das Zelt unseres Vaters Abraham war wie die Rennbahn … nach allen Seiten geöffnet (BerR 48,9 zu 1Mose 18,1).

3. Vom Vater aller, die glauben, zum Zeugen für Jesus Christus:

Abraham und Sara im Neuen Testament und in der Alten Kirche

Abraham ist die alttestamentliche Gestalt, die nach Mose am häufigsten im Neuen Testament erwähnt wird.[471] Das verwundert nicht, waren doch die ersten Christen Juden. Sie verstanden sich selbstverständlich als Nachkommen Abrahams, bekannten sich aber als Juden zu Jesus Christus, ihrem Herrn. Der war ebenfalls ein »Sohn Abrahams«. Das Neue Testament beginnt mit einem Stammbaum Jesu, der in Mt 1,1 mit folgender Überschrift eingeleitet wird:

Buch des Ursprungs Jesu Christi, des Sohnes Davids, des Sohnes Abrahams.

Diese Überschrift verbindet Jesus über David mit der messianischen Erwartung eines Erlösers für Israel und über Abraham mit der einzigartigen Verheißung des Segens, der die Völker einschließt. Diesem Anfang entspricht das Ende des Matthäus-Evangeliums in 28,19–20 mit dem Auftrag des Auferstandenen:

---

471 Zu Abraham im NT vgl. BAUMBACH, Abraham; ROLOFF, Abraham; BÖTTRICH, Abraham.

Geht und macht zu Jüngern alle Völker,
indem ihr sie tauft im Namen des Vaters, des Sohnes und des Heiligen Geistes, und sie beachten lehrt alles, was ich euch befohlen habe.

Was Gott einst mit Abraham und David begonnen hat, bringt er jetzt mit dem zur Vollendung, dessen Geschichte das Buch erzählt.

Die Anhänger Jesu[472] lebten zunächst als eine Gruppe neben anderen im Rahmen jüdischer Frömmigkeit. Sie lasen in den Synagogen die Tora, die Propheten und die Psalmen, legten sie aber im Licht des Kreuzestodes und der Auferweckung Jesu aus. Dort trafen sie, vor allem außerhalb Jerusalems, auch auf Nichtjuden. Denn das Judentum zog mit der grundsätzlichen Offenheit der Synagogen, seinem Monotheismus und seiner überzeugenden Ethik viele Nichtjuden an. Man musste ja nicht gleich zum Judentum übertreten und sich beschneiden lassen, sondern konnte auch als »Gottesfürchtiger« am Leben der Synagogengemeinde teilnehmen.[473] In dieser Gruppe stieß die Verkündigung der jüdischen Anhänger Jesu auf ein wachsendes Echo, so dass sich Sympathisanten taufen ließen.

Diese veränderte Lage führte bei den jüdischen Anhängern Jesu zu Auseinandersetzungen: Genügt für Nichtjuden die Taufe oder müssen sie zuerst Juden werden, sich also beschneiden lassen, um Christen werden zu können? Apg 15 und Gal 2 berichten, wie sich um 48 n. Chr. die wichtigsten Autoritäten in Jerusalem trafen, um diese Frage zu klären. Zwar bestanden die getauften Juden nicht länger auf der Beschnei-

---

472 Die Bezeichnung »Christen« scheint erst in Antiochia aufgekommen zu sein (Apg 11,26).
473 Wander, Gottesfürchtige, 235–239.

dung für Nichtjuden, aber der Streit schwelte lange weiter. Die entscheidenden Antworten gab schließlich Paulus, ein Jude mit römischem Bürgerrecht aus Tarsus in Kleinasien, der Christ geworden war und sein Leben fortan damit verbrachte, den Nichtjuden in der Mittelmeerwelt die Botschaft von Jesus Christus zu predigen. Seine Antworten orientieren sich vornehmlich an Abraham. In wenigen Jahren entstand aus einer kleinen Gruppe *innerhalb* des Judentums eine *neue Gemeinschaft* von Christen aus Juden *und* Nichtjuden.

3.1. Abraham und Sara bei Paulus[474]

Paulus beschreibt sich wie seine Gegner als »Hebräer«, »Israelit«, »Nachkomme Abrahams« und »Diener Christi« (2Kor 11,22–32). Er wurde »am achten Tag beschnitten«, wie das Gesetz es befiehlt, und war ein »Pharisäer, unsträflich in der Beachtung der Tora« (Phil 3,5–6). Nie bestreitet er seinen jüdischen Brüdern, dass sie Abrahams Nachkommen sind, denen Gottes Verheißungen gelten. Aber er lässt keine Zweifel daran aufkommen, dass Gott auch Nichtjuden Gemeinschaft gewährt, ohne dass sie zuvor Juden werden müssen. Das entwickelt er zunächst im Brief an die Galater. In Gal 3 erklärt er Abraham zum Vater aller, die glauben. Das entfaltet er dann grundsätzlich in Röm 4.

(1) Was Hagars und Saras Nachkommen unterscheidet (Gal 4,21–5,1)
Paulus hatte in den Jahren 48/49 in der Gegend südlich des heutigen Ankara christliche Gemeinden gegründet. Die Christen dort waren ursprünglich vor allem Hei-

---

474 BERGER, Abraham.

den (4,8), weniger Juden. Aber in der Abwesenheit des Apostels sind andere Missionare in diese Gemeinden gekommen. Sie forderten über die Taufe hinaus (3,27) die Erfüllung des Gesetzes (3,2.5.10–11): Man müsse sich beschneiden lassen (5,2–12; 6,12–13), die Feste beachten (4,10) und die jüdischen Speiseregeln einhalten (2,11–14). Paulus ordnet sie in 4,9 dem Götzendienst zu. Das hat die Gemeinden in große Verwirrung gestürzt. Deshalb schreibt Paulus in der ersten Hälfte der fünfziger Jahre seinen Brief. Mit ihm wendet er sich nicht gegen Juden, sondern gegen judenchristliche Bestrebungen, um die von ihm gegründeten Gemeinden wieder auf den rechten Kurs bringen.[475]

Nachdem er in Gal 3,1–14 Abraham zum Vater aller erklärt hat, die glauben, stellt er in 4,21–5,1 die beiden Frauen und deren Kinder einander gegenüber.[476] Dieser Text hat in der Kirchengeschichte eine verheerende Wirkung entfaltet: Angefangen beim Kirchenvater Tertullian über Augustinus und Luther bis in das 20. Jh. hinein hat man die freie Frau auf das Christentum, die unfreie aber auf das Judentum gedeutet.[477] In dieser Auslegung hätte Paulus das jüdische Verständnis der beiden Frauen geradezu auf den Kopf gestellt; denn im Judentum verstand man sich selbst als Nachkomme Abrahams und Saras, nicht Hagars.[478] Schon deshalb kann sie kaum richtig sein.[479] In 5,1 spricht Paulus das *Ziel* seiner Argumentation klar aus:

---

475 BAUMBACH, Abraham, 398–41.
476 Von Hagar ist im NT nur hier die Rede; in Röm 9,6–13 wird Hagar nicht namentlich erwähnt.
477 Dazu SCHRECKENBERG, Adversus-Judaeos-Texte.
478 S. nur Joh 8,33.
479 Zur Auslegung vor allem HAACKER, Paulus, 97–101, und ZIMMERMANN, Gott, 105–109.

Zur Freiheit hat uns Christus befreit; steht deshalb fest und
lasst euch nicht wieder unter das Joch der Sklaverei fangen!

Der gesamte Abschnitt 4,21–31 dient der Begründung.
Paulus argumentiert mit der Schrift, indem er sie auslegt:

Ihr, die ihr euch dem Gesetz unterstellen wollt,
habt ihr denn nicht gehört, was im Gesetz steht?

Zur Erinnerung bezieht sich Paulus sogleich auf die
Tora, und zwar auf die beiden Erzählungen von Hagar
und Sara in 1Mose 16 und 21. Er fasst sie in dem für ihn
entscheidenden Punkt zusammen: hier der Sohn der
Sklavin Hagar, da der Sohn der Freien, gemeint ist Sara,
deren Name aber nicht genannt wird. Der eine ist
»nach dem Fleisch geboren«; das meint: auf natürliche
Weise gezeugt (1Mose 16). Der andere aber ist »durch
die Verheißung« geboren, die Gott in 1Mose 17 Abraham gegeben hat, will sagen: durch ein Wunder geschenkt; denn anders ist die Geburt Isaaks von einem
hundertjährigem Greis und einer neunzigjährigen
Mutter nicht zu erklären.

Wir fragen uns: Was soll das bedeuten? Paulus antwortet mit V. 24–26. Zunächst deckt er den Sinn auf, der
in den zuvor zusammengefassten Texten verborgen
liegt. Dazu bedient er sich der allegorischen Schriftauslegung. Jene klassische Methode wurde in der Homer-Exegese entwickelt und erfreute sich in der gesamten Antike großer Beliebtheit. Wir haben sie bei
Philo kennengelernt.[480] Sie beruht darauf, dass ein Text
und seine Einzelzüge nicht nur den offenkundigen

---

480 S. o. C 2.5.

buchstäblichen Sinn enthalten, sondern stets noch einen tieferen Sinn verbergen, den es freizulegen gilt. Darum bemüht sich Paulus Zug um Zug. Wir erkennen das an den Wendungen »das bedeutet«, »das entspricht«, »das ist«.

In der letzten Deutung, die Paulus in V. 25b.26 vornimmt, stehen beide Frauen für Städte. Deren Darstellung als Frauen war in der Antike beliebt. Man denke nur an »Tochter Zion«. Die Sklavin Hagar steht für das »jetzige (will sagen: irdische) Jerusalem«, die Freie (also Sara) für das »obere (will sagen: himmlische) Jerusalem«.

Die Gleichsetzungen in V. 24.25a sind dagegen ungewöhnlich. Es geht um »zwei Bundesschlüsse« oder »Stiftungen, Testamente«. Paulus führt aber nur den »Bund« vom »Sinai« aus, der »zur Knechtschaft gebiert«. Den setzt er dann mit dem »jetzigen Jerusalem« gleich. Dass das gegenwärtige Jerusalem samt seinen Kindern in Knechtschaft lebt, konnten damals alle sehen, waren Jerusalem und Judäa doch nur noch Teil einer Provinz unter der harten Hand der Römer. Aber wie kommt Paulus dazu, den Sinaibund mit Sklaverei in Verbindung zu bringen? Er lokalisiert den Berg Sinai in Arabien. Das kommt uns seltsam vor, aber: »Als Arabien konnte in neutestamentlicher Zeit alles bezeichnet werden, was östlich vom Nil oder von Judäa lag.[481] Arabien galt im Judentum als Erbteil Ismaels, des Sohnes der Sklavin Hagar.[482] Also ist das Gesetz – am Sinai ›in Arabien‹ verkündet – ein Produkt des Landes der Unfreiheit, und Bindung an das Gesetz bedeutet Unfreiheit.«[483]

---

481 Gen 45,10; 46,34 (Septuaginta).
482 Vgl. JOSEPHUS, Ant. 2,213.
483 HAACKER, Paulus, 99.

Was es mit dem zweiten Bund auf sich hat, erläutert Paulus nur sehr verkürzt. Er konzentriert sich dabei auf den entscheidenden Punkt: Dieser Bund gilt der Freien, »die *unsere* Mutter ist«. Er setzt sie mit dem oberen Jerusalem gleich. Während die Kinder des irdischen Jerusalems Sklaven sind wie *ihre* Mutter, so sind die Kinder des oberen Jerusalems Freie. Paulus argumentiert wieder mit der Schrift (V. 27), nun aber mit den Propheten, wie das in jüdischer Schriftauslegung üblich war. Jes 54,1 erinnert an Sara, »die Unfruchtbare«, die keine Kinder hatte, und an Hagar, »die den Mann hat«. Die unfruchtbare Sara wird hier zum Gleichnis für die entvölkerte Stadt Jerusalem, die aber durch Gottes Hilfe wieder von vielen Zionskindern bevölkert werden soll. Zu denen gehören alle, die aus Glauben leben. Paulus nennt dieses Jerusalem »das obere Jerusalem«.[484]

Mit V. 28 wendet Paulus seine Argumentation aus der Schrift auf die Galater in ihrer besonderen Lage an. Dazu spricht er sie direkt an: »Ihr aber, Brüder ...« Mit der Taufe seid ihr Kinder der Verheißung geworden und zur Freiheit befreit, wie es Isaak einst war. Deshalb werdet wieder (5,1), was ihr seid (4,31)! Von einer Verwerfung der Juden kann also keine Rede sein. Paulus geht es darum, dass sich die Christen »zu Recht auf Abraham berufen können und dazu nicht die Beschneidung ... übernehmen müssen«.[485]

Wie sind dann V. 29–30 zu verstehen? Etwa als Empfehlung für die Galater, sie sollen die vertreiben, die sie verwirren? Diese naheliegende Deutung scheitert schon daran, dass Paulus die Christen hier in Gal 4 nicht auf die Seite Abrahams stellt, der die Sklavin und

---

484 Dazu ZIMMERMANN, Gott, 106–107.
485 BAUMBACH, Abraham, 41.

ihren Sohn vertrieben hat, sondern auf die Seite der Kinder der Freien und des oberen Jerusalems. Mit der Anwendung gibt Paulus gerade keine Handlungsanweisung, sondern eine Ortsbestimmung.[486] Die knüpft an die besondere Lage der galatischen Christen an. Sie werden verfolgt um des Kreuzes Christi willen, wie es in 6,12 heißt. Ihnen geht es nicht anders als einst Isaak. Paulus nimmt damit eine jüdische Auslegung von 1Mose 21,9 auf. Dort wird erzählt, wie Ismael »sich lustig macht« oder »spielt«. Jüdische Schriftausleger haben schon in der Spätantike daraus entnommen, Ismael habe Isaak töten wollen.[487] Eine ähnliche Tradition scheint auch Paulus zu kennen.

Die Anwendung in Gal 4 zielt nicht auf das Vertreiben, sondern auf den Erben. Mit 1Mose 21,10 sagt Paulus den Gemeinden: Ihr werdet zwar verfolgt wie einst Isaak von Ismael (V. 29), aber schaut auf das Ende: Nicht Ismael ist Erbe geworden, sondern Isaak. Mit ihm seid auch ihr Erben, weil ihr wie Isaak Kinder der Verheißung seid! Isaak ist also hier »der Typos der Glaubenden aus Juden und Heiden«.[488]

(2) Abraham als Zeuge für die Rechtfertigung aus Glauben (Röm 4)

Im Galaterbrief hatte sich Paulus mit seinen judenchristlichen Gegnern auseinandergesetzt und dabei Abraham zum Vater *aller* erklärt, die glauben. Wenige Jahre später (etwa 56 n. Chr.) entfaltet er im Römerbrief am Beispiel Abrahams seine These:

---

486 BACHMANN, Antijudaismus, 140–141.
487 BerR 53 (zu V. 9); TOSEFTA, Sota 6,6: Sara habe gesehen, wie Ismael mit Pfeilen schoss, um Isaak zu töten.
488 SELLIN, Hagar, 73.

Der Mensch wird gerecht gesprochen durch den Glauben ohne Werke des Gesetzes (Röm 3,28).

Das musste bei jüdischen Gesprächspartnern auf entschiedenen Widerspruch stoßen; denn für sie zeichnet das Tun der Tora den Gerechten aus. Deshalb argumentiert Paulus in Röm 4[489] mit dem Zeugnis der Schrift, auf die sich auch seine Gegner berufen. In ihr verbindet kein Text »Gerechtigkeit« und »Glauben« so eng wie 1Mose 15,6. Er empfiehlt sich auch deshalb, weil hier Gerechtigkeit und Glaube ausdrücklich mit Abraham verbunden werden, als dessen Nachfahren sich alle Juden wissen. Abraham ist jedoch nicht nur *ihr* Ahnvater; mit dem Schritt vom ›Heiden‹ zum beschnittenen Juden wurde er zugleich der erste Proselyt.[490] Eine prominentere Gestalt und einen überzeugenderen Text als 1Mose 15 hätte der Apostel schwerlich aufbieten können, um seine These zu begründen.

Paulus argumentiert in zwei Gedankengängen: Der erste (V.1–12) begründet mit Abraham, dass Gott nicht »Werke«, sondern »Glauben« zur Gerechtigkeit anrechnet. Darüber hinaus entfaltet er, *woran* Abraham glaubt. Im zweiten Argumentationsgang (V. 13–22) führt Paulus die Verheißung von Land und zahlreicher Nachkommenschaft ein. Er ersetzt die Alternative »Werke« oder »Glaube« durch »Gesetz« oder »Glaube« und bringt die Verheißung allein mit dem Glauben in Verbindung. Dabei entfaltet er, *wie* Abraham glaubt. Ein kurzer Schlussabschnitt (V. 23–25) erschließt aus der vorangehenden Schriftauslegung die Bedeutung Abrahams für Christen.

---

489 Einzelheiten und Lit. bei Köckert, Glaube, 15–27.
490 Vgl. Josephus, Ant. 1,155, und Philo, Virt. 216–219.

V.1–8: Auf den Glauben kommt es an.
Der Apostel greift in V.2 die Meinung seiner Gegner auf, Abraham sei aufgrund von Werken gerecht gesprochen worden und habe mit dem Tun der Tora Ruhm erworben. Paulus gesteht Abraham zwar Ruhm zu, aber nicht »bei Gott«. Dazu zitiert er 1Mose 15,6: »Abraham glaubte Gott«, und dieser Glaube »wurde ihm zur Gerechtigkeit angerechnet«, kein Werk. Dieses Urteil gewinnt Paulus auch aus der Beobachtung, dass Gott Abraham schon in 15,1 »Lohn« in Aussicht stellt, noch *bevor* von seinem Glauben in 15,6 die Rede ist. Wäre der Glaube Abrahams ein Werk oder eine Leistung, hätte ihm dafür Lohn zugestanden, aber erst *danach*. Natürlich war 1Mose 15 auch den Gegnern bekannt. Aber für sie war »glauben« durchaus ein »Werk«, für Paulus dagegen nicht.[491] Das schlägt sich auch darin nieder, dass die Gegner das Verb »anrechnen« ganz in einem kaufmännisch-buchhalterischen Horizont verstehen. In ihm muss die von Gott zuerkannte Gerechtigkeit als Entgelt oder Lohn für verdienstvolle Werke erscheinen, die in einer himmlischen Buchführung genau registriert sind. Paulus hält dagegen: Weil alle Menschen Sünder sind (3,22), deren Guttaten niemals ihre Untaten aufwiegen können, leben alle Menschen davon, dass Gott ihre »Sünden bedeckt«, sie also »*nicht* anrechnet«. Das belegt Paulus mit Ps 31,1f. (Septuaginta). Rechtfertigung kann deshalb nur eine Tat Gottes sein, zu der Menschen nichts anderes beitragen als ihre Sünden. Damit wendet sich Paulus gegen das Verständnis Abrahams als eines beispielhaften Gerechten aufgrund eigener Verdienste.

---

491 S. o. C 2 (Jub; Philo; BerR).

Abraham glaubte – woran? Er glaubte

an den, der den Gottlosen (*ton asebä*) gerecht spricht (V.5).

Dass Gott Gottlose oder Frevler gerecht macht, widerspricht dem üblichen Verständnis zutiefst. Nicht weniger provoziert die Vorstellung, ausgerechnet Abraham sei ein »Gottloser« gewesen, der doch nach jüdischer Deutung schon das Gesetz hielt, bevor es überhaupt mitgeteilt war.[492] Wie kommt Paulus dazu, Abraham unter die »Gottlosen« (*asebäs*) einzureihen? Auch in diesem Punkt hält sich der Apostel an die Schrift in der Fassung der Septuaginta. Der von ihr gebrauchte Aorist des Verbs »glauben« (*episteusen*) im griechischen Zitat aus 1Mose 15,6 hebt den entscheidenden Schritt vom Unglauben zum Glauben hervor, also den Akt des »Zum-Glauben-Kommens«.[493] Also muss Abraham zuvor ein Ungläubiger gewesen sein. Da er in 1Mose 15 noch nicht beschnitten ist, befindet er sich nach jüdischem Verständnis zu diesem Zeitpunkt noch im Stand eines Nichtjuden, der mit »Gottlosigkeit« gleichgesetzt werden kann.[494]

V. 9–12: Abraham ist Vater aller, die glauben.
Im nächsten Abschnitt bringt Paulus Ps 31,1–2 (Septuaginta) mit 1Mose 15,6 in Verbindung und fragt, wem der Glückwunsch des Psalms gilt:

Glücklich sind die, deren Übertretungen vergeben
und deren Sünden bedeckt sind!

---

492 S. nur Jub 16,21–31 u.a.
493 Vgl. Apg 9,42; 11,17; 16,31. – Die Septuaginta deutet mit dem Aorist die im Zusammenhang auffällige hebr. Form *w^{e}häʾämin* in 1Mose 15,6 (dazu s. B 2.2.[3]).
494 So Josephus, Ant. 20,45.

Nach jüdischem Verständnis gilt er David und mit David Israel. Paulus antwortet dagegen: Er gilt Juden *und* Nichtjuden, also allen Menschen, sofern sie glauben. Auf diese Antwort führt die Erörterung des Verhältnisses der Gerechtigkeit aus Glauben zur Beschneidung in V. 9–12. Paulus deutet die Abfolge von 1Mose 15 zu 17 nicht nur als eine zeitliche[495], sondern als eine sachliche: Dem noch unbeschnittenen Abraham wurde nichts als sein Glaube zur Gerechtigkeit angerechnet. Daraus folgert er, allen Unbeschnittenen werde ihr Glaube zur Gerechtigkeit angerechnet.

Welche Bedeutung bleibt der Beschneidung Abrahams noch, wenn allein der Glaube notwendig ist, um gerecht gesprochen zu werden? Paulus deutet die Beschneidung neu, indem er bei ihrer Funktion als »Zeichen« (*sämeion*) in 1Mose 17,11 ansetzt. Ein Zeichen hat seine Bedeutung nicht in sich selber, sondern darin, dass es auf etwas hinweist. Im jüdischen Verständnis weist die Beschneidung als »Zeichen des Bundes« auf das exklusive Gottesverhältnis Israels hin. Paulus greift dagegen die zweite Bedeutung des Wortes *sämeion* auf: Da es auch einen »Siegelabdruck« bezeichnen kann, deutet Paulus *sämeion* als *sphragis*[496] und damit das »Zeichen der Beschneidung« als »Siegel(abdruck) der Gerechtigkeit aus Glauben«.[497] Wie ein Siegel die Urkunde nicht ersetzt, sondern sie nur bestätigt und deren Echtheit vergewissert, so bestätigt auch die Beschneidung nur, was Abraham schon als Unbeschnitte-

---

495 Nach rabbinischer Tradition wurde Abraham erst 29 Jahre nach der Anrechnung seines Glaubens zur Gerechtigkeit beschnitten (STRACK-BILLERBECK III, 203).
496 So KÄSEMANN, Römer, 107, mit Verweis auf BAUER, Wb 1482.
497 HAACKER verweist für die Vorstellung von der Beschneidung als Siegel auf aram. TestLev (aus dem 2. Jh. v. Chr.) 21,21–23.

ner empfangen hat (Gen 15,6), und macht ihn lediglich der aus Glauben empfangenen Gerechtigkeit gewiss. Entscheidend ist also die Anrechnung des Glaubens zur Gerechtigkeit, nicht die Beschneidung, die allein und für sich genommen zur Rechtfertigung nichts beiträgt. Indem aber mit Glauben und Beschneidung Stationen der Lebensgeschichte Abrahams ins Spiel gebracht werden, kommt auf diese Weise der »Weg des Glaubens« (V. 12) in den Blick, der für Judenchristen offensichtlich ein anderer als für Heidenchristen ist, die sich nicht beschneiden lassen müssen.

Die Relativierung der Beschneidung ist die Kehrseite der Universalisierung der Vaterschaft Abrahams. Fortan macht allein der Glaube zu Kindern Abrahams, nicht mehr die Beschneidung. Allerdings schließt der Glaube Abrahams die Beschneidung keineswegs aus, wie man ebenfalls an Abraham sehen kann. Paulus vertritt hier (gegenüber Gal 5,2) eine integrative Position, die mit den Empfängern des Briefes zusammenhängt. Seine Argumentation in Röm 4 hält die christliche Gemeinde für unbeschnittene ›Heiden‹ wie für beschnittene Juden offen: Nicht die Beschneidung überhaupt, nur eine Beschneidung ohne Glaube wird ausgeschlossen.

V.13–17a: Abraham erhielt die Verheißung, ohne beschnitten zu sein.

Im zweiten Hauptteil führt Paulus die »Verheißung« in die Argumentation ein, »Abraham bzw. sein Same« werde »Erbe der Erde« sein. Im Stichwort »Same« (*sperma*) klingt die Verheißung zahlreicher Nachkommen an, mit der Formulierung »Erbe der Erde« wird die Landverheißung von 1Mose 15,7 aufgegriffen. Mit der Landverheißung für den Samen Abrahams ist zugleich 15,18 im Blick. In der Formulierung der Landverheißung folgt er allerdings nicht der Fassung der Septuaginta, sondern einer Überlieferung, die das »Erben dieses Landes« als »Erben der Erde« deutet.[498] Derartige Überlieferungen konnten an die Mehrdeutigkeit des hebräischen Wortes *'ärätz* anknüpfen, das nicht nur »Land« oder »Erdboden« (*gä*), sondern auch »Erde« und »Welt« (*kosmos*) im kosmologischen Sinne bezeichnet. Mit dieser Umformulierung eröffnet Paulus eine Perspektive, die über Israel und sein Land hinausreicht und die in V. 13–22 in den Vordergrund rückt.

Sodann bindet Paulus die Verheißung eng an die »Gerechtigkeit«. Dem könnten seine Gegner durchaus zustimmen.[499] Aber mit der Bindung an den Glauben bringt Paulus die Verheißung sogleich gegen das Gesetz in Stellung. Offenbar gibt es in den römischen Gemeinden Gruppen, die sich auf Texte wie 1Mose 18,19 oder 22,15–18 und 26,5 berufen, in denen die Verheißung mit dem Gehorsam Abrahams gegenüber den Weisungen Gottes begründet wird. Paulus hält in V. 14 dagegen: Wäre die Verheißung vom Tun des Gesetzes abhängig, müssten die Verheißungsgaben aus den Werken des Gesetzes folgen und den Tätern des Gesetzes wie Lohn »zustehen«. Sie bedürften dann gar keiner Verheißung; im Gegenteil, die Verheißung wäre so unsinnig (geradezu »zunichte gemacht«) wie der Glaube »leer«, der auf den Geber der verheißenen Gaben traut. Abraham bliebe dann allein Vater der Beschnittenen, also der Juden. Paulus setzt offenbar in V. 13 die sachlich gedeutete Abfolge voraus: Die Verheißung, die Welt zu erben (15,7), erhält Abraham *nachdem* ihm sein Glaube zur Gerechtigkeit angerechnet wurde (15,6) und *bevor* er

---

498 Vgl. Jub 17,3 und die Ausführungen von HAACKER, Römer, 107.
499 So verbinden auch syrBar 14,12–13; 4Esr 7,119f. die Verheißung mit dem Besitz von Gerechtigkeit (DOBBELER, Glaube, 137).

die erst in 1Mose 17 geforderte Beschneidung vollzog. Jedoch thematisiert Paulus – anders als in Gal 3,15–18 – den zeitlichen und sachlichen Vorrang der Verheißung vor dem Gesetz hier nicht ausdrücklich, sondern setzt ihn lediglich voraus und schließt daraus, dass die Verheißung allein den Glaubenden gilt.

In V. 16 hebt Paulus hervor, dass die Gerechtigkeit aus Gnade geschenkt wird.[500] Jedoch überrascht seine Argumentation in V. 15, ohne Gesetz gebe es keine Übertretung und folglich weder göttlichen Zorn noch Strafe.[501] Die rein negative Füllung des Gesetzes fällt auf, weil die Tora stets als positive Weisung zum Leben verstanden wurde. Paulus denkt jedoch daran, dass faktisch keiner das tut, was das gesamte Gesetz gebietet (Röm 1–3). Deshalb haben es alle übertreten; deshalb stehen auch alle unter Gottes Zorn, so dass eine aus dem Tun des Gesetzes erwachsene Verheißung niemals Wirklichkeit werden könnte.

Wenn also die Verheißung auf die Seite des Glaubens und nicht des Gesetzes gehört, müssen auch die Unbeschnittenen, sofern sie glauben, als Erben im Sinne der Verheißung gelten. So ist auch auf diese Weise Abraham als »Vater von *uns allen*« (V. 16) erwiesen, seien es nun Juden oder ›Heiden‹. Diesen kühnen Schluss unterstreicht Paulus mit einem Zitat aus 1Mose 17,5: »Zum Vater vieler Völker (*ethnä*) habe ich dich gesetzt.«[502] Weil in den *ethnä* die ›Heiden‹ eingeschlossen sind, übersteigen die »vielen Völker« die Grenzen Israels. Deshalb gilt auch die Verheißung nicht allein Israel, sondern auch den ›Heiden‹.

---

500 Vgl. damit Röm 3,24 und Gal 2,21.
501 In Gal 3,10–13 spricht Paulus vom »Fluch« des Gesetzes.
502 Auch die Verheißung in Gen 17,5 ergeht vor der Beschneidung, die erst in V. 9–14 geboten wird.

V. 17b–22: Abraham ist Vorbild rechten Glaubens.
Im letzten Abschnitt erläutert Paulus noch genauer, was es mit dem Glauben Abrahams auf sich hat. Dazu bemüht er wiederum die Schrift. Er stellt zunächst das Vertrauen Abrahams in den Gott voran, »der die Toten lebendig macht« (V. 17b). Die Vorstellung einer Auferstehung der Toten gehört zum pharisäischen Erbe des Apostels.[503] Damit bereitet er schon die Pointe in V. 24–25 vor und schafft eine Möglichkeit, den *christlichen* Glauben an den Glauben *Abrahams* anzubinden.

Sodann spielt Paulus mit Abrahams Vertrauen in den Gott, »der ruft, was nicht ist, dass es sei«, auf Gottes Schöpfermacht an, wie sie die Schrift breit bezeugt. Am nächsten steht Jes 48,13; denn hier wird die Erschaffung von Erde und Himmel mit dem Stichwort »rufen« als Schöpfung aus dem Nichts gedeutet.[504]

Schließlich erläutert er in V. 19–20 an Abrahams Lage, was Glauben an Gottes Leben schaffende Kraft heißt. Aus den Altersangaben in Gen 17,17 erschließt er, dass weder Abraham noch Sara damit rechnen konnten, jemals leibliche Nachkommen zu haben; denn ihre Leiber waren schon »erstorben« (V. 19). Dennoch wurde sein Glaube nicht schwach, sondern stark. Er vertraute Gott »gegen Hoffnung« (im Blick auf den schon erstorbenen Leib) »auf Hoffnung hin« (im Blick auf Gottes Schöpfermacht) und zweifelte nicht. Er gab

---

503 Sie wird in der zweiten Benediktion des Achtzehnbittengebets aufgenommen. Dazu KÄSEMANN, Römer, 114. Zum Motiv JOSEPHUS, Bell 2,163; Ant 18,14; TestJud 25; TestBenj 10,6–11 u. a.

504 »Meine Hand hat die Erde gegründet und meine Rechte den Himmel ausgespannt; ich rufe sie und stehen sie da« (Jes 48,13 Septuaginta). Dem entspricht syrBar 21,4: »… der du zu Anbeginn der Welt gerufen hast, was noch nicht war, und sie gehorchten dir.« Dieses Motiv ist breit bezeugt, vgl. syrBar 48,8.10; 2Makk 7,28; mehrfach bei Philo.

Gott die Ehre, indem er der Schöpfermacht Gottes traute, das zu tun, was er verheißen hatte (V. 21). Wo von der Verheißung nichts zu sehen ist, muss »der Glaube … ganz zur Hoffnung werden«.[505] In diesem Sinne heißt Glauben wie Abraham: Gottes Verheißungen trauen, auch gegen den Augenschein. Eben dieser Glaube wurde ihm in 15,6b »als Gerechtigkeit angerechnet« (V. 22).

V. 23–25: Abraham, die Schrift und wir
Jede Argumentation mit der Schrift setzt voraus, dass sich ihr Sinn nicht in der berichteten Vergangenheit erschöpft. Röm 4,23 gesteht zwar zu, dass die Schrift von Abraham durchaus um seinetwillen redet; denn *sein* Glaube wurde *ihm* angerechnet und nicht uns. Jedoch ist in der Schrift von Abraham auch »um *unsertwillen* geschrieben« (V. 24), weil auch uns unser Glaube zur Gerechtigkeit angerechnet werden soll wie Abrahams Glaube einst ihm. Deshalb ist das Zeugnis der Schrift von Abraham für Christen unersetzbar.

Paulus identifiziert den Glauben »an den, der unseren Herrn Jesus Christus von den Toten erweckt hat«, mit dem Glauben Abrahams an den, »der ins Dasein ruft, was nicht ist«. Weil für den Apostel Gottes Handeln an Abraham und am gekreuzigten Jesus strukturell vergleichbar ist, kann er die Schrift in diesem neuen Licht lesen und daraus den Schluss ziehen: Allen, die wie Abraham an diesen Gott glauben, wird ihr Glaube zur Gerechtigkeit angerechnet werden wie einst Abraham. In 1Mose 15,6 entdeckt Paulus darüber hinaus die strukturelle Vergleichbarkeit zwischen der Rechtfertigung Abrahams und der aller Menschen: Gott spricht

---

505 WILCKENS, Römer I, 275.

»Gottlose« gerecht, und er tut das bei allen (Röm 3,30) allein »aufgrund von Glauben« und »ohne Werke« (4,6.16).

Allerdings geht Paulus über eine bloße Analogie zwischen dem Glauben Abrahams und dem Glauben der Christen hinaus. Zwar ist Abraham ein »Beispiel« für das, was »glauben« heißt.[506] Aber er ist auch »mehr als ein Beispiel«[507]; denn er ist der *erste* in einer Geschichte, die Gott über Abrahams leibliche Nachkommen hinaus für alle Menschen geöffnet hat, wie Paulus in V. 13 zeigt.[508] Christen haben ihren Ort nicht außerhalb oder neben dieser Geschichte, die Gott mit Abraham begonnen hat, sondern allein in ihr. Abraham blickte jedoch glaubend voraus. Christen können dagegen nicht voraus blicken, ohne zugleich auf den zurückzublicken, den Gott von den Toten erweckt hat, Jesus Christus (V. 24). Abraham hoffte gegen allen Augenschein im festen Vertrauen auf die Verheißung, »Vater vieler Völker« zu werden. Für Paulus ist Gott schon längst dabei, diese Verheißung zu erfüllen, wie alle an den zahlreichen heidenchristlichen Gemeinden sehen können.

Christen glauben also *wie* Abraham, indem auch sie wie Abraham ihr Vertrauen auf Gott setzen und gegen allen Augenschein an der Hoffnung festhalten, dass er »tut, was er verheißt« (V. 21). Christen glauben aber *anders als* Abraham, indem sie an den glauben, durch den »unser Herr Jesus um unserer Verfehlungen willen

---

506 So KLEIN, Römer 4, 435.
507 So WILCKENS, Römer I, 282 f.
508 Nur deshalb kann Paulus die Geschichte der Gottesgerechtigkeit als Glaubensgerechtigkeit schon mit Abraham und nicht erst mit Christus beginnen, wie KÄSEMANN, Römer, 118–120, betont.

preisgegeben und um unserer Rechtfertigung willen auferweckt wurde« (V. 24–25). Die strukturelle Analogie ist mit einer geschichtlichen Differenz verbunden. Insofern konnte am Ende auch Abraham nicht der bleiben, der er in der biblisch-jüdischen Tradition war: Vater *allein* der Beschnittenen (V. 12). Er musste vielmehr ein anderer werden: »Vater *aller*, die glauben« (V. 11–12.16).

Diese neuartige und ungewöhnliche Deutung Abrahams durch Paulus fand keineswegs in allen Gemeinden Zustimmung. So führt der *Jakobusbrief* ungefähr 40 Jahre später die aus Sir 44,19–21 und 1Makk 2,52 bekannte Deutung[509] gegen Paulus ins Feld, indem er Abrahams Glauben mit 1Mose 22 auslegt. Abraham sei gerade darin Vorbild des Glaubens, dass er bereit war, seinen Sohn Gott darzubringen:

Wurde Abraham, unser Vater, nicht aus Werken gerechtfertigt, als er Isaak, seinen Sohn, auf den Altar hinauftrug?

Daraus schließt Jak 2,24:

Ihr seht, dass der Mensch aus Werken gerechtfertigt wird, nicht aus Glauben allein.

Schärfer kann man Röm 4,5 kaum widersprechen. Für Paulus jedenfalls bedarf der Glaube zur Rechtfertigung weder einer Vervollkommnung durch Werke noch des Zusammenwirkens mit ihnen, wie Jak 2,22 behauptet. Aber auch für Paulus wäre ein Glaube für sich allein, ohne gute Werke, tot (Jak 2,17.26); denn die erwachsen als »Früchte des Geistes« aus ihm (vgl. Gal 5,22 mit Röm 12), weil der Glaube »in der Liebe tätig ist« (Gal 5,6).

---

509 S. o. C 1.5.

3.2. Abraham im Brief an die Hebräer

Dieser Brief eines unbekannten Autors[510] entstand im letzten Jahrzehnt des 1. Jh.s, als sich christliche Gemeinden von ihren jüdischen Wurzeln trennten. Der Brief kommt erstmals in *Hebr 2,16* auf Abraham zu sprechen. Man denkt bei der geläufigen Wendung »Same Abrahams« zunächst an das Gottesvolk im jüdischen Selbstverständnis.[511] Aber im Zusammenhang von 2,5–18 können nur diejenigen gemeint sein, die an den glauben, der um ihrer Erlösung willen den Himmel verlassen und den Tod auf sich genommen hat (V. 9). Er nennt sie »Brüder« und »Kinder, die mir Gott gegeben hat« (V. 11–13), meint also die Christen. Von den Juden ist keine Rede mehr, weil das Verhältnis zu ihnen in diesen Gemeinden augenscheinlich keiner Klärung mehr bedarf.

Auch in *Hebr 6,13* ist Abraham als der beispielhafte Empfänger der Verheißungen bereits ganz zum »Besitz der christlichen Gemeinde geworden«.[512] Er ist ihr Vorbild in der Geduld (V. 15), um deretwillen ihm Gott Segen und Mehrung nicht nur in Aussicht gestellt, sondern mit einem Eid (1Mose 22,15–18) unbezweifelbar zugesichert hat. In V. 12 wird die Gemeinde dazu aufgefordert, ihm nachzueifern: denn er ist das Vorbild aller, »die durch Glauben und Ausdauer die Verheißungen erben«. Da aber weder Abraham noch die anderen Glaubenshelden des Alten Bundes jemals in den Genuss der verheißenen Gaben gekommen sind, kann nur die Gemeinde der Glaubenden »Erbe der Verheißung« sein.

---

510 Schon Origenes meinte, nur Gott wisse, wer der Verfasser sei (bei Eusebius, Hist. VI 25,13f.).
511 So in Luk 1,55; Röm 4,13.18; 9,7.29; 11,1; Gal 3,16.
512 Roloff, Abraham, 233.

Andere Akzente setzt *Hebr 7*.[513] Abraham erscheint traditionell als Ahn Israels und deshalb auch Levis und der Leviten, die aus »seiner Lende hervorgegangen« sind (V. 5). Allerdings zielen die V. 1–10 auf die Überordnung des Priestertums Melchisedeks über das der Leviten, also auf eine Unterordnung Abrahams als ihres Ahns. Das ergibt sich auch daraus, dass Abraham den Zehnten an Melchisedek gibt und als »Geringerer« vom »Höheren« gesegnet wird (7,5–10 mit 1Mose 14,18–20). Abraham steht also für Levi und dessen Priestertum des Alten Bundes. Melchisedek aber wird vorgestellt als

vaterlos, mutterlos, ohne Stammbaum[514], ohne Anfang des Lebens und ohne Ende, ähnlich gemacht dem Sohn Gottes, Priester für immer (V.3).

Er steht für ein anderes Priestertum, nämlich für das Jesu Christi, der wie Melchisedek keine levitische Herkunft hat (V. 13–14). Auf ihn deuten 7,11.17 als denjenigen, der in Ps 110,4 angeredet wird:

Du bist Priester in Ewigkeit nach der Ordnung Melchisedeks.

Sein Priestertum des Neuen Bundes ist ewig und unvergänglich (V. 24) und dem des Alten Bundes, das Levi repräsentiert, so überlegen wie Melchisedek dem Abraham. Jesus Christus wird denn auch als »großer Hoherpriester« ausdrücklich vom Hohenpriester Aaron

---

513 Zu den Einzelheiten der schriftgelehrten Spekulationen in Hebr 7 s. GRÄSSER, Hebräer II, 7–76.
514 Das wäre für einen jüdischen Priester ganz unmöglich, der seine levitische Herkunft nachweisen muss (4Mose 3,10.15 f.; 17,5; Neh 7,63–65).

abgesetzt (4,14). Seither kann allein Christus als »Priester in Ewigkeit« (V. 21)

für immer diejenigen retten, die durch ihn zu Gott hintreten, da er allezeit lebt, um für sie einzutreten (V. 25).

Zugang zu Gott und zum Heil verbürgt fortan nicht mehr die Zugehörigkeit zu Abrahams Nachkommen, sondern allein die Zugehörigkeit zu diesem »großen Hohenpriester«.

Ein letztes Mal ist von Abraham in *Hebr 11,8–19* die Rede, innerhalb einer langen Reihe von Beispielen, die von der Erschaffung der Welt bis zu den Märtyrern der Makkabäerzeit reicht. Sie alle bezeugen, dass der Glaube

ein Feststehen ist bei dem, was man erhofft,
ein Beweis für das, was man nicht sieht (11,1).[515]

Den größten Raum in der »Wolke der Zeugen« (12,1) nimmt Abraham ein. Das entspricht durchaus der Tradition, war er doch »ohne Schwanken überzeugt, dass das noch nicht Vorhandene vorhanden ist«.[516] Statt der im Jubiläenbuch erwähnten und anderwärts belegten zehn Prüfungen Abrahams[517] nennen V. 8–19 lediglich vier Beispiele. Obwohl es um den Glauben geht, spielt 1Mose 15,6 keine Rolle.

Zunächst wird aus der Überlieferung Abrahams gehorsamer Aufbruch aus Harran angeführt und ausdrücklich hinzugefügt, dass er Gottes Ruf gehorcht, »ohne zu wissen, wohin er kommen wird«. V. 8 nimmt damit 1Mose 12,1.4a auf. Abraham steht für einen

---

515 Vgl. Röm 4,20–21.
516 PHILO, De migratione, 43–44.
517 S. o. C 2.4.

Glauben, der alle irdischen Sicherheiten preisgibt und allein Gottes Ruf vertraut.

Sodann nennen V. 9–10 seine Übersiedlung in ein fremdes Land. Dort wohnt er zeitlebens als Schutzbürger »in Zelten«, weil er auf »die Stadt wartet, deren Fundamente Gott geplant und gegründet hat«. Mit seiner Hoffnung auf das himmlische Jerusalem[518] steht Abraham für einen Glauben, der wesentlich weltfremd ist.

Die V. 11–12 wiederum erwähnen die Geduld des Ahnpaares. Gott verhieß ihnen Nachkommen, »so zahlreich wie die Sterne des Himmels und der Sand am Ufer des Meeres« (1Mose 22,17), obwohl Sara unfruchtbar und beide alt waren. Abrahams Glaube steht damit gegen alle Natur.

Schließlich erinnern V. 17–19 daran, dass er seinen einzigen Sohn Isaak darbrachte (1Mose 22), in dem doch seine Nachkommen genannt werden sollten (1Mose 21,12). Die Form des Verbs in V. 17 drückt den tatsächlichen Vollzug des Opfers[519] aus, das sich in der Hingabe des Sohnes durch den Vater bereits ereignet hat. Abraham bewährt sein Vertrauen in Treue; denn er »bedachte, dass Gott die Macht hat, von den Toten zu erwecken«.[520] Deshalb erhielt er ihn auch »in einem Geschehen mit zeichenhafter Bedeutung«[521] (*en parabole*) wieder zurück. Die Formulierung lässt offen, ob Isaak auf die allgemeine Auferstehung von den Toten oder auf den auferweckten Christus hinweist.[522] Auf je-

---

518 Vgl. schon V.16 und Hebr 12,22; 13,14.
519 Vgl. o. C 2.7 zu BerR 56,1.
520 Vgl. Röm 4,17.
521 Übersetzung von HEGERMANN, Hebräer, 229.
522 Anders als in Röm 8,32 fehlen für die christologische Deutung in Hebr 11,19 eindeutige Signale.

den Fall steht Abraham zuletzt für einen in Prüfungen bewährten Glauben.

Vor dem vierten Beispiel geben die V. 13–16 eine Anleitung zur rechten Lektüre: Abraham starb wie alle Väter, ohne die verheißenen Güter je erlangt zu haben. Indem sie diese nur »von ferne sahen und grüßten«, bekannten sie, dass sie »Fremde und Beisassen auf Erden« sind (1Mose 23,4), die sich nach der himmlischen Heimat ausstrecken. Sie waren Wanderer zwischen den Welten, hatten aber das Ziel fest im Blick. Abraham erscheint in alledem als Vorbild der christlichen Gemeinde, die wie er zum himmlischen Jerusalem unterwegs ist und deshalb auf alle irdische Sicherheit verzichtet.

Dem entspricht auch der Schlusssatz, der in V. 39–40 die gesamte Reihe deutet:

Obwohl *diese alle* aufgrund des Glaubens Zeugen geworden sind, haben sie das verheißene Gut nicht erlangt. Denn Gott hat etwas Besseres *für uns* vorgesehen: *Sie* sollten *nicht ohne uns* vollendet werden.

Abraham harrt also (wie die ganze Wolke der Zeugen) auf die Erfüllung der Verheißung, auf die »künftige Stadt« (13,14). Durch Jesu Sendung und Tod am Ende der Zeiten ist der Weg zu ihr gebahnt. Mit ihm hat deshalb die Erfüllung der Verheißung begonnen. Aber vollendet werden die Zeugen des Glaubens nur gemeinsam mit den Christen, wenn diese in die himmlische Stadt und Heimat (V. 10–16) einziehen. Sie blicken auf den »Anfänger und Vollender des Glaubens« (12,2), der schon dort ist, wohin sie noch unterwegs sind.

3.3. Abraham im Evangelium des Johannes

Das vierte Evangelium entstand Ende des 1. Jh.s., als sich die christlichen Gemeinden vom Judentum ablösten und als in das tägliche jüdische Gebet eine Verwünschung der Häretiker eingefügt wurde, die man schließlich auch auf die Christen ausweitete. Einerseits kam es in verschiedenen Regionen zu erbitterten Auseinandersetzungen, mancherorts sogar zum Ausschluss der Christen aus der Synagoge (vgl. Joh 9,22; 12,42; 16,2). Das hatte für die Betroffenen soziale und wirtschaftliche Folgen. Denn das Christentum – als eigene Religion noch gar nicht bekannt – entwickelte sich als ›neuer Weg‹ aus dem bestehenden Judentum heraus. Andrerseits hatte man sich vom Judentum soweit gelöst, dass die Tora kein Thema mehr war. Sie war »durch Mose gegeben, die Gnade und die Wahrheit aber durch Christus geworden« (Joh 1,17).

Abraham spielt nur in Joh 8,30–59 eine wichtige Rolle.[523] Es handelt sich dabei nicht etwa um das Protokoll einer Debatte, die Jesus selbst geführt hat. Vielmehr klärt die johanneische Gemeinde in diesem Abschnitt ihr Verhältnis zur Synagoge, präsentiert aber diese Auseinandersetzung als Streitgespräch zwischen Jesus und Juden in drei Schritten. Sie beginnt mit der Feststellung, dass viele Juden zum Glauben an Jesus kamen (V. 30; vgl. 12,42). »Die Juden« stehen hier vielleicht für Judenchristen, die aber aufgrund zunehmenden Drucks durch die jüdische Mehrheitsgesellschaft der christlichen Gemeinde den Rücken kehren wollen.[524] Mit ihnen streitet Jesus. Der Streit endet damit,

---

523 Zu Abraham in Joh s. Theobald, Abraham.
524 Wengst, Johannesevangelium I, 25–32. Zur verwickelten Diskussion Frey, Bild.

dass seine Hörer ihn steinigen wollen (V. 59). Der Abschnitt setzt bereits das Scheitern der Beziehung zwischen der johanneischen Gemeinde und der Synagoge voraus. Die Auseinandersetzung verläuft in drei Gesprächsschritten, in denen Jesus jedes Mal die Berufung der jüdischen Gesprächspartner auf Abraham als ihren Vater zurückweist.

(1) Im *ersten Wortwechsel (V. 30–36)* ermuntert Jesus die Juden, die ihm Glauben geschenkt haben, seine Jünger zu werden. Sie sollen in dem »bleiben«, was er gesagt und was ihren Glauben geweckt hat. Dann werden sie »die Wahrheit erkennen«, die sie »frei macht«. »Wahrheit« meint keine philosophische oder wissenschaftliche Erkenntnis, sondern ist hier ganz an die Person Jesu gebunden. Er ist der Weg zu ihr (V. 40), die Wahrheit selbst und das daraus entspringende Leben (14,6). Die Juden aber verweisen darauf, dass sie »Nachkommen Abrahams« sind und nie jemandes Knechte waren (V. 33) und deshalb auch keiner Befreiung bedürfen. Dieses Selbstbewusstsein speist sich daraus, dass Gott selbst sie in der Erwählung Abrahams für immer an sich gebunden hat (1Mose 17,7–8). Von Gott erwählt, weiß sich jeder Nachkomme Abrahams frei, mag er auch in Ketten gehen.[525] Diese Antwort zeigt jedoch nur, dass sie Jesu Angebot seiner befreienden Wahrheit gar nicht verstanden haben. Jesus führt dagegen ins Feld: »Wer Sünde tut, der ist Sklave der Sünde.« Deshalb bedürfen auch sie der Befreiung. Nur »wenn euch der Sohn freimacht, werdet ihr wirklich frei sein« (V. 36). Der Verlauf der weiteren Diskussion bringt an den Tag, worin ihre Sünde besteht.

---

525 Belege bei SCHNACKENBURG, Johannesevangelium II, 263.

(2) Im *zweiten Wortwechsel (V. 37–47)* greift Jesus die Berufung auf Abraham auf. Er bezweifelt nicht, dass sie »Nachkommen (*sperma*) Abrahams« sind, aber er bestreitet ihnen, »Abrahams Kinder« (*tekna*) zu sein. Kindschaft Abrahams erschöpft sich nicht in genealogisch-leiblicher Abstammung, sondern zeigt sich in Taten, die des Vaters würdig sind, ein bei den Rabbinen durchaus geläufiger Gedanke.[526] Jesus führt es seinen Hörern an sich selber vor: »Ich rede, was ich bei *meinem* Vater gesehen habe, ihr aber tut, was ihr von *eurem* Vater gehört habt« (V. 38). Wären sie Abrahams Kinder, täten sie seine Werke (V. 39). Sie aber suchen den zu töten (V. 37), der ihnen die Wahrheit sagt, die er von Gott vernommen hat. »Das hat Abraham nicht getan. Ihr tut die Werke *eures* Vaters« (V. 41). Ihr Vater kann also keinesfalls Abraham sein.

Wer aber dann? Die jüdischen Gesprächspartner weisen nachdrücklich auf *Gott* als ihren Vater. Unausgesprochen schwingt dabei mit, dass sie meinen, Gottes Werk zu tun, wenn sie Jesus ablehnen. Die Betonung, nur *einen* Vater zu haben und nicht aus *Hurerei* hervorgegangen zu sein (V. 41), klingt an die schon im Alten Testament bekannte Polemik gegen die Verehrung fremder Götter an.[527] Da Abraham der Erste war, der zur Verehrung des einen Gottes gefunden hat, erwächst auch dieser Einwand aus der mit Abraham verbundenen jüdischen Überlieferung.[528] Ebenfalls gut in der Schrift bezeugt ist die Vorstellung von Israel als »Gottes (erstgeborenem) Sohn«.[529] Doch Jesus bestreitet

---

526 (Strack-)Billerbeck II, 523; zu den Werken Abrahams zählen: »ein wohlwollendes Auge, ein bescheidener Sinn u. ein demütiger Geist« (rabbin. Belege S. 524).
527 Vgl. bes. Hos 2,6; 4; Jer 3 u. ö.
528 Philo, Abr 70, u. a.

ihnen auch das. Wäre wirklich Gott ihr Vater und sie seine Kinder, würden sie Jesus lieben (V. 42). Denn er ist »von Gott ausgegangen«, der ihn »gesandt« hat, und in die Welt zu ihrem Heil »gekommen«. Aber sie verstehen noch nicht einmal seine Sprache, sie behandeln ihn als einen Fremden, wollen ihn gar töten.

Wie ist es möglich, dass Gottes Gesandter keinen Glauben findet (V. 45)? Offenkundig ist nicht Gott ihr Vater. Das erklärt ihre Unfähigkeit, in Jesu Reden Gottes Wahrheit zu hören (V. 43.47), und ihre Absicht, Gottes Gesandten zu töten (V. 37.44). Sie haben weder Abraham noch Gott zum Vater, sondern den »Vater der Lüge« und »Mörder von Anfang an«: den »Teufel« (V. 44).[530] Diese vielleicht schärfste Äußerung gegen Juden im gesamten Neuen Testament hat bis in die jüngste Geschichte hinein verheerend gewirkt. Sie geht allerdings nicht über die gegenseitige Verteufelung hinaus, mit der sich die verschiedenen jüdischen Gruppen bekämpften[531] und womit man auch Christen bedachte (Mt 10,25).

(3) Nach diesem Vorwurf kann von einem Gespräch nicht mehr die Rede sein. Deshalb gehen die Juden im *dritten Wortwechsel (V. 48–59)* zu Beschimpfungen über, Jesu sei ein Samaritaner und von einem Dämon besessen (V. 48). Jesus verteidigt sich, indem er seine Ehre Gott als Richter anheimstellt. Seine Erwiderung spitzt den Streit nochmals zu: »Wer mein Wort hält, wird den Tod nicht sehen in Ewigkeit.« Seine Hörer missverste-

---

529 2Mose 4,22; 5Mose 14,1; 32,6; Jes 63,16; 64,7 u. ö.
530 Die Formulierung (vgl. 1Joh 3,8.15) bezieht sich auf die jüdische Deutung der Paradieserzählung in Weish 2,24: Dort hat der Teufel den Menschen das ewige Leben bei Gott durch seine Lüge geraubt und so den Tod in die Welt gebracht.
531 Vgl. die »Söhne Belials« in Jub 15,33 und in Qumran.

hen auch das in einem buchstäblichen Sinn, als spräche er nicht vom ewigen, sondern vom irdischen Leben. Wer das behauptet, kann nur größenwahnsinnig, eben besessen sein (V. 52), wie man damals sagte. Selbst Abraham und die Propheten sind gestorben. »Bist du etwa größer als unser Vater Abraham?[532] ... Zu wem machst du dich selbst« (V. 53)? Darauf Jesus:

Abraham, euer Vater, jubelte, dass er meinen Tag sehen sollte.
Er sah ihn und freute sich (V.56).

Damit macht Jesus Abraham zum Zeugen für sich selbst. Der erste Satz spielt vielleicht darauf an, dass Gott Abraham mit dem bekannt gemacht hat, was dereinst kommen soll, wie manche Rabbinen im Anschluss an 1Mose 15,13–16 zu erzählen wissen (BerR 44). Der zweite Satz könnte aus Abrahams Lachen bei der Ankündigung der Geburt Isaaks in 1Mose 17,17 gewonnen sein, vergleichbar mit Jub 16,16–18. In dieser Auslegung ehrt der Vater den, den seine Nachkommen verächtlich machen. Wie kann einer, der noch nicht einmal 50 Jahre alt ist, etwas Derartiges von Abraham wissen? Will er gar dabei gewesen sein und es gesehen haben? Darauf erwidert Jesus mit höchster Autorität:

Wahrlich, wahrlich ich sage euch:
Ehe Abraham wurde, bin ich (V.58).

Abraham war zwar der Patriarch schlechthin, aber nur ein Mensch, der geboren wurde und starb. Jesus beansprucht dagegen Ewigkeit, immerwährende Gegenwart. Nicht von ungefähr erinnert jenes »bin ich« (*ego*

---

532 Vgl. Joh 4,12.

eimi) an die Erklärung des Gottesnamens in 2Mose 3,14: »Ich bin, der (immer) ist« (*ego eimi ho on*). Die Hörer verstehen deshalb Jesu Antwort als Gotteslästerung und wollen ihn steinigen. Das gesamte vierte Evangelium ist auf diesen für jüdische Ohren unerträglichen Ton gestimmt. Von Jesus aus Galiläa heißt es deshalb schon in Joh 1:

¹Am Anfang war das Wort,
und das Wort war bei Gott,
und Gott war das Wort. ...
³Alle Dinge sind durch es entstanden,
und ohne dasselbe ist nichts entstanden,
was entstanden ist.

Bei Paulus ging Abrahams Glaube seiner Beschneidung voraus. Bei ihm war er noch Vater der Beschnittenen und der Unbeschnittenen (Gal 3,29), eben »Vater von uns allen« (Röm 4,16). Bei Johannes geht das ewige Wort, das in Jesus von Nazareth Mensch wurde, Abraham voraus. Abrahams Bedeutung besteht nur noch darin, Zeuge für Jesus als das ewige Wort Gottes zu sein (Joh 8,56.58). Die Juden mögen Abrahams Samen sein, erweisen sich aber durch ihre Ablehnung als »Kinder des Teufels« (Joh 8,44). Damit sind noch nicht einmal zwei Generationen nach Jesus die Weichen für eine exklusiv christliche Beanspruchung Abrahams gestellt, die den Juden jede Berufung auf Abraham abspricht. Zwar kommt »das Heil von den Juden«, wie Jesus die Samaritanerin zurechtweist (4,22), aber fortan ist es bei dem zu finden, den Gott zum Heil der Welt gesandt hat (3,16).

(4) Diese Tendenz setzt sich verschärft im *Barnabasbrief* fort, einer anonym überlieferten Schrift, die als ›Brief‹ stilisiert ist und dem Apostel Barnabas zuge-

schrieben wird.[533] Sie wird noch vor dem zweiten jüdischen Krieg um 130 n. Chr. entstanden sein. Sie richtet sich gegen Christen, die auch den Juden Anteil am Bund Gottes zubilligen (Barn 4,6; 9,6). Dagegen wendet der Brief ein: Zwar war der Bund am Sinai für Israel gedacht, aber Israel hat ihn für immer verloren, weil es in Moses Abwesenheit das goldene Kalb angebetet hat. Mose zerbrach daraufhin die Tafeln mit den Zehn Geboten, und damit

> zerbrach ihr Bund, damit der [Bund] des Geliebten, Jesus, in unserem Herzen versiegelt werde in der Hoffnung des Glaubens (Barn 4,8).

Der Bund ist also mit Israel nie geschlossen worden, sondern allein den Christen zuteilgeworden. Aber sind nicht die Juden zur Besiegelung des Bundes beschnitten worden, wie schon Paulus schreibt (Röm 4,11)? Barn 9,7 hält dagegen:

> Abraham beschnitt, weil er im Geist auf Jesus vorausschaute.

Diese kühne Behauptung wird mit einer in der Antike beliebten Auslegung des Zahlenwertes von Buchstaben ›bewiesen‹. Nach der in 1Mose 14,14 angegebenen Zahl der Knechte habe Abraham 18 und 300 Männer beschnitten: Der Zahl 10 entspricht der Buchstabe *jota*, 8 ist *eta*, beides ergibt *J-e-(sus)*. Die Zahl 300 entspricht wiederum dem *tau*, das in seiner Gestalt das Kreuz abbildet. Aus beidem ergibt sich: Mit der Beschneidung, die Abraham vollzieht, ist schon der gekreuzigte Jesus »im Geist vorausgeschaut«. Der Brief entzieht Israel

---

533 PROSTMEIER, Barnabasbrief.

nicht nur den Bund, sondern auch die Verheißungen der Schrift und erklärt die Heidenchristen zu deren legitimen Erben. Mit einer Kombination von 1Mose 17,5 und Röm 4,11 erklärt Barn 13,7:

Siehe, ich habe dich, Abraham, gesetzt zum Vater der Völker, die an Gott glauben durch die Vorhaut [also: als Unbeschnittene!].

Was das Geburtsorakel über die Zwillinge Esau und Jakob in Rebekkas Leib sagt (1Mose 25,23), wird auf das Verhältnis der Juden zu den Christen übertragen:

Zwei Völker sind in deinem Schoß,
und das eine Volk wird vor dem anderen den Vorrang haben und das ältere dem jüngeren dienen (Barn 13,2).

Diese Tendenz beherrscht die weitere Geschichte.[534] Der Märtyrer *Justin* (gest. 165 n. Chr.) bringt in seinem Dialog mit dem Juden Tryphon das Verhältnis in der Mitte des 2. Jh.s auf den Punkt. Zwar haben Juden und Christen ihre Hoffnung auf denselben Gott gesetzt, auf den Gott Abrahams, Isaaks und Jakobs, »aber das wahre, das geistige Israel … das sind wir« (11,1–5).[535] So hält er Tryphon in 29,2 vor: Die zuvor angeführten Verheißungen

stehen in euren Schriften, oder besser gesagt: nicht in euren, sondern in unseren; denn wir glauben ihnen, ihr hingegen lest sie zwar, begreift aber nicht den ihnen innewohnenden Sinn.

---

534 S. nur SCHRECKENBERG, Adversus-Judaeos-Texte, I, 174–178.
535 JUSTIN, Dialog, 11,5 (BKV S.17–18).

3.4. Origenes, Homilien zum Buch Genesis, 8 (zu 1Mose 22)

Origenes, um 185 n. Chr. geboren, stammte aus einer nicht unvermögenden Familie in Alexandria, dem damaligen Zentrum der Wissenschaften. Sein Vater machte ihn früh mit der Bibel vertraut und ermöglichte ihm eine umfassende philosophische Bildung. Er unterrichtete als freier Lehrer Literatur und studierte daneben bei angesehenen Philosophen. In diesem Rahmen begann er, die Bibel zu kommentieren. Nach Differenzen mit seinem Bischof ging er um 231 nach Cäsarea in Palästina, damals ein geistiges Zentrum des Judentums. Hier setzte er seine Tätigkeit als geschätzter christlicher Lehrer fort. Seine zahlreichen Werke, Eusebius zählt an die 2000 Titel, bringen die Bibel mit den philosophischen Schulen seiner Zeit ins Gespräch. Er überträgt die in der Homer-Auslegung bewährten philologischen Methoden auf die Bibel und entwickelt als erster ein Konzept, den komplexen Sinn der Bibel zu erfassen. Die Kenntnis der Schriften Philos hat seine Bibelauslegung beeinflusst. Er starb 253/54 in Tyrus an den Folgen der Folter, die er während der Christenverfolgung unter Kaiser Decius erlitten hatte.

Der scharfsinnigste Ausleger der Bibel in der Alten Kirche war auch ein geschätzter Prediger. Unter den neun erhaltenen Predigten (*homilia*) zu Texten aus der Abrahamüberlieferung handelt die achte über 1Mose 22,1–14.[536] Es ist die erste vollständige Auslegung die-

---

[536] Text und Übersetzung der nur in einer latein. Übersetzung von Rufin erhaltenen Predigten in: ORIGENES 1/2, S. 164–181 (die 9. Homilie behandelt nur die zweite Engelrede 22,15–17). Erläuterungen bei LERCH, Opferung, 50–66, und HEITHER/REEMTS, Schriftauslegung, 94–110.

ses Textes, die von einem Christen erhalten ist. Sie hat die weitere Auslegungsgeschichte bestimmt.

(1) Schon zu Beginn seiner Predigt erklärt Origenes seiner Gemeinde, wie er die biblischen Texte liest und wie sie diese hören sollen:

Beachte jede Einzelheit, die geschrieben steht. Denn wenn jemand es versteht, in die Tiefe zu graben, wird er in den Einzelheiten einen Schatz finden, und dort, wo man es nicht erwartet, liegen vielleicht die kostbaren Kleinodien der Geheimnisse verborgen (8,1).[537]

Jeder biblische Text hat neben seinem buchstäblichen Sinn noch einen tieferen. Allerdings kann dieser Schatz nicht ohne genaue Beachtung der buchstäblichen Einzelheiten gehoben werden, in denen er verborgen liegt. Deshalb hobelt Origenes den Text nicht zu moralischen Weisheiten glatt, sondern widmet sich sehr genau gerade den Zügen eines Textes, die das Verständnis erschweren, und den Details, die sich einer schnellen Verallgemeinerung widersetzen. Dabei setzt er zweierlei voraus: Weil die Bibel in ihrer Gesamtheit von Gottes Geist gewirkt ist, hat alles eine Bedeutung und verdient ungeteilte Aufmerksamkeit. Weil in der Bibel als großer Sinneinheit alles in Verbindung miteinander steht, wird sie am besten mit sich selbst ausgelegt.

Das erste Mal hält er bei der doppelten Anrede »Abraham, Abraham« (V. 1) inne. Solange der Ahn noch Abram hieß (12,1–17,4), hatte Gott ihn nicht bei seinem Namen gerufen. So erinnert die doppelte Anrede mit dem in 17,5 geänderten Namen an die dort damit verbundene Verheißung, dass er zum »Vater vieler Völ-

---

537 Alle hier zitierten Übersetzungen der Origenes-Texte stammen von HABERMEHL (in: Origenes 1/2).

ker« bestimmt sei und dass sich dies in jenem Sohn erfüllen werde, den Sara erst noch bekommen soll (17,16). Origenes stellt das Detail in den größeren Kontext der Abrahamüberlieferung und bringt es dann vor diesem Hintergrund in seinem unmittelbaren Zusammenhang zum Leuchten. Abraham soll jetzt diesen Sohn, über den er überhaupt erst zu einem »Vater vieler Völker« wird, als Brandopfer darbringen: Nicht das Kinderopfer an sich, das Opfer *dieses* Sohnes ist ungeheuerlich.

(2) Angesichts dieser Zumutung Gottes unterbricht Origenes seine Lektüre nochmals. Er nimmt die unausgesprochenen Fragen seiner Hörer auf, richtet sie aber an Abraham:

Was sagst du dazu, Abraham? … Ein Wort ist von Gott ergangen, das deinen Glauben erschüttert und auf die Probe stellt. … Überlegst du und wälzt in deinem Herzen: … alle Hoffnung fahren zu lassen auf die Verheißung? Oder erwägst du …, unmöglich kann er täuschen, der sein Wort gab; was auch immer dies zu bedeuten hat, die Verheißung wird gültig bleiben (8,1)?

Der Prediger versagt sich eine schnelle Antwort. Wie könnte er, der Geringsten einer, die Gedanken Abrahams ergründen? Das kann nur der Geist Gottes. Von ihm hat es der Apostel erfahren, dem wir den Hebräerbrief verdanken. Durch ihn deckt Origenes uns die »Gedanken eines gläubigen Mannes« auf, indem er Hebr 11,17.19 zitiert:

Abraham wankte nicht im Glauben …; er bedachte, dass Gott die Macht hat, seinen Sohn (Isaak) sogar von den Toten zu erwecken.

Origenes wendet den im Judentum mit Isaak verbundenen Glauben an die Auferstehung der Gerechten auf *Jesu* Auferstehung. Zugleich argumentiert er damit gegen die Berufung der Juden darauf, Abrahams Söhne zu sein:

Wie können also die als Söhne Abrahams gelten, die nicht glauben, dass mit Christus geschehen ist, wovon er [Abraham] glaubt, es werde mit Isaak geschehen (8,1)?

In diesem Horizont gelesen füllt Origenes das Schweigen des Textes über die Folgen von 1Mose 22,2 in Abrahams Herzen mit einer Deutung, die aus dem konkreten Text hinausführt:

Abraham wusste, dass er vor der Zeit das Abbild künftiger Wahrheit gestaltet, er wusste, dass aus seinem Samen Christus geboren würde, der als das wahre Opfertier für die gesamte Welt dargebracht werden sollte und von den Toten auferstehen würde (8,1).

Abraham hofft »vor der Zeit« auf das, was erst »künftig« in Christus wahr werden wird. Insofern bildet die Erzählung von Abraham und Isaak die mit Jesus Christus verbundenen Heilsereignisse schon vorweg ab[538]: Wie Isaak ist Christus ein Sohn Abrahams; wie jener wird auch er als Lamm geopfert; wie jener nicht im Tode blieb, wird auch er auferstehen. So ist Abraham zum Zeugen für Christus geworden, und die Verheißung zahlreicher Nachkommen, deren Erfüllung mit Isaak ihren Anfang nahm, findet ihre Vollendung in Christus und der zu ihm gehörenden Gemeinde.

---

538 Diese Art der Auslegung hat man »Typologie« genannt.

(3) Schon beim nächsten Vers gerät der Prediger wieder ins Grübeln. Diesmal wird es nicht von dem ausgelöst, was im Text fehlt, sondern von scheinbar überflüssigen Informationen: »Nimm deinen liebsten[539] Sohn, an dem du hängst, Isaak« (V. 2). Der Text begnügt sich nicht mit »deinem Sohn«, er fügt noch »deinen liebsten« hinzu und – als wäre das noch nicht genug – »an dem du hängst«. Auf den Höhepunkt aber kommt die gefühlsbeladene Reihe mit »Isaak«. Hier wendet sich Origenes an Gott:

Musstest du auch noch ›Isaak‹ erwähnen? Wusste Abraham denn nicht, dass sein Sohn, der liebste, der, an dem er hing, Isaak hieß (8,2)?

Gott nennt den Namen, um Abraham daran zu erinnern, dass nur in Isaak sein Same genannt wird (1Mose 21,12) und dass nur in ihm alle Verheißungen beschlossen sind (Gal 4,23.28). Mit alledem solle – so Origenes – Abraham dazu gebracht werden, an den Verheißungen zu verzweifeln; denn Gott wollte ihn auf die Probe stellen (V. 1).

(4) Der Erprobung dienen auch weitere Einzelzüge, mit denen die Grausamkeit Schritt für Schritt gesteigert wird. Hätte Gott nicht erst am Ende der Reise ihren Zweck enthüllen können? Stattdessen nennt er ihn sogleich am Anfang, damit der Vater auf jedem Schritt und Tritt von dem Gebot und von seiner Vaterliebe gemartert werde. Origenes deutet diesen inneren Kampf als Streit zwischen

---

539 Lat. *carissimus* für hebr. *jachid*, das offenbar als »einzigartig« verstanden wird.

Zuneigung und Glaube. ... Liebe zu Gott und ... Liebe zum Fleisch, ... Anmut des Gegenwärtigen und ... Erwartung des Künftigen (8,3).

Warum muss die Reise drei Tage dauern, gab es denn keinen Berg in der Nähe? Der Prediger malt seinen Hörern die drei Tage vor Augen, wie Vater und Sohn ihre Mahlzeiten teilen, wie der Sohn des Nachts in den Armen des Vaters ruht: »Schau, in welchem Maße die Prüfung sich verschärft« (8,4).

(5) Am dritten Tag, der viele »Geheimnisse birgt«, wie Origenes weiß, hier aber nicht ausbreitet, lässt Abraham seine beiden Knechte mit dem Esel zurück und sagt: »Wenn wir angebetet haben, werden wir zu euch zurückkehren« (V. 4–5). Ein zweites Mal nimmt der Prediger die unausgesprochene Frage seiner Hörer auf und redet Abraham an:

Sag mir, Abraham, sagst du den Knechten die Wahrheit, dass du anbetest und mit dem Kind zurückkehrst, oder täuschst du sie?

Entweder geht er anzubeten ohne zu opfern, oder er lügt, was eines Patriarchen nicht würdig wäre. »Welche innere Haltung (*quid animi in te*) gibt dieses Wort also zu erkennen?« Was der Text offen lässt, beantwortet Origenes damit, dass er Abraham in den Mund legt, womit er schon das Schweigen des Textes in V. 2 gedeutet hatte:

Ich sage die Wahrheit, sagt er, und ich bringe den Knaben als Brandopfer dar ... und ich kehre mit ihm zu euch zurück. Denn ich bin gewiss, und dies ist mein Glaube, dass ›Gott die Macht hat, ihn sogar von den Toten zu erwecken‹ (8,5).

Abrahams Glaube sprengt die Alternative. Indem Origenes die Deutung der Leerstelle in V. 2 auf die Auferstehung wieder aufnimmt, deckt er das Geheimnis des dritten Tages seinen Hörern auf, ohne es zu nennen.

(6) Der Vater lädt seinem Sohn das Holz für das Brandopfer auf und nimmt selber Feuer und Schwert. So gehen Vater und Sohn zusammen den letzten Weg allein hinauf auf den Berg (V. 6). Origenes deutet die einzelnen Züge des Geschehens auf Christus, der sein Kreuz auf sich nahm, wie Isaak das Holz selber trägt.[540] Da es zum Priesteramt gehört, das Holz zum Opfer heranzutragen, erscheint Isaak wie Christus als Opfertier *und* als Priester. Deshalb geht Isaak auch nicht hinter Abraham, sondern »*mit ihm* zusammen«, damit deutlich werde, »dass er mit ihm in gleicher Weise das Priesteramt versehe« (8,6).

Auf dem Weg hinan ergreift ein einziges Mal Isaak das Wort und sagt: »Vater.« Dieses Wort, »in diesem Augenblick« vom Sohn gesprochen, wird zum »Wort der Versuchung«, weil es im Vater den Widerstreit zwischen seiner natürlichen Liebe zum Sohn und der Liebe zu Gott entfacht. Der Sohn fragt nach dem Opfertier. Der Vater antwortet voller Zuneigung und doch »unerschütterlich im Glauben«: Gott selbst wird sich ein Schaf besorgen. Origenes ist bewegt von dieser »verständigen und besonnenen Antwort«:

Künftiges antwortet er dem Sohn, der sich nach Gegenwärtigem erkundigt. Denn der Herr selbst wird sich ein Schaf besorgen in Christus (8,6).

Mit dieser Antwort siegt die Gottesliebe in Abraham.

---

540 Diese Typologie findet sich schon in Fragment 1 von Melito von Sardes aus dem 2. Jh. n. Chr. (bei Lerch, Opferung, 29–32).

(7) Nun ist die Erzählung am Ort des Opfers angekommen. Der Prediger beschränkt seine Nacherzählung auf das Nötigste. Umso überraschender wirkt seine Wendung an die Gemeinde. Er bezieht sie in das Drama zwischen Vater und Sohn ein, sind unter ihnen doch auch Väter. Sie sollen sich Abraham zum Vorbild nehmen, wenn ihnen der Sohn durch den Tod entrissen wird. Tut im Glauben gefestigt »die Werke Abrahams« (Joh 8,39), fordert der Prediger sie auf:

Beweise, dass der Glaube an Gott stärker ist als die Zuneigung des Fleisches (8,7).

Schon am Anfang seiner Predigt (8,3) hatte er vom inneren Kampf zwischen Liebe zu Gott und natürlicher Liebe zum Sohn gesprochen, den die gefühlsbetonten Formulierungen in V. 2 noch verstärken. Diesen Kampf Abrahams mutet er seinen Hörern zu.

(8) Auf dem Höhepunkt der Erzählung, als Abraham schon die Hand erhoben hat, seinen Sohn zu opfern, und der Engel mit seinen Worten die unerträgliche Spannung löst, bleibt der Prediger ganz bei der kargen Erzählung, die er lediglich verliest. Er verlagert die Spannung vielmehr auf die Gemeinde, indem er *sie* einzeln vor *ihren* Engel stellt (8,8).

Zuerst wendet er sich dem Einwand zu, als habe Gott durch die Prüfung Abrahams etwas erfahren, was er zuvor nicht wusste, »weiß er doch alles, bevor es geschieht« (Dan 13,42). Es ist vielmehr um *deinetwillen* geschrieben. Auch du bist wie Abraham zum Glauben gekommen. Aber wenn du nicht wie Abraham auch »die *Werke* des Glaubens« tust, wird kein Engel über dich sagen: »Nun habe ich erkannt, dass du Gott fürchtest.« Zu diesen Werken gehört nicht etwa, nach dem

Martyrium zu trachten[541] (»das Trachten des Geistes kennt allein Gott«), wohl aber den Wettkampf aufzunehmen (1Kor 9,24), ein gutes Bekenntnis abzulegen (1Tim 6,12) und standhaft zu ertragen, was einem zugefügt wird.

Sodann erklärt Origenes, dass in dem Engel, der zu Abraham gesprochen hat, »eindeutig der Herr erkennbar wird«. Wie er unter uns Menschen »seinem Äußeren nach als Mensch erschien« (Phil 2,7), so ist er unter den Engeln als Engel erschienen. Es ist also Christus, der Abraham vom Himmel her anspricht.

Schließlich kommt er auf den Inhalt der Rede des Engels zu sprechen: Worin besteht Abrahams Gottesfurcht? Der Engel sagt: Weil du deinen Sohn nicht verschont hast um meinetwillen (V. 12). Origenes legt V. 12 mit Röm 8,32 aus. Dort preist Paulus Gott für das, was hier der Engel zu Abraham sagt:

›Er hat den eigenen Sohn nicht verschont, sondern ihn für uns alle hingegeben‹. Abraham hat Gott einen sterblichen Sohn dargebracht, der nicht den Tod findet; Gott hat für die Menschen einen unsterblichen Sohn dem Tod überantwortet (8,8).

Nach dieser Auslegung in drei Sätzen springt der Prediger mit dem nächsten mitten in seine Gemeinde:

Was werden wir dazu sagen? ›Was werden wir dem Herrn erstatten für all das, was er uns erstattet hat‹ (Ps 116,12)? Wer von euch, glaubst du, wird einst die Stimme des Engels hören, der sagt: ›Nun habe ich erkannt, dass du Gott fürchtest. Denn du hast deinen Sohn nicht verschont‹ oder deine Toch-

---

541 Die Gefahr, um seines Glaubens willen verfolgt zu werden, war damals allgegenwärtig.

ter oder Frau, oder dein Geld hast du nicht verschont oder die Ehren dieses Äons und die ehrgeizigen Ziele der Welt, sondern ... alles hast du verkauft und es den Armen gegeben und bist dem Wort Gottes gefolgt? Wer von euch, glaubst du, wird dergleichen von den Engeln hören? Abraham hört dieses Wort.

Erzählte Geschichte, Auslegung und Anwendung für die Gemeinde sind so miteinander verbunden, dass sich »die Geschichte nicht in gedankliche Vorgänge verflüchtigt«, sondern in ihren Einzelheiten erhalten bleibt, aus der die Anwendung erwächst.[542]

(9) Schon zweimal hat Origenes die Darbringung Isaaks, der nicht getötet wurde, als »Abbild Christi« erklärt (8,1.6). Bei der Behandlung von V. 13 erklärt er auch den Widder, den Abraham schließlich an seines Sohnes Statt zum Opfer darbringt, als Verkörperung des Abbilds Christi (8,9). Das hat seinen tiefen Sinn, weil Christus einerseits das ewige »Wort Gottes« ist, andrerseits aber »Fleisch wurde« (Joh 1,14), litt und starb und als »Lamm, die Sünde der Welt wegnimmt« (Joh 1,29):

Das Wort ..., das Christus dem Geist nach ist, verharrte »in der Unvergänglichkeit« (1Kor 15,42); sein Abbild verkörpert Isaak. Deshalb ist er Opfertier wie Priester. Dem Geist nach ... bringt er das Opfertier dem Vater dar, dem Fleisch nach aber wird er selbst auf dem Altar des Kreuzes dargebracht (8,9).

Isaak und der Widder verkörpern also beide das Abbild Christi, jedoch in verschiedener Hinsicht.

---

542 S. im einzelnen Lerch, Opferung, 64.

(10) Origenes schließt mit einer allegorischen Deutung und einer entsprechenden Anwendung. Sie nimmt zwar ihren Ausgang beim Namen, den Abraham jener Stätte in V. 14 gibt: »Der Herr sah.« Aber sie fasst die gesamte Geschichte am Schluss noch einmal unter dem Stichwort »Opfer« zusammen. So sollen auch wir von allem Körperlichen absehen und auf das Geistliche blicken. Wer aber sich selbst Gott zum Opfer darbringt, wird vielfältig zurückerhalten (denn Gott bedarf nichts) und am Ende »das ewige Leben in Jesus Christus, unserem Herrn«.

Mit alledem ist Abraham bei Origenes Zeuge für Christus, für seinen Tod und Auferstehung und zugleich ein im Glauben bewährtes Vorbild für alle Christen. Obwohl Origenes viele Einzelheiten der Bewährung Abrahams als für das christliche Leben beispielhaft deutet, verschwindet Abraham bei ihm nicht als konkrete Gestalt: Er wird auf die Probe gestellt, muss sich entscheiden und bewährt sich schließlich. Selten ist in der Auslegungsgeschichte der biblische Text so genau gelesen worden wie von Origenes. Andrerseits sprengt er den Horizont des Textes durch die Art, wie er z. B. in 8,1 Abrahams Darbringung seines Sohnes mit dem Tod Jesu Christi in Verbindung bringt. Sie ist neuzeitlichem Denken fremd, dem alles zur Geschichte wird, worauf es sich richtet.

3.5. Abraham in Ravenna und Rom

Bis heute spielt Abraham im Christentum nicht nur in theologischen Texten über die biblischen Überlieferungen eine Rolle. In liturgischen Lesungen, in Predigten[543] und in Liedern ist er auch in den Gottesdiensten gegenwärtig, mitunter sogar in der Ausstattung der

Kirchenräume. Darstellungen biblischer Szenen mit Abraham in Kirchen sind seit dem 4. Jh. literarisch bezeugt, seit dem 5. Jh. auch bis heute erhalten. Zu den ältesten Beispielen gehören Santa Maria Maggiore in Rom und zwei Kirchen in Ravenna.[544]

(1)
San Vitale in Ravenna, ein achteckiger Zentralbau, wurde 547 geweiht. Im Innern ist der Kuppelraum auf ein um zwei Stufen erhöhtes quadratisches Presbyterium ausgerichtet. Dort befindet sich in der Mitte der Altar. Daran schließt sich eine um drei Stufen erhöhte Apsis mit der halbkreisförmigen Bank für die Priester an, in deren Scheitelpunkt der wiederum um drei Stufen erhöhte Sitz des Bischofs steht. Die untere Wandzone der Apsis ist mit kostbarem Marmor verkleidet, die Wandflächen darüber und die Decke dagegen vollständig mit Mosaiken geschmückt. Drei Bögen auf zwei Säulen grenzen im Erdgeschoss die Nord- und Südseite des Presbyteriums vom Umgang des Zentralraums ab. Die Wände darüber sind ebenfalls vollständig von Mosaiken bedeckt und in drei Bildzonen eingeteilt. Von unten nach oben ›gelesen‹ geben sie eine Darstellung der Heilsgeschichte.[545] Die untere zeigt Szenen aus dem Alten Testament. Das Obergeschoss stellt mit den vier Evangelisten und ihren Symbolen die Zeit des Neuen Testaments dar. Die vier Gewölbezonen mit paradiesischen Pflanzen und verschiedenar-

---

543 Gegenwärtig sind in den Evangelischen Kirchen Deutschlands fast alle Texte der Abrahamüberlieferung im Gottesdienst als Lesungen oder Predigttexte in Gebrauch, allerdings nur 1Mose 13,1–12; 15,1–6; 16,1–16 als feste Predigttexte. Völlig fehlen: 1Mose 11,27–32; 12,10–20; 15,7–21; 20,1–18; 21,22–34; 22,20–24.
544 Dazu DECKERS, Zyklus, und JÄGGI, Ravenna, 238–278.
545 ENGEMANN, Parusie, 153f.

tigen Tieren enden in einem Lamm mit Nimbus unter 3 x 3 x 3 Sternen. Das weist auf Christus (Joh 1,29), der zum Weltgericht kommt (Offb 5,13). Dem entspricht im Mosaik der Apsis die Darstellung Christi auf der Weltkugel über einer paradiesischen Landschaft mit den vier Paradiesesströmen (1Mose 2,10–14). Christus hält eine Buchrolle mit sieben Siegeln in der Hand (Offb 5,1) und überreicht den mit Edelsteinen besetzten Siegeskranz dem Hl. Vitalis, dem die Kirche geweiht ist.[546]

Das Mosaik auf dem *nördlichen* Bogenfeld des Presbyteriums zeigt die Bewirtung der drei himmlischen Besucher durch Abraham in Mamre (1Mose 18) und die Darbringung Isaaks (1Mose 22).

Abb. 27: Besuch der drei Männer
(Mosaik in der Nord-Lünette von San Vitale, Ravenna, 6. Jh. n. Chr.)

---

546 So die Deutung von Deichmann, Ravenna 2/2, 165f.

Das Bild ist in drei Szenen gegliedert.[547] Im Zentrum sitzen die Drei, durch einen Nimbus zusätzlich hervorgehoben, an einem Tisch. Vor ihnen liegen drei Brote mit kreuzförmigen Einkerbungen. Der Mann in der Mitte blickt aus dem Bild heraus auf den Betrachter, die beiden Männer außen dagegen auf das, was hinter dem Baum auf ihrer rechten Seite geschieht. Dort steht ganz außen Sara im Eingang ihres Hauses mit sprechender Gebärde: Die linke Hand fällt resignierend herab, mit der rechten greift sie sich verlegen an den Mund[548] – als habe der Künstler Saras Reaktion auf die Ankündigung der Geburt eines Sohnes ins Bild setzen wollen (18,9–15). Neben ihr und durch den Baum von den Gästen getrennt steht Abraham ganz auf Saras Seite, was vielleicht auf ihr Selbstgespräch in 18,12 Bezug nimmt: »... und auch mein Herr ist alt.« Zwischen den Männern am Tisch und Sara im Haus vermittelt Abrahams weit ausgestreckter Arm, der das zubereitete Kälbchen den Gästen darbietet. Auf der rechten Seite des Mosaiks wird als dritte Szene der dramatischste Moment der Darbringung Isaaks gezeigt: Isaak kauert auf dem Altar, seine Hände sind auf dem Rücken zusammengebunden, und Abraham hat schon die Hand zur Schlachtung erhoben. Zu seinen Füßen blickt der Widder zu Abraham auf. Der aber kann ihn nicht sehen, weil er nach oben blickt, wo Gott mit seiner Hand durch die Wolken bricht und Einhalt gebietet. Von Gottes Hand, oberhalb der drei Männer, über Abrahams ausgestreckte Hände bis hin in Isaaks rechte Fußspitze

---

547 SCHRENK, Typos, 59.
548 DRESKEN-WEILAND deutet den rechten Zeigefinger am Kinn als »nachdenklichen Gestus« (Mosaiken, 226) und Sara wegen ihrer Gewandung als »vorausdeutende Darstellung ... Marias« (vgl. Maria in S. Apollinare in Classe).

bindet eine diagonale Bewegung auch diese Szene in das Bild ein.

Obwohl dieses Ereignis in der biblischen Erzählung räumlich und zeitlich vom Besuch der Drei sehr weit entfernt ist, setzt es der Künstler an denselben Ort und macht die drei Szenen gleichzeitig. Was verbindet sie? Auf der Ebene der alttestamentlichen Erzählung ist es Isaak, vom himmlischen Besuch angekündigt, von Sara als unmöglich belächelt und von Abraham auf Gottes Geheiß dargebracht. Auf der Ebene der Deutungen im Neuen Testament ist es derselbe Gott, der aus den schon erstorbenen Leibern Abrahams und Saras neues Leben erweckt (Röm 4), der Abrahams Vertrauen in ihn, der von den Toten zu erwecken vermag, nicht enttäuscht und ihm den Sohn zurückgibt (Hebr 11).

Das Mosaik auf dem *südlichen* Bogenfeld zeigt *Abel und Melchisedek*, beide durch eine Beischrift bezeichnet. Sie stehen vor einem Altar und bringen ihre Gaben als Opfer dar.

Abb. 28: Abel und Melchisedek
(Mosaik in der Süd-Lünette von San Vitale, Ravenna, 6. Jh. n. Chr.)

Im Zentrum steht auch hier der Tisch. Er ist durch seine Gestalt und durch das kostbar bestickte weiße Tuch besonders hervorgehoben. Es handelt sich um einen christlichen Altar, dessen Platte auf vier Säulen ruht. Ein übergroßer Kelch, von zwei Broten gerahmt, markiert den Mittelpunkt des gesamten Mosaiks. Von links ist Abel aus einer Hütte gekommen, die der ähnelt, in deren Eingang Sara steht. Die ländliche Gegend mit Baum und Gesträuch und sein kurzes Gewand weisen Abel als Hirten aus. Er tritt an den Altar und bringt ein Lamm aus seiner Herde dar (1Mose 4,4). Das wird in der Alten Kirche als Typus des geopferten Gotteslammes Christus gedeutet.[549] Von rechts kommt Melchisedek aus einer Stadt. Das hohe Gebäude mit zwei Säulen am Eingang weist auf den Tempel von (Jeru-)Salem. Kostbare Gewandung und Nimbus zeichnen den »Priester des höchsten Gottes« aus (1Mose 14,18–20). Er hat ein drittes Brot in seinen erhobenen Händen, das er Gott entgegenstreckt, dessen Hand senkrecht von oben aus der himmlischen Sphäre in die irdische Welt ragt und auf den Kelch weist.

Melchisedek und Abel sind sich in der Bibel nie begegnet. Bei beiden fehlen die Partner, ohne die es gar nichts zu erzählen gibt: Abel erscheint ohne Kain, Melchisedek ohne Abraham. Während Melchisedek in 1Mose 14 Brot und Wein Abraham darreicht und ihn segnet, bringt er hier beides angesichts der versammelten christlichen Gemeinde dar. Der christliche Altar im Zentrum, die bei der Eucharistie verwendeten Gaben Brot und Wein und der Gestus der Darbringung machen die Darstellung zu einer Vorabbildung (»Typos«) der christlichen Eucharistiefeier, die den Höhepunkt des

---

549 Belege bei DEICHMANN, Ravenna, 148.

Gottesdienstes darstellt.[550] Die Deutung von Brot und Wein in 1 Mose 14 auf die Eucharistie begegnet schon bei Clemens von Alexandria am Ende des 2. Jh. n. Chr.[551]

Der Tisch im Zentrum des Bildes und der Gestus der Darbringung verbinden die Mosaiken im südlichen und nördlichen Bogenfeld. Über beiden alttestamentlichen Bildern schweben jeweils zwei Engel, die ein mit Gemmen besetztes Kreuz tragen. Das Kreuz befindet sich senkrecht über dem himmlischen Gast in der Mitte am Tisch und dem mittleren Brot. Ebenso steht im südlichen Bogenfeld das Kreuz über der Hand Gottes und über dem Kelch in der Mitte des Altars. Hinzu kommt der Ort im sakralen Raum: Zwischen beiden Mosaiken steht in der Mitte des Presbyteriums der Altar, an dem das Messopfer vollzogen und die Eucharistie gefeiert wird. Diese inhaltliche Einbindung des Bildschmucks in die gottesdienstliche Funktion des Raumes findet sich schon hundert Jahre früher in der Kirche Santa Maria Maggiore in Rom. Die Verbindung von Abel mit Melchisedek sowie mit Abraham und Isaak ist auf einzigartige Weise in einem Mosaik in Sant' Apollinare in Classe nahe bei Ravenna noch einmal aufgenommen worden.

(2)

Um 440 befand sich im Langhaus von *Santa Maria Maggiore* in Rom auf dem Mauerwerk unterhalb der Oberfenster ein Zyklus von 44 Mosaiken.[552] Davon sind noch 27 erhalten. Die ursprüngliche Reihenfolge ist durch Lücken und barocke Ergänzungen gestört. Soweit heute noch erkennbar, behandelten die Mosaiken einst auf der linken (südwestl.) Seite Szenen aus dem

---

550 SCHRENK, Typos, 60.
551 CLEMENS, Strom. 4, 161, 3.
552 Dazu DECKERS, Zyklus, und BRENK, Mosaiken.

Leben Abrahams und Isaaks, sowie Jakobs (und Josephs?). Auf der rechten (nordöstl.) Seite folgen Szenen mit Mose und Josua. Es fällt auf, dass die Szenen im allgemeinen nach der Bibel angeordnet sind, nicht aber bei Abraham. Der Zyklus beginnt mit Melchisedeks Darbringung von Brot und Wein, wird fortgesetzt vom Besuch der drei Männer, erst dann kommt die Trennung Lots von Abraham. Offenbar durchbrach man die biblische Abfolge, um in unmittelbare Nähe zum Altar die Bilder zu stellen, die dazu passen. Leider ist das erste Bild auf der rechten Seite nicht erhalten.

Dabei fällt die Darstellung Melchisedeks besonders auf. Es ist das einzige erhaltene Bild auf der linken Seite, das die gesamte Fläche einnimmt und nicht in zwei Register geteilt ist:

Abb. 29: Abraham und Melchisedek
(Mosaik in Santa Maria Maggiore, Rom, 5. Jh. n. Chr.)

Melchisedek ist nicht nur durch seine Größe gegenüber dem siegreichen Feldherrn Abraham und seinen Kriegern (1Mose 14,14–15) als Hauptperson hervorgehoben. Auch der Korb mit kreuzförmig gekerbten Broten in seinen weit ausgestreckten Händen und mehr noch der Kantharos für den Wein am Boden überraschen durch ihre Maße. Hinzu kommt, dass am oberen Bildrand (ohne Rückhalt an 1Mose 14) Gott in den Wolken erscheint. Er bildet mit dem Brotkorb und dem Gefäß für den Wein eine vertikale Achse (vgl. San Vitale). Sie trennt den Priester des Höchsten von Abraham und den Seinen. Pointe ist hier wie später in Ravenna die Darbringung der Gaben. Hier wie dort sind es Brot und Wein, die zur Vorabbildung der Eucharistie werden. So wird der Priester des höchsten Gottes zum Typos des Priesters Christus.[553]

Hat auch das zweite Mosaik mit dem Besuch der drei Männer bei Abraham einen Bezug auf das Altarsakrament? Das wird meist bestritten.

Das gesamte Bild wird von der Dreizahl beherrscht: Zweimal erscheinen die drei Männer, als Himmlische schon farblich hervorgehoben und zusätzlich mit Aureolen ausgezeichnet. Dreimal im Bild erscheint auch Abraham: Zunächst eilt er im oberen Register mit wehendem Pallium und respektvoll bedeckter linker Hand den Besuchern entgegen und ist schon dabei, auf die Knie zu fallen; sodann bespricht er im unteren Register mit Sara das Mahl; schließlich wendet er sich mit dem zubereiteten Kälbchen seinen Gästen zu. Vor ihnen liegen auf dem Tisch drei Brote, indes ohne kreuzförmige Kerben. Im Vordergrund unten aber befindet

---

553 Zur typologischen Deutung dieser Szene SCHRENK, Typos, 53–55.

Abb. 30: Besuch der drei Männer bei Abraham
(Mosaik in Santa Maria Maggiore, Rom, 5. Jh. n. Chr.)

sich ein großes henkelloses Gefäß, kein Kantharos; denn von Wein ist in der biblischen Erzählung nicht die Rede. Es enthielt wohl das Wasser, mit dem Abraham seinen Gästen die Füße wusch. Die Anordnung der Personen teilt das Bild nicht nur horizontal in drei Szenen, sondern auch vertikal in zwei Sphären: links die irdischen Gastgeber, rechts die himmlischen Gäste. Jedoch ist mit den Gästen der Himmel auf die Erde gekommen: Sara bereitet das Mahl vor einem Gebäude mit geöffnetem Vorhang und einem Kreuz im Giebelfeld. Die Gebärde des Mannes in der Mitte scheint seine Rede zu unterstreichen; offenbar kündigt er dem greisen Paar gerade die Geburt eines Sohnes an (1Mose

18,9–10). Alles in allem lässt die Darstellung weniger an die Eucharistie als an die »Darbringung von Gaben« und ihre »feierliche Herrichtung« denken.[554]

Die drei Besucher sind ohne Flügel dargestellt, aber als himmlische Wesen: Angetan mit weißen Gewändern und hellblauen Aureolen scheinen sie bei ihrer Ankunft im oberen Register eher zu schweben als zu gehen. Auch stehen ihre rötlich strahlenden Gesichter zum Grau Abrahams und Saras in starkem Kontrast. Vor allem aber wird der Mittlere der Drei dadurch besonders ausgezeichnet, dass nur er auf einer rötlichen Wolkenbank steht, außerdem umhüllt ihn eine grauweißlich schraffierte Mandorla. Im unteren Register am Tisch sind alle drei gleich dargestellt, nur überragt der Mittlere die beiden anderen ein wenig. Die blauen Aureolen sind durch weiße Nimben ersetzt und die Mandorla fehlt. Die Darstellung im oberen Register zeigt dem Betrachter ihre himmlische Herkunft, die im unteren Register nimmt die Perspektive Abrahams ein, der »drei Männer« an seinen Tisch lädt und erst an ihrem Gastgeschenk merkt, wen er bewirtet hat. Die Auszeichnung des Mittleren wirkt wie eine Illustration des Bibeltextes, den Augustinus bündig zusammenfasst: »Abraham sah drei, einen betete er an.«[555]

Der Bezug dieses Mosaiks zum Altar liegt einerseits in der Darbringung der Gaben zum Mahl, andrerseits in dem dreieinigen Gott, dem die Anbetung am Altar wie der gesamte Gottesdienst gilt.

---

554 So BRENK, Mosaiken, 60.
555 AUGUSTINUS, De trinitate, PL 42, 868.

(3)
Zwei Jahre nach San Vitale in Ravenna wurde 549 *Sant' Apollinare in Classe* geweiht, heute etwa eine Stunde Fußweg von Ravenna entfernt, damals der bedeutendste Kriegshafen des Reiches.

In der Fensterzone der Apsis befinden sich zwei größere Mosaiken. Das Mosaik am nördlichen Gewände stellt die Verleihung der Selbständigkeit des ravennatischen Erzbischofs gegenüber Rom durch Kaiser Justinian im Jahr 666 dar, wird also wenig später entstanden sein. Das Mosaik am südlichen Gewände, vielleicht[556] aus der gleichen Zeit, erinnert an das in San Vitale:

Abb. 31: Abel und Abraham mit Isaak und Melchisedek
(Mosaik in Sant' Apollinare in Classe, 7. Jh. n. Chr.)

---

556 Leider ist von der originalen Substanz des Mosaiks wenig erhalten. Allerdings sind Zahl und Stellung der Figuren sowie die Beischrift »Melchisedech« gesichert. Zu den verschiedenen Möglichkeiten der Datierung und Deutung SCHRENK, Typos, 64–69.

Neu ist die Rahmung der Szene von zwei mit Gemmen verzierten Säulenpaaren und einem hochgeknüpften aufgezogenen Vorhang. Sie verlagert die Szene aus der Landschaft in ein Heiligtum, dessen Architektur oberhalb zu erkennen ist. Im Zentrum befindet sich wieder der Altar mit einer kostbaren Decke. An seinem vorderen Rand, aber genau in der Mitte des Bildes, steht ein Kelch, der von zwei Broten flankiert wird, diesmal mit Kreuzeszeichen. Wieder weist Gottes Hand aus den Wolken auf das Geschehen auf dem Altar, diesmal aber nicht in der Mitte, sondern von links oben. An den Altar tritt von links Abel heran und bringt mit überlangem Arm ein Lamm dar. Das kennen wir schon. Neu aber ist, dass von rechts Abraham herantritt. Er bringt den jugendlichen Isaak dar, indem er ihn mit seinem ausgestreckten linken Arm geleitet. Der wiederum streckt beide Arme zum Altar aus und bringt sich selbst dar.[557] Die Bewegung Abrahams setzt sich in Isaaks linkem Arm fort, dessen rechte Hand weist jedoch zur Hand Gottes empor. Melchisedek, in priesterlichem Gewand, bringt hier nicht das Brot dar, sondern steht unbewegt hinter dem Altar, die Hände im Gestus der Einladung geöffnet. Er überragt die anderen Personen weit und ist wie Isaak frontal dargestellt, dessen Hände jedoch eine Bewegung nach links vollziehen. Melchisedek strahlt dagegen ungeheure Ruhe aus und blickt aus dem Bild heraus auf die Betrachter.

Wie die Ähnlichkeiten mit San Vitale zeigen, hat das dortige Mosaik als Vorlage gedient, doch sind die Neuerungen beträchtlich. Vor allem macht die Einführung

---

557 Deichmann, Kommentar 2, 273, deutet Isaaks Armhaltung als Gestus der Akklamation.

Abrahams mit Isaak eine Umstellung und Umdeutung Melchisedeks notwendig. 1Mose 22 wird zwar vorausgesetzt, ist aber hier der neuen Bildkomposition angepasst worden. Da der Altar wie der in San Vitale eindeutig als christlicher Altar ausgewiesen ist, kann die Bedeutung der Komposition nicht allein in der Darbringung von Opfergaben liegen. Sie weist vielmehr auf die Eucharistie hin, die in unmittelbarer Nähe am Altar gefeiert wird. Diese Deutung wird von einem Gebet erhellt, das schon im 6. Jh. zum alten römischen Messkanon gehörte:

Schaue huldvoll darauf nieder mit gnädigem und mildem Angesicht und nimm es wohlgefällig an, wie Du einst mit Wohlgefallen aufgenommen hast die Gaben Abels, Deines gerechten Dieners, das Opfer unsres [!] Patriarchen Abraham, das heilige Opfer und die makellose Gabe [*immaculatam hostiam*], die Dein Hoherpriester Melchisedech [= *Christus*!] Dir dargebracht hat.[558]

Hier werden die drei Personen genannt, die in Sant' Apollinare in Classe am Altar stehen. Abraham ist endgültig »unser Patriarch« geworden: Vater der Christen.

---

558 Hinweis bei Schrenk, Typos, 72 (Übersetzung S. 30f. nach Schott, Messbuch); vgl. Hasselhoff, der auch auf ein bei Ambrosius in *De sacramentis* 4,27 bezeugtes Hochgebet der Mailänder Liturgie (spätes 4. Jh.) hinweist, das die Reihe Abel, Abraham, Melchisedech kennt (RAC 24, 625).

4. Vorbild eines Gottergebenen für alle Menschen:
Abraham im Koran

4.1. In welcher Welt entstand der Koran?

Noch heute ist die Annahme verbreitet, Arabien sei bis ins 7. Jh. n. Chr. von den Kulturen und Religionen der Mittelmeerwelt weitgehend unberührt geblieben. Außerhalb des Islams wird damit die Fremdheit des Korans erklärt oder überhaupt erst geschaffen. In der Binnenperspektive des Islams hebt man auf diese Weise den Bruch mit der vorislamischen Vergangenheit und das Neue hervor, das den Koran auszeichnet. Die Auswertung von Inschriften, die erst in den letzten Jahrzehnten entdeckt wurden, hat unser Bild von Arabien in der Spätantike grundlegend verändert.[559] Zwar lag die arabische Halbinsel geographisch abseits der Mittelmeerkultur, doch war sie politisch und religiös auf vielfältige Weise mit dieser verbunden.[560] Auch die Themen und Debatten, die im Koran begegnen, setzen in den entstehenden muslimischen Gemeinden ein erstaunliches religiöses und kulturelles Wissen voraus. Das lässt sich nur durch Kontakte mit den Kulturen und Religionen der Mittelmeerwelt erklären.[561] Offensichtlich entstand der Koran in einer Welt, die von verschiedenen christlichen, jüdischen und synkretistischen Strömungen geprägt war. Davon kann hier nur weniges angedeutet werden.

---

559 ROBIN, Peoples.
560 Zu Arabien in vorislamischer Zeit und zum Islam der Frühzeit zuletzt SINAI, Schrift, 37–53, und bes. JOSUA, Ibrahim.
561 Dazu SINAI, Schrift, und NEUWIRTH, Koran.

Im 6. Jh. n. Chr. wurde der Westen Nordarabiens von den *Ghassaniden* dominiert. Dieser Stammesverband war mit dem oströmischen Reich von Konstantinopel verbündet und sicherte das Ostjordanland, Südpalästina und die syrische Wüste mit ihren Handelswegen bis nach Petra gegen Einfälle von Nomaden. Der Osten Nordarabiens war dagegen in der Hand der *Lahmiden*. Sie standen im Dienst der anderen Großmacht jener Zeit, der Sassaniden von Seleukia-Ktesiphon am Tigris, und kontrollierten große Teile Arabiens südlich des Euphrat bis nach Oman. An den Höfen beider Regionalmächte in al-Dschabiya im Golan und al-Hira am Euphrat blühte die altarabische Dichtung, die mit ihrem beduinischen Kriegerideal zur Bildung einer arabischen Identität beitrug. In den von beiden kontrollierten Regionen gab es nicht wenige Christen, Kirchen und Klöster.

Südarabien wurde dagegen seit der Mitte des 4. Jh.s n. Chr. vom *Königreich Himyar* beherrscht, dessen Kerngebiet im Westen des heutigen Jemen lag. Für mehr als zweihundert Jahre waren große Teile Arabiens unter seiner Hand. Seine Könige führten um 380 n. Chr. einen jüdisch geprägten Monotheismus ein.[562]

Jüdische Glaubensgemeinschaften sind inschriftlich nicht nur in Himyar bezeugt, sondern fast überall in Süd- und Zentralarabien, aber auch in Yatrib (dem späteren Medina). Sie waren wie ihre Umgebung in Familienverbände gegliedert und durch Klientelverhältnisse in die arabische Stammeswelt eingebunden, fielen aber durch ihre religiösen Besonderheiten auf. Sie lasen ihre Heilige Schrift, die Tora, auf Hebräisch, befolgten eigene religiöse Riten und beanspruchten für

---

562 S. bes. Robin, Peoples, 52–59.

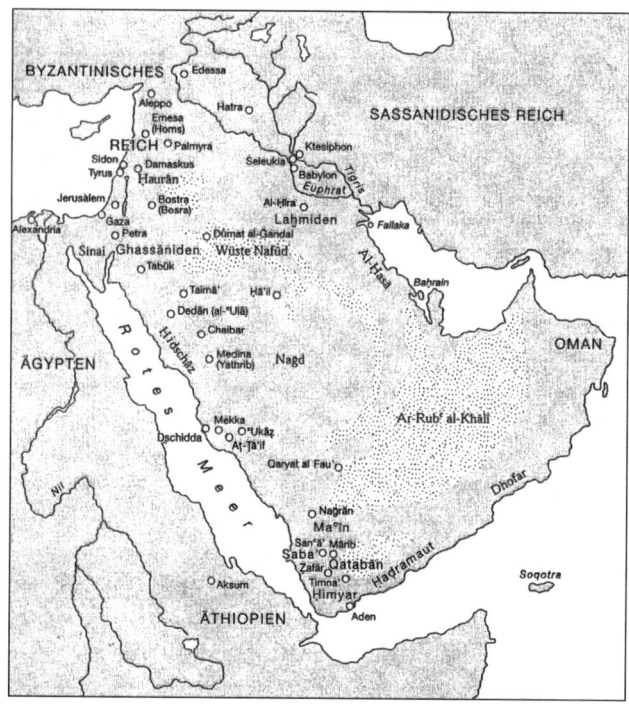

Abb. 32: Karte Arabiens zur Zeit Muhammads

sich, »Gottes Freunde« zu sein (62,6).[563] Die Auseinandersetzungen mit gelehrten Juden in den sogenannten medinensischen Suren lassen ein Judentum erkennen, das mit der rabbinischen Schriftüberlieferung vertraut war. Einige Riten und Feste, die im Koran festgelegt werden, sind eng mit jüdischen Überlieferungen verbunden.[564]

---

563 Texte aus dem Koran werden hier lediglich mit Sure und Vers zitiert.
564 Nachweise bei NEUWIRTH, Koran, 103f.

Ein weiterer Machtfaktor war das christlich geprägte *Reich von Aksum*, das im Nordosten des heutigen Äthiopiens lag. Es dehnte im Jahr 525 n. Chr. mit Unterstützung von Byzanz seine Macht nach Südarabien aus, unterwarf Himyar und setzte dort Vasallen ein. Um 535 machte sich der christliche Herrscher Abraha von Aksum unabhängig. Sein Königreich bestand freilich nur wenige Jahrzehnte.[565] Er ließ in Sanaᶜa eine prächtige Kirche erbauen. Die sollte wahrscheinlich als neues Wallfahrtszentrum an die Stelle der Kaᶜaba in Mekka treten, gegen das er einen Feldzug unternahm, der jedoch scheiterte (vgl. Sure 105). Seine Nachfolger konnten die Macht nicht behaupten. So übernahmen schließlich die Sassaniden Südarabien.

Seit dem 4. Jh. verbreitete sich das Christentum von al-Hira im Norden und vom Reich Aksum im Süden aus. Die arabischen Christen waren weniger von der byzantinischen Reichskirche geprägt als von den verschiedenen Strömungen der west- und ostsyrischen Kirchen. Die unterschieden sich vor allem in ihren Meinungen darüber, wie Jesus Christus zugleich als Mensch und als Gott gedacht werden könne. Man predigte und betete auf syrisch-aramäisch. Eine arabische Bibelübersetzung gab es in vorislamischer Zeit noch nicht. Aber das Arabische kam auch in religiösen Zusammenhängen allmählich in Gebrauch. Biblische Erzählungen und Überlieferungen verbreiteten sich mündlich auf Arabisch und wohl auch im Gottesdienst nach Art der aramäischen Bibelparaphrasen, der sog. Targume.[566]

Die Aufnahme biblischer Stoffe in den Koran, die Auseinandersetzung mit theologischen Fragen und die

---

565 ROBIN, Peoples, 65–77.
566 GRIFFITH, Bible.

Kritik an jüdischen und christlichen Praktiken zeigen, wie stark Muhammad mit seiner Gemeinde in die Debatten seiner Zeit eingebunden war. Zugleich lässt sich im Koran die Umwertung altarabischer Ideale und ethischer Normen beobachten. Die Hinwendung zu einer persönlichen Gottesbeziehung ersetzt kollektiv ausgeübte Riten an heiligen Orten oder führt zu deren Umdeutung. Bisher bestimmten Schlachtopfer und Wallfahrten zu heiligen Stätten, der rituelle Umlauf um ein lokales Heiligtum, die Einholung von Orakeln und andere Riten die religiöse Praxis, nicht die Anerkennung von religiösen Wahrheiten. Bisher wurden ethische Normen von der Dichtung und der Familie vermittelt, nicht von der Religion. Bisher verehrte jeder Stamm seine Gottheiten. Sie waren in großen Bäumen oder in Steinen gegenwärtig, die als besonders heilig galten. Daneben spielten Sonne, Mond und Sterne eine Rolle. Das Heiligtum in Mekka, die Ka ͑ aba, hatte wahrscheinlich schon in vorislamischer Zeit überregionale Bedeutung. Dort befindet sich bis heute ein schwarzer Stein, der in einer Ecke des würfelförmigen Gebäudes (*ka ͑ aba*) eingelassen ist. Er galt als Ort der Anwesenheit Gottes. Hier wurde *Hubal* verehrt, den man auch »Herr (des Hauses)« oder einfach »Gott« (*al-illah* oder *Allah*) nannte. Ihm waren die drei Göttinnen *al-Uzza*, *al-Lat* und *Manat* »beigesellt«.

All diese Riten und Vorstellungen waren jedoch zu Beginn des 7. Jh.s n. Chr. nicht mehr unberührt von jüdischen und christlichen Traditionen. Das Bild, das im Koran von den Gegnern der Verkündigung gezeichnet wird, ähnelt eher »heidnisch-biblischen Synkretisten«.[567] Muhammads Gegner erkennen ohne weiteres

---

567 S. die Skizze bei Sɪɴᴀɪ, Schrift, 47–52.

Allah als allmächtigen Schöpfergott an (29,61), aber sie »gesellen« ihm weitere göttliche Wesen bei. Offensichtlich verbinden sie mit diesen die Funktion von Mittlern: »Sie sagen: ›Das sind unsere Fürsprecher bei Gott!‹« (10,18); oder: »Wir dienen ihnen nur, damit sie uns in Gottes Nähe bringen« (39,3). Das erinnert an jüdische Engelsvorstellungen und an die Heiligenverehrung christlicher Tradition, nicht an Götzenbilder. »Die koranischen ›Beigeseller‹ sind also Verehrer altarabischer Gottheiten, greifen jedoch zugleich der biblischen Tradition entstammende Versatzstücke auf.«[568] Damit unterstellen sie die überkommenen Gottheiten Allah, dessen Gleichsetzung mit dem Gott der Bibel sie nicht in Frage stellen. Dazu passt die islamische Überlieferung, die neben Stammesidolen auch von Bildern Jesu und Mariens in der Kaʿaba vor der Eroberung Mekkas durch Muhammad berichtet.

Arabien war also in der Spätantike eine religiös erstaunlich vielseitige Region (22,17). In diese arabische Welt, in der man fast überall Juden und Christen treffen konnte, wurde um 570 n. Chr. Muhammad als Angehöriger der Quraisch, des führenden Stammes in Mekka, geboren. In dieser Welt entstand der Koran.

4.2. *Der Koran*

Der Koran enthält 114 »Leseabschnitte«, »Suren«[569] genannt, die in abnehmender Länge geordnet sind. Diese eigentümliche Gattung begegnet nur im Koran. In ihr verbindet sich, was in der Bibel voneinander geschie-

---

568 Sinai, Schrift, 50.
569 Das Wort, erstmals in mittelmekkanischer Zeit im Koran belegt, wird nur für liturgische Leseabschnitte des Koran gebraucht, vergleichbar der christlichen Perikope.

den überliefert wird: erzählende, weisheitliche, prophetische, poetische und predigtartige Texte.[570] Anders als die biblischen Texte sind die Suren durchweg als Prophetenrede stilisiert. Gott spricht den Propheten an und spricht durch ihn zur Gemeinde. Die Suren sind poetisch in Versen mit einer eigentümlichen Reimprosa gestaltet, die erst bei der Rezitation ihren Reiz entfaltet.[571]

Der Koran bildet kein zusammenhängendes fortlaufendes Ganzes. Jede Sure ist in sich geschlossen, »ein Koran im kleinen«.[572] In den einzelnen Suren lassen sich sinntragende literarische Kompositionen entdecken.[573] Aber sie sind weder thematisch noch nach ihrer Entstehungszeit geordnet. Sie verdanken sich den Offenbarungen, die Muhammad zu ganz verschiedenen Zeiten empfing, und den Diskussionen in der wachsenden Gemeinde, die sich wandelten.

Schon die islamische Tradition unterscheidet nach den Offenbarungsorten Mekka und Medina zwei Entstehungsphasen. Die lassen sich an verschiedenen formalen Merkmalen, aber auch an *thematischen Schwerpunkten* erkennen.[574] Ungefähr 40 Jahre ist Muhammad[575] alt, als er um 613 anfängt, Offenbarungen öffentlich vorzutragen, die später im Koran gesammelt werden. Die frühen mekkanischen Suren sind einer-

---

570 Neuwirth, Koran, 278f.; 561–564.
571 Die ästhetische Seite der Rezitation hat vor allem Kermani betont (Gott ist schön).
572 Bobzin, Koran, 22.
573 Beispiele bei Sinai, Schrift, 54–61.
574 Die folgende Skizze fußt auf Sinai, Schrift, 78–103, und Neuwirth, Koran, 394–569.
575 Auf Mohammeds Leben (dazu Bobzin, Mohammed) kann hier nur insoweit eingegangen werden, als es für das Verständnis Abrahams im Koran Bedeutung hat.

seits auf den Ton von *Dank und Lob Gottes* gestimmt und erinnern bis zu einem gewissen Grade an die biblische Psalmentradition. Doch thematisiert der Koran nicht Gottes wunderbare Erhaltung der Schöpfung, sondern die Befähigung des Menschen, in der »Schrift« von Gott belehrt zu werden über das, was er von sich aus nicht weiß (96,1–5). Andrerseits überraschen die *Warnung* vor dem Endgericht (96,6–19) und die *Kritik an Missständen* in der Gesellschaft: Habgier, Betrug, fehlende Solidarität (102,1–7). Das erinnert an die biblischen Propheten wie Amos und Micha. Die Kritik erwächst aus einem religiös begründeten moralischen Anspruch. So zeigt sich in der Liebe zum Besitz die Undankbarkeit des Menschen gegenüber Gott (100,6–8), und seine Aufsässigkeit ist nur Ausdruck seines Egoismus (96,6–7). Der Kritik an den Missständen stehen drastische Schilderungen einer innerweltlichen Katastrophe (84,1–6) und die *Drohung mit dem Endgericht* an der Seite, bei dem alle Menschen für ihre Taten vor Gott Rechenschaft ablegen müssen (83,1–17; 92,8–16; 102,1–8). Diese Themen hängen innerlich zusammen: Weil der Mensch von Gott in der Schrift belehrt wurde, weiß er Bescheid. Deshalb wird er zur Rechenschaft gezogen. Individuelle Verantwortung tritt an die Stelle altarabischer Solidarität in Familie und Stamm. Dieser Bruch mit der Tradition stößt auf Ablehnung. Auch die mit dem Endgericht verbundene Erwartung einer endzeitlichen Auferstehung von den Toten findet wenig Glauben und provoziert skeptische Einwände der Hörer. Wie die biblischen Propheten bindet auch Muhammad Frömmigkeit an ein entsprechendes soziales Verhalten (107,1–7). Diese Sicht war gegenüber der altarabischen Stammesethik völlig neuartig und erzeugte Feindschaft. Aber Muhammad gewinnt auch Anhänger, die seiner Botschaft Glauben schenken. Sie werden im Koran »Gottesfürchtige« (77,41; 78,31) oder »Gläubige« (83,29.34) genannt, »die gute Werke tun« (103,3).

Aus der umfassenden Verantwortung gegenüber dem einen Schöpfer und Richter am Ende der Tage erwächst wenig später die ausdrückliche *Bestreitung aller anderen göttlichen Wesen neben Allah*. Al-Lat, al-Uzza und Manat sind nur Namen, die ihre Verehrer ihnen gaben. Wer sie verehrt, folgt lediglich seinen eigenen Vorstellungen, nicht seinem wahren Herrn (53,19–23); denn es gibt nur den einen »Herrn des Ostens und des Westens«, also der gesamten Welt, und »kein Gott ist außer ihm« (vgl. 73,9 mit 51,51). Auseinandersetzungen mit »Beigesellern« prägen fortan die Verkündigung. Zitate von Gegnern und Einwände, mögen sie auch literarisch stilisiert sein, spiegeln lebendige Diskussionen. In der dreiteiligen Gestalt der Suren aus mittelmekkanischer Zeit wird die Entwicklung einer gottesdienstlichen Praxis der jungen Gemeinde erkennbar, in der die Lesung einer biblischen Geschichte im Zentrum und Sure 1 als Gemeindegebet am Anfang stehen.[576]

Die Verkündigung der letzten Jahre in Mekka ist in umfangreichen literarischen Kompositionen verdichtet. Sie vermittelt mit Schilderungen der Seligen im Jenseits Trost und Hoffnung. *Erzählungen von Rettungen und Strafgerichten* in der Vergangenheit, meist im Mittelteil einer Sure, verleihen dem angekündigten Endgericht Glaubwürdigkeit und der angefeindeten Gemeinde Zuversicht. Dazwischen können kurze Kommentare treten, die den Sinn der Beispiele erläutern.

---

576 Zur Herkunft der *Fatiha* genannten Sure 1 aus der mündlichen Gebetspraxis NEUWIRTH, Koran, 461.

Sonderlich erfolgreich scheint Muhammads Verkündigung in Mekka nicht gewesen zu sein. Vielmehr stoßen er und seine frühe Gemeinde zunehmend auf Feindschaft. Im Jahr 622 verlässt Muhammad mit den Seinen Mekka und zieht nach Yathrib, jener Stadt, die später Medina (»Stadt [des Propheten]«) genannt wird. Als »Schlichter« in den Auseinandersetzungen zwischen den beiden dort ansässigen arabischen Stämmen und den jüdischen Gruppen wird Muhammad bald die entscheidende Führungsgestalt. Die Jahre bis zu seinem Tod sind von Kämpfen mit den Bewohnern Mekkas und mit den Juden in Medina bestimmt, die teils vertrieben, teils umgebracht werden. Bevor Muhammad 632 stirbt, erlebt er noch die Kapitulation seiner Heimatstadt Mekka. In Medina wandelt sich seine Verkündigung stark. Die Suren wachsen zu umfangreichen literarischen Kompositionen, die über eine Vortragseinheit hinausgehen. Die Autorität des »Gesandten Gottes« und des »Propheten« wird nachdrücklich betont. Die polemische *Auseinandersetzung mit Juden und Christen* nimmt zu. Als besonders anstößig wird das Bekenntnis der Christen zu Jesus als Gottessohn und die Lehre von der Dreieinigkeit Gottes empfunden. Vor allem aber verlangen die Bedürfnisse der gewachsenen Gemeinde nach Ordnung des täglichen Lebens ihr Recht. Deshalb treten in jener Zeit *Regelungen des Lebens der neuen Gemeinschaft* in den Vordergrund. Dazu gehören die Ordnung der Armenfürsorge, das Verhalten im Krieg und der Umgang mit Juden und Christen. Manche Formulierungen wie in 8,1 oder 4,176 setzen voraus, dass die Regelungen auf ganz bestimmte Fragen und Situationen reagieren.

Der Koran ist also sowenig wie die Bibel vom Himmel gefallen. Die in ihm enthaltene Verkündigung ist in Auseinandersetzungen innerhalb einer wachsenden

Gemeinde und mit Gegnern unter historischen Bedingungen entstanden, die sich verändert haben.[577] Heute liegt er als Buch vor, doch ist er für den liturgischen Vortrag bestimmt.[578] Öffentlicher Vortrag heißt *qur'an*. Er gilt als von Gott »eingegeben« und »herabgesandt« (2,97). Gottes Offenbarungen ergehen in der Sprache der arabischen Dichter, die Träger des kollektiven Gedächtnisses waren. Deshalb kommt es nicht nur auf den Inhalt, sondern auch auf dessen sprachliche Gestalt an. Das erhebt das Arabische des Korans in den Rang einer heiligen Sprache.[579]

Die *Sammlung und Zusammenstellung* der im Koran enthaltenen Überlieferungen ist erst nach dem Tod des Propheten erfolgt. Von einem schreibenden Propheten wissen wir nichts. Allerdings gibt es Hinweise darauf, dass der Prophet diktiert hat (25,5; 16,101). Eine alte islamische Überlieferung führt den Text des Korans auf Muhammads Schreiber Zaid zurück. Der erste Kalif Abu Bakr (632–634) habe ihn beauftragt, alle auffindbaren Teile zu sammeln. Wahrscheinlich haben schon Anhänger Muhammads Passagen seiner Verkündigung aufgeschrieben. Zaid hat wohl die schriftlich fixierten Passagen mit anderen aus dem Gedächtnis von Hörern erfasst und zusammengestellt. Schließlich habe der dritte Kalif Uthman (644–656) den Text Zaids zum offiziellen Text erhoben. Bisher sind mehr als 60 Fragmente mit über 4.000 Seiten als

---

577 Den Aspekt der Gemeinde hat nachdrücklich Neuwirth ins Bewusstsein gehoben und für die Auslegung fruchtbar gemacht (Koran, 107–119, 394–560).
578 Zum Koran als Vortragstext und seiner Entstehung Bobzin, Koran, 18–35; Neuwirth, Koran, 235–275.
579 Jede Übersetzung ist hier, noch mehr als sonst, nur ein Notbehelf.

Textzeugen für den Koran vor 750 bekannt.[580] Sie sind noch ohne Vokale und andere unterscheidende Zeichen geschrieben, so dass sie unterschiedlich gelesen werden können. Allerdings schränkt der jeweilige Zusammenhang mögliche Sinnvarianten stark ein. In der Mitte des 7. Jh.s lag somit im wesentlichen der Text vor, der heute noch verwendet wird.[581] Das auf diese Weise entstandene erste arabische Buch soll die »herabgekommenen« (also: offenbarten) Schriften der Juden und Christen bestätigen und ersetzen (2,89.213; 10,37). Zugleich soll es wie die Tora oder die Evangelien die Glaubenspraxis der neuen Gemeinschaft ordnen (5,44–50).[582]

4.3. Abraham im Koran

Von Anfang an steht die Verkündigung des Korans in intensivem Kontakt mit biblischen und nachbiblischen Überlieferungen. Deren Kenntnis stammt nicht aus der Lektüre der Bibel, sondern aus dem »parabiblischen Milieu«, in dem der Koran entstand. Viele Araber waren mit Juden und Christen und deren religiösen Traditionen in Berührung gekommen. Erzähler verbreiteten auf Märkten auch biblische Stoffe.[583] So verwundert es nicht, dass der Koran bei seinen Hörern die Vertrautheit mit zahlreichen Vorstellungen und Erzählungen der biblischen Überlieferung voraussetzen kann. Dennoch unterscheidet er sich grundlegend. Anders als in

---

580 Auskunft von Dr. Koloska (*Corpus Coranicum*, Potsdam).
581 Eine kurze Darstellung der Probleme findet sich bei SINAI, Schrift, 19–28, das Ergebnis S. 27.
582 MARX, Buch.
583 JOSUA weist auf den Markt von ʿUkaz hin, das südlich von Mekka auf dem Weg nach Taʾif liegt (Ibrahim, 386).

der Bibel steht in ihm weder die Ursprungsgeschichte eines Volkes noch gar das Leben des Erlösers der Menschen geschrieben. Vielmehr »beschwört er ... in seinen frühen Texten die eschatologische Zukunft herauf und debattiert in seinen späteren Teilen« die Errichtung einer »monotheistischen Gesellschaftsordnung in der Gegenwart«.[584] Anders als die Bibel ist er durchgehend als *Gottesrede* stilisiert, die sich an einen *prophetischen Künder* richtet, der wiederum seine *Hörer* anspricht. Deren Reaktion wird zuweilen vom göttlichen Ich oder Wir *kommentiert*. Er muss also als eine ganz eigene, neue »Heilige Schrift« gewürdigt werden. Selbst dort, wo unverkennbar biblische Stoffe begegnen, werden sie mit einem eigenen Interesse verwendet und gedeutet.

Das gilt auch für Abraham und die mit ihm verbundenen Überlieferungen. Zwar ist Abraham nach Mose die Gestalt der Bibel, die der Koran am häufigsten erwähnt, aber Erzählungen über ihn, ähnlich denen der Bibel, kann man hier nicht erwarten, noch weniger eine fortlaufende Erzählreihe. Abrahams Frau Sara begegnet zwar, wird aber nie mit Namen genannt. Ihre Sklavin Hagar erscheint gar nicht.[585] Anspielungen auf Abraham und auf entsprechende Erzählungen begegnen im Koran in allen Phasen der Verkündigung.[586] Schon in den ältesten Suren begegnet sein Name. So ist in 87,19 von den »Schriften Abrahams und Moses« die

---

584 NEUWIRTH, Koran 562–564, mit erhellenden Bemerkungen zur komplexen Kommunikationsstruktur im Koran.
585 Zu den Frauen der Bibel im Koran BECHMANN, Frauengestalten. Ich danke der Vfn., dass sie mir ihr Manuskript noch vor Erscheinen des Bandes zur Verfügung gestellt hat.
586 Eine Auflistung bieten KHOURY, Themenkonkordanz, 162–171, und BAUSCHKE, Freund Gottes, 182–187.

Rede. In 53,37 erscheint er mit der aus Neh 9,7–8 bekannten Charakteristik: »Abraham, der sein Versprechen einhielt.« Sie spielt auf Abrahams Bewährung in 1Mose 22 an. Abgesehen von derartigen vereinzelten Äußerungen über Abraham sind es vor allem drei Szenen, die im Koran aufgegriffen werden: (1) Der Besuch der drei Gäste, die einen Sohn ankündigen, hängt wie in 1Mose 18–19 aufs engste mit der Ankündigung der Bestrafung Sodoms und der Rettung Lots zusammen und erscheint in den Suren 11; 15; 51. (2) Die Bindung Isaaks in Sure 37 ist – anders als in der Bibel – mit einer weiteren Szene verbunden: (3) Abraham wendet sich von der Verehrung der Götter seiner Familie ab und wird deshalb von seinen Landsleuten verfolgt. Sie stammt aus der jüdischen Auslegung[587] und begegnet im Koran auch in den Suren 6; 19; 21; 26; 29. Hinzu kommt (4) die Szene: Gott beauftragt Abraham und seinen Sohn Ismael, das Heiligtum in Mekka zu reinigen, bzw. zu erbauen (Sure 2; 14; 22). Sie hat zwar auch einen biblisch-jüdischen Hintergrund, der jedoch radikal umgedeutet wird.[588]

Weil Abraham Muhammads Zeitgenossen als bedeutende Gestalt biblischer und nachbiblischer Überlieferung vertraut war und weil sie die wesentlichen Überlieferungen über ihn kannten, brauchte man diese nur durch kurze Anspielungen aufzurufen.[589]

---

587 Jub 12; ApkAbr 1–8; BerR 38,19 u. a. haben es aus dem Zusammenhang von 1Mose 11,26–32; 12,1–3 und aus Jos 24,2–3 erschlossen.
588 Sie setzt die jüdische Identifizierung des Berges im Lande Morija (1Mose 22), auf dem Isaak geopfert werden soll, mit dem Zion in Jerusalem voraus, auf dem Salomo den Tempel baut (2Chr 3,1).
589 Zu Abraham im Koran: SPEYER, Erzählungen, 120–186; WEN-

Seine Bedeutung wächst zusehends, bis er in den Suren aus Medina zum Urbild eines rechten Muslims geworden ist. Nicht selten werden die mit Abraham verbundenen Szenen erneut aufgenommen, dabei in neue Zusammenhänge gestellt und anders akzentuiert. Darin spiegelt sich die Geschichte der Gemeinde auf dem Weg von Mekka nach Medina wider. Noch später hat die umfangreiche islamische Tradition das, was der Koran über Abraham mitteilt, und vor allem das, worüber er schweigt, mit zahlreichen Geschichten und Variationen ergänzt und bereichert. Die folgende Darstellung beschränkt sich auf den Koran; sie ordnet die wichtigsten mit Abraham verbundenen Texte thematisch und folgt dabei ungefähr der Chronologie, die auf Theodor Nöldekes Forschungen zurückgeht.[590] Zitiert wird der Koran, wenn nicht anders angegeben, nach der Übertragung von Hartmut Bobzin.

4.4. Ein Beispiel für die Barmherzigkeit des Allmächtigen

Drei Mal finden sich im Koran Anspielungen auf den Besuch der drei unerwarteten Gäste bei Abraham. Jedes Mal folgt eine Erzählung der Errettung Lots und der Vernichtung von »Lots Volk«.

ZEL, Abraham; NAGEL, Muslim; NEUWIRTH, Koran, 633–652; EISSLER, Abraham, 127–167; BAUSCHKE, Freund Gottes; JOSUA, Ibrahim.

590 BOBZIN, Koran, 26–55, mit Tabelle auf S. 123, modifiziert von SINAI, Fortschreibung, und NEUWIRTH, Koran, 280–330.

(1)
In die frühe mekkanische Zeit reicht *Sure 51* zurück.[591] Sie wird angesichts des kommenden Gerichts von einer mehrgliedrigen Ermahnung eröffnet (V. 1–23), die sich an noch unentschiedene Hörer wendet: »Seht, ihr sprecht ganz unterschiedlich« (V. 8); »sie fragen: ›Wann ist denn der Tag des Gerichts?‹« (V. 12). Schwüre und die Schilderung des verschiedenen Geschicks, das Ungläubige und Gottesfürchtige erwartet, geben der Warnung Nachdruck. Viele »Zeichen« hat Gott auf Erden gesetzt:

[21b] Könnt ihr denn nicht sehen?
[22] Im Himmel liegt eure Versorgung[592] und das, was euch angedroht[593] wird.

Der erzählende Mittelteil entfaltet an den Gästen Abrahams (V. 24–30) die Versorgung, dagegen am Volk Lots, am Pharao, an zwei vorislamischen Völkern und am Volk Noahs das den Hörern angedrohte Strafgericht (V. 31–46). Diese Ereignisse, durch die Einführung mit »Bericht«, »damals« oder »früher« als längst vergangen gekennzeichnet, werden als Beispiele oder »Zeichen« Gottes erinnert. Durch sie spricht Gott jetzt. Die Erinnerung richtet sich jedoch nicht mehr an die Hörer (»euch«), sondern an den Künder (»du«) und später an die versammelte Gemeinde. Die Beispiele dienen also zunächst der Vergewisserung eines Angefochtenen: So sicher wie die Vernichtung der Völker damals wird das Gericht kommen, mag dessen Ankündigung auch jetzt

---

591 Zu Aufbau und Einzelheiten Neuwirth, Koran I, 523–548.
592 »Versorgung« bezieht sich wohl zunächst auf den Regen.
593 So die Übersetzung von Neuwirth in ihrem Kommentar (S. 526).

keinen Glauben finden. Dazu passt V. 54 in der Ermahnung des Schlussteils (V. 47–60). In den V. 49b–52 spricht dagegen der Prophet wieder die Hörer des Eingangsteils an:

Vielleicht lasst ihr euch mahnen.
So flüchtet euch zu Gott!
Siehe, ich bin für euch ein klarer Warner!

Der erzählende Mittelteil wird von Hinweisen auf den Schöpfer von Himmel, Erde und allem Lebendigen (V. 47–49) und auf den Versorger mit Regen (V. 22) gerahmt, dem nichts unmöglich ist. Seine Macht wirkt in der Schöpfung (Rahmen) wie in der Geschichte (erzählte Beispiele in der Mitte). Auch der Hymnus auf die Schöpfermacht Gottes bindet die Erinnerung an »die geehrten Gäste Abrahams« eng in den Kontext ein.

Schon die Überschrift der Szene in V. 24 stellt die Besucher ins Zentrum, nicht Abraham oder seine Frau:

51 [24b] Kam zu dir der Bericht von den geehrten Gästen Abrahams?
[25] Als sie bei ihm eintraten, sprachen sie: »Friede!«
Er sprach: »Friede!« – Unbekannte Leute!
[26] Da wandte er sich zu den Seinen,
brachte ein fettes Kalb herbei
[27] und setzte es ihnen vor.
Er sprach: »Wollt ihr denn nicht essen?«
[28] Da erfasste ihn Furcht vor ihnen.
Sie sprachen: »Fürchte dich nicht!« –
und verkündeten ihm einen klugen Knaben.
[29] Da kam, schreiend, seine Frau herbei, schlug sich ins Gesicht
und sprach: »Eine unfruchtbare alte Frau!«

³⁰Sie sprachen: Genau so! Gesprochen hat dein Herr!
Siehe, er ist der Weise, der Wissende.«

Mannigfaltig sind die eigenen Akzente, die der Koran in seiner Anspielung setzt. Er spricht mit Bedacht immer von mehreren, während in 1Mose 18,1 ausdrücklich von Jhwh die Rede ist und ab V. 9 nur noch einer der drei spricht. Dadurch wird verhindert, einen von ihnen oder gar alle auf Gott zu beziehen. Abraham erkennt seine Gäste nicht und stellt bei sich fest: »unbekannte Leute« (V. 25). Dennoch wird er seiner sprichwörtlichen Gastfreundschaft gerecht und setzt ihnen ein fettes Kalb vor. Anders als in 1Mose 18,8 essen die Gäste jedoch nicht.[594] Daran erkennt Abraham, dass es Engel sein müssen, die nicht von dieser Welt sind. Deshalb ergreift ihn Furcht. Die Engel reden ihn denn auch mit den Worten an, die der Verkündigungsengel in Luk 1,30 an Maria richtet (»Fürchte dich nicht!«), und verkünden ihm »einen klugen Knaben«. Im Gegensatz zu 1Mose 18,9–15 kommt in diesem Moment Abrahams Frau herbei, schlägt sich ins Gesicht und äußert ihr Entsetzen über diese Ankündigung: »Eine unfruchtbare alte Frau!« Das unterstreicht indirekt Gottes Schöpfermacht; denn jeder Hörer wusste natürlich, dass der hier angekündigte Sohn geboren wurde. Während 1Mose 18,15 von Saras Furcht spricht, fürchtet sich in 51,28 Abraham. Während 1Mose 18,14 auf Gottes Allmacht verweist, betont 51,30 seine Weisheit. Mit dem an die Botenspruchformel erinnernden Hinweis auf Gott als den Herrn werden die drei Gäste noch einmal ausdrücklich als Boten von Gott abgerückt. Auf die Frage

---

594 So schon in Ri 13,22–23 und in der jüdischen Tradition bei Josephus, Ant I 11,2; Philo, Abr, §118; BerR 48,12.16.

Abrahams nach dem Auftrag der Boten (V. 31) folgt die Ankündigung des Strafgerichts an Lots Volk (V. 32–34) und die Erzählung von der Rettung der einzigen Familie von »Gottergebenen«. Das Strafgericht wird als »Zeichen« für die gedeutet, »welche die schmerzhafte Strafe fürchten« (V. 37).

(2)
Eine etwas jüngere Anspielung auf die Gäste bei Abraham und Lot findet sich in *Sure 15*. Sie setzt 51 voraus, doch ist ihr dreiteiliger Aufbau komplexer.[595] Auch sie beginnt mit der Ablehnung des Künders durch Gegner, die bezweifeln, dass seine Botschaft von Gott kommt (V. 1–15). Im Fortgang ist auch hier von Gottes Schöpfermacht die Rede, jedoch viel ausführlicher (V. 16–25). Überdies wird das Thema mit der Erschaffung des Menschen und mit der Vertreibung des Iblis (griech. *diabolos*) aus der Schar der Engel erweitert, der allerdings bis zum letzten Gericht die Menschen verführen darf (V. 26–48). Dieser Abschnitt zielt auf die schon in der Schöpfung vorherbestimmte Erwählung der Gemeinde: »Siehe, über meine Knechte hast du keine Macht« (V. 42).

An sie richtet sich der erzählende Mittelteil, der ausführlicher als in Sure 51 von den Gästen bei Abraham und Lot berichtet (V. 49–84). Er stellt den Besuch ausdrücklich unter die Überschrift von Gottes Barmherzigkeit und strafender Gerechtigkeit. Das eine belegen die Ankündigung eines Sohnes für Abraham und die Rettung Lots mit seinen Töchtern (V. 51–60), das andere die Vernichtung Sodoms (V. 61–77).[596]

---

595 Zum Aufbau vgl. Neuwirth, Koran, 454–459.
596 Die Lotgeschichte gehört zu den Straflegenden, die für die Frühverkündigung des Propheten charakteristisch sind. Sie

⁵¹Berichte ihnen von den Gästen Abrahams!
⁵²Als sie bei ihm eintraten und ihn begrüßten,
sprach er: »Wir fürchten uns vor euch!«
⁵³Sie sprachen: »Fürchte dich nicht!
Siehe, wir verkündigen dir einen Knaben, begabt mit Wissen.«
⁵⁴Er sprach: »Verkündigt ihr mir das, obwohl das Alter mich schon erfasst hat?
Doch was verkündigt ihr dann?«
⁵⁵Sie sprachen: »Wir verkündigen dir die Wahrheit!
So sei nicht einer derer, die verzagen!«
⁵⁶Er sprach: »Wer sollte wohl die Hoffnung auf das Erbarmen seines Herrn aufgeben?
Nur die Irrenden!«
⁵⁷Er sprach: »Was ist mit euch, ihr Abgesandten?«
⁵⁸Sie sprachen: »Siehe, wir sind gesandt zu einem Volk von Missetätern,
⁵⁹außer dem Hause Lots; siehe, wir werden sie gewiss erretten allesamt –
⁶⁰nur nicht seine Frau.«
Wir beschlossen, dass sie unter den Zurückgelassenen sein soll.«

Die Neufassung der Szene setzt mit der unmotivierten Furcht Abrahams die ältere in 51,27–28 voraus. Sie nimmt außerdem allein Abraham in den Blick und ergänzt mit seiner Reaktion auf die Ankündigung der Geburt die ältere Fassung, die allein auf Sara konzentriert war. Abrahams Frage, noch dazu mit dem Hinweis auf sein hohes Alter, drückt Zweifel aus. Die Gäste mahnen: »So sei nicht einer derer, die verzagen!« In

---

wird mit immer neuen Einzelheiten insgesamt siebenmal im Koran erzählt.

dieser Zurechtweisung äußert sich Gottes Barmherzigkeit gegenüber dem Zweifel der Angefochtenen. Auf diese Weise kann sich die Gemeinde in Abraham wiedererkennen: Auch er hat gezweifelt wie sie. Noch deutlicher tritt die Gemeinde in Abrahams Antwort auf die Zurechtweisung hervor. Er antwortet mit einer Anspielung auf das Gemeindegebet, das sich zu jener Zeit durchsetzt und später als erste Sure dem Text des Koran vorangestellt worden ist: »Wer sollte wohl die Hoffnung auf das Erbarmen seines Herrn aufgeben? Nur die Irrenden!«

Der abschließende dritte Teil der Sure (V. 85–99) vergewissert den Künder noch einmal seiner Botschaft. In diesem Zusammenhang wird das Gemeindegebet eigens erwähnt, das am Beginn des Gottesdienstes seinen liturgischen Ort hat:

[87]Wir verliehen dir sieben Verse und die machtvolle Lesung.[597]

Mit den »sieben Versen« sind die sieben Verse der ersten Sure gemeint,[598] mit der »machtvollen Lesung« der Koran.

(3)
Die dritte Fassung der Erzählung bildet mit sechs weiteren Episoden den Mittelteil der *Sure 11*. Sie sind dadurch miteinander verbunden, dass Gott jeweils »Boten« sendet: Noah, die beiden arabischen Propheten Hud und Salih sowie den Midianiter Schuʿaib und Mose. Sie werden gesandt, um die jeweiligen Völker

---

597 Zur Übersetzung Bobzin, Anm. zu V. 87 auf S. 685.
598 S. die einleuchtenden Gründe bei Neuwirth, Koran, 459–463, gegen die verbreitete Deutung auf die sieben Straflegenden.

zu warnen. Zu Abraham aber, der in der Mitte jener Reihe steht, kamen »unsere Boten« mit »froher Botschaft«, zu Lot hingegen mit der Botschaft von der Vernichtung seines Volks.

⁶⁹Unsere Boten kamen zu Abraham mit der frohen Botschaft.
Sie sprachen: »Frieden!«
Er sprach: »Frieden!«
Und alsbald brachte er ein gebratenes Kalb.
⁷⁰Als er nun sah, dass sie es nicht anrührten,
erschienen sie ihm seltsam[599] und er empfand Furcht vor ihnen.
Sie sprachen: »Fürchte dich nicht! Siehe, wir sind zum Volke
    Lots gesandt!«
⁷¹Seine Frau stand da und lachte.
Da kündigten wir ihr Isaak an und nach Isaak Jakob.
⁷²Sie sprach: »Weh mir, soll ich gebären, da ich schon alt bin
und mein Gatte hier ein Greis ist?
Siehe, das ist fürwahr ein wunderliches Ding!«
⁷³Sie sprachen: »Seid ihr über Gottes Befehl verwundert?
Gottes Erbarmen und sein Segen seien über euch, ihr Leute
    des Hauses!
Siehe, er ist zu loben und zu rühmen.«

Diese letzte Fassung der Erzählung von Abrahams Gästen steht der biblischen am nächsten.[600] So wird Abrahams Frau erwähnt, wenn auch nicht namentlich, sogar ihr Lachen. Das wirkt jetzt unmotiviert, weil es *vor* der Ankündigung der Geburt erzählt wird. Vielleicht erschien der ursprüngliche Ort *nach* der Geburtsankündigung als unschicklich, weil man über ein Gottes-

---
599 So die Übersetzung von SINAI, Fortschreibung, 126.
600 Vgl. die Übereinstimmungen von Sure 11,72 mit 1Mose 18,12–14.

wort nicht lacht.[601] Aber wahrscheinlich ist die Umstellung um des Reimes willen vorgenommen worden.[602]

Andrerseits geht diese letzte Fassung sowohl über die der Bibel als auch über die beiden älteren im Koran hinaus. Abrahams Gäste werden ausdrücklich als »Boten« oder »Gesandte« (Gottes) bezeichnet, was Abraham daran merkt, dass sie sein Mahl nicht anrühren. Da die Gesandten ihm nur mitteilen, sie seien zum Volk Lots gesandt, tritt nun erstmals seine Frau in den Vordergrund. Sie ist von Anfang an Zeuge des Besuchs, denn sie steht dabei. Ihr, nicht Abraham, gilt die Ankündigung eines Sohnes, der überdies erstmals mit Namen genannt wird. Ihre Reaktion in V. 72 nimmt mit dem Hinweis auf ihr Alter ausdrücklich 51,29 auf und erklärt in der letzten Zeile von V. 72 die dort abrupt wirkende Reaktion. Diese Fassung setzt also die vorherigen als bei den Hörern bekannt voraus. Das erstaunliche Hervortreten der Frau hängt wohl auch damit zusammen, dass sich der Gemeinde zunehmend auch Frauen angeschlossen haben.

Die Erzählung ist hier auf eine Eingangsszene für die Geschichte von Lot und Sodom geschrumpft. Den Übergang bildet hier wie in der Bibel (1Mose 18,22b–32a) Abrahams »Streit mit Gott« um »das Volk Lots«:

[74]Als der Schreck von Abraham gewichen war
und die gute Kunde zu ihm kam,
begann er mit uns über das Volk Lots zu streiten.
[75]Siehe, Abraham ist wahrlich milde, mitfühlend und reumütig.

---

601 Wenzel, Abraham, 199.
602 So Sinai, Fortschreibung, 127.

⁷⁶»Abraham! wende dich davon ab!
Die Entscheidung deines Herrn ist gefallen.
Siehe, über sie wird eine Strafe kommen, die unabwendbar ist.«

Lots Volk trifft das gleiche Geschick wie das der anderen fünf Völker und dient damit als abschreckendes Beispiel.

4.5. Ein kompromissloser Monotheist

Mehrere Suren handeln von Auseinandersetzungen Abrahams mit seiner Familie und seinem Volk um die Verehrung von Götzenbildern. Die Polemik spiegelt die Verkündigung Muhammads in Mekka und ihre Ablehnung.[603] Schon in der Bibel findet man die Deutung, dass Israels Väter »jenseits des Stroms« fremden Göttern dienten (Jos 24,2). Zudem malen mehrere frühjüdische Schriften Abrahams Wendung zur Verehrung des einzigen Gottes aus.[604] Überlieferungen dieser Art können Muhammad und seiner Gemeinde nicht unbekannt geblieben sein. Jedenfalls wird diese Art, die Gegner von der Sinnlosigkeit ihrer Verehrung zu überführen, in einer Streiterzählung aufgegriffen, die in mehreren Gestalten begegnet.

(1)
Die älteste findet sich in *Sure 37*. Die Sure beginnt nicht von ungefähr mit der Proklamation:

---

603 Zum Verhältnis der Fassungen zueinander SINAI, Fortschreibung, 122–129.
604 S. o. C 2.3 (zu ApkAbr), 2.4 (zu Jub 12), 2.5 (zu PHILO), 2.7 (zum MIDRASCH BerRab 38,19).

⁴Siehe, euer Gott ist wahrlich ein *Einziger*,
⁵der Herr der Himmel und der Erde und dessen, was dazwischen ist …

Nach einer Entfaltung der mit dem Jüngsten Gericht verbundenen Motive folgt im erzählenden Mittelteil eine Reihe von sieben »auserwählten Knechten« und »Gesandten«, die zum Glauben riefen und dafür belohnt wurden, über die Ungläubigen aber strafende Vergeltung brachten. Damit die Hörer die Verkündigung auch recht verstehen, steht mit den V. 71–74 eine Deutung voran:

⁷¹Schon vor ihnen gingen die meisten Vorfahren in die Irre.
⁷²Und wir haben Warner zu ihnen gesandt.
⁷³So schau doch, wie das Ende der Gewarnten war –
⁷⁴bis auf die auserwählten Knechte Gottes.

Der Ton liegt auf der Rettung der Warner. Auch der Kehrvers – »Siehe, so belohnen wir die, die Gutes tun« (V. 80.110.121.131) – betont Gottes Fürsorge als Lohn, nicht sein Strafhandeln. Die V. 83–98.99–113 entfalten an Abraham im ersten Teil seine wunderbare Errettung, im zweiten (s. u. 4.6) seine Belohnung. Im ersten stellt Abraham Vater und Volk zur Rede:

⁸⁵Was betet ihr da an?
⁸⁶Strebt ihr aus lauter Lüge Götter an – außer dem einen Gott?

Dann wendet er sich an die Götterfiguren, die aber weder essen noch sprechen können. So schlägt er auf sie ein und spricht zu den Leuten, die empört herbeieilen:

⁹⁵Wollt ihr das anbeten, was ihr als Standbild macht?
⁹⁶Wo euch doch Gott erschaffen hat und das, was ihr tut?

Die aufgebrachten Augenzeugen fordern, ihn in einem Ofen zu verbrennen, aber Gott verhindert ihre Pläne.[605]

(2)
Die jüngeren Fassungen ergänzen die ältere Streiterzählung um einzelne Züge und steigern Dramatik und Polemik. So trägt *Sure 21,51–73* mit der von den Vätern übernommenen althergebrachten Tradition ein Argument der Verehrer von Götterbildern ein. Sie entfaltet die in 37,93 nur angedeutete Zerstörung der Götterfiguren und demonstriert deren Nutzlosigkeit mit noch größerer Ironie. Abraham zerschlägt mehrere Figuren, verschont aber die größte. Zur Rede gestellt, bestreitet er die Tat:

[63]Der ›Große‹ unter ihnen da, der hat es getan!
So fragt sie doch, wenn sie sprechen können!

Auf diese Weise gelingt es ihm, sein Volk wenigstens für einen Moment aus der Illusion des Selbstbetrugs zu lösen (V. 64). Doch nun wendet es sich erst recht gegen ihn: »Du wusstest doch, dass diese da nicht sprechen können!« Abraham antwortet ihnen mit dem, was sie sich nach der drastischen Demonstration selber sagen könnten:

[66]Wollt ihr denn außer Gott verehren,
was euch nichts nützt und auch nicht schadet?
[67]O Schande über euch und über das, was ihr außer Gott verehrt!
Könnt ihr denn nicht begreifen?

---

605 Vgl. 29,24 und Dan 3; AntBib 6,15–18; BerR 38 (zu 12,28).

Die neue Lesung macht aus der älteren Streiterzählung ein Lehrstück monotheistischer Argumentation und lässt in der Wankelmütigkeit des Volks gut die unentschiedene Hörerschaft Muhammads erkennen, die sich am Ende doch abwendet.

(3)
Sure 26 ersetzt in ihrem erzählenden Mittelteil die sechs Rettungslegenden von Sure 37 durch sieben Straflegenden und verschärft dadurch den Ton im Streit mit den Verehrern von Götterbildern. In 26,69–89 fragt Abraham sein Volk, welchen Nutzen oder Schaden es von diesen Götzenbildern habe (V. 72–73):

[93]Helfen sie euch, oder bedürfen sie selbst der Hilfe?

In einer geradezu lehrhaften Diskussion bringt er seine Hörer zum Eingeständnis, dass die Verehrung dieser Götter sinnlos ist. Dennoch halten sie daran fest, weil schon ihre »Väter so handelten« (V. 74). Die Berufung auf die Tradition der Väter fand sich auch in 21,53. Was dort nur beiläufig erscheint, wird in 26,75–82 durchschlagend entkräftet: Gegen Tradition und Gewohnheit stellt Abraham seine Erfahrung mit dem einen Gott und seine Hoffnung, die daraus entspringt. Die Götzen, die sein Vater und sein Volk anbeten:

[77]Siehe, sie sind mir feind – doch nicht der Herr der Weltbewohner,
[78]der mich erschaffen hat, denn er ist es, der mich leitet,
[79]der mir Nahrung gibt und mich tränkt,
[80]der mich, wenn ich erkranke, heilt,
[81]der mich sterben lässt und dann wieder lebendig macht
[82]und von dem ich hoffe, dass er mir meine Sünde am Tag des Gerichts vergibt.

Das Bekenntnis mündet in ein Gebet Abrahams (V. 83–89), in dem er auch um Vergebung für seinen irrenden Vater bittet.[606] Der Abschnitt schließt mit einem Wechsel von der Ebene der Erzählung auf die der Verkündigung (V. 90–104). Hier wird die zuvor erzählte Diskussion Abrahams auf die Gegenwart angewandt. Der Prophet zieht alle Register: Er lockt mit dem Paradiesgarten, droht mit der Feuerhölle und findet bewegende Worte für die vergebliche, weil zu späte Reue derer, die dorthin geworfen wurden. Jedoch seine Aufforderung, den einen wahren Gott zu fürchten und ihm zu folgen, findet kein Gehör.

(4)
Besonders emotional spitzt sich der Konflikt mit Abrahams Vater in *Sure 19,41–50* zu, der das »verehrt, was nicht hört und nicht sieht und nichts nützt«. Mehrmals sucht Abraham ihn von seinem Irrtum abzubringen. Er appelliert an den Verstand. Er beruft sich auf ein nur ihm offenbartes Wissen.[607] Er bittet inständig, sein Vater möge ihm folgen, und nicht dem Satan dienen. Aber der Vater droht mit Steinigung, wenn Abraham nicht endlich aufhört. Dem bleibt nichts, als für den Unbußfertigen um Vergebung zu bitten und sich von ihm zu trennen.[608] Auch das soll als Vorbild wirken, wie überhaupt die Auseinandersetzung um die Götzenverehrung beispielhaft für künftige Generationen ist. Aller-

---

606 Vgl. 26,82 mit 19,47; 60,4; 9,114.
607 Dazu s. u. bei Sure 6,74–79.
608 Später hielt man Abrahams Fürbitte für einen Götzendiener für so problematisch, dass man sie mit einem Versprechen erklärte, das Abraham seinem Vater gegeben habe. »Als ihm aber klar geworden war, dass er ein Feind Gottes ist, sagte er sich von ihm los« (9,114).

dings geht Abraham tätlich nur gegen die Götzenbilder, nicht gegen ihre Verehrer vor; offenbar setzt Muhammad zu diesem Zeitpunkt noch immer darauf, seine Hörer zu überzeugen. Die Zuspitzung auf den Konflikt mit dem Vater in 19,41–50 kommt nicht von ungefähr. Die durch den neuen Glauben nicht immer vermeidbare Trennung von der Familie muss in der antiken, vor allem aber in der altarabischen Gesellschaft als ungeheurer Traditionsbruch wahrgenommen worden sein. Deshalb bedurfte sie besonderer Bestärkung. Wer wäre dafür besser geeignet als der Urmonotheist Abraham? Doch bleibt es nicht beim Verlust der bisherigen Familie. Wer um Gottes willen von seiner Familie getrennt wird, erhält wunderbaren Ersatz:

⁴⁹Als er sich von ihnen und dem, was sie an Gottes statt verehrten, trennte,
schenkten wir ihm Isaak und Jakob
und machten beide zu Propheten.

Die neue Familie ist die Gemeinde derer, die glauben und Abraham nachfolgen; ihr Vertrauter ist Gott, nicht mehr ihr leiblicher Vater (3,68).

(5)
Wie der schon bekannten Reihe der Gesandten in 29,14–39 schlägt auch Abraham in *29,24–27* Ablehnung entgegen. Sein Volk ruft: »Tötet ihn, oder verbrennt ihn!« So kommt es zur endgültigen Trennung. Nur Lot glaubt ihm. Beide folgen der göttlichen Weisung und wandern aus ihrer Familie und Heimat aus:

⁸Dem Menschen haben wir ans Herz gelegt, seine Eltern gut zu behandeln,
doch wenn sie dich bedrängen, mir etwas beizugesellen,

wovon du kein Wissen hast, so gehorche ihnen nicht.
Zu mir ist eure Rückkehr.

Mit dieser Revision des in 17,23 ergangenen Gebots, die Eltern zu ehren, reagiert V.8 auf Konflikte mit den Ungläubigen (V.12). Die entzweien sogar die Familien und machen eine neue Loyalität an Stelle der Familiensolidarität notwendig.[609]

(6)
In *6,74–84* erfahren wir schließlich, was mit dem Hinweis auf offenbartes Wissen in 19,43 nur angedeutet war: Wie ist Abraham zur Erkenntnis des wahren Gottes gekommen? Als er seinen Vater auf dessen Götzenverehrung anspricht, zeigt ihm Gott »die Herrschaft über die Himmel und die Erde, damit er zu den Überzeugten gehöre«:

[76]Als die Nacht über ihn hereinbrach,
sah er einen Stern und sprach:
»Das ist mein Herr!«
Als er aber unterging, sprach er:
»Ich liebe nicht die Untergehenden!«
[77]Und als er den Mond aufgehen sah, da sprach er:
»Das ist mein Herr!«
Als er aber unterging, da sprach er:
»Wenn mich mein Herr nicht leitet,
gehöre ich zu den Menschen, die vom Weg abirren.«
[78]Und als er die Sonne aufgehen sah, da sprach er:
»Das ist mein Herr, denn das ist größer!«
Als sie aber unterging, da sprach er:

---

609 Zum veränderten Charakter dieser Sure aus spätmekkanischer Zeit NEUWIRTH, Koran, 373–378.

»Mein Volk, ich habe nichts zu schaffen mit dem, was ihr beigesellt.
⁷⁹Siehe, ich wende mich, als wahrer Gläubiger (*hanif*), dem zu,
der die Himmel und die Erde erschaffen hat.
Und ich bin keiner von den Beigesellern.«

Wie die schon behandelten frühjüdischen Texte setzt auch der Koran bei Abraham und seinen Vorfahren die göttliche Verehrung der Himmelskörper voraus. Aber anders als die Menschen seiner Umgebung findet er durch die Beobachtung der Himmelskörper und durch den Gebrauch seines Verstandes, unterstützt von Gottes rechter Leitung (V. 75), den wahren Gott. Die Suche wird als Prozess in mehreren Etappen geschildert. Sein Weg zur Erkenntnis erinnert stark an jüdische Texte aus hellenistischer Zeit, wie etwa an die Überlegungen in der Apokalypse Abrahams und bei Philo.[610] Am Ende des Prozesses steht die Entscheidung, sich allein dem Gott zuzuwenden, der alles geschaffen hat, und sich ihm zu ergeben (*aslama*). Mit dieser Wendung ist Abraham zum Inbegriff eines »Gottergebenen« (*muslim*) geworden. Die neue Einsicht Abrahams muss unausweichlich zum Streit zwischen dem Gottsucher, dem Gottergebenen und »wahren Gläubigen« (*hanif*), und den Götzenverehrern, den »Beigesellern« (*muschrik*), führen. Davon berichten denn auch die folgenden V. 80–81. Mit der Charakterisierung Abrahams als *hanif* stellt sich die Gemeinde in eine Tradition, die Abraham als »Urmonotheisten« und als ihren Vorläufer beansprucht.

Die endgültige Trennung wird unterschiedlich erzählt. In 37,99 sagt Abraham: »Siehe, ich gehe hin zu

---

610 Jub 12,16 ff.; ApkAbr 7,1–8; Philo, De Abr. § 60 (s. o. C 2.3).

meinem Herrn; er wird mich leiten!« Das irdische Ziel ist aber noch unbekannt wie in 19,48–49. In 21,71 errettet Gott selbst Abraham und Lot in jenes Land, »das wir für die Weltbewohner gesegnet haben«, und in 29,26 wandert Lot mit Abraham aus. In allen Fällen folgt unmittelbar auf die Trennung die Ankündigung eines Sohnes als Belohnung.

4.6. Vollkommen Gott ergeben

Unmittelbar im Anschluss an Abrahams Auseinandersetzung um die Verehrung von Götzenbildern berichtet *Sure 37* die Trennung Abrahams von seiner Familie (V.99).[611] Der Ton liegt anders als in 1Mose 12,1–8 nicht auf dem Einzug in ein neues Land, sondern auf der *Trennung* von allen bisherigen Bindungen. Abraham vertraut Gott und seiner rechten Leitung. Nachdem er Vater und Familie verlassen hat, bittet er darum, selbst Vater zu werden. Er wird sogleich erhört (V.101). Die Ankündigung, in V.112 wiederholt, rahmt den Bericht von der Prüfung, der sich lose an 1Mose 22 anlehnt, aber tiefgreifend davon unterscheidet:

⁹⁹Er sprach: »Siehe, ich gehe hin zu meinem Herrn; er wird mich leiten!
¹⁰⁰Mein Herr! Schenke mir einen von den Frommen!«
¹⁰¹Da verkündigten wir ihm einen trefflichen Knaben.
[¹⁰²Als er mit ihm den Lauf erreichte, sprach er:
»Mein Sohn! Ich sah im Traum, dass ich dich opfern soll.
Nun sieh, was meinst du dazu?«

---

611 Eine ausführlichere Auslegung geben SINAI, Fortschreibung, 117–120, und mit Berücksichtigung der alten islamischen Kommentare JOSUA, Ibrahim, 273–314.

Er sprach: »Mein Vater, handle so, wie dir befohlen wird; du wirst mich, so Gott will, geduldig finden.«]⁶¹²
¹⁰³Als die beiden sich in ihr Geschick ergeben (*aslama*) hatten und er ihn auf die Stirn geworfen hatte,
¹⁰⁴da riefen wir ihm zu: »O Abraham!
¹⁰⁵Du hast den Traum für wahr gehalten.«
Siehe, so belohnen wir die, die Gutes tun.
¹⁰⁶Siehe, das war die klare Prüfung!
¹⁰⁷Durch ein herrliches Schlachtopfertier schafften wir Ersatz für ihn.

Vier Beobachtungen von Nicolai Sinai erhellen die Besonderheiten der Erzählung von der Prüfung im Koran:
(1) Die Prüfung (37,102–111) ist über V. 99–101 in die Reihe der Streiterzählungen integriert worden, die als Beispiele für Rettung und Belohnung der Gesandten erzählt werden. Dadurch entstand ein neues Ganzes (V. 83–111). Nach Abrahams Streit mit Vater und Volk und nach seiner Rettung im ersten Teil berichtet nun der zweite von seinem Lohn.
(2) Beide Teile hängen eng zusammen: »Zweimal reißt Abraham sich um Gottes willen von familiären Bindungen los, einmal gegenüber seinem Vater, ein anderes Mal gegenüber seinem Sohn … Erst indem Abraham das Recht Gottes respektiert, seine Gabe jederzeit wieder zurückzufordern, erweist er sich der ihm zuvor gewährten Belohnung wirklich würdig.«⁶¹³

---

612 NEUWIRTH, Koran, 635–36, deutet V.102 als spätere Ergänzung, die auch durch Prosa aus dem poetischen Kontext falle. Allerdings ist der Vers durch das Stichwort »Traum« oder »Schlaf« auf V.105 (»Vision« oder »Traumgesicht«) bezogen und eng in den Kontext eingebunden. Der Rückbezug von 2,124 auf 37,102 lässt an eine Ergänzung aus der Zeit in Medina denken.
613 SINAI, Fortschreibung, 119.

(3) V. 101 nimmt mit der Geburtsankündigung fast wörtlich 51,28 auf und erinnert damit die Szene von den geehrten Gästen. In Verbindung mit dem ersten Teil erklärt diese Verknüpfung, warum Abraham und seine Frau trotz ihres hohen Alters mit einem Sohn beschenkt wurden: weil Abraham, der um Gottes willen Heimat und Familie verloren hatte, darum gebeten hat.

(4) Die Geburtsankündigung eröffnet aber zugleich den zweiten Teil. In der Prüfung erweist sich nicht nur der Vater als »gottergeben«, sondern auch der Sohn (»als *die beiden* sich ergeben hatten« V. 103). Erst darin erfüllt sich Abrahams Bitte um »einen von den Frommen« (V. 100). In der Erzählung von der Prüfung hebt Abrahams Sohn »den Widerspruch von natürlicher und religiöser Bindung, von familiärer Loyalität und Gottestreue auf«.[614]

Mit der Erzählung von der Prüfung im Koran ist aus der angespielten biblischen Erzählung von der »Bindung Isaaks« etwas völlig Neues entstanden, das sich auch in vielen Einzelheiten von der als bekannt vorausgesetzten biblischen unterscheidet:

(1) Die Opferstätte hat im Koran keinen Ort in Raum und Zeit.[615] Erst die spätere islamische Tradition legt das Opfer auf einen Berg bei Mekka. Ebenso fehlen Szenerie und Requisiten. Am Ende redet nur Gott, kein Engel (V. 104). Auf diese Weise wird Abraham der Normalität entrückt.

(2) Nicht schon am Anfang, sondern erst am Ende erfahren wir, dass es sich um eine »Prüfung« durch

---

614 SINAI, Fortschreibung, 120.
615 Dagegen bringt die jüdische Überlieferung sie mit dem Tempelberg in Jerusalem (Morija in 2Chr 3; vgl. auch Jub 17–18), die christliche mit Golgatha (Belege bei HEITHER/REEMTS, Abraham, 241) in Verbindung.

Gott gehandelt hat (V. 106). Damit nimmt der Bericht die Perspektive Abrahams ein, nicht – wie in der Bibel – die der Leser.

(3) Ohne V. 102 hängt das Bestehen der Prüfung allein an Abraham. Die Erzählung ist dann auch allein auf Abrahams Bewährung und seine Belohnung in V. 108–110 ausgerichtet. Am Ende erscheint nur er als einer »von unseren gläubigen Knechten« (V. 111). In dieser von Angelika Neuwirth als ursprünglich vermuteten Version weist weder ein (von Gott gewirkter) Traum noch gar ein Befehl Gottes Abraham an, den Sohn zu opfern. Das entlastet Gott, den »Barmherzigen«, von der unmenschlichen Forderung.

(4) Die Zufügung von V. 102 macht die Bewährung Abrahams von der Einwilligung des Opfers abhängig. Der Vater überwältigt seinen Sohn nicht. Vielmehr berichtet er ihm von dem Traum und fragt ihn eigens nach seiner Meinung. Der erklärt ausdrücklich seine Bereitschaft: »Mein Vater, handle so, wie dir befohlen wird!« Damit erweist sich nicht nur Abraham, sondern auch sein Sohn als Gott »ergeben« (*aslama* V. 103). Schon in der jüdischen Überlieferung übernimmt der Sohn eine aktive Rolle.[616] Hier wie dort wird der Sohn nicht mehr als unmündiges Kind, sondern als entscheidungsfähiger Mensch gezeichnet.

(5) Die Vorbereitungen für das Opfer zielen nicht auf ein Brandopfer; denn weder vom Feuer noch vom Holz ist die Rede. Auch legt der Vater den Sohn nicht ge-

---

616 So berichtet Josephus ein ähnliches Gespräch zwischen Vater und Sohn (Ant 1,232). Andere entnehmen aus der Bemerkung, dass beide »miteinander gingen«, das Einverständnis Isaaks (BerR 56), oder erzählen, wie Isaak den Vater bittet, ihn fest zu binden, damit das Opfer nicht entweiht werde (Pirke R. Elieser 31). Weitere Beispiele bei Speyer, Erzählungen, 164–166.

bunden auf einen Altar, sondern wirft ihn zu Boden »auf die Stirn« (V.103). Das entspricht dem Ritus des Schlachtopfers, das dann auch mit dem Widder in V.107 vollzogen wird. Die Schlachtung eines Opfertieres hat im Islam nur[617] noch einen Platz im Opferfest am zehnten Tag des Monats der Wallfahrt in Mekka. Es dient nicht der Sühne von Sünden, sondern allenfalls der Stärkung der Gemeinschaft untereinander. In der Erinnerung an Abrahams Opfer einst erfüllt man gehorsam das göttliche Gebot und symbolisiert damit seine Hingabe an Gott. Sure 22,37 stellt im Blick auf die Tieropfer zur Wallfahrt ausdrücklich fest: »Ihr Fleisch und auch ihr Blut gelangen nicht zu Gott; zu ihm gelangt vielmehr die Gottesfurcht von euch.« Im rituellen Zusammenhang der Wallfahrt nach Mekka konnte man später auch die mehrdeutige Wendung in V.102 lesen: »Als er mit ihm den Lauf erreichte …« Der Satz erinnerte dann an den Lauf zwischen den Hügeln Safa und Marwa, der fest mit der Wallfahrt nach Mekka verbunden ist. Ursprünglich bezog sich die Wendung wohl nur auf das entsprechende Alter des Sohnes.

(6) Worin bestand die Prüfung? Offenbar darin, im Traum Gottes Willen zu erkennen und sich ihm zu ergeben. Abraham hat den Traum für wahr gehalten (V.105), sein Sohn hat sich standhaft gezeigt (V.102), und beide haben sich Gott vollkommen ergeben[618] (*aslama* V.103). Darin haben beide »Gutes getan« und »die klare Prüfung« bestanden (V.106).

---

617 Schon die philosophische Diskussion hatte sich in der Spätantike längst gegen blutige Opfer gewandt. Im Gefolge der Christianisierung waren sie vollends aus der Öffentlichkeit verschwunden.
618 Vgl. die Worte der Tochter Jiftachs an ihren Vater in Ri 11,36.

(7) Die Gehorsamstat Abrahams, seine vollkommene »Ergebung«, erhält eine große Belohnung; denn fortan wird sein Name immer mit einem Segenswunsch verbunden sein:

¹⁰⁸Wir erhielten für ihn unter den Nachgeborenen[619]:
¹⁰⁹›Friede sei über Abraham!‹
¹¹⁰So belohnen wir die, die Gutes tun.
¹¹¹Er war von unseren gläubigen Knechten.

Hier öffnet sich die Erinnerung an Abrahams Ergebung ausdrücklich auf die kommenden Generationen. Das entspricht der zweiten Engelrede in 1Mose 22,15–18, allerdings in einem anderen Sinn. Im Judentum hat man aus dieser Verheißung auf ein Verdienst Abrahams geschlossen, das exklusiv nur für die wirksam wird, die genealogisch zu den Nachkommen Abrahams, Isaaks und Jakobs gehören.[620] Dagegen gilt die Belohnung in Sure 37 nur denjenigen, die sich wie Abraham Gott ergeben haben. Ein stellvertretendes Verdienst wird ausgeschlossen. Auch in dieser Hinsicht ersetzt der Koran das »genealogische Paradigma durch ein religiöses«.[621]

(8) Anders als in der Bibel hat der Sohn in V.101–111 keinen Namen, erst die beiden folgenden Verse kündigen erneut einen Sohn an und nennen ihn erstaunlicherweise Isaak:

[¹¹²Und wir verkündeten ihm Isaak,
einen Propheten von den Frommen.

---

619 Gemeint ist: ... den folgenden Segenswunsch.
620 S. o. B 5.2 (7) und C 2.6 (Josephus, Ant 1,231f.), 7 (Midrasch BerR 56,10), und im palästin. Talmud, Taanit II, 3,10a (bei Speyer, Erzählungen, 169).
621 Neuwirth, Koran, 636 u. ö.

¹¹³Wir segneten ihn und Isaak;
und unter ihren Kindeskindern ist mancher, der Gutes tut,
und mancher, der offen frevelt gegen sich.]

Die Unterscheidung innerhalb der Nachkommen Abrahams in Fromme und Frevler (V. 113) richtet sich gegen die Juden, die auf ihrer genealogische Abkunft von Abraham und Isaak bestehen, aber auch gegen das Selbstverständnis der Christen, die meinen, mit ihrem Glauben die wahren Kinder Abrahams zu sein. Beide Verse wirken nach dem Kehrvers (V. 110–111), der die Reihe der sechs Gesandten im Mittelteil der Sure gliedert, wie ein Nachtrag. Sie wurden wohl später hinzugefügt, um den in der Prüfung anonym gebliebenen Sohn mit Ismael zu identifizieren.

Weil erst jetzt nach der Erzählung Isaak genannt wird, ist die Identität des Sohnes in der Opferperikope umstritten.[622] In der Frühzeit des Islams dachte man meist an *Isaak*. Dafür kann man sich auf die Charakteristik Isaaks als »Frommen« in V. 112 berufen, die der Bitte Abrahams in V. 100 entspricht. Außerdem spielt Ismael in den älteren Suren des Korans noch keine besondere Rolle und ist, wenn er denn einmal begegnet (wie in 19,54), noch nicht mit Abraham verbunden. Das geschieht erst in den späten Suren 2–4 aus der Zeit in Medina. – Für *Ismael* spricht dagegen, dass man bei dem Sohn nach V. 101 vom Erstgeborenen ausgehen muss. Das war schon in der biblischen Überlieferung Ismael und ist es auch in 14,39. Denkt man bei dem »Lauf«, auf den V. 102 anspielt, an das Wallfahrtsfest, drängt sich ebenfalls Ismael auf; denn der Lauf wird in

---

622 Dazu die Argumentation bei Eissler, Abraham, 138–142, und Josua, Ibrahim, 302–312.

der islamischen Tradition auf das Umherirren Hagars und Ismaels bei der Suche nach Wasser in der Wüste zurückgeführt.[623] Der Zusammenhang von V.108–113 spricht allerdings wieder für Isaak; denn ausdrücklich er wird zusammen mit Abraham gesegnet. Bei deren Nachkommen kann es sich nur um die Juden handeln. Sie gelten hier noch nicht als Gegner. Historisch spricht also vieles dafür, in der Identifizierung des namenlosen Sohnes mit Ismael eine fortschreitende »Islamisierung der biblischen Überlieferung« zu sehen.[624]

4.7. Stifter eines neuen Kultes und Urbild eines Muslim

Noch aus Muhammads Zeit in Mekka ist ein Gebet für diesen Ort überliefert, das *Sure 14,35–41* Abraham in den Mund legt. In ihm bittet Abraham zunächst um »Sicherheit für diesen Ort«, sodann dafür, dass er und sein Sohn vor Götzendienst bewahrt bleiben (V. 35), und schließlich für einige seiner Nachkommen, die er in diesem »unfruchtbaren Tal bei deinem Heiligtum« angesiedelt hat: Gott möge die Herzen der Menschen zu ihnen neigen und ihnen Lebensunterhalt gewähren.[625] Offenbar hofft Muhammad zu jener Zeit noch, dass die Bewohner Mekkas seiner Botschaft folgen. Am Ende des Gebets lobt Abraham Gott, der ihm trotz seines hohen Alters »Ismael und Isaak geschenkt hat«. Dieses Gebet bringt Ismael als seinen ältesten Sohn in

---

623 Vgl. ISLAMISCHE ERZÄHLUNGEN, 110.
624 EISSLER, Abraham, 141.
625 Wer mit den Nachkommen gemeint ist, wird nicht gesagt. Die spätere islamische Überlieferung füllt diese Lücke mit der Erzählung, wie Abraham auf Gottes Befehl seine Konkubine Hagar mit ihrem Sohn Ismael nach Mekka bringt.

eine genealogische Verbindung zu ihm. Vor allem aber verlegt es erstmals im Koran Abraham nach Mekka. Vielleicht greift Muhammad damit eine ältere Überlieferung auf.[626] Jedenfalls tritt die Verbindung Abrahams mit Mekka auch deshalb in den Vordergrund, weil die Gegner der Gemeinde vorwerfen: »Ihr wollt uns von dem abbringen, was unsere Väter immer schon verehrten« (vgl. 14,10 mit 34,43). Sie beharren darauf, dem zu folgen, »was wir bei unseren Vätern fanden« (31,21).[627] Der Koran antwortet in 14,35–41, indem er an die vielleicht schon vorhandene lose Verbindung Abrahams mit Mekka anknüpft und ihn in V.35 um das bitten lässt, was die Bewohner Mekkas verweigern: »Bewahre mich und meinen Sohn davor, dass wir den Götzenbildern dienen!« Das ist das Erbe der Väter, das es zu wahren gilt.

Als die Gemeinde wegen der zunehmenden Anfeindung durch die Bewohner Mekkas 622 in die ungefähr 300 km nördlich von Mekka gelegene Oase Medina ausweicht, treten neue Themen in den Vordergrund. Das zeigt sich besonders deutlich an der Umdeutung Abrahams und an der damit verbundenen Ersetzung Jerusalems durch Mekka in *Sure 2*.[628] Damit werden alle Brücken zu den zahlreichen Juden in Medina abgebrochen, die mit Hinweis auf den ihnen in der Schrift verbürgten Bund Gottes (vgl. V.124) die Botschaft des Propheten ablehnen.

V.124 weist mit der Erinnerung an die Prüfung Abrahams auf 37,106 und mit Abrahams gehorsamer Er-

---

626 So NEUWIRTH, Koran, 640.
627 Zur Deutung von Sure 14 auf diesem Hintergrund s. SINAI, Fortschreibung, 130–132.
628 Eine durchgehende Kommentierung findet sich bei SCHMITZ, Sure 2.

füllung der Weisungen Gottes auf 37,102 zurück. Deswegen macht ihn Gott zu einem »Leitbild (*imam*) für die Menschen« überhaupt, nicht nur für Juden oder Christen. Gottes Bund gilt zudem »nicht jenen, welche freveln«. Das richtet sich vor allem gegen die, die aus der Prüfung Abrahams und Bindung Isaaks ein Verdienst für alle ableiten wollen, die sich zu deren Nachkommen zählen.[629] Es genügt also nicht, »Schriftbesitzer« zu sein und auf den Bund zu weisen, den Gott geschlossen hat. Umgekehrt ist Gott barmherzig zu *allen*, die Abrahams Vorbild folgen und sich wie er Gott ergeben, also zu allen ›Muslimen‹, mögen sie nun zuvor Juden, Christen oder was auch immer gewesen sein.

Die *V. 125–129* wenden sich dem Heiligtum für die Gemeinde derer zu, die sich Gott ergeben haben. Zunächst erinnern die *V. 125–126* an die göttliche Anweisung:

¹²⁵Damals, als wir das Haus zu einem Ort der Einkehr für die Menschen machten
und zu einer Sicherheit:
»Nehmt die Stätte Abrahams zum Betplatz!«
Und wir zur Pflicht es machten Abraham – und Ismael:
»Reinigt mein Haus für die, die es umkreisen und die darin weilen,
für die, die sich beugen und sich niederwerfen!«

Das »Haus« ist das Heiligtum in Mekka, ein ungefähr 12 x 11 x 13 Meter großes würfelförmiges (*ka'aba*) Gebäude in der Mitte des großen heiligen Bezirks (*haram*),

---

629 Zu dieser Deutung schon 1Mose 22,18; 26,5 und im frühen Judentum die einschlägigen Texten sowie das Motiv von den zehn Prüfungen in Jub; BerR; JOSEPHUS u. a. (s. o. in C. 2).

das auf vorislamische Zeit zurückgeht. Dieses Heiligtum wird jetzt mit *Abraham und Ismael* in Verbindung gebracht. Beide werden in den Suren aus der Zeit in Medina zu diesem Zweck aus dem jüdischen Land nach Mekka umgesiedelt und zu *Gründern und Kultstiftern* des islamischen Heiligtums gemacht. Die jüdische Tradition hatte den Ort der Bindung Isaaks, Morija, spätestens seit 2Chr 3,1 mit dem Heiligtum auf dem Zion in Jerusalem identifiziert. Die unmittelbare Verbindung von V.125–130 mit V.124 verlegt jetzt auch diesen Ort nach *Mekka* und ersetzt Isaak durch *Ismael.* Deutlicher kann man sich die jüdische Tradition nicht aneignen.

Weil die Ka'aba aus vorislamischer Zeit übernommen wird, muss sie von allen Götzen und Idolen *gereinigt* werden, die man einst dem einen Gott beigesellt hatte. Jedes altorientalische Heiligtum war ein Ort, an dem die Gottheit in ihrer Kultstatue oder ihrem Kultsymbol einwohnt und mit Opfern versorgt wird. Das islamische Heiligtum in Mekka ist dagegen lediglich eine »*Stätte des Gebets*«[630], auf der die Ka'aba steht, und ein »Ort der Einkehr« und der »Sicherheit«. Das spielt auf die *Pilgerfahrt* zur Ka'aba und auf den allgemeinen *Landfrieden* zu den heiligen Zeiten[631] an. Zu deren Riten[632] gehört es, das Heiligtum zu *umkreisen*, zum Gebet zu *verweilen*, sich dabei zu *beugen* und auf die Stirn *niederzuwerfen*. V.158 fügt noch den *Lauf* zwischen den Hügeln Safa und Marwa[633] hinzu. All das bekräftigt V.126 mit einem Verweis auf das Gebet Abrahams in 14,35–37.

---

630 Hier dürfte Jes 56,7 Pate gestanden haben.
631 Vgl. 9,2.26.
632 Zu den Riten der Pilgerfahrt s. bes. 22,26–33.
633 Dazu s. o. bei Anm. 623.

Die *V.127–129* wenden sich nochmals dem Heiligtum zu, nun aber in der Gestalt einer Erinnerung an das Dankgebet[634] zu Baubeginn:

¹²⁷Damals, als Abraham die Fundamente von dem Haus errichtete mit Ismael:
»Unser Herr! Nimm es von uns an!
Siehe, du bist der Hörende, der Wissende.
¹²⁸Unser Herr! Mach uns beide zu dir Ergebenen,
und mach aus unseren Kindeskindern eine Gemeinde, die dir ergeben ist!
Zeig uns unsere Opferriten[635], und wende dich uns zu!
Siehe, du bist es, der sich gnädig zukehrt, der Barmherzige.
¹²⁹Unser Herr! Lass unter ihnen einen Gesandten erstehen,
aus ihrer Mitte, der ihnen deine Verse[636] vorträgt,
sie das Buch und die Weisheit lehrt und sie läutert!
Siehe, du bist der Mächtige und der Weise.«

Hier wird – wie schon in der Anweisung V.125 – großer Wert darauf gelegt, dass Abraham das »Haus«, die Ka'aba, gemeinsam mit *Ismael* erbaut. Beim Bau des Heiligtums war im alten Orient das Legen der Fundamente mit mancherlei Riten verbunden. Mit den Fundamenten kommt bereits das Ganze in den Blick. Im Koran ersetzt jedoch ein Gebet, das Vater und Sohn gemeinsam sprechen, die magischen Rituale. Die sind unnötig, weil das muslimische Heiligtum

---

634 Es ähnelt in manchen Zügen dem Tempelweihgebet Salomos in 1Kön 8,56–58.

635 SPEYER, Erzählungen, 159, übersetzt weniger missverständlich »unsere Gebräuche«, da der Islam keine Opfer zur Sühne kennt.

636 Das mit »Verse« übersetzte Wort *ayat* bedeutet »Zeichen«, kann sich also auch auf die von Gott in Natur und Geschichte gegebenen Hinweise beziehen.

kein Ort ist, an dem Gott in einem irdischen Bild oder Symbol repräsentiert als gegenwärtig vorgestellt wird, sondern lediglich ein Ort der Versammlung. Abraham und Ismael sind beide gleichsam die muslimische ›Kerngemeinde‹, in deren Kindeskindern die gegenwärtige und künftige Gemeinde in den Blick kommt.

Auch die jüdische Abraham-Überlieferung weiß von einer ausdrücklichen Beteiligung des Sohnes bei den Vorbereitungen des Opfers. Josephus erzählt, dass Isaak selbst den Altar für seine Opferung baut.[637] Der Bau des Altars, der im Judentum dem Opfer dient, wird jetzt durch den Bau der Kaʿaba ersetzt; denn blutige Opfer, die in der Spätantike ohnehin außer Gebrauch gekommen waren, spielen auch im Islam keine Rolle.[638] An ihre Stelle treten die schon genannten Bräuche am Ziel der Pilgerreise (vgl. V. 200).

Der Kultus am Heiligtum besteht dagegen lediglich aus *Gebet*, *Vortrag* der im Koran offenbarten Verse und *Predigt*. Deren Einrichtung und Autorisierung durch Gott selbst dient die letzte Bitte Abrahams um einen »*Gesandten*« aus der Mitte der Gemeinde (V. 129). Sie erinnert an die nicht abreißende Kette der »Propheten wie Mose« (5Mose 18,15), zielt aber hier deutlich auf Muhammad als letzten Künder der Offenbarungen Gottes (»deine [!] Verse/Zeichen«). Mit dem *Buch* und der von Gott geschenkten *Weisheit* sind schon diejeni-

---

637 S. o. C 2.6 (zu Ant. 1,227). Neuwirth, Koran, 645, verweist auch auf syrische und griechische Predigten aus dem 4.–5. Jh., in denen der gemeinsame Altarbau von Abraham und Isaak auf das Verhältnis von Gott, dem Vater, zu Christus als seinem Sohn ausgelegt wird.

638 Das beim Opferfest geschlachtete Tier dient lediglich der erinnernden Wiederholung der Hingabe des Sohnes durch Abraham und tilgt nicht die Sünden.

gen im Blick, die künftig vortragen und lehren werden. Weisung und Gotteswort, die Jes 2,3 am Ende der Tage vom Zion erwartet, lässt Sure 2,129 Abraham schon für Mekka erbitten.

Das Heiligtum in Mekka und die dort geübte Kultpraxis sind also nicht erst von Muhammad erfundene neuartige Einrichtungen. Schon Abraham und Ismael haben die Kaʿaba gebaut, schon Abraham hat auf Gottes Geheiß für alles gesorgt, was zu einem Gott wohlgefälligen Gottesdienst gehört. Als *Gründung Abrahams* aber hat das Heiligtum in Mekka die Würde höheren Alters gegenüber dem Zionheiligtum, das erst von Salomo erbaut wurde. Der Kaʿaba gebührt deshalb der Vorrang, ist es doch »das *erste* Haus, das für die Menschen errichtet wurde« (3,95).[639]

Dieser einfachen, aber wirkungsvollen Gründungslegende folgt eine ebenso schlichte, aber noch viel wirkungsvollere religionspraktische Maßnahme: die Änderung der *Gebetsrichtung* (*qibla*). Offenbar hatte sich bisher Muhammad mit den Seinen beim Beten nach Jerusalem gewandt. So beteten schon die in der Welt zerstreut lebenden Juden.[640] In Medina erfolgt auch in dieser Hinsicht die Trennung. Das – von Medina aus gesehen – südlich gelegene Mekka ersetzt Jerusalem im Norden (*V. 142–144*):

2[142]Die Törichten unter den Menschen werden sprechen:
»Was brachte sie von ihrer Richtung ab, in der sie bisher gebetet haben?«
Sprich: »Gottes ist der Osten und der Westen.

---

639 »Haus« meint hier wie in 2,125.127 das Heiligtum in Mekka, das hier allerdings »Bekka« heißt, wohl eine abweichende Aussprache (so Bobzin in einer Anm. zur Übersetzung von 3,96).
640 Vgl. 1Kön 8,35.44.48; Dan 6,11.

Er leitet, wen er will, auf einem geraden Weg.«
¹⁴³So machten wir euch zu einer Gemeinde, die in der Mitte steht,
auf dass ihr Zeugen für die Menschen seid
und der Gesandte für euch Zeuge sei.
Wir machten die Richtung, in der du bisher gebetet hast, nur deshalb,
um zu unterscheiden, wer dem Gesandten folgt
und wer auf dem Absatz kehrtmacht.
…
¹⁴⁴Wohl sehen wir, wie du dein Angesicht gen Himmel hin- und herbewegst.
So wollen wir dir eine Richtung geben, die dein Gefallen findet.
So wende nun dein Angesicht zur heiligen Anbetungsstätte!
Wo immer ihr auch seid, kehrt euer Angesicht ihr zu!

Nicht mehr Jerusalem, sondern Mekka soll fortan »als Segen und *Leitpunkt* für die Weltbewohner« dienen (3,96). Das vollzieht sich heute millionenfach auf der Welt; denn jeden Tag wendet sich jeder Muslim, wo immer er auf Erden auch sei, fünf Mal nach Mekka und betet zur »Stätte Abrahams« gewandt. Auf diese Weise wird täglich die Abgrenzung von Juden und Christen rituell erneuert.

Sure 2,130–131 nennt die neue islamische Gemeinde »Bund Abrahams« (*millat Ibrahim*) oder diejenigen, die der »Glaubensweise Abrahams« folgen (vgl. 4,125). Sie haben sich wie ihr Vorbild »dem Herrn der Weltbewohner ergeben«. Allein sie stehen in der Tradition Abrahams, alle anderen erweisen sich als »töricht«; denn sie verfallen dem Gericht:

2¹³⁵Sie sprechen: »Juden oder Christen müsst ihr sein, dann seid ihr rechtgeleitet!«

Sprich: »Nein! Wie die Glaubensweise Abrahams (*millat Ibrahim*),
eines wahren Gläubigen (*hanif*).
Er gehört nicht zu den Beigesellern.«

Mit dem Begriff *hanif* wird Abraham sowohl von denen unterschieden, die dem einen Gott andere Gottheiten »beigesellen«, als auch von den Juden und Christen (V. 140). Er wird damit als ein »wahrer Gläubiger« bezeichnet und so zum Urbild eines Muslims gemacht.

Im Streit mit den »Buchbesitzern«, den Juden und Christen, bringt *3,65–68* noch ein weiteres Argument:

[65]Ihr Buchbesitzer! Weshalb streitet ihr über Abraham?
Wo doch Tora und Evangelium erst *nach* ihm herabgesandt wurden?
Begreift ihr denn nicht?
[66]…
[67]Abraham war weder Jude noch Christ;
sondern er war ein wahrer Gläubiger (*hanif*), ein Gottergebener (*muslim*).
Und er war keiner von den Beigesellern.
[68]Siehe, die Menschen, die Abraham am nächsten stehen,
das sind diejenigen, die ihm nachfolgten,
und dieser Prophet hier und diejenigen, die gläubig sind.
Gott ist der Vertraute der Gläubigen.

Was »dieser Prophet hier« kündet, ist keine neue Religion, sondern die Rückkehr zur alten Verehrung des einen wahren Gottes, dem sich schon Abraham ergeben hatte. Die V. 19.83 nennen denn auch den Islam »die Religion bei Gott«. Judentum und Christentum sind nichts als Verirrungen, die zwischen Abraham und Muhammad getreten sind. Schon lange vor der Tora und vor dem Evangelium war Abraham inmitten von Götzendienern (»Beigesellern«) ein Gottergebener (*muslim*).[641] Im Verlauf der »Islamisierung Abrahams« im Koran wird er geradezu zum »Stifter ... der neuen Religion«.[642] An der Wiege des Islam steht nun Abraham. Der Prophet Muhammad vervollständigt nur, was der Stifter einst begründet hat.

---

641 Deshalb nahm sich Gott »Abraham zum Freund« (4,125). Zu diesem Titel Abrahams vgl. 2Chr 20,7; Jes 41,8 (dazu aber o. C 1).
642 NEUWIRTH, Koran, 652.

NACHWORT

Juden, Christen und Muslime beziehen sich in ihren grundlegenden Überlieferungen auf Abraham. Er gilt bei ihnen als Vater des Glaubens an den einen Gott. Wer wäre besser geeignet, jene Geschwister zu verbinden als Abraham?[643] Dennoch entzündet sich gerade an ihm der Streit; denn Abraham wird als Vorbild für *den* Glauben in Anspruch genommen, der jeweils als der *rechte* gilt. Darin unterscheiden sich die drei Geschwister jedoch beträchtlich.

Die unterschiedlichen Strömungen im *Judentum* beanspruchen Abraham als ihren genealogischen Vater. In seiner Erwählung durch Gott (1Mose 12,1–3; 17) weiß sich auch »Abrahams Same« als erwählt. Sie stimmen darin überein, dass Abrahams Glaube erst im Gehorsam gegenüber der Tora an sein Ziel kommt.[644] Dafür stehen bei Abraham die Beschneidung (1Mose 17) und die Bindung Isaaks (1Mose 22). Weil er bereit war, seinen Sohn hinzugeben, hat er sich in der Prüfung als treu bewährt. Das begründet seine Gerechtigkeit für alle Zeit (Sir 44).

Auch die *Christen* verstehen Abraham als ihren Vater (Röm 4,16). Sie sind Abrahams »Kinder« (Gal 3,7–9)[645]; denn sie setzen wie er – vor allem Tun der Tora (Gal

---

643 Einen eindringlichen Versuch hat Kuschel mit seinem weithin beachteten Buch »Streit um Abraham« gemacht. Eine kritische Würdigung der Idee einer »abrahamischen Ökumene« und ihrer Vertreter findet sich bei Josua, Ibrahim, 13–88, 597–630.
644 Das rabbinische Judentum deutet 1Mose 15,6 aus der Perspektive von 26,5.
645 Weil die Heidenchristen nicht Abraham zum genealogischen Ahn haben, können sie auch nicht zum »Samen Abrahams« gehören.

3,15–18; Röm 4,3.10.13) – ihre Hoffnung ganz auf Gott, der das, was nicht ist, ins Dasein ruft und Tote erweckt (Röm 4,17–22). Sie glauben also wie Abraham, der Gott und seiner Verheißung traute (1Mose 15,4–6). Damit stellen sie sich in jene Geschichte, die Gott einst mit Abraham eröffnet hat. Abraham blickte glaubend voraus; Christen können dagegen nicht vorausblicken, ohne zugleich auf Jesus Christus zurückzublicken, den Gott als ersten von den Toten erweckt hat (Röm 4,24).

Wie im Neuen Testament wird Abraham auch im *Koran* in Anspruch genommen. Wie Abraham sind die Muslime »Gottergebene« und »Gläubige« (Sure 3,67–68).[646] Aber Abrahams Glaube äußert sich weniger in einem bedingungslosen Gottvertrauen, sondern bewährt sich vielmehr in der »Prüfung« (Sure 2,124 mit Anspielung auf 37,106). Nicht nur in dieser Hinsicht steht der Koran den Juden näher als den Christen. Der Glaube kommt an sein Ziel in der Unterwerfung (*islam*) unter Gottes Willen. Er ist wesentlich »gottergebener« (*muslim*) unbedingter Gehorsam (Sure 37,103). Weil Abraham ein »wahrer Gläubiger, ein Gottergebener« war (Sure 3,67), nahm sich Gott »Abraham zum Freund«. Deshalb kann es keine »bessere Religion« geben als die, der »Glaubensweise Abrahams« zu folgen (Sure 4,125).

Offenkundig unterscheidet sich, was Juden, Christen und Muslime mit Abraham verbinden und was sie jeweils unter »glauben« verstehen. Aber glauben nicht alle

---

646 Erst in den medinischen Suren wird Ismael mit Abraham enger verbunden. Aus noch späterer Zeit stammt die genealogische Konstruktion einer Abstammung der Araber über Ismael von Abraham. Ismael ist kein genuin arabischer Personenname; es gibt auch keine arabischen Belege für ihn in vor-islamischer Zeit (EISSLER, Gott, bei Anm. 23).

drei an den einen Gott Abrahams, wenn auch auf verschiedene Weise? Juden, Christen und Muslime gewinnen ihre unterschiedlichen Vorstellungen und Bilder von Gott aus ihren heiligen Schriften. Ohne diese könnten sie gar nicht von Gott reden. Deshalb lassen sich diese trennenden Vorstellungen auch nicht auf einer davon unabhängigen Ebene aufheben; denn diese gibt es nicht. Zwar beten alle drei zu dem einen Gott, der die Welt geschaffen hat und dem jeder Mensch Rechenschaft geben muss. Jedoch können Christen zu diesem Gott nur deshalb beten, weil er allen Menschen zugute im Juden Jesus Mensch geworden ist ohne aufzuhören, Gott zu sein (Joh 1). Diese für Christen unaufgebbare Wahrheit ist jedoch für Juden und für Muslime unerträglich, weil sie die Einzigkeit Gottes, wie sie von ihnen gedacht wird, in Frage stellt.[647] Deshalb vermuten sie in der christlichen Deutung des *einen* Gottes als des *Dreieinigen* nur die schlechte Verbrämung von drei Gottheiten. Christen sind für den Koran am Ende doch »Beigeseller«, die das Erbe Abrahams verraten. Ein Verzicht der drei Religionen auf das, was sie voneinander trennt, ist nicht möglich, ohne dass sie sich selbst aufgeben.

Angesichts dieser Lage kommt es darauf an, den anderen als Mitmenschen zu begegnen, die Differenzen im Geist gegenseitigen Verstehens wahrzunehmen, das Eigene mit der Perspektive der anderen sehen zu lernen und sich bei alledem überraschen zu lassen. Dabei haben religionspraktische Begegnungen allemal den Vorrang vor jedem Lehrgespräch. Dazu zwei Beispiele:

---

647 Vgl. die Auslegung von 5Mose 6,4 (»Jhwh ist unser Gott, Jhwh ist einer«) durch den jüdischen Schriftgelehrten in Mk 12,32 (»Er ist nur einer und außer ihm ist kein anderer«) mit Sure 4,171: » ... sagt nicht: ›Drei!‹ ... Denn siehe, Gott ist *ein* Gott; fern sei es, dass er einen Sohn habe.«

Das eine stammt aus der Vergangenheit im Lande Abrahams, das andere aus dem gegenwärtigen Berlin und bedarf noch künftiger Realisierung.

Der Historiker *Sozomenos*[648] berichtet Anfang des 5. Jh.s im zweiten Buch seiner Kirchengeschichte von einer multireligiösen Begegnung, die alljährlich im Hain Mamre stattfand, etwa 3 km nördlich von Hebron, bis sie von Kaiser Konstantin (gest. 337) untersagt wurde. Dort feiert man im Sommer ein Fest an jenem ehrwürdigen Ort, an dem mit den beiden nach Sodom entsandten Engeln auch »der Sohn Gottes (!) dem Abraham erschienen«[649] war, um ihm die Geburt eines Sohnes anzukündigen. Das Fest ist mit einem Markt verbunden. Zu ihm kommen »die einheimischen und weiter entfernt wohnenden Palästiner, Phöniker und Araber[650] (!)« zusammen:

Allen ist das Fest sehr wichtig, den Juden, weil sie sich Abrahams als ihres Stammvaters rühmen, den Hellenen wegen der Ankunft der Engel, den Christen, weil schon damals dem gottesfürchtigen Mann derselbe erschien, der viel später zur Erlösung des Menschengeschlechts sich selbst durch die Jungfrau offenbar werden ließ. Je nach den Religionen ehren sie diesen Platz, die einen, indem sie zum Gott des Alls beten, die anderen mit Anrufung der Engel, mit Weinspenden und Opfern von Weihrauch oder einem Rind, einem Bock, einem Schaf oder einem Hahn.[651]

---

[648] Sozomenos stammte aus Gaza in Palästina, war Anwalt in Konstantinopel und starb um 450.
[649] S. o. in C 3.5 (2) zur Darstellung von 1Mose 18 in Santa Maria Maggiore zu Rom.
[650] Die Episode spielt in vor-islamischer Zeit.
[651] SOZOMENOS, Hist. II 4,3 (Text und Übersetzung in: Fontes Christiani 73, 2004).

Wahrscheinlich handelt es sich um Gemeinschaftsopfer, die man familienweise verzehrt. Einträchtig feiern miteinander Juden, Heiden und Christen. Von einem Heiligtum ist nicht die Rede, doch gilt dieser Ort als verehrungswürdiger Platz, weil dort die Himmlischen einst Abraham begegneten. Aus 4,7 erfahren wir aber, dass sich dort wenigstens ein »Altar« und hölzerne »Kultstatuen« befunden haben müssen. Zum Fest zeigen sich sogar die festlich geschmückten Frauen in der Öffentlichkeit; denn jedermann befleißigt sich an diesem Platz der Enthaltsamkeit. Aus dem Brunnen, den schon der Erzvater gebaut haben soll, schöpft während des Festes niemand Wasser.

Nach hellenischem Brauch stellten manche dort brennende Lampen auf, andere gossen Wein darauf oder warfen Opferkuchen hinein, andere Münzen oder Salben oder Räucherwerk (4,5).

Diese Bräuche erregen das Missfallen Eutropias, der frommen Schwiegermutter Kaiser Konstantins, die eigens zum Gebet dorthin gereist war (4,6). Sie meldet dem Hof das wenig christliche Treiben in Mamre, das der Kaiser alsbald in einer konzertierten Aktion beenden lässt. Die kann allerdings kaum als Vorbild für uns heute dienen. Konstantin verfügt »die gründliche Zerstörung« aller kultischen Anlagen dieses Freilichtheiligtums und ordnet einen Kirchenbau an, damit dort fortan »nichts anderes geschehe als die Verehrung Gottes nach kirchlicher Sitte« (4,7). Daneben setzt er ein Umerziehungsprogramm in Gang, mit dem die nichtchristlichen Untertanen zur Gleichgültigkeit gegenüber den religiösen Inhalten der ›heidnischen‹ Feste und Riten gebracht werden sollen (5,1). So erstarb allmählich das multireligiöse Nebeneinander in Mamre.

Ein ganz anderes Programm als das Konstantins soll derzeit in Berlin verwirklicht werden. Auf dem Petriplatz, an dem einst die älteste Kirche Berlins stand, deren Nachfolgebau im Krieg zerstört und dessen Ruine 1964 abgetragen wurde, ist der Bau eines »Bet- und Lehrhauses« geplant, »*The House of One*«.[652] Der Bau soll vier Räume beherbergen. Eine Synagoge, eine Kirche und eine Moschee sind für die Gottesdienste der drei Religionen vorgesehen (»Bethaus«). Diese drei separaten Räume lassen sich zu einem vierten Raum in der Mitte hin öffnen, der für die Begegnung und das Lernen gedacht ist (»Lehrhaus«). Das Haus soll dem »redlichen Austausch über das den Religionen Gemeinsame und das sie Trennende« dienen.[653] Die Initiatoren des Projekts sind keine Phantasten. Sie wollen das Trennende zwischen den Religionen nicht verwischen, sondern mit einem »Lob der Differenz« (Navid Kermani) würdigen. Das Haus soll geprägt sein von »gegenseitigem Respekt, dem Willen zur Vermittlung und Rücksichtnahme«.[654] Gegen die gutgemeinten Versuche, alle Dissonanzen in Harmonie aufzulösen, gilt es zu bedenken, dass es

Toleranz ohne Kenntnis der anderen und des Eigenen nicht geben kann … Toleranz aber erkennt im anderen ein Gegenüber, ohne das dem Eigenen etwas fehlen würde.[655]

---

652 Ich beziehe mich auf die Broschüre »The House of One Berlin. Drei Religionen. Ein Haus«, hg. von: House of One Berlin/Bet- und Lehrhaus Petriplatz e.V. (erhalten im Juli 2016).
653 Laut Satzung auf S. 21.
654 So die Charta auf S. 25.
655 So Dirk Pilz in seinem abschließenden Essay: »Auf dass wir klug werden. Versuch einer Einordnung: Das Bet- und Lehrhaus in Berlin als Herausforderung zur Toleranz« (S. 28).

Dazu bemühen die Beteiligten nicht ausdrücklich Abraham. Aber die Kenntnis der mit ihm verbundenen Traditionen bei Juden, Christen und Muslimen wird den Gesprächen gewiss nicht abträglich sein.

D. VERZEICHNISSE

1. Literaturverzeichnis

Das Verzeichnis ist nach den Hauptteilen der Darstellung geordnet. Es werden nur die Titel genannt, die zitiert wurden und über die man die wichtigste Literatur für eine vertiefende Lektüre erschließen kann. Am Ende findet sich eine kleine Auswahl von Werken zu Abraham in der Kultur- und Kunstgeschichte (1.5), die im Rahmen dieses Buches nicht behandelt werden konnten.

1.1. Zu Abraham im Alten Testament

Quellen, Übersetzungen und Hilfsmittel

BHS: Biblia Hebraica Stuttgartensia, ed. K. Elliger et W. Rudolph, Stuttgart 1967–1977.
BROCKELMANN, C., Hebräische Syntax, Neukirchen-Vluyn 1956.
BUBER: Die fünf Bücher der Weisung. Verdeutscht von Martin Buber gemeinsam mit Franz Rosenzweig, Heidelberg ⁹1976.
EINHEITSÜBERSETZUNG: Die Bibel. Einheitsübersetzung, Stuttgart 1980.
ELBERFELDER BIBEL: Die Heilige Schrift. Aus dem Grundtext übersetzt, Wuppertal ⁷1996.
GES.-DONNER: Wilhelm Gesenius. Hebräisches und Aramäisches Handwörterbuch über das Alte Testament, begonnen von Rudolf Meyer, bearbeitet und hg. von Herbert Donner, Bd. 1–7, Berlin-Heidelberg ¹⁸1987–2012.
GK: Wilhelm Gesenius' Hebräische Grammatik völlig umgearbeitet von E. Kautzsch, Leipzig ²⁸1909.
HAL: Hebräisches und Aramäisches Lexikon zum Alten Testament von Ludwig Koehler und Walter Baumgartner, 3. Aufl. neu bearbeitet von W. Baumgartner, J. J. Stamm und B. Hartmann, Leiden u. a. 2004.
JERUSALEMER BIBEL: La Bible de Jérusalem, Paris 1974.
JOÜON, P. / MURAOKA, T., A Grammar of Biblical Hebrew, 2 Bde., SubBi 14 / I+II, Rom 1993.
LISOWSKI, G., Konkordanz zum hebräischen Alten Testament, Stuttgart 1958.
LUTHER: Die Bibel oder die ganze Heilige Schrift des Alten und

Neuen Testaments nach der deutschen Übersetzung Martin Luthers, Stuttgart 1965.

Septuaginta, ed. A. Rahlfs, Stuttgart 1962.

Septuaginta Deutsch. Das griechische Alte Testament in deutscher Übersetzung, hg. von W. Kraus / M. Karrer, Stuttgart 2009.

THAT: Theologisches Handwörterbuch zum Alten Testament, 2 Bde., hg. von E. Jenni unter Mitarbeit von Claus Westermann, München / Zürich 1971.

ThWAT: Theologisches Wörterbuch zum Alten Testament, 10 Bde., hg. von G. J. Botterweck und H. Ringgren, Stuttgart u. a. 1970–2000.

TUAT: Texte aus der Umwelt des Alten Testaments, hg. von O. Kaiser, 3 Bde. mit Erg.-Lfg., Gütersloh 1982–2001.

(Neue) Zürcher Bibel, Zürich 2007.

Einzelstudien

Albright, W. F., Abram the Hebrew. A New Archaeological Interpretation, BASOR 163, 1961, 36–54.

Albertz, R., Persönliche Frömmigkeit und offizielle Religion. Religionsinterner Pluralismus in Israel und Babylon, CThM 9, Stuttgart 1978.

– Die Exilszeit, 6. Jahrhundert v. Chr., BE 7, Stuttgart 2001.

Alt, A., Der Gott der Väter (1929), in: Ders., Kleine Schriften I, München 1953, 1–78.

Auerbach, E., Mimesis. Dargestellte Wirklichkeit in der abendländischen Literatur, München ³1964.

Baentsch, B., Exodus – Leviticus – Numeri übersetzt und erklärt, HK I/2, Göttingen 1903.

Bar-Efrat, S., Wie die Bibel erzählt. Alttestamentliche Texte als literarische Kunstwerke verstehen, Gütersloh 2006.

Barthelmus, R., *schamajim* – Himmel. Semantische und traditionsgeschichtliche Aspekte, in: Janowski, B. / Ego, B. (Hg.), Das biblische Weltbild und seine altorientalischen Kontexte, FAT 32, Tübingen 2001, 87–124.

Bauks, M., Menschenopfer in den Mittelmeerkulturen, VF 56, 2011, 33–44.

Benjamin, W., Illuminationen. Ausgewählte Schriften, Frankfurt am Main 1980.

Berlejung, A., Geschichte und Religionsgeschichte des antiken Israel, in: Gertz, J. Chr. u. a. (Hg.), Grundinformation, 55–185.

Blaschke, A., Beschneidung. Zeugnisse der Bibel und verwandter Texte, TANZ 28, Tübingen 1998.

Blum, E., Die Komposition der Vätergeschichte, WMANT 57, Neukirchen-Vluyn 1984.
- Der kompositionelle Knoten am Übergang von Josua zu Richter (1997), in: Ders., Textgestalt und Komposition, FAT 69, Tübingen 2010, 249–280.
- Genesis 33,12–20: Die Wege trennen sich, in: Macchi, J.-D. / Römer, Th. (Hg.), Jacob. Commentaire à plusieurs voix de Gen. 25–36. Mélanges offerts à Albert de Pury, Genève 2001, 227–238.
- Das althebräische Verbalsystem – eine synchrone Analyse, in: Dyma, O. / Michel, A. (Hg.), Sprachliche Tiefe – Theologische Weite, BThSt 91, Neukirchen-Vluyn 2008, 91–142.
- Die Entstehungsgeschichte der Mosetora. Fragestellungen und Tendenzen der neueren Forschung, Zeitschrift für Pädagogik und Theologie 2015/2, 163–178.
Carter, Ch. E., The Emergence of Yehud in the Persian Period. A Social and Demographic Study, JSOT Suppl.Ser. 294, Sheffield 1999.
Coats, G. W., The Curse in God's Blessing, in: Jeremias, J. / Perlitt, L. (Hg.), Die Botschaft und die Boten, FS H. W. Wolff, Neukirchen-Vluyn 1981, 31–41.
- Genesis with an Introduction to Narrative Literature, FOTL 1, Grand Rapids / Mich. 1983.
- Abraham's Sacrifice of Faith. A Form-Critical Study of Genesis 22, Interpr 27, 1973, 389–400.
Deurloo, K.A., Narrative Geography in the Abraham Cycle, OTS 26, 1990, 48–62.
Diebner, B. / Schult, H., Alter und geschichtlicher Hintergrund von Gen 24, DBAT 10, 1975, 10–17.
Dietrich, W., Die frühe Königszeit in Israel. 10. Jahrhundert v. Chr., Bibl. Enz. 3, Stuttgart 1997.
Dietrich, W. / Matys, H.-P. / Römer,Th. / Smend, R., Die Entstehung des Alten Testaments. Neuausgabe, ThW 1, Stuttgart 2014.
Ebach, J., Theodizee, Fragen gegen die Antworten. Anmerkungen zur biblischen Erzählung von der »Bindung Isaaks« (1 Mose 22), in: Ders., Gott im Wort. Drei Studien zur biblischen Exegese und Hermeneutik, Neukirchen-Vluyn 1997, 1–25.
Eerdmans, B. D., Alttestamentliche Studien I: Die Komposition der Genesis, Gießen 1908.
Eichler, B. L., On Reading Genesis 12:10–20, in: Cogan, M. u. a. (Hg.), Tehillah le-Moshe. Biblical and Judaic Studies in Honor of Moshe Greenberg, Winona Lake / Ind. 1997, 23–38.

Eissfeld, O., Stammessage und Menschheitserzählung in der Genesis, SSAW.PH 110, H. 4, Berlin 1965, 5–21.

Engelken, K., Frauen im Alten Israel. Eine begriffsgeschichtliche und sozialrechtliche Studie zur Stellung der Frau im Alten Testament, BWANT 130, Stuttgart 1990.

Finkelstein, I., Das vergessene Königreich. Israel und die verborgenen Ursprünge der Bibel, München 2014.

Finkelstein, I. / Singer-Avitz, L., Reevaluating Bethel, ZDPV 125, 2009, 33–48.

Fischer, I., Die Erzeltern Israels. Feministisch-theologische Studien zu Genesis 12–36, BZAW 222, Berlin u. a. 1994.

Frettlöh, M. L., Isaak und seine Mütter. Beobachtungen zur exegetischen Verdrängung von Frauen am Beispiel von Gen 24,62–67, EvTh 54, 1994, 427–452.

Füglister, N., Psalm 105 und die Väterverheißung, in: Görg, M. (Hg.), Die Väter Israels, FS Joseph Scharbert, Stuttgart 1989, 41–59.

Gass, E., Die Moabiter – Geschichte und Kultur eines ostjordanischen Volkes im 1. Jahrtausend v. Chr., ADPV 38, Wiesbaden 2009.

Gerlemann, G., Nutzrecht und Wohnrecht. Zur Bedeutung von *'achuzah* und *nachalah*, ZAW 89, 1977, 313–325.

Gertz, J. Chr., Abraham, Mose und der Exodus. Beobachtungen zur Redaktionsgeschichte von Gen 15, in: Ders. u. a. (Hg.), Abschied von Jahwisten, BZAW 315, Berlin u. a. 2002, 63–82.

Gertz, J. Chr. (Hg.), Grundinformation Altes Testament. Eine Einführung in Literatur, Religion und Geschichte des Alten Testaments in Zusammenarbeit mit A. Berlejung, K. Schmid und M. Witte, UTB 2745, Göttingen 2006, seither mehrere neue Auflagen.

Gese, H., Die Komposition der Abrahamserzählung, in: Ders., Alttestamentliche Studien, Tübingen 1991, 29–51.

Gillmayr-Bucher, S., Kamele kamen daher. Genesis 24, ZKTh 116, 1994, 421–426.

Görg, M., Abraham – historische Perspektiven, BN 41, 1988, 11–14.

Goldenstein, J., Das Gebet der Gottesknechte. Jesaja 63,7–64,11 im Jesajabuch, WMANT 92, Neukirchen-Vluyn 2001.

Granerod, G., Abraham and Melchizedek. Scribal Activity of Second Temple Times in Genesis 14 and Psalm 110, BZAW 406, Berlin u. a. 2009.

Gross, W., Bundeszeichen und Bundesschluß in der Priesterschrift, TrThZ 87, 1978, 98–115.

- Die Ehe im Spiegel biblischer und kulturgeschichtlicher Überlieferungen. 1. Elemente biblischer und altorientalischer Eheregelungen, ThQ 167, 1987, 82–89.
GUNKEL, H., Genesis übersetzt und erklärt, HK 1/1, Göttingen (1901) ⁹1977.
HAAS, V., Geschichte der hethitischen Religion, HO I/15, Leiden 1994.
HENNINGER, J., Menschenopfer bei den Arabern, Anthropos 53, 1958, 721–805.
HIEKE, TH., Die Genealogien der Genesis, HBS 39, Freiburg 2003.
HÖFFKEN, P., Abraham und Gott – oder: Wer liebt hier wen? Anmerkungen zu Jes 41,8 (2000), in: Ders., »Fürchte dich nicht ...« Gesammelte Aufsätze zu Grundtexten des Alten Testaments, BVB 14, Münster 2005, 139–146.
HÖFNER, M., Die vorislamischen Religionen Arabiens, in: Gese, H. / Höfner, M. / Rudolph, K. (Hg.), Die Religionen Altsyriens, Altarabiens und der Mandäer, RM 10/2, Stuttgart 1970, 234–405.
HOFTIJZER, J., Die Verheißungen an die drei Erzväter, Leiden 1956.
HUMAN SACRIFICE in Jewish and Christian Tradition, hg. v. Finsterbusch, K. / Lange, A. / Römheld, K.F.D., Leiden 2007.
IRSIGLER, H., Erhörungsmotiv und Ismaelname in Gen 16,11 und 21,17, in: Görg, M. (Hg.), Die Väter Israels, FS Joseph Scharbert, Stuttgart 1989, 107–138.
JACOB, B., Das Buch Genesis (Berlin 1934), Stuttgart 2000.
JANOWSKI, B., JHWH und der Sonnengott. Aspekte der Solarisierung JHWHs in vorexilischer Zeit (1995), in: Ders., Die rettende Gerechtigkeit. Beiträge zur Theologie des Alten Testaments 2, Neukirchen-Vluyn 1999, 192–219.
JEREMIAS, J., Genesis 20–22 als theologisches Programm, in: Beck, M. / Schorn, U. (Hg.), Auf dem Weg zur Endgestalt von Genesis bis II Regum, FS H.-Chr. Schmitt, BZAW 370, Berlin u. a. 2006, 59–64.
JERICKE, D., Abraham in Mamre. Historische und exegetische Studien zur Region von Hebron und zu Genesis 11,27–19,38, CHANE 17, Leiden 2003.
- Die Ortsangaben im Buch Genesis. Ein historisch-topographischer und literarisch-topographischer Kommentar, FRLANT 248, Göttingen 2013.
KAISER, O., Den Erstgeborenen deiner Söhne sollst du mir geben. Erwägungen zum Kinderopfer im Alten Testament (1976), in: Ders., Von der Gegenwartsbedeutung des Alten Testaments. Ges. Stud., Göttingen 1984, 142–166.

- Die Bindung Isaaks. Untersuchungen zur Eigenart und Bedeutung von Genesis 22, in: Ders., Zwischen Athen und Jerusalem. Studien zur griechischen und biblischen Theologie, ihrer Eigenart und ihrem Verhältnis, BZAW 320, Berlin u. a. 2003, 199–224.
- KEEL, O., Wer zerstörte Sodom?, ThZ 35, 1979, 10–17.
- Die Geschichte Jerusalems und die Entstehung des Monotheismus, OLB 4, Göttingen 2007.
- KEMP, W., Art. Seele, LCI 4, Freiburg u. a. (1972) 1994, 138–142.
- KESSLER, R., Die Querverweise im Pentateuch, Diss. theol. (masch.) Heidelberg 1972.
- KLAUCK, H.-J., Die religiöse Umwelt des Urchristentums I, StTh 9,1, Stuttgart 1995.
- KNAUF, E. A., Ismael. Untersuchungen zur Geschichte Palästinas und Nordarabiens im 1. Jahrtausend v. Chr., ADPV 1, Wiesbaden ²1989.
- Midian. Untersuchungen zur Geschichte Palästinas und Nordarabiens am Ende des 2. Jahrtausends v. Chr., ADPV 10, Wiesbaden 1988.
- KÖCKERT, M., Vätergott und Väterverheißungen. Eine Auseinandersetzung mit Albrecht Alt und seinen Erben, FRLANT 142, Göttingen 1988.
- Leben in Gottes Gegenwart. Studien zum Verständnis des Gesetzes im Alten Testament, FAT 43, Tübingen 2004.
- Die Geschichte der Abrahamüberlieferung, in: Lemaire, A. (Hg.), Congress Volume Leiden 2004, VT.Suppl. 109, Leiden 2006, 103–128.
- Abraham: Ahnvater, Fremdling, Weiser. Lesarten der Bibel in Gen 12, Gen 20 und Qumran, in: Martus, St. / Polaschegg, A. (Hg.), Das Buch der Bücher – gelesen. Lesarten der Bibel in den Wissenschaften und Künsten, Bern 2006, 139–169.
- Divine Messengers and Mysterious Men in the Patriarchal Narratives of the Book of Genesis, in: Reiterer, F. V. u. a. (Hg.), Angels. The Concept of Celestial Beings – Origins, Development and Reception, Deuterocanonical and Cognate Literature Yearbook 2007, Berlin u. a. 2007, 51–78.
- »Land« als theologisches Thema im Alten Testament, in: Berlejung, A. / Heckl, R. (Hg.), Ex Oriente Lux. Studien zur Theologie des Alten Testaments, FS Rüdiger Lux, ABG 39, 503–522.
- »Glaube« und » Gerechtigkeit« in Gen 15,6, ZThK 109, 2012, 415–444.
- Abrahams Glaube in Röm 4 und im vorpaulinischen Judentum, in: Breytenbach, C. (Hg.), Der Römerbrief als Vermächt-

nis der Kirche. Rezeptionsgeschichte aus zwei Jahrtausenden, Neukirchen-Vluyn 2012, 15–48.
- Gen 15: Vom »Urgestein« der Väterüberlieferung zum »theologischen Programmtext« der späten Perserzeit, ZAW 125, 2013, 25–48.
- Wie wurden Abraham- und Jakobüberlieferung zu einer »Vätergeschichte« verbunden?, HeBAI 3, 2014, 43–66.
- Gottes »Bund« mit Abraham und die »Erwählung« Israels in Genesis 17, in: McDonald, N. (Hg.), Covenant and Election in Exilic and Post-Exilic Judaism. Studies of the Sofija Kovalevskaja Research Group on Early Jewish Monotheism 5, Tübingen 2015, 1–28.
- Genesis 20–22 als nach-priesterliche Erweiterung der Vätergeschichte, in: Giuntoli, F. / Schmid, K. (Hg.), The Post-Priestly Pentateuch, FAT 101, Tübingen 2015, 157–176.
- Hagar und Ismael. Politische Aspekte im Wandel der Überlieferungen, in: Brett, M. / Wöhrle, J. (Hg.), The Politics of the Ancestors. Exegetical and Historical Perspectives on Genesis 12–36, FAT, Tübingen (erscheint 2017).

KÖHLMOOS, M., In tiefer Trauer. Mimik und Gestik angesichts von Tod und Schrecken, in: Wagner, A. (Hg.), Anthropologische Aufbrüche. Alttestamentliche und interdisziplinäre Zugänge zur historischen Anthropologie, FRLANT 232, Göttingen 2009, 381–394.

KOENEN, K., Wer sieht wen? Zur Textgeschichte von Genesis XVI 13, VT 38, 1988, 468–474.
- Art. Erzählende Gattungen (AT), in: www.wibilex.de (2006).

KRATZ, R. G., Die Komposition der erzählenden Bücher des Alten Testaments. Grundwissen der Bibelkritik, UTB 2157, Göttingen 2000.
- Der vor- und der nachpriesterschriftliche Hexateuch, in: Gertz, J. Chr. u. a. (Hg.), Abschied vom Jahwisten, BZAW 315, Berlin u. a. 2002, 295–324.
- »Abraham, mein Freund«. Das Verhältnis von inner- und außerbiblischer Schriftauslegung, in: Hagedorn, A. C. / Pfeiffer, H. (Hg.), Die Erzväter in der biblischen Tradition, FS Matthias Köckert, BZAW 400, Berlin u. a. 2009, 115–136.
- Historisches und biblisches Israel. Drei Überblicke zum Alten Testament, Tübingen 2013.
- Die Verheißungen an die Erzväter: Die Konstruktion nationaler Identität Israels, in: Brett, M. / Wöhrle, J. (Hg.), The Politics of the Ancestors. Exegetical and Historical Perspectives on Genesis 12–36, FAT, Tübingen (erscheint 2017).

KÜCHLER, M., Jerusalem. Ein Handbuch und Studienreiseführer zur Heiligen Stadt, OLB IV,2, Göttingen 2007.

LANGE, A., Your Daughters Do Not Give to Their Sons and Their Daughters Do Not Take for Your Sons (Ezra 9,12), BN 137, 2008, 17–39; 139, 2008, 79–98.

LEVIN, CHR., Der Jahwist, FRLANT 157, Göttingen 1993.

LIPINSKI, E., Art. *mohar*, ThWAT IV, Stuttgart 1982–84, 717–724.

LIPSCHITS, Abraham and Hebron, in: Brett, M. / Wöhrle, J. (Hg.), The Politics of the Ancestors. Exegetical and Historical Perspectives on Genesis 12–36, FAT, Tübingen (erscheint 2017).

LIVERANI, M., Un'ipotesi sul nome di Abramo, Henoch 1 (1979), 9–18.

McEVENUE, S., The Elohist at Work, ZAW 96, 1984, 315–332.

MICHEL, A., Gott und Gewalt gegen Kinder im Alten Testament, FAT 37, Tübingen 2003.

NA'AMAN, N., Abraham's Victory over the Kings of the Four Quadrants in Light of Darius I's Bisitun Inscription, TA 42, 2015, 72–88.

– The Pre-Priestly Abraham Story as a Unified Exilic Work, SJOT 29, 2015, 157–181.

NEEF, H. D., Die Prüfung Abrahams. Eine exegetisch-theologische Studie zu Gen 22,1–19, Tübingen ²2014.

NEUMANN-GORSOLKE, U., »Alt und lebenssatt« – der Tod zur rechten Zeit, in: Berlejung, A. / Janowski, B. (Hg.), Tod und Jenseits im Alten Testament und seiner Umwelt, FAT 64, Tübingen 2009, 111–136.

NIEHR, H., *Baʿalschamem*. Studien zu Herkunft, Geschichte und Rezeptionsgeschichte eines phönizischen Gottes, OLA 123, Leuven 2003.

NOTH, M., Überlieferungsgeschichte des Pentateuch, Stuttgart 1948.

OSWALD, W., Die Erzeltern als Schutzbürger. Überlegungen zum Thema von Gen 12,10–20 mit Ausblick auf Gen 20; 21,22–34 und Gen 26, BN 106, 2001, 79–89.

PATAI, R., Sitte und Sippe in Bibel und Orient, Freiburg 1962.

PEARCE, L. E., New Evidence für Judeans in Babylonia, in: Lipschits, O. / Oeming, M. (Hg.), Judah and the Judeans in the Persian Period, Winona Lake / Ind. 2006, 399–411.

PERLITT, L., Bundestheologie im Alten Testament, WMANT 36, Neukirchen-Vluyn 1969.

PFEIFFER, H., Sodomie in Gibea. Der kompositionsgeschichtliche Ort von Jdc 19, in: Hagedorn, A. C. / Pfeiffer, H. (Hg.), Die

Erzväter in der biblischen Tradition, FS Matthias Köckert, BZAW 400, Berlin u. a. 2009, 267–290.

DE PURY, A., Le cycle de Jacob comme légende autonome des origines d'Israel, in: Ders., Die Patriarchen und die Priesterschrift / Les Patriarches et le document sacerdotal. Ges. Stud. zu seinem 70. Geburtstag, AThANT 99, Zürich 2010, 93–108.

VON RAD, G., Das erste Buch Mose. Genesis. Übersetzt und erklärt, ATD 2/4, Berlin (-Ost) ⁴1972.

- Die Anrechnung des Glaubens zur Gerechtigkeit (1951), in: Ders., Ges. Stud. z. Alten Testament, ThB 8, München 1958, 130–135.
- Das Opfer des Abraham. Mit Texten von Luther, Kierkegaard, Kolakowski und Bildern von Rembrandt, München 1971.

RENDSBURG, G. A., The Redaction of Genesis, Winona Lake / Ind. 1986.

RENDTORFF, R., Das überlieferungsgeschichtliche Problem des Pentateuch, BZAW 147, Berlin u. a. 1976.

RÖMER, TH., Recherches actuelles sur le cycle d'Abraham, in: Wénin, A. (Hg.), Studies in the Book of Genesis. Literature, Redaction and History, BEThL 155, Leuven 2001, 79–212.

- Exodusmotive und Exoduspolemik in den Erzvätererzählungen, in: Kottsieper, I. / Schmitt, R. / Wöhrle, J. (Hg.), Berührungspunkte: Studien zur Sozial- und Religionsgeschichte Israels und seiner Umwelt, FS Rainer Albertz, Münster 2008, 3–20.
- Abraham Traditions in the Hebrew Bible Outside the Book of Genesis, in: Evans, C. A. u. a. (Ed.), The Book of Genesis, Leiden 2012, 159–180.

RÖMER, TH. / MACCHI, J.-D. / NIHAN, CH. (Hg.), Einleitung in das Alte Testament. Die Bücher der Hebräischen Bibel und die alttestamentlichen Schriften der katholischen, protestantischen und orthodoxen Kirchen, Zürich 2013.

ROFÉ, A., An Enquiry into the Betrothal of Rebekah, in: Blum, E. / Macholz, Chr. / Stegemann, E. W. (Hg.), Die Hebräische Bibel und ihre zweifache Nachgeschichte, FS Rolf Rendtorff, Neukirchen-Vluyn 1990, 27–40.

RUPPERT, L., Genesis. Ein kritischer und theologischer Kommentar, 2. Teilband: Gen 11,27 – 25,18, FzB 98, Würzburg 2002.

SCHMID, K., Erzväter und Exodus. Untersuchungen zur doppelten Begründung der Ursprünge Israels innerhalb der Geschichtsbücher des Alten Testaments, WMANT 81, Neukirchen-Vluyn 1999.

- Die Rückgabe der Verheißungsgabe. Der »heilsgeschichtliche« Sinn von Genesis 22 im Horizont von innerbiblischer Exegese, in: Witte, M. (Hg.), Gott und Mensch im Dialog, FS Otto Kaiser, BZAW 345/I, Berlin u. a. 2004, 271–300.

SCHMIDT, L., »De Deo«. Studien zur Literarkritik und Theologie des Buches Jona, des Gesprächs zwischen Abraham und Jahwe in Gen 18,22ff. und von Hi 1, BZAW 143, Berlin u. a. 1976.
- Weisheit und Geschichte beim Elohisten (1996), in: Ders., Ges. Aufsätze zum Pentateuch, BZAW 263, Berlin u. a. 1998, 150–166.

SCHMITT, H.-CHR., Die Erzählung von der Versuchung Abrahams Gen 22,1–19* und das Problem einer Theologie der elohistischen Pentateuchtexte, in: Ders., Theologie in Prophetie und Pentateuch. Ges. Schriften, BZAW 310, Berlin u. a. 2001, 108–130.
- »Versuchung durch Gott« und »Gottesfurcht« in Gen 22,1.12 und Ex 20,20, ZAW 126, 2014, 15–30.

SCHÖPFLIN, K., Abrahams Unterredung mit Gott und die schriftgelehrte Stilisierung der Abrahamgestalt in Gen 18,16b–33, in: Hagedorn, A. C. / Pfeiffer, H. (Hg.), Die Erzväter in der biblischen Tradition, FS Matthias Köckert, BZAW 400, Berlin u. a. 2009, 93–114.

SCHWEIZER, H., Das seltsame Gespräch von Abraham und Jahwe (Gen 18,22–33), ThQ 164, 1984, 121–139.

SEEBASS, H., Genesis II: Vätergeschichte I (11,27–22,14), Neukirchen-Vluyn 1997.
- Genesis II: Vätergeschichte II (23,1–36,43), Neukirchen-Vluyn 1999.

VAN SETERS, J., The Problem of Childlessness in Near Eastern Law and the Patriarchs of Israel, JBL 87, 1968, 401–408.
- Abraham in History and Tradition, London 1973.

SKA, J.-L., Essay on the Nature and Meaning of the Abraham Cycle (Gen 11:29 – 25:11) (franz. 2001), in: Ders., The Exegesis of the Pentateuch. Exegetical Studies and Basic Questions, FAT 66, Tübingen 2009, 23–45.
- The Call of Abraham and Israel's Birth-certificate (Gen 12:1–4a) (franz. 1997), in: Ders., a. a. O., 46–66.
- Gen 22 or the Testing of Abraham: An Essay on the Levels of Reading (franz. 1988), in: Ders., a. a. O., 97–110.
- »And Now I Know« (Gen 22:12) (franz. 2003), in: Ders., a. a. O., 111–138.

SPECHT, H., Von Gott enttäuscht – Die priesterschriftliche Abrahamgeschichte, EvTh 47, 1987, 395–411.

STECK, O. H., Zions Tröstung. Beobachtungen und Fragen zu Jesaja 51,1–11 (1990), in: Ders., Gottesknecht und Zion. Gesammelte Aufsätze zu Deuterojesaja, FAT 4, Tübingen 1992, 73–91.
– Der Abschluß der Prophetie im Alten Testament. Ein Versuch zur Frage der Vorgeschichte des Kanons, BThSt 17, Neukirchen-Vluyn 1991.
STIPP, H.-J., »Meinen Bund hat er gebrochen« (Gen 17,14). Die Individualisierung des Bundesbruchs in der Priesterschrift, MThZ 56, 2005, 290–304.
THIEL, W., Geschichtliche und soziale Probleme der Erzväter-Überlieferungen in der Genesis, ThV 14, Berlin 1985, 11–28.
THOMPSON, TH. L., The Historicity of the Patriarchal Narratives. The Quest for the Historical Abraham, BZAW 133, Berlin u. a. 1974.
TRIBLE, P., Mein Gott, warum hast du mich vergessen. Frauenschicksale im Alten Testament, Gütersloh 1987.
VAUX, R. DE, Das Alte Testament und seine Lebensordnungen, 2 Bde., Freiburg u.a. ²1964/1966.
VEIJOLA, T., Das Opfer des Abraham – Paradigma des Glaubens aus dem nachexilischen Zeitalter, ZThK 85, 1988, 129–164.
– Abraham und Hiob. Das literarische und theologische Verhältnis von Gen 22 und der Hiob-Novelle, in: Bultmann, Chr. / Dietrich, W. / Levin, Chr. (Hg.), Vergegenwärtigung des Alten Testaments. Beiträge zur biblischen Hermeneutik, FS Rudolf Smend, Göttingen 2002, 127–144.
VIBERG, A., Symbols of Law. A Contextual Analysis of Legal Symbolic Acts in the Old Testament, CB OTS 34, Stockholm 1992.
VAN VOOLEN, E., Isaak kehrt zurück, in: Zuidema, W. (Hg.), Isaak wird wieder geopfert. Die Bindung Isaaks als Symbol des Leidens Israels. Versuche einer Deutung, Neukirchen-Vluyn 1987, 52–67.
WEINGART, K., Stämmevolk – Staatsvolk – Gottesvolk? Studien zur Verwendung des Israel-Namens im Alten Testament, FAT II/68, Tübingen 2014.
WEINRICH, H., Tempus. Besprochene und erzählte Welt, Stuttgart 1964.
– Narrative Theologie, ThJb Leipzig 1976, 482–490.
WEIPPERT, M., Historisches Textbuch zum Alten Testament, GAT 10, Göttingen 2010.
WELLHAUSEN, J., Prolegomena zur Geschichte Israels, Berlin ⁶1927.

- Die Composition des Hexateuchs und der historischen Bücher des Alten Testaments, Berlin ³1899.
WERLITZ, J., Das Geheimnis der heiligen Zahlen. Ein Schlüssel zu den Rätseln der Bibel, München 2000.
WESTERMANN, C., Arten der Erzählung in der Genesis, in: Ders., Forschung am Alten Testament, ThB 24, München 1964, 9–91.
- Genesis: 2. Teilband, BK I/2, Neukirchen-Vluyn 1977–1981.
WILLI-PLEIN, I., Das Buch Genesis Kapitel 12 – 50, NSK AT 1/2, Stuttgart 2011.
WITTE, M., Die biblische Urgeschichte. Redaktions- und theologiegeschichtliche Beobachtungen zu Genesis 1,1 – 11,26, BZAW 265, Berlin u. a. 1998.
- Vom El Schaddaj zum Pantokrator – Ein Überblick zur israelitisch-jüdischen Religionsgeschichte, in: Diehl, J. F. / Witte, M. (Hg.), Studien zur Hebräischen Bibel und ihrer Nachgeschichte, KUSATU 12.13, Kamen 2011, 211–256.
WÖHRLE, J., Fremdlinge im eigenen Land. Zur Entstehung und Integration der priesterlichen Passagen der Vätergeschichte, FRLANT 246, Göttingen 2012.
WOLFF, H. W., Das Kerygma des Jahwisten (1964), Ges. Stud. z. AT, ThB 22, München ²1973, 345–373.
ZENGER, E., u. a., Einleitung in das Alte Testament, hg. v. Chr. Frevel, Stuttgart ⁹2016.
ZIMMERLI, W., Sinaibund und Abrahambund. Ein Beitrag zum Verständnis der Priesterschrift (1960), in: Ders., Gottesoffenbarung. Ges. Aufs. z. AT, ThB 19, München 1963, 205–216.
- 1Mose 12–25: Abraham, ZBK AT, Zürich 1976.

1.2. Abraham im Judentum

BERGER, K., Das Buch der Jubiläen, JSHRZ II/3, Gütersloh 1981.
BÖHM, M., Rezeption und Funktion der Vätererzählungen bei Philo von Alexandria. Zum Zusammenhang von Kontext, Hermeneutik und Exegese im frühen Judentum, BZNW 128, Berlin u. a. 2005.
BÖRNER-KLEIN, D., Pirke de-Rabbi Elieser nach der Edition Venedig 1544 unter Berücksichtigung der Edition Warschau 1852 aufbereitet und übersetzt, Studia Judaica 26, Berlin u. a. 2004.
DIETZFELBINGER, CHR., Pseudo-Philo: Antiquitates Biblicae (Liber Antiquitatum Biblicarum), JSHRZ II/2, Gütersloh 1975.
EGO, B., Abraham im Judentum, in: Böttrich, Chr. / Ego, B. / Eißler, F. (Hg.), Abraham in Judentum, Christentum und Islam, Göttingen 2009, 11–61.

Hahn, F., Die Gestalt Abrahams in der Sicht Philos (1993), in: Ders., Die Verwurzelung des Christentums im Judentum. Exegetische Beiträge zum christlich-jüdischen Gespräch, Neukirchen-Vluyn 1996, 160–171.

Hengel, M., Judentum und Hellenismus. Studien zu ihrer Begegnung unter besonderer Berücksichtigung Palästinas bis zur Mitte des 2. Jh.s v. Chr., Tübingen ²1973.

Holm-Nielsen, S., Die Psalmen Salomos, JSHRZ IV/2.

Josephus, Antiquitates: Des Flavius Josephus Jüdische Altertümer übersetzt von H. Clementz, Wiesbaden ⁸1989.

– Contra Apionem, in: Flavius Josephus, Kleinere Schriften: Selbstbiographie. Gegen Apion. Über die Makkabäer. Übersetzt von H. Clementz, Wiesbaden 1993.

– Translation and Commentary ed. By Steve Mason, Vol 3: Judean Antiquities 1–4. Translation and Commentary by Louis H. Feldman, Leiden 2000.

Keel, O., – Die kultischen Massnahmen Antiochus' IV. Religionsverfolgung und / oder Reformversuch?, in: Keel, O. / Staub, U. (Hg.), Hellenismus und Judentum. Vier Studien zu Daniel 7 und zur Religionsnot unter Antiochus IV., OBO 178, Freiburg 2000.

Köckert, M., Abrahams Glaube (s.o. 1.1).

Kratz, R. G., »Öffne seinen Mund und seine Ohren«. Wie Abraham Hebräisch lernte, in: Kratz, R.G. / Nagel, T. (Hg.), »Abraham, unser Vater«. Die gemeinsamen Wurzeln von Judentum, Christentum und Islam, Göttingen 2003, 53–66.

– Friend of God, Brother of Sarah, and Father of Isaac. Abraham in the Hebrew Bible and in Qumran, in: Dimant, D. / Kratz, R. G. (Hg.), The Dynamics of Language and Exegesis at Qumran, FAT II/35, Tübingen 2009, 79–105.

Krupp, M., Den Sohn opfern? Die Isaak-Überlieferung bei Juden Christen und Muslimen, Gütersloh 1995.

Kundert, L., Die Opferung/Bindung Isaaks, WMANT 78, 2 Bde., Neukirchen-Vluyn 1998.

Lau, I.M., Wie Juden leben: Glaube, Alltag, Feste, Gütersloh ²1990.

Mayer, G., Aspekte des Abrahambildes in der hellenistisch-jüdischen Literatur, EvTh 32, 1972,118–127.

Midrasch Bereschit Rabba. Das ist die haggadische Auslegung der Genesis zum ersten Male ins Deutsche übertragen von A. Wünsche, Leipzig 1881.

Die Mischna ins Deutsche übertragen, mit einer Einleitung und Anmerkungen von D. Correns, Wiesbaden 2005.

Mühling, A., »Blickt auf Abraham, euren Vater«. Abraham als

Identifikationsfigur des Judentums in der Zeit des Exils und des Zweiten Tempels, FRLANT 236, Göttingen 2011.

OBERHÄNSLI-WIDMER, G., Biblische Figuren in der rabbinischen Literatur. Gleichnisse und Bilder zu Adam, Noah und Abraham im Midrasch Bereschit Rabba, Judaica et Christiana 17, Bern 1998.

PHILO VON ALEXANDRIA, Die Werke Philos von Alexandria in deutscher Übersetzung, hg. von L. Cohn / I. Heinemann, Bde. I – VII, Berlin ²1962–1964.

PHILONENKO-SAYAR, B. / PHILONENKO, M., Die Apokalypse Abrahams, JSHRZ V/5, Gütersloh 1982.

SAUER, G., Jesus Sirach (Ben Sira), JSHRZ III/5, Gütersloh 1981.

SCHÄFER, P., Geschichte der Juden in der Antike. Die Juden Palästinas von Alexander dem Großen bis zur arabischen Eroberung, Stuttgart 1983.

SCHUBERT, K., Die Bedeutung des Bildes für die Ausstattung spätantiker Synagogen – dargestellt am Beispiel der Toraschrein-Nische der Synagoge von Dura Europos, KAIROS 17, 1975, 11–23.

SCHUNK, K.-D., 1. Makkabäerbuch, JSHRZ I/4, Gütersloh 1980.

STÄHLI, H.-P., Antike Synagogenkunst, Stuttgart 1988.

STEMBERGER, G., Einleitung in Talmud und Midrasch, München ⁸1992.

– Die Bedeutung des Tierkreises auf Mosaikfußböden spätantiker Synagogen, KAIROS 17, 1975, 23–55.

– Das klassische Judentum. Kultur und Geschichte der rabbinischen Zeit (1979), München 2009.

(STRACK-)BILLERBECK: Kommentar zum Neuen Testament aus Talmud und Midrasch, Bde. 1–5, München ³1961.

SUKENIK, E. L., The Ancient Synagogue of Beth-Alpha (1932), Hildesheim 1975.

TALMUD: Der babylonische Talmud übersetzt von L. Goldschmidt, 12 Bde., Ndr. Königstein 1980/81.

TARGUM NEOFITI 1: An Exegetical Commentary To Genesis Including Full Rabbinic Parallels by B. Grossfeld, ed. by L. H. Schiffman, Brooklyn/NY 2000.

VANDERKAM, J., Das chronologische Konzept des Jubiläenbuches, ZAW 107, 1995, 80–100.

WALTER, N., Fragmente jüdisch-hellenistischer Historiker, JSHRZ I/2, Gütersloh 1976.

WIESER, F. E., Die Abrahamvorstellungen im Neuen Testament, EHS 23/317, Bern 1987, 153–179.

WÜNSCHE, A., s. o. unter: MIDRASCH.

1.3. Abraham im Christentum

BACHMANN, Antijudaismus im Galaterbrief, NTOA 40, Fribourg 1999.
BAUMBACH, G., Abraham unser Vater. Der Prozeß der Vereinnahmung Abrahams durch das frühe Christentum, ThV 16, Berlin 1987, 37–56.
BERGER, K., Abraham in den paulinischen Hauptbriefen, MThZ 17, 1966, 47–89.
BRENK, B., Die frühchristlichen Mosaiken in S. Maria Maggiore zu Rom, Wiesbaden 1975.
BÖTTRICH, CHR., Abraham im Christentum, in: Böttrich, Chr. / Ego, B. / Eißler, F. (Hg.), Abraham in Judentum, Christentum und Islam, Göttingen 2009, 62–115.
CALVIN: Johannes Calvins Auslegung der Genesis, übersetzt und bearbeitet von Goeters, W. / Simon, M., Neukirchen-Vluyn 1956.
DECKERS, J. G., Der alttestamentliche Zyklus von S. Maria Maggiore in Rom, Bonn 1976.
DEICHMANN, F. W., Ravenna. Hauptstadt des spätantiken Abendlandes, Bd. II: Kommentar, 2. Teil, Wiesbaden 1976.
DOBBELER, A. VON, Glaube als Teilhabe. Historische und semantische Grundlagen der paulinischen Theologie und Ekklesiologie des Glaubens, WUNT II/22, Tübingen 1987.
DRESKEN-WEILAND, J., Die frühchristlichen Mosaiken von Ravenna. Bild und Bedeutung, Regensburg 2016.
EFFENBERGER, A., Frühchristliche Kunst und Kultur von den Anfängen bis zum 7. Jh., Leipzig 1986.
ENGEMANN, J., Auf die Parusie Christi hinweisende Darstellungen der frühchristlichen Kunst, JAC 19, 1976, 139–156.
– Deutung und Bedeutung frühchristlicher Bildwerke, Darmstadt 1997.
FREY, J., Das Bild ›der Juden‹ im Johannesevangelium und die Geschichte der johanneischen Gemeinde, in: Labahn, M. / Scholtissek, K. / Strotmann, A., Israel und seine Heilstraditionen im Johannesevangelium, FS Johannes Beutler SJ, Paderborn 2004, 33–53.
GRÄSSER, E., An die Hebräer, EKK XVII/1–3, Neukirchen-Vluyn 1990–1997.
HAACKER, K., Paulus und das Judentum im Galaterbrief, in: Brocke, E. / Seim, J. (Hg.), Gottes Augapfel. Beiträge zur Erneuerung des Verhältnisses von Christen und Juden, Neukirchen-Vluyn 1986, 95–112.
– Der Brief des Paulus an die Römer, ThHK 6, Leipzig 1999.

Hasselhoff, G. K., Art. Melchisedek, RAC 24, Stuttgart 2012, 610–629.

Heither, Th. / Reemts, Chr., Schriftauslegung: Die Patriarchenerzählungen bei den Kirchenvätern, NSK.AT 33/2, Stuttgart 1999.

– Biblische Gestalten bei den Kirchenvätern: Abraham, Münster 2005.

Hegermann, H., Der Brief an die Hebräer, ThHKNT 16, Berlin 1988.

Jäggi, C., Ravenna. Kunst und Kultur einer spätantiken Residenzstadt, Regensburg 2013.

Justin, Dialog mit dem Juden Tryphon, BKV 33, Kempten 1917.

Käsemann, E., An die Römer, HNT 8,1, Tübingen ²1973.

Karpp, H., Die frühchristlichen und mittelalterlichen Mosaiken in S. Maria Maggiore zu Rom, Baden-Baden 1966.

Klein, G., Römer 4 und die Idee der Heilsgeschichte, EvTh 23, 1963, 424–447.

Köckert, M., Abrahams Glaube (s. o. 1.1).

Kreuzer, S., »Der den Gottlosen rechtfertigt« (Röm 4,5). Die frühjüdische Einordnung von Gen 15 als Hintergrund für das Abrahambild und die Rechtfertigungslehre des Paulus, ThB 33, 2002, 208–219.

Kundert, L., Die Opferung/Bindung Isaaks, WMANT 78, 2 Bde., Neukirchen-Vluyn 1998, 180–302.

Lerch, D., Isaaks Opferung christlich gedeutet, BHTh 12, Tübingen 1950.

Origenes, Die Homilien zum Buch Genesis. Eingeleitet und übersetzt von P. Habermehl, Origenes Werke mit deutscher Übersetzung Bd. 1/2, Berlin 2011.

Prostmeier, F. R., Der Barnabasbrief übersetzt und erklärt, KAV 8, Göttingen 1999.

Roloff, J., Abraham im Neuen Testament. Beobachtungen zu einem Aspekt Biblischer Theologie, in: Ders., Exegetische Verantwortung in der Kirche. Aufsätze, Göttingen 1990, 231–254.

Schnackenburg, R., Das Johannesevangelium II. Teil. Kommentar zu Kap. 5–12, Leipzig 1971.

Schreckenberg, H., Die christlichen Adversus-Judaeos-Texte und ihr literarisches und historisches Umfeld (1.–11. Jh.), EHS 23/172, Frankfurt am Main 1982.

Schrenk, S., Typos und Antitypos in der frühchristlichen Kunst, JAC Erg. 21, Münster 1995.

Sellin, G., Hagar und Sara. Religionsgeschichtliche Hintergründe der Schriftallegorese Gal 4,21–31, in: Mell, U. / Müller, U. B. (Hg.), Das Urchristentum in seiner literarischen Geschichte, FS Jürgen Becker, BZNW 100, Berlin u. a. 1999, 59–84.

Sozomenos, Historia Ecclesiastica; griechisch-deutsch, übers. v. Hansen, G. C., Fontes Christiani 73/1, Turnhout 2004.

Theobald, M., Abraham – (Isaak –) Jakob. Israels Väter im Johannesevangelium, in: Labahn, M. / Scholtissek, K. / Strotmann, A. (Hg.), Israel und seine Heilstraditionen im Johannesevangelium, FS Johannes Beutler SJ, Paderborn 2004, 158–183.

Wander, B., Gottesfürchtige und Sympathisanten. Studien zum heidnischen Umfeld von Diasporasynagogen, WUNT 104, Tübingen 1998.

Wengst, K., Das Johannesevangelium. 1. Teilband: Kap. 1–10, ThKNT 4,1, Stuttgart ²2004.

Wieser, F. E., Die Abrahamvorstellungen im Neuen Testament, EHS 23/317, Frankfurt am Main 1987.

Wilckens, U., Der Brief an die Römer. 1. Teilband: Röm 1–5, EKK VI/1, Neukirchen-Vluyn 1978.

Zimmermann, Chr., Gott und seine Söhne. Das Gottesbild des Galaterbriefs, WMANT 135, Neukirchen-Vluyn 2013.

1.4. Abraham im Koran

Ammann, L., Die Geburt des Islam. Historische Innovation durch Offenbarung, Göttingen 2001.

Bauschke, M., Der Freund Gottes. Abraham im Islam, Darmstadt 2014.

Bechmann, U., Biblische Frauengestalten im Koran, in: de Groot, Chr./Fischer, I., u. a. (Hg.), Die Bibel und die Frauen. Eine exegetisch-kulturgeschichtliche Enzyklopädie, Bd. 6/1, (im Druck).

Bobzin, H., Der Koran. Eine Einführung, Beck Wissen, München 1999.

– Mohammed, München ⁴2011.

Christen und Muslime im Gespräch. Eine Verständigung über Kernthemen der Theologie, hg. von Heine, S. / Özsoy, Ö. / Schwöbel, C. / Takim, A., Gütersloh 2014.

Eissler, F., Abraham im Islam, in: Böttrich, Chr. / Ego, B. / Eißler, F. (Hg.), Abraham in Judentum, Christentum und Islam, Göttingen 2009, 116–188.

– Gott, Gottesbilder, interreligiöse Ökumene im Namen Abrahams. Wider die Konfessionalisierung der Religionen im Zeichen einer »abrahamischen Ökumene«, GlLern 28, 2013, 49–67.

GRIFFITH, S., The Bible in Arabic. The Scriptures of the ›People of the Book‹ in the Language of Islam, Princeton 2013.
ISLAMISCHE ERZÄHLUNGEN von Propheten und Gottesmännern. Übersetzt und kommentiert von Heribert Busse, Wiesbaden 2006.
JOSUA, H. N., Ibrahim, der Gottesfreund. Idee und Problem einer Abrahamischen Ökumene, Tübingen 2016.
KERMANI, N., Gott ist schön. Das ästhetische Erleben des Koran, München ⁵2015.
Der KORAN. Aus dem Arabischen neu übertragen von HARTMUT BOBZIN, München 2010.
KHOURY, A. TH. (Hg.), Themenkonkordanz Koran, Gütersloh 2009.
KUSCHEL, K.-J., Streit um Abraham. Was Juden, Christen und Muslime trennt – und was sie eint, München 1994.
MARX, M., Der Koran: Das erste arabische Buch, in: Franke, U. / Gierlichs, J. (Hg.), Roads of Arabia. Archäologische Schätze aus Saudi-Arabien, Berlin 2012, 194–207.
NAGEL, T., »Der erste Muslim«. Abraham in Mekka, in: Kratz, R. / Nagel, T. (Hg.), »Abraham, unser Vater«. Die gemeinsamen Wurzeln von Judentum, Christentum und Islam, Göttingen 2003, 133–149.
– Mohammed. Leben und Legende, München 2008.
NEUWIRTH, A., Der Koran als Text der Spätantike. Ein europäischer Zugang, Berlin 2010.
– Der Koran. Band 1: Frühmekkanische Suren. Poetische Prophetie. Handkommentar mit Übersetzung von A. NEUWIRTH, Berlin 2011.
ROBIN, CHR.-J., The Peoples beyond the Arabian Frontier in Late Antiquity: Recent Epigraphic Discoveries and Latest Advances, in: DIJKSTRA, J. H. F. / FISHER, G. (Eds.), Inside and Out. Interactions between Rome and the Peoples on the Arabian and Egyptian Frontiers in Late Antiquity, Leuven 2014, 33–82.
SCHMITZ, B., Der Koran: Sure 2 »Die Kuh«. Ein religionshistorischer Kommentar, Stuttgart 2009.
SINAI, N., Fortschreibung und Auslegung. Studien zur frühen Koraninterpretation, Diskurse der Arabistik 16, Wiesbaden 2009.
– Die heilige Schrift des Islams. Die wichtigsten Fakten zum Koran, Herder Spektrum 6512, Freiburg 2012.
SPEYER, H., Die biblischen Erzählungen im Qoran (1931), Hildesheim 1961.
TRÖGER, K.-W., Abraham im Koran, ThV 16, Berlin 1987, 23–36.

WELLHAUSEN, J., Reste arabischen Heidentums, Berlin 1897.
WENZEL, C., Abraham – Ibrahim. Ähnlichkeit statt Verwandtschaft, EvTh 62, 2002, 362–384.

1.5. Abraham in der Kultur- und Kunstgeschichte

CAPOA, C. de, Erzählungen und Personen des Alten Testaments, Bildlexikon der Kunst, Bd. 4, Berlin 2004.
ERFFA, H. M., Ikonologie der Genesis. Die christlichen Bildthemen aus dem Alten Testament und ihre Quellen, Bd. 2, München 1995, 20–223.
Film: Die Bibel – Abraham, 1993; Originaltitel: *Abramo* (mit Richard Harris als Abraham und Barbara Hershey als Sara. Das Drehbuch schrieb Robert McKee, Regie führte Joseph Sargent).
GREINER, B. / JANOWSKI, B. / LICHTENBERGER H. (Hg.), Opfere deinen Sohn! Das ›Isaak-Opfer‹ in Judentum, Christentum und Islam, Tübingen 2007.
JUNG, H., Abraham und Isaak als Oratorienstoff im 17. und 18. Jh. (mit Ausblicken auf Vertonungen bis zum 20. Jh.), in: Steiger, J. A. / Heinen, U. (Hg.), Isaaks Opferung, Berlin 2002, 693–729.
KREUTZER, M., Rembrandt und die Bibel. Radierungen, Zeichnungen, Kommentare, Stuttgart 2003.
LUCCHESI PALLI, E., Art. Abraham, in: LCI 1, Freiburg 1968, 20–35.
MYTHOS ABRAHAM. Texte von der Genesis bis Franz Kafka, hg. von Niehaus, M. / Peeters, W., Stuttgart 2009.
REMMERT, S., Bibeltexte in der Musik. Ein Verzeichnis ihrer Vertonungen, Göttingen 1996.
ROSENAU, H., Die Erzählung von Abrahams Opfer (Gen 22) und ihre Deutung bei Kant, Kierkegaard und Schelling, NZSystTh 27, 1985, 251–261.
ROTERMUND, H.-M., Rembrandts Handzeichnungen und Radierungen zur Bibel, Stuttgart 1963.
SCHIPPERGES, TH., Musik und Bibel, Bd. 1: Altes Testament, Kassel 2009.
STEIGER, J. A. / HEINEN, U. (Hg.), Isaaks Opferung (Gen 22) in den Konfessionen und Medien der Frühen Neuzeit, AKG 101, Berlin 2002.
TSCHUGGNALL, P., Abraham-Isaak-Opferung, in: Schmidinger, H. (Hg.), Die Bibel in der deutschsprachigen Literatur des 20. Jahrhunderts, Bd. 2: Personen und Figuren, Mainz 1999, 92–107.

2. Abbildungsverzeichnis

Abb. 1: *Aufriss des 1. Mosebuches* (vom Vf.).
Abb. 2: *Aufriss der Abrahamerzählung* (vom Vf.)
Abb. 3: *Genealogie Terachs* (vom Vf.).
Abb. 4: *Der Vordere Orient im 1. Jahrtausend v. Chr.*, aus: Matthiae, K./Thiel, W., Biblische Zeittafeln, Evangelische Verlagsanstalt GmbH, Berlin 1985, Karte II.
Abb. 5: *Rembrandt, Abrahams Berufung* (Louvre Paris, Benesch Nr. 1056), © bpk/RMN-Grand Palais/Paris, Musée du Louvre/Franck Raux.
Abb. 6: *Juda und Israel in der Königszeit*, aus: Donner, H., Geschichte des Volkes Israel und seiner Nachbarn in Grundzügen, Teil 2, GAT 4/2, Vandenhoeck & Ruprecht, Göttingen ^{2}1995, S. 315.
Abb. 7: *Sara wird in Pharaos Palast gebracht*, aus: Die Wenzelsbibel, ÖNB/Wien.
Abb. 8: *Trennung Lots von Abraham*, © akg-images /Andrea Jemolo.
Abb. 9: *Melchisedek und Abraham*, aus: wikimedia commons, Melchisedek (von G. Freihalter).
Abb. 10: *Verheißung von Nachkommen so zahlreich wie die Sterne*, aus: Wiener Genesis, Faksimile-Ausgabe des Codex theol. gr. 31 der ÖNB/Wien. Faks., Mazal, O. (Hg.), Fol. 4v., Insel-Verlag, Frankfurt am Main 1980.
Abb. 11: *Rembrandt, Sara beschwert sich über Hagar*, © Bayonne, Musée Bonnat-Helleu / cliché: A. Vaquero.
Abb. 12: *Ägyptische Darstellung der Beschneidung*, aus: Neues Bibel-Lexikon, hg. von Görg, M./Lang, B., Benzinger Verlag, Zürich 1989, Bd. I, Abb. 6, S. 277/278.
Abb. 13: *Rembrandt, Gott erscheint Abraham*, © Kupferstichkabinett, Staatliche Kunstsammlungen Dresden, Foto: Herbert Boswank.
Abb. 14: *Rembrandt, Abraham bewirtet die Engel*, © bpk/Kupferstichkabinett, SMB / Jörg P. Anders.
Abb. 15: *Der Sonnengott hält Gericht*, aus: Keel, O., Die Geschichte Jerusalems und die Entstehung des Monotheismus, Bd. 1, Vandenhoeck & Ruprecht, Göttingen 2007, S. 278, Abb. Nr. 154.
Abb. 16: *Die Zerstörung Sodoms*, aus: wikimedia commons (Cathedrale Monreale, Old-Testament Mosaics).
Abb. 17: *Geburt eines Kindes*, aus: Keel, O., Die Welt der altorientalischen Bildsymbolik und das Alte Testament. Am Beispiel

der Psalmen, Neukirchener Verlag, Neukirchen-Vluyn 1972, Nr. 276.
Abb. 18: *Rembrandt, Abraham verstößt Hagar,* © bpk / Kupferstichkabinett, SMB / Jörg P. Anders.
Abb. 19: *Rembrandt, Abraham und Isaak vor der* Bindung, © bpk / Kupferstichkabinett, SMB / Jörg P. Anders.
Abb. 20: *Grundriss des sog. Felsendoms in Jerusalem,* aus: KÜCHLER, M., Jerusalem. Ein Handbuch und Studienreiseführer zur Heiligen Stadt, Vandenhoeck & Ruprecht, Göttingen 2007, Nr. 114.
Abb. 21: *Rembrandt, Abrahams Opfer,* © bpk / Kupferstichkabinett, SMB / Jörg P. Anders.
Abb. 22: *Kamele als Transporttiere,* oben aus: STAUBLI, U., Das Image der Nomaden, OBO 107, Freiburg / Schweiz und Göttingen 1991, Fig. 12; unten aus: DERS., Musik in biblischer Zeit und orientalisches Musikerbe, Katholisches Bibelwerk e.V., Stuttgart 2007, Abb. 15.
Abb. 23: *Der Haram el-Khalil,* aus: wikimedia (GNU Free Documentation License).
Abb. 24: *Abraham in der Synagoge von Dura Europos,* aus: STÄHLI, H.-P., Antike Synagogenkunst, Calwer Verlag, Stuttgart 1988, S. 96.
Abb. 25: *Toranische in der Synagoge von Dura Europos,* © akg-images / Bible Land Pictures / Z. Radovan / www.BibleLandPictures.
Abb. 26: *Mosaik auf dem Fußboden der Synagoge von Beth-Alpha,* aus: SUKENIK, E. L., The Ancient Synagogue of Beth Alpha, Georg Olms Verlag, Hildesheim 1975, Zeichnung des Mosaiks im Anhang.
Abb. 27: *Besuch der drei Männer,* © akg-images / Cameraphoto.
Abb. 28: *Abel und Melchisedek,* © akg-images / Gerald Degeorge.
Abb. 29: *Abraham und Melchisedek,* aus: wikimedia.
Abb. 30: *Besuch der drei Männer,* akg-images / Agostini Picture Library.
Abb. 31: *Abel, Abraham und Melchisedek,* © akg-images / Album / Prisma.
Abb. 32: *Karte Arabiens zur Zeit Muhammads,* aus: BOBZIN, H., Mohammed, Beck-Wissen, Verlag C. H. Beck, München 2000, vordere innere Umschlagseite.

Biblische Gestalten

Herausgegeben von Christfried Böttrich und Rüdiger Lux

Band 1 – Rüdiger Lux
Josef
Der Auserwählte unter seinen Brüdern

2001, 312 Seiten mit Abb., Paperback
ISBN 978-3-374-01848-2
EUR 16,80 [D]

Band 2 – Christfried Böttrich
Petrus
Fischer, Fels und Funktionär

2001, 288 Seiten mit Abb., Paperback
ISBN 978-3-374-01849-9
EUR 16,80 [D]

Band 3 – Jürgen Ebach
Noah
Die Geschichte eines Überlebenden

2001, 250 Seiten mit Abb., Paperback
ISBN 978-3-374-01912-0
EUR 16,80 [D]

Band 4 – Jürgen Becker
Maria
Mutter Jesu und erwählte Jungfrau

2001, 320 Seiten mit Abb., Paperback
ISBN 978-3-374-01932-8
EUR 18,80 [D]

Band 5 – Manuel Vogel
Herodes
König der Juden, Freund der Römer

2002, 376 Seiten mit Abb. + Beilage, Paperback
ISBN 978-3-374-01945-8
EUR 18,80 [D]

EVANGELISCHE VERLAGSANSTALT
Leipzig   www.eva-leipzig.de

Tel +49 (0) 341/ 7 11 41 -44   shop@eva-leipzig.de

Biblische Gestalten

Herausgegeben von Christfried Böttrich und Rüdiger Lux

Band 6 – Ulrich B. Müller
Johannes der Täufer
Jüdischer Prophet und Wegbereiter Jesu

2002, 232 Seiten mit Abb., Paperback
ISBN 978-3-374-01993-9
EUR 16,80 [D]

Band 7 – Georg Hentschel
Saul
Schuld, Reue und Tragik eines „Gesalbten"

2003, 244 Seiten mit Abb., Paperback
ISBN 978-3-374-02044-7
EUR 16,80 [D]

Band 8 – Andreas Kunz-Lübcke
Salomo
Von der Weisheit eines Frauenliebhabers

2004, 312 Seiten mit Abb., Paperback
ISBN 978-3-374-02185-7
EUR 18,80 [D]

Band 9 – Eckart Reinmuth
Paulus
Gott neu denken

2004, 264 Seiten mit Abb., Paperback
ISBN 978-3-374-02184-0
EUR 16,80 [D]

Band 10 – Martin Meiser
Judas Iskariot
Einer von uns

2004, 200 Seiten mit Abb., Paperback
ISBN 978-3-374-02215-1
EUR 14,80 [D]

EVANGELISCHE VERLAGSANSTALT
Leipzig www.eva-leipzig.de

Tel +49 (0) 341/ 7 11 41 -44   shop@eva-leipzig.de

Biblische Gestalten

Herausgegeben von Christfried Böttrich und Rüdiger Lux

Band 11 – Jutta Hausmann
Rut
Miteinander auf dem Weg

2005, 168 Seiten mit Abb., Paperback
ISBN 978-3-374-02278-6
EUR 14,80 [D]

Band 12 – Markus Öhler
Barnabas
Der Mann in der Mitte

2005, 208 Seiten mit Abb., Paperback
ISBN 978-3-374-02308-0
EUR 16,80 [D]

Band 13 – Rainer Albertz
Elia
Ein feuriger Kämpfer für Gott

2006, 232 Seiten mit Abb., Paperback
ISBN 978-3-374-02351-6
EUR 16,80 [D]

Band 14 – Walter Dietrich
David
Der Herrscher mit der Harfe

2006, 384 Seiten mit Abb., Paperback
ISBN 978-3-374-02399-8
EUR 18,80 [D]

Band 15 – Jens Schröter
Jesus von Nazaret
Jude aus Galiläa – Retter der Welt

2017, 400 Seiten mit Abb., Paperback
ISBN 978-3-374-05043-7
EUR 20,00 [D]

EVANGELISCHE VERLAGSANSTALT
Leipzig www.eva-leipzig.de

Tel +49 (0) 341/ 7 11 41 -44   shop@eva-leipzig.de

Biblische Gestalten

Herausgegeben von Christfried Böttrich und Rüdiger Lux

Band 16 – Wolfgang Fenske
Der Lieblingsjünger
Das Geheimnis um Johannes

2007, 280 Seiten mit Abb., Paperback
ISBN 978-3-374-02444-5
EUR 18,80 [D]

Band 17 – Renate A. Klein
Jakob
Wie Gott auf krummen Linien gerade schreibt

2007, 224 Seiten mit Abb., Paperback
ISBN 978-3-374-02445-2
EUR 16,80 [D]

Band 18 – Rainer Kessler
Samuel
Priester und Richter, Königsmacher und Prophet

2008, 272 Seiten mit Abb., Paperback
ISBN 978-3-374-02578-7
EUR 14,80 [D]

Band 19 – Hermann von Lips
Timotheus und Titus
Unterwegs für Paulus

2008, 240 Seiten mit Abb., Paperback
ISBN 978-3-374-02621-0
EUR 14,80 [D]

Band 20 – Eva Ebel
Lydia und Berenike
Zwei selbständige Frauen bei Lukas

2009, 208 Seiten mit Abb., Paperback
ISBN 978-3-374-02681-4
EUR 16,80 [D]

EVANGELISCHE VERLAGSANSTALT
Leipzig   www.eva-leipzig.de

Tel +49 (0) 341/ 7 11 41 -44   shop@eva-leipzig.de

Biblische Gestalten

Herausgegeben von Christfried Böttrich und Rüdiger Lux

Band 21 – Matthias Albani
Daniel
Traumdeuter und Endzeitprophet

2010, 320 Seiten mit Abb., Paperback
ISBN 978-3-374-02717-0
EUR 19,80 [D]

Band 22 – Ulrich Berges
Jesaja
Der Prophet und das Buch

2010, 256 Seiten mit Abb., Paperback
ISBN 978-3-374-02752-1
EUR 19,80 [D]

Band 23 – Silke Petersen
Maria aus Magdala
Die Jüngerin, die Jesus liebte

2011, 296 Seiten mit Abb., Paperback
ISBN 978-3-374-02840-5
EUR 18,80 [D]

Band 24 – Christoph Dohmen
Mose
Der Mann, der zum Buch wurde

2011, 288 Seiten mit Abb., Paperback
ISBN 978-3-374-02847-4
EUR 18,80 [D]

Band 25 – Rüdiger Lux
Hiob
Im Räderwerk des Bösen

2012, 320 Seiten mit Abb., Paperback
ISBN 978-3-374-02878-8
EUR 18,80 [D]

EVANGELISCHE VERLAGSANSTALT
Leipzig   www.eva-leipzig.de

Tel +49 (0) 341/ 7 11 41 -44   shop@eva-leipzig.de

Biblische Gestalten

Herausgegeben von Christfried Böttrich und Rüdiger Lux

Band 26 – Thomas Willi
Esra
Der Lehrer Israels

2012, 272 Seiten mit Abb., Paperback
ISBN 978-3-374-03049-1
EUR 19,80 [D]

Band 27 – Beat Weber
Jona
Der widerspenstige Prophet und der gnädige Gott

2012, 192 Seiten mit Abb., Paperback
ISBN 978-3-374-03050-7
EUR 16,80 [D]

Band 28 – Klaus Haacker
Stephanus
Verleumdet, verehrt, verkannt

2014, 256 Seiten mit Abb., Paperback
ISBN 978-3-374-03725-4
EUR 16,80 [D]

Band 29 – Georg Fischer
Jeremia
Prophet über Völker und Königreiche

2015, 304 Seiten mit Abb., Paperback
ISBN 978-3-374-04026-1
EUR 18,80 [D]

Band 30 – Roland Deines
Jakobus
Im Schatten des Größeren

2017, 200 Seiten mit Abb., Paperback
ISBN 978-3-374-04027-8
EUR 19,00 [D]

EVANGELISCHE VERLAGSANSTALT
Leipzig www.eva-leipzig.de

Biblische Gestalten

Herausgegeben von Christfried Böttrich und Rüdiger Lux

Band 31 – Matthias Köckert
Abraham
Ahnvater – Vorbild – Kultstifter

2017, 488 Seiten mit Abb., Paperback
ISBN 978-3-374-04764-2
EUR 24,00 [D]

Die Bibel ist weniger eine Sammlung von religiösen Sachthemen als eine »Menschenchronik«: Geschichten der Menschen mit Gott. Wie die Menschen mit Gott leben, oft genug aber auch ohne ihn oder gar gegen ihn, zeigt sich an den berühmtesten biblischen Gestalten beispielhaft.

Die einzelnen Bände dieser außergewöhnlichen Reihe verbindet eine gemeinsame Struktur. Nach einer Einführung widmet sich der Hauptteil der Darstellung der jeweiligen Person auf der Grundlage der gegenwärtigen exegetischen Forschung. Ein Schlusskapitel deutet in ausgewählten Beispielen die Wirkungen, die von den biblischen Gestalten auf Judentum, Christentum und Islam, auf Kunst und Literatur ausgingen.

Die Reihe kann zur Fortsetzung bestellt werden. Jährlich erscheinen zwei bis drei Bände. Der Fortsetzungsbezug ist jederzeit kündbar.

EVANGELISCHE VERLAGSANSTALT
Leipzig www.eva-leipzig.de

Tel +49 (0) 341/ 7 11 41 -44   shop@eva-leipzig.de